スティーヴン・マシード――著
小川仁志――訳

リベラルな徳

公共哲学としてのリベラリズムへ

風行社

Liberal Virtues

Citizenship, Virtue, and Community in Liberal Consitutionalism

by Stephen Macedo

First Edition was originally published in English in 1990.
This translation is published by arrangement with Oxford University Press

日本版への序文

『リベラルな徳』が出版されてからもう二五年近く経つ。その間、政治理論と実践における発展が、そこでの議論を新たな観点のもとへと引き込んでいった。この本の議論が、二〇一四年の視点からどのように私の目に映っているのか、少し考えを述べさせてもらいたい。

この本は、公共哲学としてのリベラリズムに対する様々な挑戦に応答したものである。その挑戦とはつまり、コミュニタリアン、市民共和主義、保守主義、そしてリベラルな立憲主義が道徳原理と裁判所をあまりにも信用していることを危惧する人たちからの挑戦である。批判者たちは、平等な個人の権利と、機会および資源の公正な分配を優先する政治的命令では、能動的な市民権や強い共同体の結びつき、そして公共的善の豊富な一揃えといった、偉大な公共的重要性のうちの他の価値を維持することができないと主張する。

『リベラルな徳』は、こうした批判を真剣に受け止める試みであった。つまり、リベラルな政治信条を再構築し、リベラリズムの能動的な公共的側面を弁護する試みであった。

マイケル・サンデルのようなコミュニタリアンの批判者たちは、リベラリズムを国家の倫理的中立性の理論として、また他者や他の原因に対する「構成的忠誠」を欠いた選択的主体のような「薄い」自己の理論として同定した。チャールズ・テイラーは、リベラリズムを「原子論的な」個人主義と結びつけた。アラスデア・マッキンタイアは、リベラリズムを道徳的に豊かな生を維持することのできる伝統と慣行の終焉と結びつけた。市民共和主義者たちは、リベラリズムが、市民的義務や市民権の活動を犠牲にしたうえではじめて成り立つ権利というものに過剰に没頭している点に狙いを定めた。詳細は後述するが[1]、コミュニタリアンおよび市民共和主義者の主張の両方ともが、リベラルの政治には市民の徳や、獲得に値する市民の理想を擁護することができないと示唆している。

私もまた『リベラルな徳』の中では、当時政治学の理論で「反基礎付け主義」として知られていたものに狙いを定めた。これは、政治的議論が哲学や道徳的理想から切り離されるべきとする主張である。ここではリチャード・ローティ、マイケル・ウォルツァー、そしてマイケル・オークショットを主要な人物として挙げておいた[2]。部分的には私もこうした論者に同意する。つまり、公共的な政治の議論は、まず数多くの長く続いてきた宗教的哲学的な問題を解決することなしに、進めることはできないということである[3]。リベラリズムとは、市民によって、人間存在の全体的真理という幅広い種類の宗教的哲学的概念と共有されうる公共的道徳なのだ（すべてがそのような概念だというわけではないが）。「反基礎付け主義」の問題は、その思想家たちが、政治における理由付与そして理由要求の貴重な実践とは裏腹に、しばしば道徳的懐疑を抱いているように見えることであった。

私の議論は当時、そして今も、公共的正当化の実践がリベラルな市民的理想の核心にあるということである。つまり、公共における理由の付与およびその要求の重要性は、政治権力の正統性と、市民や公務員の間における敬意の表明にとって、決定的なものなのだ[4]。公共において理由を提示することの重要性は、単に哲学的要求ではない。つまり、公共的推論の実践は、主に民主的立憲主義の諸制度の中に、多分とりわけ、私が以下で探究する法の支配のリベラルな概念の中に含まれている[5]。リベラリズムに対するコミュニタリアンと市民共和主義の批判は、典型的には、リベラルなシティズンシップの特徴を評価し損ね、それゆえ、リベラリズムを市民的徳と共有された理想の喪失とみなしているのである。ローティやウォルツァーのような反基礎付け主義者、そしてオークショットのような伝統主義者たちもまた、公共的な道徳の議論が、私たちの受け継いできた慣習や伝統の中に深く埋め込まれている程度を評価し損ねている。公共的な正当化は、ここで擁護されているように、何らかの異質な哲学的お仕着せではない。私たちの政治は、その最善の状態においては、正義や個人の権利、そして一般的な福祉についての要求を主張する道徳的に真剣な関わりなのだ。それは、『フェデラリスト・ペーパーズ』やアブラハム・リンカンのスピーチのような公共的な文章の中に（顕著に）示されているだけでなく、議会での議論や審問、大統領のスピーチ、良心的な行政官や知事や市長、そして他の公務員らの決定、あるいは市民自身の主張や抗議にも頻繁に（我われが望むほど頻繁にというわけではないが）示されている。(6)

『リベラルな徳』で述べられたリベラリズムの説明は、政治理論の次元においても、そして憲法の実践の次元においても、私には今も的を射たものであるように思われる。公共的正当化というリベラルの理想（相補的な理由付与や理由要求）は、リベラルな民主主義の複雑な憲法的制度を説明するのに役立つ。ここで私は、アメリカの大学や連邦裁判所にいまだ影響を保持するもう一つの批判に出くわすこととなった。

公共的道徳の議論に関する懐疑主義は、司法の最初の意図あるいは最初の意味、また単に「始原主義」(7)として知られる憲法的解釈の理論を擁護する役割を果たしている。始原主義者たちは、法、とりわけ憲法が、その元々の公共的意味に照らして解釈されるべきであると主張する。彼らは、法の解釈は、解釈者の道徳的判断次第になってしまってはいけないと言うのである。特に、解釈者が選挙で選ばれたわけではない裁判官である場合には。道徳的判断はあまりにも主観的で、議論の余地がありすぎると、始原主義者たちは主張している。

憲法的解釈へのアプローチとしての始原主義は、アメリカでは、最高裁判所や連邦裁判所、そしてロースクールや大学に対して強い影響力を保持している。それは多くの主導的保守主義者や市場主義的リバタリアン知識人、そしてアントニン・スカリア最高裁判事とクラレンス・トーマス最高裁判事をはじめとした裁判官たちによって信奉されている。ティーパーティの活動家や右派の他の者たちは、始原主義者の「亡命中の憲法」と言う。つまり彼らは、ビジネスを規制し、一般的な福祉を促進するために政府の能力を厳しく制限するという彼らが望んだ政治的指針に、憲法の元々の意味を符合させるべきだと訴えるのである。

始原主義は、当時も今も、私には問題に満ちているように思われる。一つには、始原主義は、それ自体、道徳的忠誠に寄りかからなければならないからである。とりわけ、ある種の民主主義概念に。しかし、始原主義者の民主主義理解は、かなり欠陥がある。加えて始原主義は、憲法の文面にも、それをつくり、修正してきた多くの人たちの理解にも符合していない。憲法の言語それ自体が、以下に論じるように、また他の論者たちも議論してきたように、道徳的判断をもたらすのである。(8)

憲法や基本法は、社会の基礎的な公共的道徳の憲章である。したがって、我われは皆、それを真剣に受け止め、その意味を形成することに参加すべきなのである。これについては裁判官が重要な役割を果たす。しかし、市民や公務員も同様に参加することが求められる。私は、司法の解釈的大権や究極性に反対である。代わりに、連邦政府の三つのすべての同格の機関が、市民自身と共に憲法の意味を形成する役割を果たすものであるとみなす「分権主義者」の見解を擁護している。(9)これは同様に、リベラリズムに対する市民共和主義への私の反応でもある。つまり、リベラルな民主主義的立憲主義は、市民―我ら人民―に、我われの基本権や憲法的原理を解釈し、形作る極めて重要な仕事に参加するよう求めているのである。

裁判所だけでなく、立法府や行政府および執行機関においても、そして政治システム全体を通じて、理性に基づいた議論や熟議は、民主主義の最高の活力源なのである。もちろん、政治は何も議論だけではない。つまり、市民や立法府が投票し、執行機関が決定を行い、裁判官が裁決し、行政機関がルールをつくる。そして、ちょっとした影響力や権力によって物事が決まることも多い。しかし、こうした決定の契機はまた、しばしば理性的な熟議、解釈、論争に左右される。そしてそこには、立法者、執行者、行政官、裁判官、および市民全員が参加するのである。これこそ我われが最善のものとして求めている理想である。

したがって、リベラリズムに関する私の議論は、哲学的でも実践的でもある。リベラリズムは公共哲学として、市民的徳の魅力的な根拠と、シティズンシップの共有された理想を含んでいるのである。これらは、政治権力は理性を伴うべきだとか、すべての理性的な市民にアクセス可能な証拠によって裏打ちされていなければならないといった要求に集中する。もし市民が、ある適切に制定された政策に対して、それが不法に、権利や他の憲法的に認められた政治道徳的原理を侵害することを根拠として、説得力のある異議を提起したとしたら、公務員は、理に適ったやり方で、それに応答する義務がある。そしてもし法廷で市民が、問題となっている権利や原理に関して政府よりもいい理論を提起したならば、その時は法律を審査する権限を付与された裁判官は、市民の主張が保護されるように、その法律を破棄するか、効果を狭める権限を与えられているのである。

最後の二章では、私はまた、リベラルな市民の自由と自律の説明、そしてリベラルな共同体の理想に対するその関係性、そして理想的なリベラルの政治共同体の見取り図について論じている。[10]

＊＊＊＊＊

以上が、後に出てくる内容の大雑把な概観である。もちろん、私が立場を変えた細かい部分はあるが、『リベラルな徳』の中心的議論は、基本的に正しいと思っている。

私は他者の仕事を参考にし、それを発展させてきた。そして今なお、二人の偉大な二〇世紀のリベラルの思想家に強く寄りかかっている。ジョン・ロールズとロナルド・ドゥオーキンである。

ロナルド・ドゥオーキンは、オックスフォードの大学院での私の指導者の一人である。私は彼の授業や個人指導、そして厖大な著作から多くを学んだ。法と公共的道徳の判断の緊密な関係について私が述べるすべてのことは、深く彼に負っている。私が世に出した最初の論文は、彼の個人指導から直接発展してきた、彼の法の哲学に対する批判的論評であった。[11]

公共的正当化、つまり政治における理由付与と理由要求は、私がここで擁護する市民リベラリズムの理想の核心であり、その実践にほかならない。『リベラルな徳』に取り組んでいた時、ロールズはすでに『政治的リベラリズム』の中で、公共的理性の理念に関する彼の労作を発表していた。その時ハーバードで、同僚としてロールズと知り合うようになった。公共的理性については大部分ロールズに同意し、また彼に多くを負っている一方で、私は後にリベラリズムの教育的あるいは「形成的プロジェクト」と呼ぶことになるものを、彼以上に強調している。後の作品の中で、私はリベラルの市民的理想と、開拓者や移民がアメリカに持ってきた宗教的伝統との間の緊張について探究した。『多様性と不信——多文化民主主義における市民教育』(ハーバード大学出版局、二〇〇〇年)の中では、二〇世紀のプロテスタント原理主義のような、いくつかの宗教的共同体の反対に抗して、リベラルな市民的価値を推し進める公教育の役割について探究した。公共的判断の規範をめぐる論争は、政治理論や政治哲学、またしばしば公共圏においても、アメリカではまだまだ激しく行われている。(12)

四半世紀以上にわたって、リベラルのプロジェクトは、新たな探求の分野へと拡大してきた。熟議民主主義の理論家であるエイミー・ガットマンとデニス・トンプソンは、『民主主義と不同意』(ハーバード大学出版局、一九九六年)の中で、理由付与と理由要求に対する双務的条件の理念を発展させてきた。エイミー・ガットマンは、この本の元になった博士論文の指導者の一人であり、デニス・トンプソンもまた、師の一人で、後に同僚になった。ヨーロッパでは、ユルゲン・ハーバーマスや、ライナー・フォルストのような彼が影響を与えてきた人たちもまた、リベラル民主主義の政治的実践の核心的条件として公共的正当化の考えを前進させるために、多くの貢献をしてきた。(13)

リベラルのプロジェクトの更なる展開は、グローバルな正義の広範な話題をめぐって行われてきた、非常に活気に満ちた、幅広い議論である。つまりそれは、国内の正義と、非‐市民に私たちが負っているものとの間の関係性である。ロールズの『万民の法』(14)は激しい懐疑に見舞われたが、いくつかの重要な点において私には正しいように思われる。私はこれまで、広範な集団的自己統治のシステムを共有しているという事実から生じる特別な義務を、市民が互いに対して持っているという見解を擁護してきた。そしてその議論を移民の議論にまで展開してきた(15)。

コミュニタリアンと市民共和主義によるリベラリズムへの批判と、私の反応に関しては、これまでいくつかの論評を提示してきた。実際的な問題として、往々にしてコミュニタリアンは、リベラリズムの主張である国家倫理の厳しい教義とみなされるものに対して、最も反対しているようである。倫理的に中立でなければならないからこそ、リベラルな国家は、市民の平等な自由を保護することに限定され、また資源の公正な分配を確保することに限定されるのである。つまり、社会協同の利益を公正に分け合うのである。善は自由の条件のもと市民によって選択され、国家はその選択を尊重しなければならない。そして、平等な自由や公平な分配を促進し、保護するという名目のもとに行われるものを除き、その選択に介入したり、形成したりすることを控えなければならない。

私は、サンデルらのようなコミュニタリアンによって提起される中立性の概念への批評には共感し続けている。中立性とは、公共的善に対する正当な政府の支持とみなされるものを狭く限定していくものである。正義は、平等な基本的自由と、機会や資源の公正な分配の保護が優先されるべきことを要求する。しかし政府は、正義によって正義を確保することのみに限定されるわけではない。

民主的な政府はまた、芸術や教育、科学、運動競技の活動における優れた点、および偉大な自然美や歴史的意義のある場所の保護を支援するといったように、多様で幅広い基礎を持った公共的善を促進する。「中立性」のもとに横たわる基本的価値は、善き人生に対する異なる考えを持った市民の間の公正性である。公正性は、政府が広く（満場一致とまでは行かずとも）重視する公共的善を支援することを要求し、また政府が広くかつ包括的な種類のそうした善を支援することを要求する。しかし、中立性や公正性のいかなる分別のある原理も、政府が、人間の営みにおける優れた形態への適度な財政的補助を提供するのを差し控えることは要求しない。そうした財政的補助は、市場では供給不足だと我われは確かな筋から情報を得て信じている。ドゥオーキンは、彼の国家の中立性への厳しい忠誠と、芸術や博物館、そしてオペラへの政府の支援を和解させようとして、苦境に陥った。私は、哲学的な離れ業からは免れ、政府がこうした広く価値を見出された人間の営みの諸分野を支援することを、他の論者と同様認めたいと思う。この主題については、将来さらに展開する予定である。

＊＊＊＊＊

『リベラルな徳』に続く政治理論の最後の主要な展開は、友人であり同僚のフィリップ・N・ペティット、クゥエンティン・スキナーらによって擁護された共和主義の政治理論の新しく重要な母体として立ち現れてきた。この思想の主要部分は、私が『リベラルな徳』で取り上げた、バンジャマン・コンスタンの参加型の「古代の自由」を強調する傾向にある市民共和主義とはかなり異なる。コンスタンがギリシアに目を向けていたのに対して、新しい共和主義は、ローマの伝統に目を向けている。そしてその基本的な価値は参加ではなくて、非‐支配として理解された自由なのである。つまり、政府の役割は、恣意的な根拠に基づき我われに干渉する能力として理解された支配から、我われを守ることなのである。[16] 新しい共和主義は、自由と「非‐干渉」を同一のものとみなす政治理論や、法と憲法の制度による支配から我われを守るための政府の努力を、自由を制限する干渉とみなす一連の政治理論に反対する。

これまで私は、コンスタンの市民的あるいは参加的共和主義に応答して、リベラリズムの能動的公共的側面について強調してきた。しかし、非‐支配の共和主義（以下では単に「共和主義」と呼ぶ）との関係では、私自身および『リベラルな徳』をどう位置付けたらいいのだろう？

共和主義に関して私が同意できない主要な点は、彼らが、（私の目からすると）誤解して「非‐干渉」と同一視するリベラリズムに対し、自らを反対の立場に位置付けている点である。[17]

リベラリズムと共和主義は、共に多面的特徴を持った伝統である。ペティットとスキナーは、私がちょうどリベラリズムの一解釈を主張しているのと同じで、共和主義のいくつかの解釈を提供しているのだ。ペティット自身は、共和主義/リベラリズム対リバタリアニズム（ポピュリズムと同様に）の区別を明確にしてきたのではないかと認めている。[18] それは私には、まさにより的確で、役立つもののように思われる。非 - 干渉はまた、ジェレミー・ベンサム、ウィリアム・パーレイ、そしてジョセフ・ラズのような人物に代表されるイギリスのリベラルの伝統にとっては、より重要であるように見える。アメリカのリベラルの伝統は、ずっと緊密に、ジョン・ロックやジェイムズ・マディソン、そして私はそこにロールズを加えたいのだが、彼らのような（ペティットの言う意味での）共和主義でもあるリベラルと同一視されている。

アメリカの憲法的伝統におけるリベラルはまた、共和主義（そして民主政体論者）でもある。リベラルな立憲主義のポイントは、市場の威力だとか、金持ちや権力者の気まぐれに直面した人々を放置することはない点である。それはむしろ、平等な基本的自由、人生の公正なスタート、そして合理的な条件のもとにおける社会協同に関して、人々を保護するのである。人々が平等な基本的自由と機会を享受するにあたって適切に保護される時、彼らはまた他者の支配からも保護されるであろう。ロールズとドゥオーキンのような他のリベラルとともに、私は『リベラルな徳』とその他の場所において、ペティットと同様の多くの機関と慣行――法の支配、三権分立、公共的正当化の慣行、理由付与と理由要求――を是認している。正確に言うと、それはペティットが正しくも自由とは正反対だとして非難する恣意的な種類の干渉から、人々を保護するのに役立たせるためである。実際、彼の最近の作品『人民の条件について』の中で、ペティットは、かつての公共的推論に関するリベラルの考え方に主要な側面で類似した、かなり面白い見解を提起している。[19]

リベラルには、ローマの共和主義の伝統や、集団活動、そして他の多くの事柄に関して、ペティットの幅広い哲学的、政治的洞察から学ぶべきことがたくさんある。彼は、非-支配を自由の本質と見る点で正しく、またリベラルがこれまで十分にこの事実を認識してこなかったと見ている点で正しい。しかし、彼の共和主義は、せいぜいリベラリズムの補完物であって、それに取って代わるものではない。敵対者にすべきではない重なり合い、収れんする伝統があるのだ。そうすることは、我われの政治に存在する真の敵対者をあいまいにしてしまう可能性がある。

＊＊＊＊＊

最後の批評。「コミュニタリアニズム」は、サンデル、マッキンタイア、テイラーらに貼られたラベルである。彼らのうちの一人として、それを受け入れてはいない。しかしながら、オックスフォードで教鞭をとっていたカナダ人の政治理論家ダニエル・A・ベルは、そのラベルを受け入れ、また一九九〇年代、明らかなコミュニタリアンの政治理論を発展させた。ベルは、より最近では、中国の主導的な政治理論家でありかつ公共的知識人の一人として、自らのコミュニタリアンとしてのエネルギーを、「新儒教」に貢献すべく注いできた。彼は、リベラル・コミュニタリアン論争を、「東洋が西洋に出会う」領域に移し替えた。それは、彼が、徳があり公共的精神に満ちたリーダーシップと、社会の道徳的確信を導き、形成するのに役立つべく教育されたエリートの価値について、孔子／コミュニタリアン（コンフーシタリアン）的洞察とみなす考えを主張することによって行われた。[20]

ベルのコンフーシタリアンの議論は、ある意味、『リベラルな徳』の中で展開したリベラリズムとそうかけ離れてはいない（ダンと私は一九九四年から一九九五年にかけて、大学のヒューマン・バリュー・センターで共に客員研究員を務めていた）。もしここで主張されている種類のリベラリズム――つまり、個人主義の極端な形態や、往々にして西洋のリベラリズムに結び付けられる倫理的中立性を忌避し、逆に共有する伝統や市民的徳、そして道徳的手本のための重要な役割を包含するリベラリズム――が、日本や東アジアのどこかの政治に役立つとするならば、望外の幸せである。

＊　＊　＊　＊　＊

小川仁志氏には、この本の翻訳の仕事を引き受けてもらったこと、また多くの学問的著作によって、日本において西洋哲学の伝統に対する理解促進に尽力してもらっていること、さらに西洋において、我われが日本の政治的伝統をよりよく理解する助けをしてもらっていることについて、深く感謝の意を表したい。最後に、この本の出版を決断してくださった風行社にも、心よりお礼を申し上げる。

スティーヴン・マシード

二〇一四年五月

【凡例】

一　本書は、Stephen Macedo, *Liberal Virtues: Citizenship, Virtue, and Community in Liberal Consitutionalism*（Oxford University Press, 1990）の全訳である。

一　原文イタリックは、判例等を除いて傍点で示し、著書名、新聞・雑誌名等については『　』で示す。

一　〔　〕は訳者による補足説明である。

一　参考文献の〔　〕で示した邦訳は、必ずしも厳密な版の対応関係を示すものではない。

〈目次〉

謝辞

多くの友人、先生、同僚の方々が過去二〜三年にわたって、本書の数節を読み、討議し、コメントをしてくれた。私は、彼らの洞察と示唆に多大な恩恵を受け、それらの助言すべてを取り入れる優れた感覚を持っていないことを詫びるのみである。

オックスフォードでは、ミミ・ビック、クリス・アイスグルーバー、ジョン・グレイ、チャンドラン・クカサスとエミリオ・パチェオが、初期の草稿を読み、コメントしてくれた。ロナルド・ドゥオーキンによる用語の入念な指示は、きわめて有益だった。なんといっても、スティーヴン・ルークスの変わらぬ激励、刺激および賢明な導きがなければ、とうの昔にのたうち回っていたことだろう。

プリンストンでは、ジョゼフ・カレンズ、ジョン・ディウリオ、ロバート・ジョージ、ジェニファー・ネデルスキーおよびバーナード・ヤックがほとんどの章を読み、有益なコメントをしてくれた。アーマンド・ベンゴチア、キャロル・ペイトマン、アダム・スローン、およびデニス・トンプソンとの討議は、非常に有益だった。立憲主義とアメリカの政治に関する節は、ジェフリー・K・テュリスの初期の指導および継続的で思慮深い助言に負っている。私の議論の中身と精神の多くは、ソティリオス・A・バーバーに負っている。最後に、エイミー・ガットマンとウォルター・F・マーフィーは、本書の基礎となっている博士論文の実に模範的な指導者だった。彼らは、数編の草稿を読み、コメントする際、忍耐強く、注意深く、洞察に富み、指導、激励、そして脅しをちょうどよく混ぜて与えてくれた。いかなる大学院生も、それ以上を求めることはできないだろう。

人文学研究所のウォルター・グラインダーとジェレミー・シアマーは、初期草稿に重要なコメントをしてくれた。研究所の支援は、過去何年にもわたって、絶対的に計り知れない価値あるもので、特にクロード・ラム研究奨学制度は、私のオックスフォードでの一年間の研究を可能にしてくれた。人文学研究所の方々には大いに感謝している。

ハーバードでは、マーク・ピーターソン、H・W・ペリーJr.およびシャノン・C・スティムソンが、特定の章に助言をしてくれた。ジョン・ロールズとレイフ・ウェナーは、第2章の複数の版に忍耐強く取り組んでくれた。本書の主題と関連する題材の論文に取り組んでいた学部学生、ジョシュア・ヘンキン、ロバート・カッツおよびデイヴィッド・パテントから、またハーバードの多くの優秀な院生や学生との会話やセミナーから多くを学んだ。私は、ハーヴェイ・C・マンスフィールドJr.とのセミナーや会話に多大な恩恵を受けた。ジュディス・N・シュクラーは、望むものは何でも備え、また同僚としては、それ以上のものを与えてくれた。彼女は、草稿全体を読み、親切な批判をし、重要な示唆、実践的助言、および計り知れない支援を与えてくれた。それらに対して心から感謝している。

ジャック・クリテンデンは、第6章と7章を読み、有益なコメントをしてくれた。ウィリアム・ガルストンおよびチャールズ・ラーモアは、人文学研究所が主催したシンポジウムで、第2章の一つの版に洞察に満ちたコメントをしてくれた。ハネス・ギシュラーソン、ランディー・クロッツナーおよびスコット・ウェイランドは、忍耐強く本書に関連した主題に関する無数の言説や熱弁に目を通してくれた。その寛大さのおかげで、彼らとその他の者から恩恵を受けた。私は本書において不公正な批判をしたが、そうした私の頑固さについては、ただ謝罪するのみである。時に辛辣な言明は、知的敬意を示すのみであると受け取ってもらいたい。

本書を仕上げる過程でいくつかの重要な研究が、絶えず私の脳裏にあった。ここにそれらに対する謝意を表したい。それらの影響は、本文にそれとなく残されている。ドン・ハーツォグの *Without Foundations: Justification in Political Theory* (Ithaca, 1985)、ナンシー・ローゼンブルームの *Another Liberalism: Romanticism and Reconstruction in Liberal Thought*（Cambridge, Mass., 1987）およびロジャース・M・スミスの *Liberalism and American Constitutional Law*（Cambridge, Mass., 1985）である。

ヘイスティングス・センター、オックスフォード・ハイエクソサエティ、人文学研究所、プリンストン大学政治学部、およびハーバード大学政治学部が手配した研究会において、私の議論の一部を提起し、討議する機会が与えられたことに対して、心から感謝する。

第1章から4章の主な議論のいくつかは、*The Review of Politics*, v. 50（1988）の「リベラルな徳、立憲主義共同体」に最初に掲載した。第2章の一部は、「正当化の政治」として、*Political Theory*, 18（1990）に掲載した。第5章の一部題材は、最初に Washington DC: Cato Institute, 1987 の『ニューライト対憲法』第二版に掲載した。これらの題材の使用許可に対して大いなる感謝を申し上げる。

草稿準備の最終段階で、デイヴィッド・バーンハートは、脚注と引用について倦むことなく取組み、ドウェイン・ベイは、私のコンピュータが仕掛けた罠から救ってくれた。オックスフォード大学出版局のヘンリー・ハーディは、出版過程全体を通じてがまん強く便宜を図ってくれた。

H・スミス・リチャードソン慈善信託の寛大な助成によって、本書を完成することができた。受託者に対して、スミス・リチャードソン財団理事長R・ランドルフ・リチャードソンおよび前プログラムオフィサー、マイケル・S・グレーヴ博士に対して大いに感謝する。

ケンブリッジ・マサチューセッツ　　スティーヴン・マシード

一九八九年七月九日

序

一九四二年、ワシントン州にある大学の最終学年の学生だったゴードン・ヒラバヤシは、西海岸の日系アメリカ人に課された戦時外出禁止令に服していた。ヒラバヤシは最初それに従っていたが、図書館あるいはコーヒーショップから学生寮に急いで帰ることを一週間ほど繰り返した後、ふと立ち止まり、自分の言葉で次のように考えた(1)。

一体俺はどうして走って帰るのか？　俺はアメリカ人か？　もしそうなら、なぜ俺は走って戻り、ほかの連中はそうしないのか？　すべての民間人は外出禁止令を守らなければならないという命令か、あるいはたいしたことのない行動制限だったなら、異議を唱えなかっただろう。でも、俺は、ただ「非外国人」と呼ばれるのは不公正だと感じた。奴らは俺を市民と呼んだことはなかった。これは非常にあからさまな、明らかに憲法が保障する権利、市民権が意味するものの侵害だった。だから俺は立ち止まって、向きを変えて戻ったのだ。

最初のうちは、ヒラバヤシが「自由の表現(2)」とみなしたことの結果として、彼の身には何も起こらなかった。その後排除命令が出され、ヒラバヤシと家族は、西海岸からの立ち退きを命じられた。若いヒラバヤシにとって、命令を順守することは、排除命令という不正義と憲法違反について、彼の原則的信念に反するものだった。だが不順守は、家族とのいつまで続くかわからない別れと、おそらく拘留をもたらすことになるのだった。

母は、心情的に支持すると言ってくれたが、家族と一緒に強制収容所に来てほしいとも言った。お前が正しいのは分かっているし、お前の抵抗にも敬意を払うけれど、再び互いに会えるかどうかわからないと。その間、私に何が起こるかわからないし、彼らに何が起こるか、どこへ行くのか、どのくらい遠く、どのくらい長いのかもわからない。すべては完全な空白で、不安に満ちていた。そこで母は、それは生死の問題だと言った。どうして原則に固執するの？　私たちについてきなさい。母はあらゆることを用いた——涙とその他何でも。私にはそれはできなかった。［ＦＢＩに拒否理由を説明する］供述を書いた時、私は一人だった。(3)

一九六五年、スーザン・エパーソンが、州の進化論教育禁止を覆す訴訟への参加を求められた時、彼女はアーカンソー州、リトルロックのセントラルハイスクールで生物学を教えていた。彼女は悩んだ。エパーソンは科学的方法を信じていたが、クリスチャンでもあり、生徒に模範となるため、教員は法律には厳格に従うべきだと感じていた。法律が、「州が補助する学校で特定の宗教的観点を支持している」ので、エパーソンは法律には反対だったが、また「私を嫌う人たち、ひどいことを言う人たち、そして私はクリスチャンではないと言う人たちも出てくるのではないか」と恐れてもいた。「けれども私は、それは断る十分な理由ではないと決心した(4)」。

ゴードン・ヒラバヤシは、戦時外出禁止令および排除命令違反で有罪となった。ヒラバヤシは、様々な監獄や労働キャンプで過ごし、有罪が覆されるまで四〇年待った。スーザン・エパーソンは、裁判に勝った。

ある種の人々にとっては、自由と平等のリベラルな原理は、人がやりたがらないことをするリスクや、家族との別離、投獄、あるいはもっと過酷なことを正当化するのに十分なものを意味する。自由な統治は、英雄、つまりリベラルな価値のために自己を犠牲にする個人を必要とし、また実際にそうした者を持つことができた。自由はまた、多様な一般市民の、より控えめではあるが、しかしずっと重要な貢献も必要とする。それは、他者の権利に対する寛容と尊重、自制、省察、自己批判、中庸、そして市民権活動への合理的な程度の参加である。

リベラルな政治は、何よりもまず、個人の自由と権利、法の支配、謙抑的で説明責任を果たす政府を意味する。リベラルな政治学の思想家たちは、こうした核となる考えと制度の正当化および説明に主な精力を注いできた。その結果、自由な統治は、市民権の積極的な政治的理想、つまり徳や共同体を無視したという批判の集中砲火を浴びることになった。多くの者にとって、リベラリズムは輝きがなく、心を掻き立てず、情熱的に擁護するほどの価値がないように思われている。コミュニタリアンまたは市民的共和主義者として知られる様々な批判者たちは、リベラルに積極的な理想が欠如していることを俎上に載せて苦情を申し立てる。だがこれらの批判は、リベラルな政治に代わって作用するものの提唱という段になると、急停止してしまう。そして時には、「リベラリズム以外なら何でも！」という政治要綱を掲げるに過ぎないように思える。にもかかわらず、市民権、徳および共同体は、配慮し、議論する価値のある重要な理想である。リベラリズムは、こうした理想に基づいて擁護するに値するものであり、本書はその提供に資することを目的としている。

「リベラルな徳（liberal virtues）」という語は、一部の者にとっては、せいぜい撞着語法であり、政府の干渉、政治的卓越主義、およびパターナリズムを招く危険なものである可能性が高いように見えるのだろう。政府は人々を徳の高い者にしようとしてはならず、平等な自由、秩序、安全、およびその他いくつかの広く受け入れられた公共善だけを提供すべきであると、リベラルは主張する傾向がある。私は大いに同意する。私たちは、リベラルな人たちが有し、発展させるべき態度や能力があることを認め、人々が真にそれらを手に入れ、発展させたとき、リベラルな体制が繁栄することを認める一方で、政府の介入やパターナリズムに反対することができる。リベラルな政治は、市民の徳の一定の水準と質に依存し、それは多くの点で、合理的に正当かつ寛容で、開かれたリベラルな体制における生活によって促進されるのである。

リベラルな市民は、一般的に省察能力を持ち、一定の権利および特権を享受し、一定の基本的政治的義務を果たす。では、多元的なリベラル政体の市民は、どんな属性や特性を望むべきだろうか？　C・S・ルイスが指摘したように、地位に関係する言葉は、特定の地位、格または役割にふさわしい徳（または悪徳）に関係することが多くなる。ルイスによれば、「優越的地位を含意する言葉は、賞賛の用語となる。劣った地位を含意する言葉は、非難の用語となる。騎士道的、礼儀正しい、率直な、紳士的、寛大な、自由な、そして高貴なは、前者の例であり、無知な、下劣なそして粗野な、は後者の例である(5)」。

高貴さといった言葉は、人の地位だけでなく、その地位にふさわしいとみなされる振舞いや個性も指すようになる時、社会的・倫理的意味を持ち始める。しかし、振舞いやそうした個性についてじっくり考察するたび、貴族の地位にある者が時にはそれらを欠き、時には貴族でない者に存在することを省察せざるを得ないのである。こうして、そもそもの初めから、社会的‐倫理的意味は、その存在だけで、地位の意味とは区別される運命にあるのである。よって、ボエティウスから現在まで、欧州文学においては一般的に、真の貴族性はその内に宿るもので、地位ではなく悪徳が悪漢を生み、「紳士的でない紳士」がいるとされている(6)。

リベラルな徳の記述において、我われはそれによってリベラルな市民に法的義務を帰属させているわけではない。リベラルな徳は、すべてのあるいは多くのリベラルな市民に見いだせないとしても、リベラルな体制の市民にふさわしい卓越した形態なのであり、リベラリズムが創造する種類の社会における繁栄に資するのである。徳を考慮すると、役割を担う者の実際の行動を批判しがちだが、ただ非難するだけでなく、まったくもって夢想的ないし非現実的な期待をすることを避けるべきである。

残念ながら、「リベラル」はアメリカの政治辞典において乱用される語となってしまっており、私がそれを使用すると、きわめて誤解を与えかねない。「リベラル」と呼ぶことによって、私は民主党左派のイデオロギーや政策を意味してはいない。そうではなく、アメリカの建国が独創性に富んでいた時期の偉大な政治的伝統を指している。すなわち、ジョン・ロック、ジョン・ステュワート・ミル、そしてジョン・ロールズ等の伝統である。「リベラル」によって、アメリカその他における立憲主義の実践を導き、知識を与えてきた、個人の自由と責任、法の支配および権力分立といった政治的価値を指しているのである。西欧の多くで、「保守」は個人の自由と責任についてしばしば語るのだが、それによって彼らは、彼らのリベラリズムへの忠誠を告白しているのである。

リベラルな正義とすべての道徳的人物のリベラルな権利の尊重は、リベラル政体の政治的取決めの指針となるべきものであることを論じたいと思う。道徳的人物とは一定の省察能力を持つすべての者である。すなわち正義の感覚と人生の計画を立てる能力である[7]（ジョン・ロールズとロナルド・ドゥオーキンにおおむね従い、こうした事案を第5章でさらに詳細に検討する）。リベラルな正義と権利については、リベラルな市民が追求する善き生活の目的、目標および理念を構成し、部分的に決定づけるものだと主張したい。

リベラルな正義と権利は、リベラルな理論家が時に想定したり、主張したりするように、善き生活の理念と無関係なものではないとするウィリアム・ガルストンに同意する。[8]けれども、「権利」が「善」よりも先行するかどうか、またはその逆なのかについての理論的議論は避けたいし、ガルストンの新アリストテレス主義は採用するつもりはない。また、リベラリズムの擁護を「リベラルな実践に潜在する善についての完全理論[9]」によって基礎づけたくはない。

リベラルな正義と権利の言語、他者の尊重の論理、および公共的正当化の政治における実践は、積極的なリベラルの理想へと焦点を絞るものとして役立ちうる。そこから、リベラルな徳を、そしてコミュニタリアンに対する応答を生成していきたいと思う。

本書は、少なくとも一つの視点から、基本的にリベラルで立憲主義的な制度および実践（たとえば法、司法審査、そして市民的不服従）に内在する理想あるいは要求を示そうとするものである。本書はまた、コミュニタリアンが批判を集中させる、現代のリベラルな政治思想の擁護を引き受けるものでもある。理論家ではない人たちがリベラルな道徳的観念に関心を持つのはなぜだろう？　と思う人がいるかもしれない。一つのもっともな理由は、リベラルな立憲主義の理論と実践は密接に関係しているからである。リベラルな原理は、政治的決定の正当化もしくは実際の政治的実践の改革のために頻繁に呼び出される。しばしば市民たちは、リベラルな政治道徳の基本的信条、重要なことに「アメリカの精神」を規定する信条、すなわちこの体制が最善のものとして支持する理念に対し、忠誠を誓うと告白する。[10]リベラルが志向する道徳的要件および理想の理解を研ぎ澄ますことは、学問的重要性以上の意味を持つ。

「アメリカの政治的伝統は、基本的にリベラルな伝統であり」、またこの伝統は、その国の「国民的アイデンティティの基礎」であることは長い間自明の理だった。[11]社会学者のロバート・ベラーと同僚が結論づけたように、アメリカ人は、様々な伝統の出身であるが……

鋭い不一致の下に、個人と社会、および私的なものと公共善の関係に関する少なからぬ合意がある。これは、相違にもかかわらず、彼らが皆、共通の道徳的語彙を共有しているからであって、我われはそれを、それに代わる「第二の言語」と対照的に、我われのほとんどが持っているアメリカの個人主義の「第一の言語」と呼ぶことを提案したい。[12]

しかし、リベラルな実践は、どの程度理想に近づき、理論に規定された徳を支えることができるのかと問うのは理に適っている。市民は、ただリベラルのつまらぬ言葉を口にするだけでなく、どの程度リベラルな原理に基づいて行為することができるのか？

二〇世紀のアメリカは、女性に選挙権を、黒人に市民的自由を、犯罪で訴追された者に多くの手続き的権利を、そして言論、出版、宗教実践の広範な憲法上の保護を、さらにさまざまな形態のプライバシーの保護を拡大した。財産権と経済的自由は、かつて以上にさらに広範な規制の対象となったが、リベラル自身は、これらの争点について、他のどれについてよりも意見が一致しない。多くの重要なリベラルの基盤は、依然として勝ち取らねばならないものである（そして勝ち取ったものの一部は脅かされている）が、前進はなされてきた。アメリカの政治的実践と態度は、ここ数十年で、はっきりとさらにリベラルになっている。主要な傾向としては、マクロスキーとブリルが論じるように、リベラルな権利へのより大きな寛容と尊重に向かっている。[13]

今日アメリカ人の大多数は、彼らと意見を異にする者の権利への寛容と尊重という、基本的なリベラルの価値に強く従うことを明言する。しかし、多くは、抽象的なリベラルの価値を具体的事案に適用することができないか、望まない。たとえば大多数は、政治的思想を討論するための集会の自由を支持するが、アメリカ人の四人に一人しか、ゲイの解放を求める者による市の公会堂の使用を認めず、またごくわずかな少数者しか政府の暴力的転覆を唱道する革命集団にそれを開放しないだろう。[14]

多様性に対してより寛容になり、リベラルな規範への支持を促す要因には、世俗化、都市化、教育、政治参加、そして増大するメディアへの露出がある。[15]「世論指導者」（知識人、教育者、ジャーナリスト、牧師および政治活動家）は、不人気な少数者の権利が問題となる具体的な事案では、市民全体よりも際立ってさらにリベラルになり、若い世代は年長者よりも際立ってリバタリアン的になっている。教育や知識は、リベラリズムにとって好ましく、政治理論でさえも、何等かの穏健なやり方で、時にはこれらに寄与するのではと期待することができる。

私の議論のほとんどは、リベラリズムへの批判者が攻撃する実践や考えの多くを、リベラルは支持する必要もないし、またそうすべきでもないことを示すために構想されている。リベラルな権利は、不一致や自己利益に基づくものではなく、自由への平等な権利を正当化する道徳原理に基づく。リベラルな実践は、コミュニタリアンが組み立てた魅力的でない戯画に類似する必要はなく、またしばしば似てもいない。リベラルな理想は、(完全からはほど遠いとしても) 多くの現存する態度や慣行に予示されている。これらの理想を明確に述べ、擁護することは、コミュニタリアンに対する回答の一方法である。積極的なリベラルの理想の明示は、リベラルな共同体に対して、よりリベラルでより良い共同体への道を指し示すものである。

以下の章で追求すべき問題は、次の通りである。リベラリズムの道徳的核心を形成する理想と実践とは何か？ リベラルな政治は、市民権と市民的徳の理想を生み出せるか？ リベラルな社会は、人間の繁栄の理想、ひと揃えのリベラルな徳、およびリベラルな共同体の理念を支持できるか？ これらのリベラルな理想は、どの程度アメリカの立憲政体に溶け込んでいるのか？

第2章と3章は、私の議論の構成部分の基礎をなすものである。政治理論に主たる関心がある読者は、その部分を拾い読みし(あるいは飛ばして)、第4章と5章に進むのもよいだろう。アメリカの立憲主義に主たる関心のある読者は、第6章と7章を省略してもよい。

第1章　リベラリズムからの逃避

序

リベラリズムは、寛容と個人的自由を核心的政治的価値として尊重することにより、個人性、宗教的・社会的多様性および商業的活力を包含する。リベラリズムは、個人または政府が他者の生活に干渉しうる方法に対して、手続的、実体的制限を課すことによって個人の自由を保護する。バンジャマン・コンスタンの「近代の自由」の記述がここではふさわしい。

法律のみに服し、一人または複数の者の恣意的意思によって、いかなる点でも逮捕され、拘留され、死刑に処せられ、あるいは虐待されないことが権利である。意見を表明し、職業を選択し、実践し、財産を処分し、あるいは乱用さえすること、許可なく、またその動機または約束を説明する必要なしに通行することは、すべての者の権利である。関心事を討議し、あるいは自己および仲間が選好する宗教を告白するため他の個人と交わり、あるいは日々または時間を自己の性向や気まぐれに一番合ったやり方で過ごすことさえもすべての者の権利である。最後に、全部または特定の公職者を選ぶことによって、あるいは当局が多かれ少なかれ留意しなければならない代表、請願、要求を通じて、政府の統治に一定の影響力を行使することもまたすべての者の権利である。(1)

リベラリズムの核心にある個人の自由は、良心の自由、宗教的実践の自由、および結社の自由（公的、私的あるいは親密であるなしにかかわらず）、職業または家業を選ぶ権利、言論、討論、出版、文学および芸術、移動および旅行の自由を含む。自由な市民は、他者または国家により自身に対してなされた訴追に異議を申し立てるため、独立した裁判所および「デュープロセス」を利用できなければならない。リベラリズムは、憲法的に制限された政府および法の支配を支持する。そしてそれは、いかなる訴追の前にも既知の手続きに従って、公開および必要な程度の一般性を備えた法律が制定されることを要求することにより、政治権力の行使を規制するのである。リベラリズムは、法の前の平等、平等な市民権、およびそのリベラルな権利を尊重するためのすべての者の権利を支持する。独立宣言、合衆国憲法、ならびに人および市民の権利宣言は、とりわけ偉大なリベラルの成果である。ジョン・ロック、ジョン・ステュワート・ミルおよびジョン・ロールズはすべて、リベラルの殿堂における傑出した人物なのである。

理想的には、リベラルは、単にリベラルな原理や制度への忠誠をもつだけでなく、ある一定のやり方で忠誠を抱く。リベラルは、どのようにリベラルな正義への忠誠を維持すべきなのだろうか？　どんな種類の考慮が、その政治的忠誠を変えるよう導くのだろうか？　リベラルな政治に関する議論とはどんなものであるだろうか？　以下の章において、私にとってリベラルな政治への忠誠に最善だと思われる方法、つまり公共道徳の視点から政治の考察に忠誠を抱く者の方法を提案したい。市民権、徳、そして共同体のリベラルな理想は、ある程度、リベラルな正義に忠誠を抱く最善の方法という着想の成果である。

ジョン・ロールズの『正義論』のような、リベラリズムに関する議論への基本的な忠誠は、それ自体が広く認識され、受容されうる理性的議論であるという事実においてはじめて把握される。つまり、その主張が理性により支えられ、異議や反論を予期し、理性によってそれらに向き合い、競合する理論を公正に考慮しようと試み、議論に反論しようとする根拠が明確だという事実において。誰もが理由と異議を与えることができ、最善の議論がどこからでも生じ、誰もが公共的に正当化できる見解が目標であるとみなされるとき、その議論は公共的なものである。[2] 公平な視点、つまり関係者全員に受け入れられる道理を見分けることのできる視点から、正義の原理を考慮するよう我われに要求するとき、その議論は道徳的なものである。その場合、誰もが勘定に入れられるのであって、勘定から外され、あるいは他者のために犠牲にされる人はいない。既存の判断や実践を単に反映することを意図しておらず、また多少の矛盾を取り繕おうとしないとき、その議論は哲学的で、批判的なものである。それは既存の見解の正当化可能性を批判し、テストするのである。その議論はソクラテス流のものである。[3] リベラルは、最善の状態で、すべてのことを考慮したうえで、利用可能な最善のものとして公共的に正当化しうる正義の原理を支持するように定められている。[4] こうした見方は、すべてのリベラルな理論について妥当するわけではなく、非リベラルな理論の一部についても妥当する。

『正義論』が、たとえば公共道徳の議論を提供していると言うと、やや陳腐な見方に見えるかもしれない。しかしロールズは、公共的議論ではなく、威迫的宣言を構成したかもしれない。「正義の二原理を真実と認めるか、友人たちと私とが事を構えるか」。ロールズは、自己の政治的原理を支持するための道徳的根拠をはっきりと述べる代わりに、「本能的反応」ないしは「平均的」市民の感情に訴えたかもしれない。同性愛禁止を正当化するため、デヴリン卿が「クラッパムの乗合自動車に乗っている男」への「嫌悪感」に訴えるように。[5] ロールズは、マイケル・オークショットのように暗示し、あるいはリチャード・ローティが示唆するように詩、歴史、および芸術に訴えたかもしれない。ロールズは、反対者をへこませるために機智、諧謔、皮肉、および誇張に依拠したのかもしれない。ロールズは、その政治的アピールを、マイケル・サンデルが提唱するように、我われのアイデンティティを「構成する」これらの個人的愛着および忠誠に基づかせることができただろう。ロールズは、聖書解釈または神の直接の啓示、あるいは個人的信仰を援用したかもしれない。ロールズは、「公正としての正義」は、彼らをより良い状態にするのだと、多数派あるいは強力な少数派を代わるがわる説得しようと努めたかもしれない。あるいはロールズは、単にいかなる理由も全く示さずに二原理の選好を主張しただけかもしれない。政治的意見は時にこうした方法で表現され、また他の幾つもの方法で表現されるのである。

政治的取決めは、理性に基づく省察ではなく、時には権力、宗教的信念、利益、選好、および単なる慣性によって支えられる。それらは常に、理性に基づく議論によって支持され、あるいは支持されうるわけではなく、少なくとも、公に言明され、公開で討論され、広くアクセス可能な議論によって支持されるものでもない。いかなる政治的取決めも、理性に基づく議論によってのみ支持されうるなどということはないだろう。リベラルな政治の活力が、全面的にリベラルな理論に依存するのだと示唆することが私の目的ではない。私の目的は、以下の章において、基本的に公共的正当化、いわば多くの実際のリベラルの実践に知識を与える行為にかかわる、リベラルな政治理論において予示された政治の理想を検証することである。

コミュニタリアンに対するこのリベラルの反応は、公共道徳としてのリベラリズムの観念において把握された政治の理想を探索するものである。この理想において、リベラルな価値は、我われ相互の道徳的義務の表現として、「我われが生きる最善の方法は何か?」という問いに対する最善の回答として、公職者および市民両者によって肯定されるのである。批判的省察は、公共的かかわりであり、最も根本的には、我われの政治的取決めをどうすべきかについて公共的に討議する方法へのかかわりである。憲法上の制度は、この継続的討議を構成し、維持する場である。正当なリベラル社会は、それを推奨する正義以上のものを有する。そうした社会においては、共同体、徳、および人間の繁栄についての積極的なリベラルの理想を識別することができる。リベラルな正義が統治する共同体は、リベラルな権利が侵害されない場所としてのみならず、共同体としても魅力的なものなのである。

個性と社会的多元主義、自由、合法性、権利、制限的政府、および公共的合理性——これらを差し当り、リベラリズムの中心的特徴としておこう。また、この簡潔な素描を念頭に置くことで、コミュニタリアンの懸念に対して、リベラルな政治と成果のさらに徹底した探索は後回しにしよう。

リベラルな政治に対するコミュニタリアンの批判

リベラルな個人主義は、それを支持する者にとっては、解放の達成と冒険であるが、その理想には、常に中傷者がつきまとう。政治的領域の両側から、批判者はリベラルな個人主義の公共生活、共有の価値、共同体、および市民の徳に対する有害な影響とされるものにしばしば非難を加えてきた。これらの批判は、自由な市場秩序と、資本主義経済関係の有害な結果に焦点を絞っていた。しかし、リベラリズムに対するコミュニタリアン批判者の増大する目立った点は、資本主義経済から、リベラルな権利、法および正義の社会的帰結へとその注目点を移してきたところである。リベラルな政治は、個人の権利の前に、友愛、社会的連帯、および市民の徳を犠牲にするものだとコミュニタリアンは非難する。リベラルは市民を、孤立して自己利益を優先する「原子的存在」以上のものにする共有のプロジェクトおよび目標を無視している、とコミュニタリアンはいう。もっとも有名なコミュニタリアンの中心的懸念を検証してみよう。

アラスデア・マッキンタイアによれば、リベラルな社会の道徳上の不一致の深さと広がりは、リベラルな個人主義の擁護者によってほとんど評価されていないとされる。つまり、我われの道徳的信念の著しい異質性は、我われの政治的実践を擁護しえないものにすると言うのだ。現代の道徳論議は、「共約できない」対立意見や伝統の「終わりなき」解決不能な衝突からなる。(6)功利主義的道徳議論は、人権に基づいて他者と争うので、一つの立場を他の立場よりも選好する相当な理由を我われは持たないとマッキンタイアは言う。「客観的で、人格にかかわらない」道徳基準を持たないので、我われの議論は、単なる「情緒的な」ものに過ぎず、あるいは個人的選好および党派感情の表明に過ぎない。(7)「道徳的多元主義」は、我われの窮状を考えるにはあまりに「自己満足的」で、不正確な方法であり、合理性または正当化についていかなる共通の、人格にかかわらない基準をも欠いている。我われは、「操作的な社会関係と非操作的な社会関係」を区別する能力を失っている。(8)意思と権力の主張は、合理的議論に成りすましている。リベラルは、多元主義や多様性を祝福するが、マッキンタイアは、現代性をホッブズ流の用語で描写する。つまり、対抗集団は、共有する道徳基準を持たないので、紛争を公正に解決するいかなる方法もない。だから自己の利益に適するように、誰もが「善」と「悪」を用いる、と。

道徳の恣意性の恐ろしい結果は、マッキンタイアにとっては深刻化している。というのも、「現代の自己」は、ひと組の「開かれた可能性」であり、「必要な社会的内容も、必要な社会的視点もない」から、それは「何にでもなり、いかなる役割も引き受け、いかなる視点も取ることができる」のである。現代のリベラルな道徳性は、「完全にすべての社会的固有性——地方の忠誠、社会的慣行、および受け継いだ規範、役割ならびに振舞いの伝統——から完全に切り離された、純粋に普遍的で、抽象的な視点から」判断を下すことを我われに要求するのだと、マッキンタイアは述べる。安定した社会構造において、いかなる固定した位置からも切り離されて、現代人は、方向感覚、羅針盤、または指示された目的地なしに、絶望的に漂流している。我われは、「達成についての客観的規準のない」世界において、目的もなく人生をとぼとぼ歩いているのだ。(9)

マッキンタイアにとって、我われがかつて持っていた共通の道徳生活から切り離され、あるいは疎外されているならば、我われの判断や基準も個人的で恣意的なものに過ぎないのだから、我われもまた孤立している。リベラルな個人性は、「善への共通の忠誠と共通の追求」から生じる市民間の結びつきを緩め、その代わりに何も用意しなかった。我われは、我われの生活に意味や方向を与え、我われの政体を道徳的共同体にする共通のひと揃えの徳の理解を何ら有しておらず、ましてやそれに対する忠誠は持たない。マッキンタイアのようなコミュニタリアンにとっては、多様性と個人性は、受け継いだ基準、共有の規範と人とを互いに疎外するのである。目的のない、恣意的な、孤立した、操作された……リベラルな個人を、万人に対する万人の闘争に追いやらないようにするすべてのものは、押し付けられた「官僚化された統一」なのである。[10]

マッキンタイアは、リベラルな現代性の問題の根を、善き生活のための共有の、公共的規準である、共通のテ︑ロ︑ス︑〔目的因〕の喪失に求める。ならば、リベラルが必要とするものは、前近代の、緩やかなアリストテレス的枠組みの復活である。そこでは政治は、共有の人間的目的の追求だと理解される。こうした方法においてのみ、我われは、すべての現代の道の終わりに待っているもの――ニーチェ流の権力への意志――を回避することができるのである。そこでマッキンタイアにとっては、アリストテレスは、「私がリベラルな現代性の声を対抗させた主人公」なのである。[11]

ここまでは問題はないだろう。けれどもマッキンタイア自身が認めているように、我われは、誰もが追求すべき善き生活についてすぐに手に入る説明は持っていないのである。人は、広く共有された基準、もしくは善悪についての慣習的観念に期待するかもしれない。しかし、他の多くの者と同様、マッキンタイアは、社会的実践や慣習に対して批判的立場を取る。マッキンタイアには、生じる一切のものを支持する用意がない。一部の実践は「邪悪なものに過ぎない」。さらに、マッキンタイアは、人生の目標や目的に関するもっと広い合意に対する希望については及び腰であり、人生における善とは何かという単一概念によって政治を組織する価値については、態度を決めかねている。マッキンタイアは、「何が人間の繁栄と福祉をもたらすのか、また、どうして対立し両立し得ない信念が、対立し両立し得ない徳の諸体系を生じさせるのかに関する、深い対立の文化史における場所」に注目する。マッキンタイアは、諸々の善の間の対立自体は良いことであり、善の間の競争は、発見手順を構成するものと認める。「我われが人生の目標や目的が何であるかを知るのは、時に対立を通じてのみ」である。よって、一つの点においてマッキンタイアは、まったくリベラルな譲歩を行う。「人の善き人生とは、人の善き人生を求めることに費やす人生である」[12]。

リベラルな現代性についてのマッキンタイアの理解は、誇張された、激しい不一致というホッブズ流の構図を、大規模な政治権力への疑念、並びにアンビヴァレントでえり好みに基づくといっていいほど現実離れした前近代の道徳共同体への懐旧に結合したものである。マッキンタイアの最後の指摘がある種の絶望であることに驚きはない。マッキンタイアは、「野蛮と暗黒の時代の到来」を予見し、我われの唯一の希望を、「新たな暗黒時代を通じて、文明化し、知的で道徳的な生活を維持することができる共同体の地方形態」に見出す。運がよければ、我われは、新たな「聖ベネディクト」によって救い出されるだろう[13]。幸運を願うのみだ。

この暗く描かれてはいるが、どっちつかずのリベラルな状態の記述でもって、マッキンタイアの項は終わりにしよう。マッキンタイアの分析は、とりわけ豊かで、調子は極めて辛辣で、結論はほとんど滑稽なほど悲惨であるが、彼の一般的な先入観は、リベラリズムに対するその他のコミュニタリアン批判者も共有している。

マイケル・サンデルは、もう一人の有名なコミュニタリアンの批判者であり、その攻撃対象として、「義務論上のリベラリズム」を取り上げる。それは、「善の概念は多様であり、人の目標は、与えられるのではなく、選択するのである」[14]との考え方に基づいて組織されている。マッキンタイアと同様、サンデルは、リベラルな人格の一定の特徴を批判する。つまり、省察に基づいて選択する者としての道徳的人物と、彼らが選択する目標と愛着との「距離」、リベラルな個人自身の分離、彼らの「開放性」あるいは受け取った、または確定したアイデンティティの欠如等である。サンデルにとって、リベラルな人格は、社会的状況に十分「位置づけられて」おらず、リベラルな市民のアイデンティティは、社会的価値や共有の目標によって十分深く「構成されて」いない。現代のリベラルな理論は、「我われの共通性を真剣に受け取ることができない」とサンデルは言う[15]。

マッキンタイアと同様、サンデルは、我われの疎外の根源を、リベラルな現代性が「テロスのない宇宙、目的を持つ秩序によって統治されない世界」であることに帰する[16]。コミュニタリアンは、アリストテレスの形而上学ないし宇宙論の復活を慫慂しないが、コミュニタリアンは一般的に人と政治的共同体とのより密接な同定を確立したいと思っており、政治の焦点をリベラルな権利や自由の保護から共有の目標や理想の追求に移したいと思っているのである。リベラリズムの悪に対するサンデルの処方は、「構造的」な共同体のより深い形態へとリベラルな正義を超越することであり、それは「アイデンティティならびに参加の利益」の保証に対する十分深い共通の愛着と忠誠である[17]。

サンデルは、またもマッキンタイア同様、コミュニタリアニズムがその果実を受け取る共通の理想の実質的な構図は提供してくれない。コミュニタリアンは、共通の政治的善についての幾ばくかの実体的理念もなしに、ただ一体性と調和の黄金時代に対する空虚な渇望を抱いているようにしか見えない、あるいは好ましい代替案の発見というよりは、リベラリズムに対する不満によって拍車をかけられた期待を抱いているようにしか見えない。軍国主義的なスパルタ都市国家は、ルソーには魅力的に思えたが、今日のコミュニタリアンが、スパルタの徳という犠牲を払うとは想像しにくい。ある種の<ruby>キリスト教国家（commonwealth）という構想のほうが、アメリカではより馴染みがあるように思える。実際、教会と国家（彼らの教会と我われみんなの国）とのより密接な結びつきを回復したいと願う者は多い。これは対立の確実な処方であろうが、コミュニタリアンは、いかなる場合も、いかなる認知しうる正統派にも合流していない。

我われは、リベラルな法、権利、そして自由へのコミュニタリアンの代替物は、本当は何なのかについて途方に暮れたままである。我われは、人間の目標や目的についての説得力ある説明を欠いているので、哲学的立場からは、袋小路にいるように見える。けれども、現実の共同体のほとんどの構成員は哲学者ではない。なぜ我われは、険しく、曲がりくねった回り道ではなく、哲学的な探求を共同体への道だとみなすべきなのだろうか？　おそらく、我われは哲学的な脇道を避け、その代わり民主的政治や一般的な慣習のほうこそを共同体への道として期待すべきなのだろう。

我われは、特定の共同体が達成した道徳的合意が何であれ、それを保全しているという価値において共同体を意義づけるかもしれない。サンデルは、この提案に同情的なようである。「コミュニタリアン」は、「ポルノが、その生活のあり方およびそれが維持する価値を害するとの根拠で、リベラルよりも町によるポルノ書店の禁止を許容する可能性が高い」とする。(18)右派の保守的なコミュニタリアンは、少数者による異なる生き方への権利申し立てに対して、社会にはそのアイデンティティを「維持する」権利があると主張する。道徳上の「許容性」に対して積極的措置が取られない限り、議論は次のような方向に行ってしまう。つまり、共同体の構成員を結び付ける道徳上のつながりは緩んでしまい、共同体は分解し、その構成員はばらばらに漂流し、孤立した「原子」となるというふうに。パトリック・デヴリン卿は、こう表現する。

政治、道徳、および倫理に関する共有の考えなしに、いかなる社会も存在できない。社会を共通の合意に基づかせている場合、その合意が失われれば、社会は分解する。社会は、物理的に結合されているものではなく、目に見えない共通の考えというつながりによって保たれているのである。つながりがあまりに緩やかになれば、構成員はばらばらに漂流することとなろう。(19)

デヴリンの「分解仮説」の欠陥は、Ｈ・Ｌ・Ａ・ハートが指摘する通り、その道徳が法によって執行されない限り共同体は分解するとの主張を、共同体は変化から守られるべきだとする「保守的仮説」と区別するのが難しい点である[20]。すなわち、社会がより許容的になっても、社会が分解することはないかもしれず、その構成員もばらばらに漂流しないかもしれない。それは単に、変化し、新しいよりリベラルな道徳を身に付けるに過ぎないかもしれないのだ。

たとえば、親密なプライバシーの権利を異性愛者から同性愛者に拡大することは、「社会の分解」につながるということは証明されていない。リベラルな社会が、変化と許容性の中にも堅固な統一の能力を有するならば、デヴリンは、リベラルな規範を受け入れなければならないだろう。けれどもデヴリンのような保守主義者は、逸話的な証拠に基づくだけで、社会の統一は非常に脆弱だと想定するのである。

「社会を作るのは」「理念の共同体であって、政治的理念だけではなく、構成員がどのように振舞い、生活を規律するべきかというあり方についての理念でもある」とデヴリンは述べる。デヴリンの保守的共同体主義は、前合衆国司法長官エドウィン・ミースおよびニューライトの学者が肯定的に引用し、法律家のロバート・Ｈ・ボークは、個人がポルノを読む、あるいは乱暴な言葉で意見を表明する権利を保護する司法の営為は、リベラルな公共道徳ではなく、「道徳相対主義」の執行だと解釈する[21]。リベラルな裁判官に反対してボークは、議会が善い行いについての多数派の見解を、私的なものとみなされることの多い領域で強制することを認めるだろう。寛容とプライバシーの核心的なリベラルの価値を拒否して、ボークは、善い行いについての多数派の見解に対する違反を、共同体全体に対する「道徳的害悪」として取り扱うだろう。

共同体の道徳の強制を、個人の権利を代表する司法の干渉から遮断するため、ボークはその実践と伝統を含む「共同体の常識」を、ボークが言うところの「抽象的で哲学的」、もしくは「道徳の抽象化論者」が提唱する「普遍的な法的思考様式」の議論と区別する。[22] ボークは、政治的権威を政治道徳の優れた議論（それはある程度抽象的にならざるを得ない）にではなく、「人々の常識」に委ねたいと願うのである。ボークにとって個人の権利は、許容性とみなすものに反対し、より明確なアイデンティティを政体全部に押しつける共同体の権利（より正確には、一連の政治対立に勝利した者が持つ権利）を妨げるものなのである。

マッキンタイアの理想主義的共同体主義に反して、デヴリンとボークは、抽象的理想については懐疑的であり、法に一般的な道徳の強制を認めることには賛成である。とりわけボークは、多数派の専制という古い残像には悩まされていないようである。デヴリンやボークのように、政体の受け継がれた慣習、慣行および「共有された意味」に合致する権利に関して、抽象的・哲学的な議論の政治的権威を過小評価する哲学者がいる。私が擁護したいリベラルな理想は、批判的省察と公共的正当化を志向するので、批判的思考の公共的権威を過小評価するだろう者の議論を注意深く考慮するために、立ち止まらなければならない。

政治的実践と批判的省察との関係は、単なる「哲学的」問題ではない。リベラルな、法的および政治的制度は、自由の保護を目指すだけでなく、公共的正当化における終わりのない行使を助長して、異議を唱える者に正当事由を与えるのである。本当に政治的な問題に直面して、リベラルは、最善の状態で、受け取った慣行ないし社会的合意を反映する以上の権力行使の正当化を求める。哲学に対する反逆は、たとえ成功したとしても、理由を要求し、理由を与えることの価値に対する参加者の信頼に依存する司法審査のような、政治的実践を駄目にしてしまうだろう。

慣例主義者によるリベラリズム批判

マイケル・ウォルツァーは、司法審査は立法行為の合理性に特に関心を持つものだと正しく主張し、それゆえに「裁判官は哲学的改革の最も可能性の高い道具である」とする。[23] 法の権威は、「人民の意思の作用であって、理性によるものではない。人民は神および絶対的君主の後継者であって、哲学者の後継者ではない。人民は正しいことを知らないかもしれないが、彼らが正しいと思うこと（文字通りには、彼らを喜ばせること）をする権利を主張する」とウォルツァーは論じる。[24] 哲学的正当化はある一つの事柄であって、政治的権威はそれとは全く別の物である。「民主主義は、哲学領域においてはいかなる主張もなく、哲学者は、政治共同体において特別な権利を持たない[25]」。

皮肉なことに、ウォルツァーの選好する政治的取決めは、哲学と司法審査の両者に決定的に依存する。人民の「支配への要求」は、彼らの権力にのみ基づくものではなく、議論の質にも依存するのである。「ルソーの主張」は、その好例だと想定される。さらにウォルツァーの民主主義は、単なる多数派主義ではない。ウォルツァーは、民主主義過程が確実に開かれ、包摂的であるように、裁判官に「法的差別および政治的抑圧に対する双子の禁止を」強制させるのである。[26] しかし、民主主義過程が、こうして哲学的検閲を通過しなければならないとするならば、権威は人民の意思のみに依存するものではなく、民主主義と批判的理性は別物ではない。

社会的批判は、「解釈的」であるべきであり、「内からの批判」ないし「近接した批判」を含むべきだとウォルツァーは言う。それは単に最善の都市を求めるのではなく、「スパルタ人にとっての最善の都市」を求めるべきものである。けれども、ウォルツァーは地方の伝統や慣行への忠誠の重要性を強調すると同時に、「殺人、詐欺、裏切り、深刻な残虐性」に対する一組の禁止事項である、どこであっても正当化される「普遍的道徳規範」もまた承認する。[27] ウォルツァーの議論の地方的で反哲学的な化粧板は薄い。それはリベラルな民主政治の原則的道徳理論をわずかに覆うのみで、その競合相手と同様あらゆる点で「哲学的」なものなのである。

ウォルツァーの政治的理念は、普遍的な禁止事項および抽象的で一般的な価値を含む。実際、帰属の重要性の指摘は、そのようなものとしての共同体への忠誠を強調するものであり、その者自身の共同体の特殊な価値ではない。省察的で、（特定共同体の党派性とは反対に）「世界主義的」なコミュニタリアンは、他の共同体の権利も真剣に受け取り、自身の共同体構成員だけでなく部外者も尊重するだろう。こうしてこのコミュニタリアンは、リベラルな規範も包含するのである。[28] けれども、司法府と哲学に対する冷笑を積み上げることによって、ウォルツァーは、思慮の欠如、恣意性、そして大衆の専制に迎合する危険を冒しているのである。

政治的対立は、基本的に共同体間および共同体内での衝突を含む。政治は、一般的に外交関係ではなく、我われの多元主義的政治の中に多数の「部外者」がいる（クリフォード・ギアーツが言ったように、「アラブ人はカレーよりもはるか昔に存在している」）。[29] ポルノのような問題に関する論争は、まさに我われの共同体の生活の仕方の最善の合意をめぐる論争である。地方の慣行や伝統への言及を超えた正当化がなぜ重要なのか理解を進めるため、現代政治生活の多様な共同体的性質を把握しなければならない。

ウォルツァーによる地方的意味へのこだわりは、どっちつかずのものである。ウォルツァーは、広く、自己批判的な道徳的視点を取り入れることに真の意味では抵抗することができない。他の論者らは、哲学的省察への依拠を控える点において、ウォルツァーよりは一貫している。

マイケル・オークショットにとっては、政治は「抽象的な「正義」またはその他の抽象的な「原理」を追求すべきものではない」。政治は「親密さの追求」であるべきなのである。[30] こうした親密さは、人の政治文化の歴史および「伝説」において研究することができる。哲学的観点からは、政治文化は次のように見えるとオークショットは述べる。

教義や制度の歴史ではなく、哲学者が一般的な思考方法および提案した解決方法において探知した矛盾の歴史。政治哲学は、政治活動において成功する我われの能力を高めるのだと期待することはできない。それは、政治的企ての善と悪との区別には役立たず、我われの伝統が示しているものを追求する企てにおいて、我われを導き、指示する力を持たない[31]。

オークショットは、政治的知識を、歴史的で、固有のもので、たとえ流動的であっても継続している生活の仕方の慣行や伝統に体現されているものとみなす。政治的知識は、経験のある実務家が持っているもので、重大な損失または「短縮」なしに、規則、原理、および理論において明確に述べることはできないものなのである。政治哲学は対照的に、実践的には無能なものだとみなされる。

オークショット流の政治の生き生きとした特徴は、技術的、自覚的で「規則集」的な知識に対する、慣行や伝統といった明確化されない知識の優越性である。我われの時代の大きな誤謬は、合理主義の誤謬なのである。つまり、「順応性があって決して固定化されず、あるいは終わることのない行動習慣から、抽象的思考の比較的固定化された制度への転換」である[32]。またオークショットは、「組織だった道徳的理想を意識的に追求すること」が、合理主義の誤謬のひとつであることに何の疑念も抱いていない[33]。実践的政治は、道徳哲学への渇望なしに行えるのである。

オークショット流の政治は、流動的な特定の生活様式の慣行や伝統からその立場を得ているので、政治的行為に対するモットーは、「流れに身を任せる」というものだと人は予期するかもしれない。すなわち、時代が変わるにつれて、オークショット流の保守派は、それとともに変わっていくと予期するのである。けれども、オークショットの政治的論考、特に最新のものには、法の支配、福祉国家以前の最小政府という、古典的なリベラルな理想の明快な記述が見出せる。すなわち政治的取りはからいは、人々が多様な自ら選んだ目的、目標、および企てを追求する自由を保護することのみに関心を向けるのである。オークショットは、「大衆」(「無力で、おべっか使いで、個人性への反対においてしか生存できない」、つまりは従属的)の、社会計画、および自由の保護を越えた集合的目標の追求の政治を嫌悪する。[34] オークショットが追求する暗黙知は今でも、一九世紀の古典的自由主義であり、「これから考案すべき国家のもっとも文明化した、もっとも重荷の少ない概念」としてオークショットが激賞するものである。[35]

けれども明確に述べられた批判的原理および理想を軽視しているせいで、オークショットは、その慣行がいったん放棄され、その暗黙知が奪い取られた場合、古典的自由主義の道徳的擁護を与えることができない。またオークショットは、慣行と暗黙知を得るのに十分な期間存続したうえで、現代政治が取り入れるだろう転換に対する道徳的批判を、提起することもできない。習慣、期待、そして慣行は、福祉国家あるいは何らかの政治的革新の周りで増加しているので、オークショット流の批判の根拠はなくなってしまうのだ。単なる存続を通じて、イデオロギーは制度化されうる。合理主義自体は、追求すべき暗黙知を取得し、良心的なオークショット主義者は、それらを追求するか、沈黙を保つべきなのである。オークショット流の保守主義は、新しいものに対して、古い暗黙知、慣行および慣例を唱道し続けるだろうが、正当な理由（個々の慣習に対して闇雲に私たちの関心を差し向ける以上のことをしてくれる理由）なしに新しいものより古いものを好むことは、せいぜい、風変りであるか、最悪の場合、単なる頑迷あるいは反動としか見られないだろうし、いずれの場合でもますます関連性はなくなっていくのである。

事実として、古い暗黙知、慣習、および慣行は、新しいものと並行して存続し、新しいものは絶えず生じるのである。暗黙知の追求としての政治の中心的困難さは、現代国家のイデオロギーの複雑さにある。英国の過去のある時点で、実践的な政治生活の特定の理解によって無自覚的に育てられた、比較的同質で統一された支配階級が、所与としての暗黙知を当たりまえのものとして受けとることは可能だっただろう。[36] 正しい種類の教育および監督によって、こうした選良がすべての者の利益のために統治することも可能だろう。[37] しかし、今日の民主的で、多元的な政体においては、いかなるひと揃えの暗黙知も「所与」ではなく、慣習、伝統および慣行は、我われの忠誠を巡って競い合っているのだ。我われの政治文化の複雑性は、我われがいくら望んだところで、オークショット流の暗黙知によっては統治できないということであり、このイデオロギー的に舵のない政治概念は、人々がどの方向を取るべきか議論し始めるまでしか作用しない。

政治的対立に直面して、「あなたの暗黙知を追求しなさい」ということは、まったく意味がない。――誰の暗黙知なのか？　田舎のキリスト教徒なのか、都市のヤッピーなのか？　我われの問題は、人々が積極的是正措置《アファーマティヴ・アクション》、同性愛者の権利、およびポルノをめぐる論争をどのように解決するかについて、大きく異なった感覚を持っていることなのである。正当化された方法で政治道徳の問題を解決しようと思うならば、我われは、対立する暗黙知を超えて進み、明確に述べることができ、誰もが受け入れられる公的に擁護できる理由および原理に訴えなければならない。よって、明確に述べることができる価値と、原理に実践的に依拠することの価値を低めようとするオークショットの試みは、失敗に終わる。

政治的対立は、哲学によって道を踏み外し孤立した個人が、抽象性の追求自体を目的として、慣行を放棄し、安定した生活様式を覆すために生じるのではない。対立は、伝統、慣行、そして共同体が様々であって、重複し、流動的で、複雑だから生じるのである。オークショットのような慣例主義者は、政治的対立の場面を誤って記述し、良い道理の追求が由緒ある慣行であることを、理解できないでいる。理論と実践は別物であるという理解は、我われの実践についての誤解に基づくものである。

オークショット流の主題に関するリチャード・ローティによるプラグマティックなバリエーションは、理論と実践を区別しようとすることの不毛さのもう一つの教訓を与えてくれる。ローティの主目的は、信頼できる知識とみなされるものを事前に判定すると主張する、哲学的理論の虚偽性を証明することである(38)。しかし、形而上学と認識論の有効な主張を覆そうとする情熱のせいで、ローティはあまりに大雑把にそれらを一掃してしまう。政治的熟議における自己批判的で、道徳的な理由提示の実践、〔すなわち、〕それに依拠することが、政治において我われの注意を引こうと争っている慣習、慣行、および暗黙知の多様性への応答である深遠な実践を、ローティは弱体化させてしまうのである。

ローティの反基礎付け主義は、明らかに、デカルトが追求した「非常に明晰で非常に確実な実証」（幾何学の証明を範とする実証）といった類の探求を避けることを意味する。[39] 政治道徳への最良の回答は、「確実で疑う余地のない」真実のみを生み出す厳格で禁欲的な方法の適用ではなく、我われが公的議論において取り組む複雑な考慮に基づくのである。我われは、精神を「追放し」、すべての意見や偏見を脇にのけて政治的問題を考察するわけではない。むしろ我われは、代替的見解を注意深く考察し、一つの立場を別の立場と入れ替え、利用できる証拠に基づいて判断することによって、持っている考えを批判的に精査するのである。

ローティは、デカルト流の基礎付け主義の放棄を超えてさらに一貫して進み、政治的正当化の適切な実用的基準は、共同体の合意であることを暗示する。[40] ローティは、自分の共同体の伝統や慣行ではなく、抽象的な理論と「一般的原理」を掲げることによって自らを過小評価する「知識人」を攻撃する。[41] ローティは言う。合理的行動とは、

同様の状況において、関係する共同体の他の構成員の行動とおおよそ類似する種類の行動に適応するだけのことである。物理学と倫理学において、不合理にとは、人が、当該共同体の成員であることを放棄するか、剥奪されることとなる行動のことである。[42]

他の箇所でローティは、真実とは、「他の条件が等しいとき、仲間が我われに言わせてすませるもの」だと述べている。[43]

知識が社会的に生み出され、試され、洗練されることは、十分明白で、慣行が出現したり強制されたりすることは、人々が実際に受け入れている信念の観点から説明されるかのように思える。しかし、いかなる点においても、真実または正当化された信念を、特定集団の評決によって特定することはできない。そうすることは、正当化と説明の区別を無視することになる。

良い道徳的道理を、特定共同体で実際に強制されているものと同一視することは、道徳を処世訓「うまくやっていきたいのなら、従いなさい」に還元することである。批判が拒否され、批判者は追放されるという理由だけで、共同体の道徳的批判は「不合理」だと言うことは、合理的なものを受け入られるものと同一視することである。ローティの見解を政治道徳に適用することは、正義を強者の利益と同一視することになってしまう(44)。それは、集団は誤ることが決してないと想定することであり、また道徳的批判の政治的実践の核心を全く理解し損なうことになるのである。

ローティは、道徳的批判の実践を内部から見ることに抵抗する。内部で問題となる道徳的不一致は、世論調査ではなく、利用できる議論と理由の質の問題である。我われはいつも、特定の共同体の判断は、合理的で、情報に基づき、擁護できる議論に基づくのか、あるいは集団的不合理、偏見、または迷信に基づくものかどうかを問う。そして誰が最も多くの支持を得るかではなく、対立する言論の質を考慮することによってのみ、こうした問いに答えることができる。

ソクラテスの行動以上に「順応的」でない「行動」を想像するのは困難だろう。哲学にうるさい人を演じたため、ソクラテスは、共同体の成員資格をはく奪されただけでなく、共同体により死を与えられた。ローティの見解は、我われにソクラテスを不合理なだけでなく、不道徳だというレッテルを張るよう暗示しているが、これは彼の議論の価値を検証することなくなされているのである。道徳の審判者が個人的適応と共同体の拒否の間にあるとするなら、ソクラテスの場合、いかなる「価値」もないだろう。彼は適応できなかったのである。

ソクラテスが「正しいこと」を行っていると考えたことは、ローティの見解によれば、究極的な皮肉に過ぎない(45)。ソクラテスが、しばしば我われの共同体において（専門の哲学者だけでなく、マーチン・ルーサー・キングのような政治家によっても）徳のパラダイムとして提示されることは、ローティが哲学的批判の場を、我われの政治的実践において根本的に誤って特徴づけていることの証拠である(46)。

ローティは、我われの「忠誠と信念」の「道徳的力」はある部分、「それら（忠誠と信念）をもって生きることが、特定の人物として自分を理解すること、つまりこの家族または共同体もしくは国ないし人民の一員として、この歴史を有する者として、革命の息子や娘として、共和国市民として、理解することと切り離せないという事実に存する」とのサンデルの指摘を引用して、道徳の概念をコミュニタリアンの政治と結びつける(47)。しかし、ローティは、サンデルよりもずっと先を行こうとする。彼は「私は言いたい」と、次のように述べる。

> かかる忠誠と信念の道徳的力は、すべてこの事実からなり、それ以外の何物もいかなる道徳的力を持たない。それらを強化する信念や希望および感情が、我われが道徳的ないし政治的熟慮のために自己同定する他の集団構成員の多くと重なるという事実、およびこれらはその集団の独特の特徴、すなわち他の集団と対比して自身（グループ）のセルフ・イメージを構築するために用いる特徴であるというさらなる事実以外に、かかる忠誠と信念の「根拠」は存在しない。

ローティは、道徳的正当化は次の通りだとさらに続ける。

> ほとんどは、哲学的超越物語の問題ではなく……、歴史的物語の問題である。歴史記述の主な裏付けは哲学では

なく、芸術であり、たとえばその英雄を神格化し、敵を悪魔化し、構成員間の対話を積み重ね、その注意の焦点を向け直して集団の自画像を発展させ、修正することに資する。(48)歴史記述と芸術によって支えられた、重なり合う、独自の自己同定は、ローティによれば公共道徳の適切な材料なのである。

政治道徳の基準はもちろん、公的に議論し、適用されなければならず、それらは不可避的にある共同体（あるいは一定の抽象レベルまたは別のレベルで特徴づけられた「我われの共同体」）の慣行に根差すことになる。我われの多元主義は、我われを単なる「コミュニタリアン」であるだけでなく、「複数共同体的」にすることをひとたび認識するならば、重大な問題を再度問わなければならない。どの共同体の基準を適用すべきなのか？　仲間のどの集団が最善の議論をしているのか？

近隣は都市の一部であり、都市は州の一部であり、州は国の一部である。教会、家族、および多数のその他の結社は、すべての政治部門を横断する。ある意味ですべては共同体であり、それらはしばしば対立する。アメリカの公民権運動期間中に一部の南部人は、自分たちは自分のことは自分ででき、多くの北部人（彼らの思考にとっては部外者）が、どう生きるべきかを教えにやってくる必要はないと主張した。どの共同体基準を強制すべきだったのか？　誰の慣行を？　誰の慣習を？　州のなのか、あるいは国のか？　慣習主義者がこの問題を解決できると考えるのは困難である。リベラルな公共道徳の観点からは、我われは単なる偏見、ステレオタイプ、および無知と道理とを区別できるようになってきている。我われは、黒人の道徳的人間性を承認し、彼らの権利の尊重を主張し、彼らを改革された政治共同体の中に含みこむ。

コミュニタリアンは、比較的高い水準の合意を持つ共同体を好むだろう。しかし、実際の意見の不一致の欠如は、共同体の道徳の質を確立するには不十分である。公民権運動前に一部の南部共同体では、黒人は、恐怖あるいは無知の何れからであるにせよ、不正義に従っていた。すべての女の居場所は家であると考えていたのは男だけではない。受動的受忍は、組織的差別の道徳的悪質さを変えることはない。不正義が批判をもみ消すことに成功する際、そのことによって反対すべき程度が低くなるわけでもない。

ローティのような慣習主義者をいらつかせる不一致の問題は、政治的再分割によって解決できるだろう。いったいどうして、現在の政治的境界は、共有された意味の共同体と必然的に同一の広がりを持つと想定するのか(49)? 愛国主義者運動の血なまぐさい歴史が生き生きと描くように、人はゲリマンダーのもっとも洗練された技術を適用することができたはずなのに〔実際には〕、それでも、異なる文化および宗教的アイデンティティを持った人が居住する混在地ではない、相当な大きさの連続的区域を識別する困難を強いられている。合衆国のような広大な国の中では、いかなる政治的見解も、あまりにありそうにないので、誰も明言していないなどということはない（リンドン・ラルーシュを見ればわかる)。我われの基本的な政治的忠誠が、共有する意味を持つ共同体の全体性を尊重することであるなら、我われは終わりのない政治的再分割の仕事に投げこまれることになるだろう。

合衆国のようなリベラルな体制は、マッキンタイアが主張するほど、激しく分裂してはいない。マッキンタイアは、明らかなメタ倫理的な紛争（たとえば、功利主義と権利を基礎とした道徳の間の紛争）の解決不能性を強調するが、アメリカ人が抽象的でリベラルな価値への基本的な忠誠、およびそこにおいて不一致を議論して解決する政治道徳の共通の言語を共有する事実を無視している。殺人、窃盗、詐欺および賄賂の禁止は、代表制度および多くの市民的、政治的権利の価値として広く受け入れられている。アメリカは、慣習主義者が想定するより多くの不一致を有する一方で、政治マッキンタイアほどには恐れていない。不一致は、政治道徳に関する議論を必要とする。合意はしばしばそれらを擬制的なものとするに足りる。民間の市民は、単に道徳上の不一致に対処する「自身の工夫に委ねられて」いるのではない。その反対に、裁判所から議会、大学までのリベラルな制度は、政治道徳の基本について議論するのである[50]。

政治道徳の基準は公共的なものでなければならないので、また道徳は我われが学ぶものなので、いかなる道理に基づく政治的立場の唱道も、実際には「共同体」の道理の唱道なのである。しかし、我われは多くの異なる共同体を移動するし、政治共同体自身、単一の均質な共同体ではなく、共同体のダイナミックな配列なのである。個人の決定的な能力を生み出し、行使するのは我われの「複数共同体性」であって、精神と自然との何らかの形而上学的な分離ではない。

我われは、特定共同体の慣行または道理が、まして政治共同体などが、最善のものだとあらかじめ言うことはできない。最善の道理は、我われの前にある代替物の相対的長所を実際に判断することでしか決定できない。政治道徳に関する議論は、共同体が自己批判する機会であり、古い共同体は、再形成されるか、分解され、新しい共同体が現れる。公共道徳の最善の道理が、常に共同体の道理であることは確かだが、共同体は多様で、重複し、かつ流動的なので、共同体という考えは、政治道徳の最善の道理を我われがあらかじめ特定するのには役立たない[51]。

反理論的慣習主義および道徳的に基準のない反基礎付け主義は、最初はコミュニタリアン政治の同盟者だと見えるかもしれない。しかし、伝統、慣行、および慣習の多様性が我われの窮状の根源である限り、伝統、慣行、または社会慣習を援用する者は、いかなる政治的立場に対しても何の役にも立たない。

抽象的な道徳的議論において政治の中心的な役割を擁護することは、哲学を我われの慣習や伝統の上に置くものではなく、我われの慣習や伝統のうちの一つの重要性を強調するものなのである。ボークやローティとは異なって、オークショットは少なくとも、アメリカの政体の「圧倒的に合理的な」特徴、合衆国の政治における「抽象的原理」の圧倒的存在、および「合理主義政治の神聖な文書の一つ」として独立宣言の地位を認める。ローティは、アメリカの政治は、徹底してプラグマティックで、個別事例に基づくものだと信じているようである。「代表なければ課税なしは」と彼は言う、「課税の性質の発見ではなく、［ママ］当時の英国議会への不信の表現である」[52]。独立宣言の「不可譲の権利」およびアメリカの憲法的伝統の相当部分についてはこれくらいにしておこう。

ローティはあたかも、プラトンの哲人王の絶対的な主張を退け、これに代わるものは見出さず、基準のないポピュリズム、ジャクソニアン民主主義――その党派性は、博学なジョン・クインシー・アダムズを次の根拠で退けたのだが――の戯画を描いているに過ぎない。

我われから遠く離れて役に立たない物を知らないことは、曖昧で、微妙だが、我われの日常生活で眼前にある物を知ることは、最高の知恵である。[53]

ローティの政治道徳の善悪に関する不明瞭性は、受け入れられるほどに実践的で、プラグマティックで、文学的な議論と、哲学的議論との間に彼が引く分割線の不明確な区分に対応する。プラトンは入らず、ドゥーンズベリーは入る。しかし、ロックの『市民政府二論』や、ミルの『自由論』はどこに当てはまるのか？『フェデラリスト・ペーパーズ』、独立宣言、そしてアメリカの憲法についてはどうか？　連邦最高裁の意見、あるいはアブラハム・リンカンやマーチン・ルーサー・キングの政治演説については？　実践的志向のリベラルな政治理論や、省察的で、道徳的に自己批判的なリベラルな実践は、ほぼ間違いなくアメリカの最善の政治的伝統を合わせて形成しているが、それらは広範な領域に存在する。政治道徳に関する真摯な思考とアメリカの政治的実践とは十分に重なりあい、単純な二分論をまったく支持できないものにしている。

ローティは、「民主主義の政治的言説は、最善でも、ヴィトゲンシュタインが「特定目的を想起させるもの」と呼んだものの代替物―逸話……および予言に過ぎない」と主張する。[54] けれどもローティがここで「最善」という言葉で何を言おうとしているのかは、非常に不明確である。ローティは、政治的実践を良くし、悪くするものについて極めて明確性を欠いている。普遍的で、永遠で、超越的な基準を避けるのは一つのことであるが、ローティは、現在利用できる最善の道理に基づいて、今ここにおける正邪の機能的規準を明確に述べることができない。[55] ローティは、民主主義は、逸話を語る時が「最善」であると安易に想定している。ローティは、道徳的理性と議論は、実践的には「自立し」ていないか、あるいはあまり「金銭的価値」がないと暗示する。しかし、実践的な道徳問題がどのように解決されるかについてのローティ自身の記述は、非常に奇妙である。

権利の保持者としてリベラルな共同体に誰を含めるかの決定は、それ自体政治道徳の難しい問いである。成熟した、省察的で、責任ある成人市民は、（今日）完全な構成員に明らかに入れられる――彼らはリベラルな権利の全部を保持する。子どもは、一定の権利を持つ（奴隷に売り飛ばされないとか、様々な方法で虐待されない）が、基本的判断、省察および責任能力の発達途上にあるので、子どもには契約を締結し、あるいは選挙で投票することは認められない。もちろん、多くの難しい問いがある。胎児は生きる権利があるか？　動物は何らかの種類の権利を持つか？

ローティは、リベラルな権利保持者というカテゴリーに入れるか除外するかの判断を正当化するための、道徳的理由を探す企て全体を過小評価する。四歳児と較べて一八歳の者の変化した地位について、ローティは、「生じたのは、ある者の他者との関係の変化であって、今やかかる新たな関係に入っていく者の内部の変化ではない」と言う。十代後半の者を幼児から区別することに含まれる判断は、「無分別」かもしれないが、「誤って」はいない。「共同体」は、「認識の権威」の源であり、哲学は、堅固な批判的視点を与えることによって、仲間が我われに承認を与える我われ自身の主張の確信を強化したり、減殺したりすることはできないのだとローティは述べている。[56]

四歳と一八歳の子ども間には、権利を保留し、また与えるための正当理由を提起する適切な差異が存在する。四歳児は、幅広い自由——家を出て、性的関係を結び、結婚し、子どもを持ち、契約をする等々——の保持を正当化する判断力と責任を獲得する段階には達していないが、ほとんどの一八歳の子どもはその段階に達する。成人の閾値についての我われの判断は変わりうるが、決して恣意的にではない。飲酒運転がより多くの交通事故死に寄与しているので、一八歳から二〇歳の者が、責任をもってアルコールを摂取する能力に関するアメリカ合衆国の意見は変化した。一八歳の者の政治的権利に関しては、アメリカの投票年齢がベトナム戦争末期にかけて引き下げられたことは偶然ではない。一八歳の者が戦闘に参加し、国のために死ねるほど成熟しているならば、彼らに対して正当に選挙権を否認できるだろうか？　戦争中の大学生の政治活動は、一八歳には投票するに十分な洞察力があると多くの年長者を説得することに役立っただろう（他の者にはその反対を確信させたかもしれないが）。政治道徳の理性に基づく判断に関する多くの材料がここにある。私が引用した要因のどれも、成人の単純な閾値を端的に示すものではないが、すべては健全な判断が考慮する適切な考察を指し示している。人はそれでもなお、こうした要因を批判的に省察せず、人の意見に「確信を抱く」かもしれないが、そのような確信は正当化されない。

ローティは、権利を帰属させる理由を正確に述べまた批判することに、いかなる重要性も、利益も見出していない。他の「物」（ローティは、ヒラメ、蜘蛛、豚、光電管を挙げる）はそうでないのに対して、赤ちゃんや「より魅力的な種類の動物」（ローティはコアラに言及する）は、我われの共感を喚起するので、後者には尊重する形式を及ぼす。

豚は、知能テストではコアラよりずっと高い得点を得るが、豚は正しい人間の形をした方法では身もだえせず、豚の顔は、日常会話につきものの顔の表情としては不適切な形である。よって我われは、豚を屠殺場に平静に送るが、コアラを保護する協会を結成している。これは、ばかな者（あるいは胎児、または先住民もしくは火星人）に市民権を拡大し、あるいは否定することが不合理である以上に「不合理」なわけではない。(57)

あるいは、黒人は、または女性はどうか？　ローティは、人であることとは「我われの一人である」ことに過ぎないと言う[58]。また道徳はローティにとって、好むと、我慢するとにかかわりなく、身近なことを我われが行う方法に過ぎない。

豚とコアラ、あるいは白人とアボリジニの区別を正当化するために理由が必要なことを理解するのに、専門的哲学者は必要としない。アボリジニが苦痛を感じ、省察、選択および恨みを感じるかどうかを論じるために、我われは形而上学または認識論を必要としない。むしろ彼らの権利を尊重する理由があり、その力はいかなる特定の集団の承諾にも依存しないという理由がある。道徳的理由は、ローティが想定するように、単に世論を反映する必要はなく、またそうではないことも多い。我われには、黒人は人間以下であるとか、「女性」の居場所は家であるとの主張を拒否する正当な理由がある。リベラルな政治とは、最善の状態で、公共の道徳的議論および道理を要求し、提供し、試すことなのである。

政治的決定を正当化するために現在公に提供されている道徳的理由は、後に他者が依拠したり、援用したりする傾向がある。他者は、同じ理由が彼らの主張を正当化し、苦情を裏付けるのだと主張する。白人男性が投票権を持つなら、なぜ黒人や女性には持たせないのか？　黒人や女性は、省察的で、政治的判断を形成する能力があり、彼らの利益は、白人男性と同様、日々政治において利害にさらされている。同意しない者は、不同意の理由――相対的に類似した事案に対し、公正に拡大する用意がある理由――を提示すべきである。

我われが線引きする区別や差別に正当理由がない場合、我われは当たり障りのない受容ではなく、我われの思考のさらなる省察、そしておそらくは変更を要求する、不合理性または矛盾を抱えているのである。我われの政治的取決めを正当化する理由を適用する際の、公共的で、明確に表現された一貫性は、リベラルな公正の基本的な、おそらく最も基本的な要件である。明確に表現された一貫性は、我われと同様に理由を与え、受け入れることのできる他者の尊厳に対する、我われの尊重を表現する。我われは、道徳の明確な表現および一貫性を希求する。それは、抽象性に対する「哲学的な」崇拝のためではなく、共通の理性を公に尊重し、道徳的理由の公正で一貫した適用に代わるものは、恣意性、単なるわがまま、そして専制にすぎないと我われが認識するからである。(59)

結論

ウォルツァー、ボーク、オークショット、そしてローティは、省察の成果で武装し、抽象的原理の規則を政体に押し付ける傾向のある「哲学的前衛」に対する共通した反対によって結ばれていて、政体はそれらがなければ、もっとうまくやれると主張する。ウォルツァーは、「自らのアイデンティティの堅実な感覚」を備えた人々、「文化を共有し、共有し続けることを心に決めている、現状に置かれている……我われと同様な個人」の正義の原理を探すのだと主張する。ウォルツァーは、「我われの共通生活の過程でどんな選択をすでに行ったのだろうか？　どんな理解を我われは（本当に）共有しているのか？」と問うことにより論を進める。(60) ウォルツァーらにとって、哲学的前衛に対する反対は、司法審査の役割についての限界に転換される。

「哲学」の政治的権威をめぐる議論は、哲学者の間および政治の実務家の間で盛んである。司法審査に関する保守的な批判者は、道徳理論は「知識人」がその個人的選好を登録する方法以上のものではないと主張する。ウィリアム・H・レーンキスト首席裁判官が述べる通り、「我われの多くは、自らの道徳的判断について必然的に強く、深い感情を抱くが、それは法の裁可が与えられるまでは個人的な道徳判断にとどまる」。(61) ボークは、「自由を主張する少数派と規制権限を主張する多数派の衝突はすべて、二つの集団の満足の選択にかかわる」と論じた。(62) 異なる種類の満足を区別するための原理的な方法は問うことなく、ボークは、多数派が思い通りにすべきだという。政治的または道徳的理論は、道理の共通基準の明確化には役立たないとニューライト法学は主張する。政治的権威は、選挙を通じて、そして裁可した制度、憲法を通じて、人民の意思から生じる。人民の権威に対する憲法上の限界（たとえば権利）は、狭く解釈すべきである。我われは、人民が自らの権力を、明確に意図したものより多く放棄したと想定すべきではないからである。裁判官の権能は、憲法の明文に明らかで、制定者が当初意図していた権利および人民の権力への制限の執行にとどめるべきである。

哲学の実践的役割への批判は、私が論じたように、我われの政治的実践を手つかずにしておくどころか、慣習主義の形態へと崩壊する傾向にあり、我われの最も価値ある、大切にしている実践のいくつかの土台を掘り崩すことになるだろう。リベラリズムの擁護者は、哲学から時に自らが逃避してきた。ダニエル・ブーアスティンが述べたように、「リベラルとしてとどまるためには、我われはリベラリズムの戦士となることを拒否しなければならない」という、古い「イデオロギーの終焉」観を考えればわかる。アメリカは、政治理論がないから偉大なのである。政治理論を持ち、それを他者に押し付けようとすることは、非アメリカ的である。[63] 私もOK、あなたもOKなのだ。

ブーアスティンの見解の根底にあるのは、ローティと同様、自画自賛的な「我われがここで行っているやり方」を採用することである。リベラルは時にはそれを好むが、私は最善の状態ではないと思っている。政治理論は、我われの実践に重きを置く有益な批評であること、また、政治においてこそ我われは、省察的な自己批判の要求に沿うよう努力すべきだということを認識したほうがいい。

公正のために述べると、「イデオロギーの終焉」の動きは、アメリカの自信が多くの学者をおびえさせていた冷戦のさなかに始動した。反イデオロギー論者は、ローティのようにその議論を治療的なものとしようとしたのだろう。[64] けれども残念ながら、処方は誤診に基づいている（少なくとも今日では）。リベラルは、もっとうまく省察的正当化の公的で温和な形式を採用できると、私は言いたい。

政治的言説の適切な様式についての主張は、重要な制度的含意を持ちうる。「合理性」が、共有する慣行および共通に受け入れられた基準を正確に反映することに過ぎないとすれば、代表制議会の合理性のために強い推定を受け入れてはどうだろうか？　慣習主義者の合理性概念は、言い換えると、司法審査などというものは、注意深く制限する必要がある基本的に「異例な制度」であるといった、憲法の評者の間に共通する感情に与しうる。[65]

コミュニタリアンによるリベラリズム批判は、我われにポピュリズムまたは慣習主義を採らせ、良い道理の探究から遠ざけてしまう、と私は主張してきた。リベラルな実践は、最善の状態で、批判的な道徳的思考の追放を拒否する。リベラルな市民は、多様な基準および主張（すべては、何れにせよ共同体主義的である）の間で判断することによってその批判的能力を行使し、これを自由な時間だけではなく、政治において行うのである。

リベラルな立憲主義を支える重要な源の一つは、他者を合理的に取り扱う価値への信念にあり、この信念は、法の支配および司法審査への我われの忠誠を説明し、正当化することに役立つ。同一の法が、市民と公職者に等しく適用される。そして個人には、選挙された公職者に異議を唱え、自らの法の解釈を裁判所で擁護する権利がある。合わせて、合衆国憲法（正しく解釈されたもの）および司法審査（積極的に行使されたもの）は、アメリカ人が、単なる権力、選好、または慣行以上のものによって統治されていることを保証するのに役立つ。適切に機能する場合、こうしたリベラルな制度は、公共的合理性への基本的忠誠を体現するものとなる。

市民権、徳、および共同体のリベラルな理想は、公共的合理性への基本的な政治的忠誠によって維持される、リベラルな立憲主義の理想の中に見出される。哲学は、「通常の」思考と区別されたそれと並立する制度ではなく、「そのまさに問題になっている事柄は、一般常識の問題の拡大」であるとポパーは言う。[66] 我われは、良い道理および強力な議論を探究しなければならないのである。なぜなら現代国家は、いかなる単純な意味においても「共有された意味の共同体」などではなく、一部のことには同意し、他のことには同意せず、我われがむしろその合理性を尊重したいと思い、それによってその忠誠を呼び起こしたいと願う多かれ少なかれ合理的な人々からなる結社だからである。

第2章　リベラリズムと公共的正当化

序

　リベラリズムは何を意味するのか？　リベラルな立憲主義体制の市民であるとはどういうことか？　かかる体制が我われに課す要求にどのように従うことができるのか？　これらの疑問に答えるには、批判的、道徳的、自己解釈を必要とする。最善のものとして何を支持するか？[1]　我われの実践や方法の何を誇りに思うか？

　これらの疑問への回答の一部、おそらくは一番早く我われの脳裏に浮かぶ一部は、リベラルな立憲主義体制の市民として我われが一定の権利を享受することだろう。我われは、相当広い範囲で自由に選択することができ、身体および財産の安全は保護されている。言い換えると、我われは一定の政治的財を合理的な（あるいは少なくとも受け入れ可能な）費用で受け取るのである。すなわち、税金を払い、法に従い、折に触れて投票することである。個人的市民権の利益は、軽視されるべきではない。それらは、一定の人間的財（安全、繁栄、および自由）をほとんどすべての者が届く範囲に置く。それは人類の素晴らしい偉業以外の何ものでもない。

リベラリズムの擁護は、個人的市民権の利益の基礎の上に築くことができるが、さらに付け加えるべきことがある。リベラルな市民権にはさらに積極的で、要求の高い次元がある。それは不可欠だが、おそらくは従属的なものだろう。我われは、単に共同体的で共和主義的な懸念をそらす以上のことができるような、リベラリズムの積極的で、公共的側面を探究することによって、次のことが可能となる。つまり、共和主義的で共同体的な批判に対する積極的な反論となる、徳および共同体のリベラルな概念を抽出することができるということ。そしてまた、市民が繁栄し、あるいは長期にわたって生きながらえることさえできるようにするため、リベラルな政体が必要とするものをよりよく理解することができるということである。

リベラリズムの批判に対する私の回答は、リベラリズム一般、とりわけアメリカの立憲主義の批判的解釈の形式をとる。私の目的は、現実的で理想主義的であるリベラルな慣行の理念である。それは、十分現実的な人間の行動に関する、我われの慣行や期待に適合するものだが、これらの慣行から、努力する価値のある道徳的理想の核心を蒸留したものでもある。(2)

公共的理性としてのリベラリズム

リベラリズムは、寛容、法に拘束された自由、および権利志向の正義概念を通じて、平和を支持する。指摘される頻度は高くないが、リベラルな立憲主義は、リベラルな自由と道理に基づく自己統治とを結び付けようと試みる。リベラルな制度は、リベラルな原理に形を与え、明確化し、論争化し、正当化し、洗練し、拡張する継続的努力の場を提供する。

他者は合理的に取り扱われるべきであり、権力の適用は、異議に理由をもって向き合う良心的で開かれた努力を伴うべきだとする確信は、リベラルな立憲主義の維持の重要な源である。この公共的理性への強い願望は、我われの法の支配および司法審査への忠誠を説明し、正当化するのに役立つ。一つの法は、市民と公職者に等しく適用され、個人はその法の解釈を擁護するため、政治的圧力から遮断された法廷において、選挙で選ばれた公職者に異議を唱える権利がある。

リベラリズムは、恣意的な政府に対してあらゆる形式で対抗する。法の支配のリベラルな理想の核心は、ロン・フラーが適切に観察したように、「垂直的」で管理的なものではなく、「水平的」で相互的な権力形態への忠誠にある。自己統治する市民および公職者は全員同一の法に服し、法を制定する主権者と法を受け取る臣民という形ではない[3]。この秩序の道徳的確信は、公共的正当化への忠誠である。権力の適用は、すべての理性的な人々が受け入れられる道理を伴うべきである。トクヴィルは、公共的正当化の精神をうまく捉えている。つまり、フランスのアンシャンレジームにおいてさえも、トクヴィルは次のように論じていたのである。

> 裁判所は、すべての公共の事柄または私的利益が、議論の対象となるとの考えに大きな責任を有し、すべての決定は上訴することができる。また当該事案は、公開で行い、一定の形式的手続きを守るべきものとされる。明らかに、奴隷国家概念とは両立せず、かかる構想は、アンシャンレジームが提供した自由な人民の教育の一部でしかなかった。行政でさえも、多くを司法裁判所の用語と使用法から借用した。国王は、それらを有効とする前に、常にその布告を正当化し、その理由を記載する義務があると感じていた。裁判所の決定には、長い前文が先立っていた。公共の議論は、今日の秩序であり、誰もが意見を表明する権利を持っていた。これらの慣行および手続はすべて、国王の専制にとっては多くの障害となった[4]。

リベラルな体制では、政府の批判は受け入れられ、奨励さえされる。リベラルな市民は、単なる力または沈黙ではなく、理由をつけた回答を期待する。ジェレミー・ウォルドロンが述べているように、「リベラルの要求」とは、「原則的に社会秩序は、法廷において、各人が理解できるように自ら説明できなければならない」とするものである。(5)

リベラルな民主的政治は、正当化に関するものであって、正当化の種類に関するものでは決してない。リベラルな政治的正当化は、その理想的形態においてさえも政治的に理解すべきであり、本章では、その理由、およびどのようにするのかを考察する。

リベラルな政治共同体においては、誰一人として政治権力行使を公共的に正当化する必要を超える存在ではない。国王は、裁くために神から任命されたのであって、臣下に裁かれるためではないという主張に決定的に依拠する、ジェームズ一世の絶対主義と比較せよ。「国王が邪悪であっても、国王によって裁かれるよう定められたものが国王を裁くことにはならない」。(6) ジェームズは、国王の戴冠宣誓は神に向けられたもので、神のみが国王を裁けると主張した。

> 国王は、正当にも神と呼ばれる。国王は、神聖な権力を同様に地上に対して行使するからである。国王は、臣下となし、また臣下でなくする。国王は、身分を引き上げまた落とす力、生死を分かつ力を持つ。あらゆる場合に、臣下すべての裁判官であるが、神以外に対する責任は負わない。国王は、低いものを高め、高いものを低め、チェスの駒のように臣下を扱う力を持つのである。(7)

公共的正当化の慣行への反対は多様な形式でなされるが、それらすべてが邪悪なわけではない。批准の議論の過程で、提案されたアメリカ憲法に反対する理由のなかには、個人が州に対して提起した訴訟への連邦の管轄権の設定があった。反連邦主義者のブルータスによれば、「それは不適切である。それは司法裁判所で、州を個人の訴訟に応答するように義務づけるからである。これは、政府にとって屈辱的で、品位を汚すものであり、私の信じるところによれば、いかなる州の最高権威も服したことがないものである」[8]。

議論を呼ぶドイツの法理論家、カール・シュミットは、公共的討議へのリベラルの忠誠を馬鹿にした。多くの重大問題について「決定すること」は「どのように決定するかよりも重要なことである」[9]。ブルジョアは、「討議する階級」であり、それが弱さであるとシュミットは言う。すなわち「すべての政治活動を、新聞と議会での会話の地平に移行する階級は、社会的対立には適さない」のである[10]。独裁は、討議とは反対であり、それに対して勝利すべく運命づけられているとシュミットは想定した[11]。

正当化の公共的役割を肯定することによって、現代のリベラルな哲学は、政治的実践との同盟を生み出したように見えることが多い。ロナルド・ドゥオーキンは、周知の通り「憲法と道徳理論の融合」を要求する[12]。最善の議論は、個人の権利および困難なケースで勝利する権利を確立する。ドゥオーキンの理想の判事「ヘラクレス」は「困難なケースにおいて大衆の意見に従わない」が、省察的市民もまた然りである[13]。道徳理論と政治的実践とのリベラルな融合は、道徳的に高められた政治の約束を掲げる。この融合が少しでも有望であるためには、正当化の企ては、我われの知る人民にアクセス可能でなければならない。

現代のアメリカの政治の現場において、ニューライトの道徳的懐疑論者は、公共的正当化へのリベラルな願望を冷笑する。ロバート・H・ボークの憲法についての新しい論評と古い論評との対比を考察してみよう。

古い評者は、その常識、法律家の憲法についての見解に安心感を抱き、明快で、率直で、力強く、非哲学的な散文を書いた。そうした論評は、法実務家にも学者にもアクセスしやすく、有益だった。現代理論はそうではない。その概念は抽象的で、その源は法的と言うよりは哲学的であり、その議論は入り組んでいて、その散文は複雑である[14]。

フランシス・ベーコンが述べたように、「哲学者に関して言えば」、「想像上の共和国の想像上の法律を作り、彼らの言説は、余りに高みにいるので、ほとんど光を放たない星のようである」[15]。道徳哲学の複雑さと深遠さは、それを法律家（そして、さらに一層市民）の手の届かないものとし、政治的目的のために操作されやすいものにする、とボークは示唆する。おまけに、司法の推論におけるその存在は、常識に対する侮辱でさえある。

道徳哲学は、リベラルな民主政治の必要に順応できない場合、神秘化と専制の源となる。実際、ドゥオーキンの理想の判事ヘラクレスは、死すべき存在に過ぎない者をはるかに超えて、オリンポスから決定や意見を下す理性を備えた超人に見えるだろう。これは誤りである。ドゥオーキンは、道徳的推論の深遠さとアクセス不能性に関する懸念を予期した正当化の、特に公共的な概念を展開しているのである。彼は、リベラルが我われと後代の者にも「容易に理解でき、公表し観察できる原理を求めるべきであり、そうでない原理は複雑すぎて拒否されるか、修正されなければならないか、あるいはこの意味では非実際的である」と主張する[16]。

公共的正当化は、その理性の力に限界がある人々の間の批判的で合理的な実践を確立するリベラルな試みである。また、リベラルは、広い道徳的および哲学的忠誠および関心を抱く、理性的な人々に広く受け入れられる正当化を基本的に求める[17]。その目的は、理性的な合意であり、広く多元主義的な社会において理性的で合意可能なことである。ロールズが問うように、「多元主義の事実――包括的な宗教、哲学および道徳的教義の対立の多元性を前提にした事実を、現代民主主義社会の市民は肯定している。我われは、そうした体制において十分幅広い支持を得るため、どのように

［リベラリズム］の擁護を設計することができるだろうか？」(18)。

本章では、リベラルな公共的正当化への手法を明確に述べ、擁護する。目標は、公共的にアクセス可能だが、純粋に正当化のためのものである推論過程で、それは批判的合理性を断念することなく、我われの実際の説得力ある慣行の一部を形成するものである。かかる手法の一つの危険は、これから見るように、リベラルな体制の真の性質を覆い隠してしまうにもかかわらず、あるいはそれ故に、広く受け入れられる道理が、採用されてしまうということである。

多様性の只中の理性的な合意の探求において、リベラルは、リベラルな政治の広く深い含意を最小化する傾向がある。リベラリズムの論争の的となる含意を詳しく説明しない寡黙さは、誤ったリベラル意識の抱懐をもたらす可能性がある。理性的な者の尊重への希望から始まって、公共的正当化はリベラルな目隠しとなりえ、「政治的リベラリズム」は、高貴なうその上に築かれることにもなりうる。

リベラルな公共的正当化は論争を回避することはできない。それは我われの最も深く、最も人格的な価値の形成に携わり、求めるのである。リベラルは、その党派性を認めるべきであり、また正義の一般的原理に完全に収斂させることが実践的に不可能であることを承認すべきである。機能する公共的正当化概念は、原理に基づく中庸の徳、［つまり］人間の条件の欠陥を受け入れながらも、我われが公共的正当化を強く願うことができるようにする徳を包むのである。

リベラルな公共的正当化

我われのほとんどは、少なくともある時を、我われ自身を我われと他者に対して正当化しようと努めることに費やす。政治および私的生活の両者において、何が正しいなすべきことなのかについて我われは議論し、そして意見の食い違いをみる。道徳的な自己検証および熟慮をする経験、また我われがいままさにやっている行為の理由の質に関して問う経験は、それほどまれなものではない。哲学は、より持続的で注意深い方法で、我われが少なくとも時々は参加する、批判的省察の企てを実行する。

とはいえ、我われは皆、哲学的時間を持つが、ほとんどは哲学を職業とはしない。ほとんどの人は素人哲学者ですらなく、学問的哲学は、平均的市民の省察能力をはるかに超えるからこそ、重要なのである。リベラルな公共的正当化の実践が、ただ哲学の政治的権威を指すだけならば、わずかな哲学の種類（間違いなく教授ではなく、おそらく裁判官）の専制に寄与するだろう。公共的正当化は、両者の目標を形成し、加減することによって、哲学とリベラルな民主政治の直接対立を回避する。問題は、省察的で、批判的な思考についてのポピュリストの修辞の承認またはその代替であることを超えて、どうすれば我われの政治を歪曲することなくこの調整を行えるかである。正当化はどのように公共的なものとなり、重要な点で正当化するもののままであり続けるのだろうか？

公共的正当化は、一定の種類の道理を政治的に権威があるものとみなす。他者に公に提示されうる道徳的な道理は、理性的な人々に大いに擁護され、広く共有されている。道理は非個性的ないし道徳的でなければならない。すなわち、単なる狭い利益ないし自己利益への言及ではなく、他者にとってと同様、自身にとっても良い道理である。それらは一般的道理――我われが比較的類似の事案に拡張する覚悟のできている道理でなければならない。道理は、広くかつ開かれた状態でアクセス可能という意味で、公共的でなければならない。すなわち、内的確信または信念、特別な省察、秘密情報、または非常に難しい推論形式に訴えることは、除外される。最後に公共的正当化は、異議を捜し求め、理性的な代替物と直面し、あるいはそれが予期されるという点で、批判的でなければならない[19]。

最も基本的なレベルでは、公共的正当化は二重の目的を持つ。省察的正当化（良い道理）を求めるが、また人々がそのまま良いものとみなせる道理も求める。この二重の目的は同時に追求され、政治的に言って少なくとも、政治理論を判断できる独自の基準はないことになる。[20] 公共的正当化は、先行する、純粋に哲学的な規準から導き出されるのではない。参加者は、すべてのものが合理的とみなしうる原理の体系（わずかなものだけが真実だとか最善だとかみなすものではない）を目的とする。[21]

正当化の二重の目的は、リベラルな民主社会の原理に基づく忠誠と整合的である。両者を共に追求することにより、我われは良い道理の善だけでなく、その理性能力に限りがあり、広く多様な包括的見解を信奉する市民の自由と平等を尊重するのである。[22] 実際、良い道理の善は、公共的道徳理論にとって、合理的合意への希求によって動かされる理性的な人々の間で、完全に広範な合意を得る能力として作用する。[23] トマス・ネーゲルは次のように述べる。

> 我われは、かれらが理性的（合理性は問題の取決めについての独自の正しさまたは誤りの単なる作用ではなく、ある程度は純粋に対象となる個人の見解によって決まる）に拒否できるとの根拠で、取決め、制度、または要件を他者に押し付けるべきではない。[24]

なぜ公共的正当化なのか？　我われは、最初に、多元主義の恒久的事実を承認する。理性的な人々は選好および利益に関してだけでなく、道徳的、哲学的、宗教的、およびその他の見解に関しても広く、深く意見が一致しない。多元主義を承認しながらも、我われは第二に、理性の閾値試験に合格するすべての者を自由で平等な道徳的存在として尊重する。我われは、意見の不一致が、彼らの理性に疑いを指し挟ませない者を尊重する。[25] 我われは、最後に、相互作用的、哲学的、宗教的問題と、さらに（少なくともリベラルな視点からは）急を要し、取り組みが容易なその他の問題を区別しようとする。[26] 我われは、一定の実践的問題に関する合意を緊急に必要としている。すなわち、基本的自由を保証し、公正な分配原理を確立することである。[27] ロールズが言う通り、政治的正義のいくつかの問題に関して、合理的で広く受け入れられる回答があり、「政治的知恵は、これらのいくつかを、なかでも最も緊急を要するものを特定することにある」[28]。

公共的正当化は、人に対する尊重の複雑な形式を体現する。それは我われの共有する理性の能力と、「理性の重荷」も尊重する[29]。合理性を非難せず、また尊重への申し立てに疑いを差し挟まないような多様な理由で、人々は意見が食い違う。公共的正当化は、理性的市民の弱さを受け入れる方法を提供する。ロールズが我われに想起させるように、道徳的議論は複雑で、関連する証拠は、適切に評価し、考量するのが難しいことが多い。政治道徳の概念は本質的に曖昧なのである。我われの判断は、人により異ならざるを得ない、我われの個人的経験の総体性によって形成され、ある程度主観的であることを避けられない。道徳性においては、我われの最も深い確信、習慣、希望、および利益が問題となる。アリストテレスが認識したとおり、「大部分の人々は、自身の事柄に関しては、悪い裁判官である」[30]。道徳的価値は、我われの道徳問題の両面において、多様で、異なる比重を持つ。特定の政治的制度は、すべての価値を体現することはできない。我われは、困難な選択をし、選択的でなければならない[31]。

理性的であって、合理的な自覚を持った人々が、その結論について意見が相違することは何ら驚きではない。理性の重荷は、共通の政治原理への収斂を困難にする。彼らはまた、多くの政治的問題に関する広範で理性的な不一致を受け入れ、それらとともに生きようとすることを合理的なものとする。

私が記述した公共的正当化は、説明的な役割を果たす。つまり、事実上、哲学と市民との間を調停し、哲学を市民に、そして市民を哲学に対して説明するのである[32]。公共の概念は、推論の、過度に微妙で、複雑な形式を避け、健全なだけでなく、「公的に健全だと見られうる」議論を好む[33]。公共的正当化は、推論と証拠の関連する形式が広く受け入れられるように哲学の目的を緩和して、「単純さの制約と情報の利用可能性」を尊重する。これらは、難しすぎてはならず、また（可能であれば）固く保持された、不合理ではない見解と深く対立するものであってもならない[34]。

理性の著しく公共的な基準によって、リベラリズムは、信頼を助長し、協力を促進する。(35) リベラリズムは、深く、手に負えない紛争の解決を待つことなく、一定の緊急な任務を果たす必要を表明する。

公共的正当化は、条件づけられた形式で、批判的省察に対する哲学的推進力を体現する。こうした条件付けは、最初は奇妙に思えるかもしれず、実際我われの政治文化の一定の側面とは整合的ではない。司法審査制度を通じて（我われの最も基本的な役立つ政治原理を解釈し、拡張する）、我われの文化は、裁判所の政治的権威を高めるが、その権威は、良い道理を認識し、優れた議論をする能力に由来するのである。（マイケル・ウォルツァーは、「司法審査は、哲学による政治の征服が行われる重要な制度装置である」と非難する。(36)）その文化はまた、学問を尊重し、政治においてしばしばその権威に訴える（とりわけ、法廷での意見だが、その他においても、彼らの著作を引用し、健全な学問と受け取れるものに依拠して、教授を重要な地位に任命する）。(37)

だが学者の専門知識は、リベラルな民主社会においては、自動的に彼らに政治的権威を付与するわけではない。学者は、良いものとして広く評価され、支持されうる政治的議論を形成することによって権威を得ることができるのだ。さらに司法手続きにおいて、証拠は公開で提示し、専門家ではなく平均的な人々である陪審員の前で議論されなければならない。ベンジャミン・N・カルドーゾが述べたように、裁判官にとって、「重要なのは、私が正しいと信じるものではない。他の普通の知性と良識の持ち主が、合理的に正しいとみなすだろうと私が合理的に信じられるものである」。(38) 裁判官およびその他の公職者は、その合理性を、広く見て取れるような基本法解釈を識別するよう努めるべきである。(39)

正当化についての公共の概念は、人々の自由と平等を尊重する我われのより幅広い忠誠に合致するやり方で、正当化の目的と手段を構成する。そうした上で、その概念は、公共的道徳の正当化の実体的特徴を正直に認める。つまり、広いアクセス可能性の制約はどうであっても、道理自体の質だけを考慮するのが最善だという意味で、その概念は単純に最善の道理が何かを特定しようとするものではない[40]。

道理とリベラルな原理への一般的忠誠の幅広い能力を備えた政体を前提に、以下のように言うのは正しいように思える、〔すなわち〕最善の政治的正当化は、それが記述される態様において公共的である[41]。けれども、公共的正当化がアクセス可能性に対してなす譲歩は、意見の相違と論争に直面して、一部のリベラルが行いがちな、その他の、より政治的で、問題の多い譲歩と混同してはならない。

正当化の政治

リベラルは、擁護するものを最小化し、究極的忠誠を避ける傾向がある。「問題は、主張しなければならない最小のものは何かである。それが主張されねばならないとしたら、論争を最小化できる形式とはどういうものか？[42]」とロールズは問う。一定の状況においては、非常に熱のこもった論争の解決に注力することに関する控えめさ、あるいはごまかしについてさえも、正当な政治的道理があるかもしれない。しかし、一般的な理論的寡黙さまたはごまかしは、混乱と、政治的に決断できないこと、あるいは弱さおよび道徳的な背骨のなさへの根拠のない非難をもたらしうる。そこで、カール・シュミットは、「キリストかバラバかという問題に直面して、リベラルは、会議を延期する動議、あるいは調査委員会の設立によって答える」とした[43]。

リベラリズムは、論争、意見の相違および戦争への回答――警告の要素として生まれたことは理解できる。しかし、リベラリズムは、理論としても、安定した実践としても、あらゆる論争に直面して、意見の不一致または相対主義ないし中立性、あるいは妥協に基づくわけではない。リベラリズムは、実体的な、論議可能な政治道徳の概念を主張し、与すべきなのである。そして私の議論の目的にとっては、リベラリズムに浸透する実体を特定せずに、つまり公共的正当化の概念を形成さえせずに、リベラルな徳および共同体の独自の理想を認識することはできない。

一部のリベラルは、リベラリズムは一定の政治的取決めのみを擁護し、広く、深い生活様式を擁護するものではないと主張しようとする。ジョン・ロールズは、断固とした寡黙さを伴うリベラリズムの全面的な含意を承認して、リベラルな価値の皮相性を主張しているように思われた。この寡黙さは重大だと言いたい。それは幅広い合意への希望から生じているが、ある種のリベラルな虚偽意識をもて遊んでもいる。ここでの引き立て役としてロールズの後の著作を用いて、私は寡黙さの危険を示そうとするつもりだし、リベラルはその党派性に素直になり、率直な議論をし、原則的な中庸の必要性を明白に述べるべきだと主張したい。

リベラルな公共的正当化は、広く合理的だと見て取れる原理および議論を求めるものだと私は論じた。けれどもそれは、リベラルが、すべての者が合意を見出す立場の形成に成功することを意味しない。公共的な意味での最も合理的な立場は依然として、宗教的熱狂者およびその他の者（宗教的熱狂主義を単純化のために原則として使用する）が徹底的に異議を唱えるだろうものである。公共的正当化は、合理的な不一致に何事かを譲歩するが、実体的でリベラルな価値を放棄することはなく、長い時間をかけて、人々の生活を広く、徹底的に、絶え間なく形成せずにはおかないのである。

ロールズは、政治的正当化は、寛容の原理を哲学の究極的問題自体に及ぼすべきだと主張する。リベラルは、「普遍的真実の主張または人の本質的性質およびアイデンティティの主張」を避け、代わりに、我われの政体に存在する、共有された立場に基づいて合理的な政治的合意（あるいは「重なり合う合意」）を確保すべきだとする。[44]政治的正当化は「意図的に表面にとどまり」、「重なり合う合意の核心の特定」のみを求める。この考えは、「合理的に正当な民主社会において、対立する包括的な道徳教義各々によって肯定される可能性が高い」。[45]

重なり合う合意のリベラリズムは、「包括的な」道徳の理想との密接な結びつきを避ける。そういった理想は「（我われの生活全体の限界の中で）我われの非政治的行為の多くを知らせてくれる、人間の生活において何が価値を持つのかという概念、個人的徳および個性の理想等」を含む[46]。包括的概念は、善き生活の単なる党派的概念だとして異議を唱えられる運命にあるが、リベラルな政治は、多元主義の事実を受け入れる。チャールズ・ラーモアが述べる通り、「我われは、リベラリズムは人間の哲学ではなく、政治の哲学であることを認識した方が良い[47]」。それで、

我われは、明白に政治的な正義の概念の一部として、かつそれに限定して形成された人の概念を採用する……。人々は、市民としての彼ら自身のこの概念を受け入れ、他の生活の部分において、リベラリズムとしばしば関連する包括的道徳の理想――たとえば、自律および個人性の理想への忠誠を持たずに、政治的正義の問題を議論する際にそれを用いることができる[48]。

その後期の著作においてロールズは、宗教の「真の信徒」および自律または個人性の包括的理想に抵抗する者は、個人的確信の全部を変更することなく、基本的なリベラルの権利および原理を受け入れることができると述べているかのように見える[49]。

広くアクセス可能で受け入れ可能な道理を求めることと、基本的な政治原理および制度が有する広く深い含意を詳しく説明するのを拒絶することは、全く別物である。リベラルな政治原理は「表面にとどまら」ず、その結果は、特定の場面に限定することはできない。

政治は、同意できない人々が最後に訴えるものである。宗教的信念またはその他の忠誠に関して不同意な人々は、共通の政治的原理を他者とのすべての相互作用を規制するものとみなさなければならない。従ってリベラリズムは、単なる重なり合う合意ではなく、実践的にすべての競合する価値を乗り越える合意なのである[50]。

重なり合う合意の考え方は、具体的に政治的な価値は、すべての者あるいは大部分の者にとってさえも、リベラルな解決を支持する作業すべてを行う必要はないということを正確に示唆している。[51] リベラルな市民についての包括的な道徳および宗教的見解は、共有する政治的枠組の一部（少なくともその公式の一部）を形成することなく、多様な価値および利益をもたらす。それはたとえば、宗教的根拠に基づいて、多元主義的環境の中で、自由で開かれた議論を称賛する宗教的確信である。共有されたリベラルな価値は、いわばリベラルな、支持する（または親リベラルの）価値の比重が、競合する（または反リベラルの）価値および利益すべてに優る限り、それ自体がすべての競合する価値を乗り越えるほど強力である必要はない。にもかかわらず、リベラルな政治の成功と安定は、人々の個人的信念および忠誠が大いにリベラルになること――すなわち、リベラルな政治を支持することに依存する。

リベラリズムは、人々が自身の宗教的信念、美的価値等を自由に決めることができる広い境界をもたらす。けれども、（たとえば、人およびその権利の尊重についての）基本的なリベラルの原理は、我われの生活全体に広がり浸透するが、すべての選択を確定させるのではなく、それらを制限し、我われの生活全体の構造を決め、条件を作るのである。個人的結社の非リベラルな形式は厳格に排除される。その他の利益と忠誠の多くは、厳格に排除はされないが、リベラルな社会の、自由で、開かれた、多元主義的、進歩的、そして（ほぼ間違いなく）商業的な性質によって抑制されざるを得ない。

リベラルは、個人の信念と利益が、自由な制度を支えるものであるとは想定しない。たとえば、ジョン・ロックの『寛容に関する書簡』では、リベラルな旗は、人々の包括的価値の境界内に立てられている。まことに、ロックは「人の魂の世話」は市民の権威に委ねられていることを否定し、公的および私的領域の区別を強調する。にもかかわらず、ロックの自由な寛容の議論は、直接一定の個人的性格に訴え、それに依存する。ロックは、「党派の利益よりも、公共の真の利益を優先するのに足る大きな魂を持つすべての者」に訴える。

ロックは、寛容に関する多様な議論を展開する。すなわち救済は、強制することができない内的信仰に依存すること、キリスト教教義の本質的部分と非本質的部分との区別、不寛容は権力を覆い隠すものに過ぎないとの疑念、政治的正統性に関する社会契約の議論、および自由ではなく抑圧が暴力と反乱を導くとの主張である。つまり我われは、ロックの時代には広く受け入れられていなかったとしても、大いになじみのある、宗教的および政治的議論のレパートリーを見出すのである。ある議論において公／私の境界を超えることにより、ロックは、寛容を例証する。ロックは、徹底的に個人的な宗教的関心事に直接関与し、形成しようとし、それはおそらく危険な戦略であるが、不可避のものである。法や権利といったリベラルな制度は、リベラルな市民の熱心な支持を必要とする。その支持が現れようとし、リベラルな国家が繁栄するためには、リベラルな価値を市民が内面化しなければならない[52]。

これらの指摘は、味気ないものと思えるかもしれないが、リベラルな社会における人々の個人的な忠誠は、偶然にリベラルになるわけではない。公的制度が私的態度を形成し、またその逆もある。人々が、法の支配や選挙過程に内在する制約や形式手続きを受け入れる用意がなければ、たとえば（賄賂およびその他の形式の腐敗が蔓延している場合）、これらのリベラルな制度は存続できない。リベラルな政体は、教育制度の形成およびその他の方法において、リベラルな政治的解決を支持する広い忠誠を市民が採用するように配慮することが多い。我われがリベラリズムの成功を当然視することはたやすいが、それはリベラルな制度が、そんなにも長く作用してきたからに過ぎないのだ。

リベラリズムが重なり合う合意に依存するとの考えはまた、政治的規範は何れにせよ表面にとどまり、リベラリズムが我われをどういう者として受けとるかということに関して、深い主張はもたらさないという点も示唆する。ロールズは、リベラルな正義を採ることについて、次のように主張する。「モノポリーのようなゲームをすることで、勝者総取りの死にもの狂いの競争をしている地主だと思い込ませる以上に、我われを自己の本性に関する形而上的教義に忠誠を抱かせることはない」と[53]。しかし、リベラルな正義は我われが常にある種の者でいることを要求する[54]。我われは、たまにモノポリーをするように、時々「遊ぶ」わけではない。

我われは、疑問の余地なく、リベラルな市民の公共と私的なアイデンティティを区別することがよくある。政治的に言うと、ダマスカスへと出発するタルススのサウルは、そこに到着する聖パウロと同じである。[55] にもかかわらず、リベラリズムはもちろん、人の人格に関するすべての深い見解と両立できるわけではなく、一定の深い特性をもった幅広い存在を前提にするのである。[56]

ロールズのように、リベラルな市民は「彼ら自身を一定の宗教的、哲学的、および道徳的確信、あるいは一定の存続する愛着や忠誠と切り離して見ることなどおよそ考えられないとみなす」などと論じるのは、正しくはないだろう。[57] リベラリズムは、すべての者に対する尊重の公平な基準を高める。リベラリズムは、正義の公平な基準を間に置き、他者の平等の権利を尊重するため、人々はその特定の忠誠（友情、家族の結びつき、事業組合――それらすべてが同時に行われるわけではないが）の全範囲について、省察することができるはずだということを含意する。

我われの個人的忠誠がすでにリベラルなものである場合、批判的自己省察は必要とされないが、それを保証するものは何か？　リベラルな市民の省察能力は、個人的忠誠とリベラルな権利との衝突の可能性を警告し、秩序ある社会（それは結局、市民が積極的な「正義の感覚を理解し、適用し、それに基づいて行為する能力」を有する社会である）における正義の大義を保全し、前進させる中心的仕組みとなるべきである。[58] リベラルな社会は、個人的友情、地域的愛着、または集団への帰属が、リベラルな権利の尊重に対して基本的に優先する場合にはうまく秩序付けることはできない。リベラルな基本的要求との対立可能性を考慮するがために、個人的忠誠から省察的に距離を置くことができない人々で構成されているような場合には、うまく秩序付けることができないのである。

リベラルな価値が我われを人として構成する範囲は、リベラルな公共的正当化のダイナミックな質を考慮する際、さらに明確になる。多くの基本的なリベラルの保証は、現在、西欧立憲主義制度（デュープロセス、政府を批判する権利、広い選挙権、奴隷制の禁止）にかなり固く確立されているように見え、これらは、その定着が公共の信頼と政治的安定に寄与する権利の核心的部分だとみなされる。けれども憲法が、基本的権利および自由の内容を最終的に定着させるのだと主張することはできない(59)。憲法は、政治的議論を通じた道徳的進歩を奨励するため、しばしば幅広い開かれた語句を用いるのである。

我われの最も基本的な自由すべての外縁は、生きた不一致事項として残る(60)。アメリカの憲法は、個人の自由と政府権力の境界に関する継続的な論争の枠組みについて解決しているわけではない。実際、憲法自体が第九修正において、市民は列挙されていない基本的権利を持ち、我われは我われ自身でそれらを作ることを委ねられたのだと宣言している。憲法修正規定は、建国者たちが、その作品について、将来の公共的省察および論争を予見していたことを含意する。

公共的正当化は、終わることのない忠誠である。公正としての正義（たとえば）は、解釈が難しいが、その含意は多くの点で議論することが可能で、不確実である。我われは政治的真実全部を持つ、あるいは持つだろうと考えることは、単なる尊大さに過ぎないだろう。我われは真実の探求者であり、ミルトンの表現では、「知っていることによって、知らないことを探し続け、我われが見出す真実に真実を肉薄させている」のである。

真実は実際にその聖なる主人とともにこの世にやってきて、眺めるに最も壮麗な完全な形をしていた。しかし、主人が高く上がり、それに従う弟子たちが眠った時、すぐに不道徳な詐欺師たちが生まれた。そして伝えられるところでは、エジプトの台風が共謀者とともに、善良なオシリスを処罰した。彼らは最初の真実を受け取り、その愛らしい形を一千片に切り取り、それらを四方向の風に乗せてまきちらした。それ以来、真実の悲しい友が身を挺して現れ、ズタズタにされたオシリスの体をイシスが行った注意深い探索をまねて、見つけられる限り、手足を一本ずつ集めて上り下りした。我われはまだ、領主も平民もそれらすべてを発見してはおらず、主が再臨されるまでまた発見することもない。主はすべての関節と四肢をもってきて、それらを愛らしさと完璧さの不死の姿に形作るだろう。[61]

我われは常に、新たな状況を知り、直面し、「我われの知識からますます遠くの事柄を」発見している。[62] それが何であれ、我われの政治的概念に関する他者との議論に対して開かれていない限り、我われは、合理的な存在として我われの地位を尊重することはできない。議論が終わる時点で、公共の道理は公共のドグマに転換される。

リベラリズムは、正当な理由で、なかでもそれ自体に関する公共の討論過程を確立する。ミルが観察したように、「事案の自分自身の側のことしか知らない者は、それについてほとんど知らない」のである。[63] リベラルは、リベラリズムに異議を申し立てる者を必要とする。討論を続け、新しい、より良い道理に対して開かれていない限り、我われが現在良いものと考える道理に対する確信を得ることはできない。とするならば、基本的な政治的問題に関する公共の討論をおしまいにすることと、最も深い理想および（言論と行動との間に明確な境界線を引きつつ）破壊的言論さえも尊重するという我われの慣行とが、両立しないものであることは驚くに足りない。[64]

私は、たとえば奴隷制の問題を再度対象にするべきだなどと言おうとしているわけではない。しかし、人種が依然として議題になるという事実は、基本的問題のリベラルな理解は、生き生きとしていて、成長し、深まり、圧倒的になる機会があるということを意味している。公共的正当化過程がダイナミックで開かれたものである以上、リベラルな価値は、社会全体において試験され、洗練され、そしてさらにこれまで以上に十分拡張されるものと期待することができる。

公共的正当化は、手段だけでなく、目的でもある。自己に批判的で、道理を与える者でいることは、リベラルである最善の方法であり、生活の優れた方法である（リベラルは、想定しなければならない）。従って、我われが公共的正当化と関連付ける、省察的で自己に批判的な能力は、最良の状態におけるリベラルな市民の恒久的で、絶えず発展し続ける特徴とみなさなければならない。公共的正当化をまじめに受け止める権威ある制度と実践によって、リベラルは、現実的にさらに大きな合理性へと前進することが期待できる。

基本的なリベラルの原理が公共的に受容されるのを促進するため、リベラルは、我われが見てきた方法について、リベラルの原理の範囲と結果を制限することが多いように思われる。[65] 実際に私は、リベラリズムは体制を構成するのだと論じた。リベラルな原理と目標は、我われの生活を圧倒的に、深く、絶え間なく形成している。リベラルな制度は、こうした原理を体現し、我われが目標を達成するのに役立つ。

政治の時代の終わりに、リベラルは、どんな範囲の実践が許容されるのか、よってどんな信念が合理的であるかの判断をするよう備えておかねばならない。リベラルな政治的主体は、実践的問題の解決に際して、人生の意味と価値という最大の問題に態度を決めなければならない。いつ生命への権利が始まり、いつ終わるのか？　どんな範囲の宗教的および性的慣行が許容されるか？　控え目なリベラルは、時に政治において最大の道徳問題が回避できるかのように議論する。たとえばロールズは、リベラルは、宗教的信念のような、あるいは人々の包括的な道徳的見解のその他の側面といった、深く保持された個人的見解の真実性または虚偽性の評価を回避できると主張する。「あるいは我われは、政治的価値は、本質的に他の価値よりも重要であって、ゆえにその他の価値は克服されるのであると言う必要もない。実際、それが、我われが避けたいと望む種類のことだと言い、重複的合意に達することにより、それを回避できる」[66]。本当にそうだろうか？　公共的正当化は、たとえば、宗教的信念が正当化されるある種の究極的判断を回避できるのだろうか？

世界教会主義のカトリック信仰、原理主義プロテスタント信仰、および非信徒に対する聖戦を要求する宗派を含めた、多様な宗教的信念についてリベラルは何と言うのだろうか？　ロールズは言う。「政治的見解には、対立する概念を判断する典拠はない。それらは、政治的正義の原理が課す限界を尊重することを条件として、等しく許容される」と。[67]「条件として」という部分を強調したい。つまり、リベラリズムと両立するすべての宗教は、尊重される。両立しないものは対立する。[68]こうしてリベラリズムと両立しない宗教的信念は、リベラルには支持できないと言わねばならない。リベラルな政治的価値は、宗教的またはその他の個人的包括的理想と同じ空間の多くを占めるのである。

リベラルな政治を支持するかどうかについて自覚的な個人の選択を行う際、リベラルなそして親リベラルな価値を、最強の対抗パッケージとみなされるものと考量する必要がある。（自分自身の生き方を討論し、選択し、生きる自由は、敬虔さおよび世俗を超えたことがらを支持し、瀆神を罰する共通の文化を確立するための闘争よりも本当に重要なのか？　平和的多元主義は、キリスト教徒の統一よりも本当に重要なのか？）その最優先の地位を正当化するため、リベラルな政治道徳は、これらは誤った、あるいは競合するリベラルな価値より重要性の低いものであり、あるいはそれらは修正され、リベラリズムと両立させられることを主張して、リベラルな個人の理想に直接語りかけなければならない。

ロールズは、いわば、政治的概念と対立する包括的見解との比較を政治の領域から排除することによって、真実や究極的重要性の問題を回避しようとする。「もちろん、市民は、その包括的見解に照らし、また政治的概念によって実現される大きな政治的価値を考慮して、その概念を、社会的協力の公正な制度としての社会という考えによって、支持することができるかどうかを決定しなければならない」。[69]政治理論は、リベラリズムの真価について判断する決定的瞬間に、ただ沈黙していなければならないのだろうか？[70]

控え目なリベラルは、注目すべき分業を採用する。最初に、理論構築の段階がある。そこでは我われの包括的な個人的視点からする論争的要素を脇に置く。それが真実ではないと考えるからではなく、政治的結びつきを形成したいと願う理性的な人々が、こうした見解を拒否するとの認識からである。[71]創出段階は、理性的議論の探求である。創出が完了して初めて我われは、受諾の問題が前面に出てくる第二段階に入り、その問題が我われの完全な価値のワンセット（そこから我われは、創出のために抽象化したが、それ以外ではそのまま維持される）を再び必要とする。この第二段階において、我われの議論の的となる宗教ならびにその他の個人的確信は、再度必要とされる。リベラルな創出についての完全な意味と特徴は、今ようやく評価することができる。今になって、リベラルな体制に生きることの完全な効果が考察されうる。その効果の特徴とは、広がり、異議を唱えられることを運命づけられているものであり（私は本当に、リベラルな枠組みによって促進される可能性のある種類の態度や信念をもって、生きることができるだろうか？）、かつ創出段階ではとても許容されえなかったものである。[72]

正当化過程を分割すると、政治哲学がその創出的役割について、異論の多い個人的な包括的見解に直接語りかけることから遠ざけてしまう。第二の、理論の受諾または拒否の政治外の段階においてのみ、幅広いリベラルな価値が競合する宗教的価値と対立する。ここにおいてのみ我われは、リベラリズムは生活の「ファウスト的理念」、「自己表現、環境、自然および社会の自己統治および支配の称賛、知識の積極的追求および思想の衝突、人の生活を形成する決定に関する個人責任の受諾」に依拠するのだという、ブライアン・バリーの主張を考量する。[73]

控え目なリベラルが我われに強いる正当化過程の分割は、政治的および個人的価値の直接的対立を回避する人為的方法であり、公共的正当化が含むものの非現実的な記述である。対立は、本当に回避されるのではなく、理論の受諾の問題を括弧にくくり、それを私的なものとし、公共の創出が完成するまで脇にのけておくことによって、単に政治的議題から（そしておそらくは政治的フォーラムからも）外されるに過ぎない。けれども、リベラリズムのより広い、深い含意は、公共的関心事項としてとどまる。公共的正当化は、政治的価値と個人的価値の相互作用がどのように交渉されるかについて、言うべきことがある。その相互作用の管理は、ある意味で、まさに決定的な政治問題なのである。すなわち、それは我われが公共的場において取り上げざるを得ない問題（少なくともそのいくつかの側面において）、我われが公共の場で取り上げるべき問題なのである。

リベラルな解決を受容するということは、我われの生活、および子どもの生活に対して、広く、深く絶え間ない影響を与える制度、構想、および慣行を受容するということである。家族生活、宗教生活、およびすべてのパラダイム的に私的な結社は、リベラルな価値の色を身にまとう。結婚において、ガルストンが指摘する通り、原則は「死が二人を分かつ時まで」ではなく、「嫌悪が二人を分かつ時まで」となった[74]。ナンは、司祭や教皇までも批判し、あらゆる種類の権威に疑問が呈される。ある種の者は、リベラルな文化を快適なもの（芸術家、起業家、論争家そしてプレーボーイ）とみなし、その他の者（敬虔で簡素な者）は困難だとみなすだろう。

我われの公共道徳の枠組みの特徴は作り上げられるものであるがゆえに、市民およびその他の政治的主体の個人的な道徳的確信が求められる。公共的正当化は、公的領域と私的領域の価値の堅固な分割ではなく、共有された公共的価値と各人の価値全部の一揃えとの交渉過程なのである。政治道徳を考える際、我われの誰もが完全に個人的確信の荷物を置き去りにすることはない。議論の各段階において我われは、公共的であると同時に私的な存在として、公共的およびそれより広い個人的役割と能力という点で、それらを携えて生きられる原理を求めるのである。

ロールズは、リベラリズムの擁護者は、宗教的論争およびその他の深い不一致事項の落とし穴に舵を切るのを避けられない旨渋々認めている。

正義の政治的概念を肯定する際、我われはやがて、少なくとも我われ自身の包括的な（いかなる点でも全面的に包括的である必要はない）宗教または哲学的教義の一定側面を主張することになるだろう。たとえば誰かが、ある種の問いがあまりにも根源的であるため、その正しい解決を保証することが、人々の衝突を正当化すると主張するたび、これは常に生じる。全人民の救済は、それに依存すると言えるだろう。この時点で、我われはこれを否定し、回避したいと望んでいた類のものを主張する以外に代替案を持たない[75]。

理論創出参加者は、その過程で彼らの包括的道徳感に頼ることができる。それで、たとえばリベラルは、「救済への関心は、平等な良心の自由と両立できない何かを必要とすることを否定」しなければならない[76]。

公共的正当化とは、公共的視点からだけでなく、我われの包括的な見解の内部から、すべての手が、我われが合理的な主張および妥協とみなすものによって部分的に決定される建設的交渉過程である。公共的正当化の妥当性を受諾することは、その根拠が私的なものである（たとえば宗教的信仰）とか、広く理解されるには複雑すぎるか、あるいは理性的な人々から広く評価されえない類の推論や議論の除去に同意することである。けれども、理性的な人々は、政治においても理性的に意見が一致しないままである。公共的正当化は、ある程度穴が開いている。我われは皆その人生において、我われの役割および職務を通じて包括的道徳感を抱き続ける。我われの最も深い確信と忠誠は、政治において危機にさらされ、それらは政治を形成し、政治によって形成されるのである。従って、公共的原則と広く保持された個人的見解との最も深刻な対立を少なくとも審判し、個人の道徳的視点のリベラルでない要素を飼い馴らすために、政治理論の擁護者は十分なことを言わねばならない。リベラルな公共的正当化の成功は、あらゆる大きな宗教的、哲学的および道徳的問題に対する包括的な回答の一揃えを、一般的に包摂する必要はないが、価値の公共および私的領域の分離を認める必要もない。リベラリズムは、すべての私的忠誠が一定の形式を持ち、一定の幅の中に納まることを必要とする。できうれば、我われの差異は、狭く、管理できるほどになってほしい。それ以上我われは多くを望めまい。

正当化対忠誠？

リベラルな体制の安定のためには、多くの人々の個人的道徳および宗教的見解が（リベラルなでない時）リベラルな解決を支持するよう修復する必要がある。理想的には、この移行は、率直で開かれた公共の議論を通じて行われることが望ましい。移行段階が通常の慣行と鋭く分裂しないので、これはある程度重要である。個人的および政治的見解は、一人ひとり異ならざるを得ず、公共的正当化は、いかなる場合も、リベラルが生きるべき道である。しかし、最も分裂的な政治問題を取り上げるのを回避したいとする、実体的で非常に政治的な理由がありうる。深刻な対立の危険を回避するには、開かれた、明確に述べる方法よりも、静かで、控えめな方法によって、忠誠を得るための努力が正当化されうる。

公共的正当化は、人々をリベラルにするための唯一の手段ではない。一部の人々は、公共の議論のようなものに参加したり、あるいは直接影響されたりせずとも、リベラルになる。実際、一部の人々は、公共の道徳的議論による省察へと刺激されない場合、リベラルになる可能性が高いとさえ想定される。言い換えると、率直な公共の議論とリベラルな社会化との間には、二律背反の関係があるのだろう。

ロールズは、多くの人々の包括的な道徳的見解は、どちらかといえば緩やかに形成され、部分的にしか考え抜かれないと主張する。[77] 生活様式としてリベラリズムに同調する者、あるいは全面的に反対する者は、リベラルな政治原理と、そのより広い個人的価値との関係について十分自覚的であることができないことが多い。その結果、リベラルな原理は、

> 我われの包括的見解とは独立に、それらとの衝突前に、当初の忠誠を獲得する可能性が高まる。こうして、衝突が実際に起こる時、政治的概念は、自らを維持し、こうした見解をその要件に調和して形成するより良い機会を

得ることができる。我われは、もちろん、当初の忠誠が強くなれば、もっと良くなるなどと言おうとしているのではないが、政治的に言って、重なり合う合意を安定させられるほど強力であることが望ましいのである。(78)

人々は、理性に基づく議論のようなものからではなく、習慣から生まれるリベラルな確信を理解することなく同調し、やがて発達させていく。「大部分ではないとしても多くの市民は、それとその他の見解との特定の結びつきを認識することなく、何らかの方法で、共通の政治的概念を肯定するようになる(79)」。開かれた、多元主義的な環境に生きる結果としての無自覚的社会化はリベラルな解決に寄与することができる。(80)ハドリアヌス帝の人生の空想的な話の中で、マルグリット・ユルスナールは、党派と部族の戦争、血の抗争等による統治になじんだ、半野蛮な民に法の支配を課すことの欲求不満を描く。戦争以外には慣れていない人民に法や公正な解決を課すといった粉骨砕身の努力がゆえに、友人たちからたしなめられ、その時エジプトの裁判官だったハドリアヌスは、次のように主張した。

他のすべての勝利と同様不安定だが、静穏な各時間は獲得した勝利だった。仲裁された各紛争は、先例および将来の約束として役立った。得られた調和が、外側から課され、おそらく一時的な、外部的なものだったことは、私にはほとんど問題ではなかった。私は、善も悪と同様日常となり、一時的な傾向は存続し、外部的なものは内部に浸透し、マスクは、時がたてば顔そのものになることを知っていた。(81)

実践的問題として、人はリベラルな慣行と原理が、省察に基づかないまま広がっていくことに対して望みを託すかもしれない。自己に批判的な省察と開かれた正当化を、政治的に挑発的で、潜在的に破壊的で、リベラルな政治からは大いに的外れだとみなしたいと思う場合は、特にそうである。「最も危険な党員は、党の原則にあまりにも熱心な表明によって、他者を離党へと挑発する者である」とニーチェは言った[82]。レオ・シュトラウスが指摘した通り、政治理論家は、理論の「一般向け」版を展開することが多かった。それは対立や論争を回避し、政治的解決の道筋を整備するために、完全な開示を犠牲にするものだった[83]。

広範で、非省察的な理論の受容は、体制としてのリベラリズムの開かれた率直な擁護によって危機に瀕するかもしれない。リベラルな平和への移行を円滑にするため、哲学的率直さおよび開かれた議論を犠牲にすることは、率直さと忠誠との間に本当に緊張があり（リベラリズムをより深く巻き込むことは一部の者には攻撃的となる）、リベラリズムへの忠誠の必要が完全な開示および開かれた公共的正当化の必要よりも緊急な場合には、正当化しうるかもしれない。言い換えると、一定状況では、開かれた公共的正当化は贅沢であり、リベラルな虚偽意識をプラグマティックで、慎重な命令に格上げするかもしれない。

忠誠を生み出すためにリベラルは、リベラリズムの完全な合意を表明し、擁護する際、注意しなければならないのだろうか？　哲学的な者は、大言壮語を抑えるべきなのだろうか[84]？

リベラルが、開かれた、率直な公共的正当化から逃げ腰になって、支持するものの全面的開示について妥協すると、大きな犠牲を払うことになる。そもそも、公共的正当化は人の尊重の一形式であり、率直でないことは、尊敬を欠く一形式である。議論が進められ、擁護されて初めて、広くアクセス可能な道理を探求する際、一般市民の合理性に対する尊重を表明できるのである。誤ったリベラル意識をもつことは、原理的な尊重あるいは公共的理性によって生きたいとの願いではなく、対立への恐れや合理性の能力を欠くことへの諦めに突き動かされているのである。

多くの実践的問題は、リベラルな公共道徳の、深く対立する関与に直面することなしに解決することはできない。

第一修正の宗教活動の自由条項にかかわる憲法事案は、宗教と政治との緊張した境界に対する、困難で、とても意味深い問題の鉱山、いや（どのように見るかにもよるが）金鉱なのである。たとえば、批判と科学を称賛するが、宗教の居場所がない公教育の想定と結局もたらされる結果とはどんなものだろうか？ その体制は、実際に世俗的人道主義の宗教を促進するだろうか？[85] もちろん人は、困難な問題を覆い隠して、公／私の区別およびリベラルな中立性の単純化された考えに口先だけで賛成し、回避しようとすることができる。これらの考えは一定程度流通しているが、仮にきちんと展開したとしても、それは政治問題において課題となっているものを曖昧にし、我われの実践を歪曲する危険がある[86]。

公共的正当化には、率直さの欠如によって脅かされるその他の利益がある。公共的正当化は、過度に複雑な、難解な議論を避けることによって信頼を促進するが、率直さを欠けば、それが一般に知られた場合、信頼を損なうことになるだろう。問題の回避は、一時的措置として正当化されうるように思われるが、とりわけ本当に一般的合意が存在する条件下で、哲学的と一般的文化が分岐した後では、批判的省察が復活するのは困難である。

理論的慎みの代価をほかにすれば、ある程度論争を誘発する積極的な利益はある。社会の政治道徳に対する一部の内部の反対は良いことだと考えた点でミルは正しかった、と私は感じている（ヨギ・ベラは、「世界が完璧だったら、そうはならないだろう」と述べた）。リベラルはとりわけ、支持するものを忘れ、あるいは最小化しがちで、それはアヤトラ・ホメイニのサルマン・ラシュディへの死刑の呼びかけに対する、西欧知識人による、緩慢で、弱々しい反応に寄与しただけだった。時折生ずる狂気に対立し、少しの分裂に取り組むことは、世界においてリベラルとして何を支持するか、そしてその世界においてリベラルな価値は論議を呼ばないわけではないし、定まった結論でもないことを思い出させる。

臆病さおよび妥協にあまりに応じやすいことは、非妥協性や教条主義と同じくらい危険でありうる。対立は現在、臆病さよりも危険であるかどうかは不明である。自覚と党派性のリベラリズムを枯渇させると、盲目で退屈な忠誠を養うことになる。我われは注意深く闘争を選ぶが、値する闘いを認識し、それを闘う能力を保つべきである。リベラルは、その体制が支持するものについて深く省察することをしていないので、リベラリズム擁護における一定の大胆さは今日公共の役務となっている。

もちろん、国内の平和と平穏、また自己に批判的で、理性を付与する市民権とは無関係な多くの政治的善はすべて、対立する問題を覆い隠すことに賛成するよう奨めるかもしれない。慎みに有利となる追加の考察を一つ付け加えたい。リベラリズムは輸出商品であり、国内消費のための商品だけではない[87]。世界にはリベラルな価値が守勢に立たされている地域がある。リベラリズムの受容を奨励するため、それが支持するものを最小化しようとする人たちに同調することにより、我われは値段を下げておきたいのかもしれない。

私自身の解決は、正当化の公共概念を採用し、率直に展開することである。公共の道理は大いに問題となり、これから見る通り、我われの最も名誉ある政治的慣行と願望の核心近くにあり、最も緊急な根拠に基づく以外は妥協すべきではない。我われは合理的であり、また広く合理的とみなされる正当化を求めるべきである。けれども正当化が公共的なものとなったとたん、多元主義および説明責任に対して相当のものが譲歩した。我われは、それが避けられないとはいえ、争いの種になりそうなリベラリズムの含意について明言することを、一歩踏み込んで避けることには極めて消極的であるべきである[88]。もしそんなことをすれば、公共的正当化に対するリベラルな願望の核心を突き、批判的省察と政治的実践との間にくさびを打ち込むことになるだろう。

原理に基づくリベラルな中庸のために

「公開で到達した開かれた正当化」の擁護が、単純過ぎると思われないよう、最後に一つの考察を紹介したい。それは、中庸の価値を明示的に承認する、より広い背景に対して、一定量の論争についての公共的正当化の受容を設定する必要があるということである。その中庸の価値とは、多くのリベラルな思考を黙示的に特徴づける、慎みや回避性癖といったものより価値ある代替物として役立つ徳のことである。

リベラルな公共的正当化の目的は、誰もが理解し、受け入れ、そして互いに公に肯定する、共通の道徳原理の枠組みを形成しながら多様性を尊重することである。目的は、透明で、脱神秘化された社会秩序であって、ウォルドロンが言うように、「各人の理解の法廷においておのずから説明することのできるものである」。ロールズの正義の政治的概念は、「彼らの政治的および社会的制度が正当かどうかを、すべての市民が互いに検証できる公に認識された視点」を目指す[89]。共通の道徳的枠組みの達成は、我われが政治において共通の合理性を表明できるようにし、実際、等しく理性的な道徳的存在として相互に認識できるようにする。

我われが、多元主義の深く恒久的な事実を受け入れながら、公共の道徳的枠組みを達成できる唯一の方法は、個人的利益や宗教的信念だけでなく、他の理性的な人々が合理的に違う意見を述べるだろうという、ある哲学的および道徳的確信を脇に置くことによってである。そうした過程の参加者は、正当化される（真実である）だけでなく、広く正当化できる（または合理的だ）とみなされうる原理を肯定する希望を、共有しなければならない。

合理的な公共原理の追求において、ロールズは、我われは、社会に存在する異なる包括的な道徳教義（宗教的および哲学的）の間で均衡を取ることはできないと主張しているようである。そうすることは、互いに自由で平等な、あるいは完全に自律した市民として現れる希望を放棄することになるだろう。[90]そうではなく、我われは、こうした深く、困難な道徳問題を一方に置き、そして相互に受け入れられる共通の土台を探すのである。我われは、信念と視点について存続し、除去しえない相違を受け入れ、緩和し、均衡を取ることはなく、むしろ公共的に理性的な合意ができる共有の土台を求めるのだ。

共有する道徳的枠組みの完全で、あるいは完璧な収斂を期待するのは非現実的である。完全な収斂は、公共の道徳的合意に対する非常に強力で、持続的な希望ならびに相互の道徳理解に対する深遠な能力を必要とする。ロールズのオリジナル・ポジション（原初状態）が代表する類の共通の道徳的立場は、希求する理想ではあるだろうが、実践的に言って、我われは、基本的な政治的原理の共通の理解に本当に収斂することは期待できない。[91]我われは、政治的生活において、道徳的不透明性の非合理的ではない措置を準備しなければならない。人々はいわば無知のベールの背後からのぞくよう促されるのだが、それは、利己的利益によってだけでなく、すべての理性的な人々が受け入れられる原理への動きから排除される多様な道徳的信念によってである。

中庸とは、公共の理性がその仕事（あるいは理性的な人々がそうすることを認めるできるだけ多くの仕事）をした後、我われの道徳的視点が、不可避的に多元的で多様なままであることを承認する際表面化する徳のことである。多様で理性的な人々の大きな集団が、まったく同一の道徳的基盤上で完全に団結することはないという事実を、我われに受け入れさせてくれるのが中庸である。[92]考えうる最善のリベラルな解決策でさえも、還元できないほど似ていない部分からなるという特徴をいくらか有しているだろう。

我われ皆が、金持ちも貧乏人も、リバタリアンも社会主義者も、カトリック、ユダヤ教徒、アーミッシュおよびエホバの証人も、我われの道徳能力の中で互いに佇むことができると考えるのは素晴らしいことだろう。そして、実際そうすることを願うべきなのである。しかし、政治の日の終わりにあっても、理性的な人々は依然として意見が違い、道徳的視点は多様なままであるという事実を受け入れなければならない[93]。その時点で、最も理性的なことは、他者の合理的な主張を前にして、相互に主張を緩和させ、我われの相違の均衡を取り、分割することだろう。

リベラルな中庸は、尊重の上に築かれ、寛容以上のものである。我われは、理性的とみなす人や見解を尊重する。我われは特定の見解（反ユダヤ主義、人種主義、および単なる偏見に基づくその他の見解）を実際には尊重できない場合でも、依然として表現を許容する。ある意味で、それは人によって表現されるからである。我われは、その人を、理性を持つ者として尊重し、その言論（理性の手段）を尊重したいと思う。我われは、その見解の表明を認めることにより、反ユダヤ主義を許容することになるが、それに対しては一歩もひかない。我われは反ユダヤ主義の見解を尊重しないので、それを受け入れないのである。そうした見解とは妥協することなく、中庸ではなく、断固としてそれに対峙する。

中庸は、寛容以上のものである。たとえば、妊娠中絶については両方の側から多くの理性的な議論がある。妊娠中絶の問題は、両者ともに重い理由があるので、ある意味で非常に厄介であり、理性的な人々がどのように何れかの側を攻撃するのかを見るのは容易である。妊娠中絶のような政治問題は、二つの道理に基づく主張の間で、比較的接近した判定を生み出しているように見えるが、中庸は敵対者を尊重するよう導くだけでなく、それらと妥協するようにさせ、両者がそれぞれ何かを得られる中間地帯を見出す。それは合法化された妊娠中絶であり、おそらく妊娠の一定の時点までであり、中絶の決定が注意深く考慮されたことを保証するのに役立つ相談を伴う場合のみである[94]。

私が擁護する道義に基づく中庸とは、リベラルな徳である。それは、我われが共有する理性に負う尊重、および共通の道徳的立脚点を占めることの困難さ、つまり理性に関して同様に我われの共通の能力を行使することについての困難さによって正当化されるものである。中庸を真剣に受け取ることは、考量上最強の論拠を持つ当事者が勝つ権利があるとのドゥオーキンの主張を制限するように我われを導く。最善の解決は、時に双方に一部ずつを与えることでありうる[95]。非常に強力な競合する論拠に直面して、中庸は、単に最善の論拠だけでなく、その非常に強力な論拠にも栄誉を授ける方法を提供する。その場合、司法の政治的手腕、原理の仲介にとっては、原理に基づく論拠があるが、プラグマティズムや立法府への包括的服従にはそれがない(96)。

このリベラルな中庸は、道義に基づくものである。それは公共的正当化自体の最も基本的な忠誠に基づくからである。すなわち、我われの共通の理性の尊重である。もちろん、中庸にはその他の態様および根拠がある。プラグマティックな中庸は、何が重要な価値の実現を最大化するかという戦略的意識に導かれる。慎重な中庸は、対立を回避するために妥協を選ぶ。これらの中庸形式はともに、公共的正当化を緩和し、それが体現するある種の尊重を弱体化してしまう。

道義に基づく中庸を受容するということは、相互にとってわかりやすい政治的秩序は実現不能だと認めるということである。中庸の価値の明示的採用は、我われが公共的正当化において合理的な相違および意見の不一致（および一定の視点の不公平措置）に手を付けないまま、市民を代表するということを意味する。こうして、我われは、理性のリベラルな尊重を危うくすることなく、リベラルな慎みの根底にある、（私の分析では）残された除去できない道徳の多様性を把握するに至るのである。

我われの相違の一部が取り除けないことを、祝うべきだなどと主張しているわけではない点、強調しておく必要があろう。我われは、共通の道徳的視点に達することができないことを承認すべきだが、それを理想化すべきではない。我われは、むしろこの限界を人間の条件の所与の特徴として受け入れ、現実的なリベラルの理想に従って生きようと努めながら、前向きに取り組めるようにする態度を採用すべきなのである。

うに認識していたと解釈する。

宗教が明らかにすることのできる唯一の純粋な真実ないしは客観的な妥当性とは、その寛容さ、つまり神学的自負を余り深刻にあるいは激しく強制することへの拒否である。宗教の価値は、平和、適法性、および人の権利の支持に貢献する道徳的習慣を促進する効果によってのみ測られる(98)。

結論

一八二二年に書いた書簡でジェファソンはこう宣言した。「私は、現在合衆国に住んでいる若者で、ユニタリアンとして死なない者はいないと信じる」と(97)。トマス・パングルは、リベラルな社会において、ジェファソンが以下のよ

アメリカにおけるリベラルな宗教の登場に対するジェファソンの期待は、宗教原理主義の急増に照らすと、素朴過ぎるように見える。しかし、アメリカの「本当の信者」と世界のその他多くの地域の信者との比較に、人は驚かざるを得ない。サルマン・ラシュディの『悪魔の詩』に対する多くのムスリムの反応と、映画『キリスト最後の誘惑』に対する西側キリスト教徒の比較的穏やかな反応を較べてみよ。アメリカのリベラルな妊娠中絶法に直面したキリスト教原理主義者の驚くべき穏和さと、一般的な遵法については言うまでもない。「我われは皆ユニタリアン」だと思えるならば、それは共通の文化を広範に形成することについてのリベラリズムの成功の故であって、すべての宗教が本質的にリベラルだからではない。

リベラリズムは、リベラルな宗教の積極的支持と、その他の受動的沈黙に依存するが、一定の宗教的信念（アウグ

スティノ修道会カトリックからイスラム原理主義に至るまで）とその他多くの生活様式とは激しく対立する。リベラリズムが、自らの確立に成功するのは、リベラルな政治的価値とリベラリズムを支える価値が、それと競合する一揃えの価値よりも重要だとみなされるようになるからである。リベラリズムは、人、最大の道徳的見解、制度および社会全体がリベラル化される場合に、成功し、安定し、堅固なものとなる。

正当化の公共的概念は、真実の客観的基準の利用可能性を否定する、ローティのような「ポストモダン」哲学者の懸念を奉じているように見える。[99] 公共的正当化は、理性の実践的限界を承認する一方で、慣習主義、地方主義、または懐疑主義を採らない。理性は、中庸の外縁と実体を確立する。理性的原理だけでなく、すべての者が理性的だとみなすことのできる原理に従って生きたいとするのは合理的である。我われ自身を理性的に統治する希望を放棄するのではなく、理性の公共的効果に関する期待を鍛えることにはもっともな理由がある。

市民が、共通して合理的だと肯定することのできる政治的制度を確立し支持する希望を共有しているような場合でも、論争的な問題に関する十分な公共的正当化（すべての理性的な人が実際に受け入れる）は、往々にして入手不可能で、我われはそれと折り合いをつけなければならない。すべての理性的な人が同意可能な解釈に達することができないとしても、公共的省察は、我われが不合理な選択肢を特定し、排除することができるようにする。それはまた、公共と個人的な価値の隔絶を狭め、緊張を切り抜けることにも資する。[100]

公共の議論と証拠、理性的な人と、人に存在する理性の限界を尊重するので、公共的正当化は、際立ってリベラルで、民主的、実体的で党派的となる。リベラルが自由で平等な者の尊重を見出すとき、一部の宗教的な人々は、「世俗的人道主義」および科学や啓蒙に多くを負っている思考方法の優位性を見出すが、それは一部の宗教形態とは激しく対立する。これは避けがたいことなのだ。リベラルは、他の誰にもそうするように、真の信者にプライバシー領域および議論を継続する機会を提供する。リベラルは、結局、その党派性を擁護すべきであって、回避してはならない。

リベラリズムが正当化される場合、それは少なくとも一部は、広く受け入れられた道理および公共的議論に基づく正当化の優越性の故であり、理性的な人々は、リベラルな尊重に値する人々だからである。

それが何を支持し、反対しているか、また我われが何を支持し、反対するかについて、ほとんど気づかないほど深く文化や個性を構成してきたことが、リベラリズムの究極的「成功」の尺度と受け取られるかもしれない。社会について堅実な理解をする際、リベラリズムは、そのもっと深いかかわりについてある種の忘却を誘発するなら、我われはそれを「政治的」成功、つまり巧妙なごまかしと呼ぶかもしれない。そしてそれによって、リベラリズムは異なる人々に異なるものとして、また誰にとっても大したものではないと見られるかもしれない。けれども、この単なる「政治的」成功は、公共的正当化の失敗なのである。

以下の章で説明するが、政治的実践において、公共的正当化へのかかわりといった類のものは、リベラルな制度を知らしめ、それを高尚なものにした。たとえばアメリカの憲法は、内部で議論する制度だけでなく、それに向かって努力し、リンカンが指摘した基本的な人間の平等といったような「標準的公理」について、議論する理想を与える願いを込めた文書なのである。公理は、

すべての者になじみがあるはずの自由な社会のためのもので、絶えず参照され、絶えず作り上げられ、決して完璧には達成できないが、絶えず近づこうとし、それによって、すべての場所のあらゆる人たち、つまりあらゆる皮膚の色の人たちに絶えず拡大し、影響を深め、幸福と人生の価値を高めるのである。(101)

この見解によれば、建国時代をリベラルな国づくりの完成行為としてみてはならず、それは細かい部分だけでなく、(少なくとも時々は)立憲政府の根本について公共的に解釈し、問いを発し、議論し、再形成する継続的プロジェクト

の開始としてみるべきものとなる。リベラルな市民権の責務は、以下で見る通り、個人的権利を享受するだけでなく、リベラルな創出の未完の事業を完成する闘いにある。

ここで検討する正当化の公共的概念は、政治と哲学の間の古い対立を克服するだろうか？　その対立は、ある意味で緩和されている。つまり、哲学者たちは、政治における極端な厳格さはわかりやすさに対して譲歩しなければならないということを認めるよう求められ、非哲学者たちは、共有する理性に基づいて尊敬を受けているということである。公共的正当化は、政治を哲学化する一方、哲学を政治化し、批判的理性の潜在的に分裂する性質を否定するのではなく、むしろ緩和する(102)。

公共的正当化は、リベラルの核心的目標であり、リベラルが誇れる実践的願望と政治制度を知らせてくれる。しかし、公共的正当化は、我われの唯一の政治的目標ではない。我われは、自分自身の人生を生きる自由、よって政治的議論からの断続的解放を欲する。我われは、平和を欲し、それ以上に礼譲と調和を望む。

礼譲は、リチャード・ホフシュタッターが説明するように、道徳的合意とはかなりかけ離れた政治的善である。

礼譲は、その争う利益に列挙されたものが、互いに基本的に最低の配慮を受ける程度で社会に存在する。敵対者の基本的人間性は忘れられてはいず、礼節は放棄されていない。共同体の生活は、目前の鋭く対立する問題が争われ、勝負が決まった後も営まれなければならないという意識がめったに心を離れることはない(103)。

『フェデラリスト・ペーパーズ』第一篇において、プブリウスは、さらに力強く礼譲への手段として中庸を督励した。

実際にあまりに多かったり、あまりに強力だったりするのは、往々にして賢明で優れた人が、社会の最重要問題について誤った側にまた正しい側にも立つのを見る通り、判断に誤った先入観をもたらすこととなる要因なのである。この状況は、正しく対処するならば、論争において自分が正しい立場にあると信じこんでいる者に対して、中庸の教訓を与える。

礼譲ないし調和は、和解への才能と妥協への意思を必要とする。リベラルな中庸は、原理に基づく調停の良い根拠を与える。

公共的正当化やその目的の外側に、他の中庸の形式（たとえば、憎しみによる差し迫った暴力に直面した場合の慎重な中庸）のための根拠が存在する。けれども我われは、自分たちの公共的正当化の理解における最も基本的なレベルで、原理に基づく中庸の余地を作るほうがよい。そうすることで我われは、理性自体へのかかわりの外で正当化される中庸形式を定義し、擁護できるようになり、また何より、公共的理性の過程に人々を引き入れる地平にまで中庸を拡張できるようになる。原理に基づく中庸は、さらに理性的な政治秩序への希望を支えるのである。

第3章　法とリベラルな市民権

序

すでに論じたとおり、自由主義の道徳的指導原理は、公共的正当化の計画であり、それは哲学批判の目標と、自由の尊重と民主的平等のそれとを融合する。それは、我われが知っている人々にも手が届くような内省的道徳基準を求める。第3—5章は、自由な政治的制度（司法、立法および執行）すべてが、公的正当化の責務にどのように参加するか、そしてある点では、他の政治的目標とその責務を独特な形で結合するかを説明する。公共的正当化は、哲学を政治化する。自由な政治的制度は、正当化が政治作用において結果を生むよう、さらにその政治化を進め、具体化するのである。

解釈者のリベラルな共同体では、いかなる主権も究極的権威を要求することはできない。司法、立法および執行または民間団体でさえも、憲法上何が許容されるかについて決定できる。決定はなされなければならないが、政治的会話が閉ざされることはない。すべての権威ある裁定または決定は、一般的に至高なものだと承認されている政治道徳原理——導き、制限するリベラルな正義という名の原理——のよりよい解釈に基づいて、異議を申し立てられ、覆される可能性がある。リベラルな法は、正しく理解するなら、解釈者——自らに批判的で理性的な一般庶民の共同体を促進する。

良き生活についての多くの競合する概念によって特徴づけられる政体は、総意に基づく共同体のまさに反対のものだと思えるだろう。けれども、リベラルな正義は、憲法を活気づけ、公共道徳を提供するリベラルな社会の多様性——つまり、新たな状況に適用される中で、公的に承認され、絶えず活性化され更新される共同体の財産を包含するのである。すべての市民は、かかる理解に照らして公的行為を検討することによって、そして状況によっては、市民的不服従に訴えることによってさえ、リベラルな原理についての自らの最善の理解に従って行為することで、リベラルな政治に当然参加するのである。リベラルな政治は、すべての市民に法の制定、試験、および洗練過程への参加を促す。

現実的でリベラルな政治倫理を考える際、道徳的楽観主義と冷笑的立場の間で舵を取りたいと思う。それに従って行動するのは難しいが、近づくのは不可能ではなく、実際のリベラルな制度の的を外さない期待の形成に努めるべきである。実践においては、公共的正当化の理由づけ、および道理を要求する期待に従って行動することはできないかもしれない。しかし、我われのしていることは、リベラルな期待が冷笑的な見解に転化するのを当然とするほど悪いものではない。法廷はとりわけ、すぐに政治的な場となり、原理のフォーラムとなり、我われの政治に原理を注入しながら、集合的力の限界線を引くのである。カルドーゾ判事は次のように述べた。

司法の抑制的な力は、立法府が裁量の限界を示す線を超えた数少ない事案においてその主要な価値を明らかにするわけではない。そうではなくて、ややもすると沈黙させられてしまう理想を声に出し、読めるようにし、生活と表現の継続性を与え、選択の幅の中で限度内での選択を指導し、指示する中で、そうした主要な価値を見出すべきなのである。(1)

市民権、徳および共同体の目標に対するリベラルな手段に仕えることのできる法的枠組みを明確に述べることは、本章には荷が重い。市民や公職者によって、司法の原理が等しく解釈される法的枠組みの源の考察から始めることにする。リベラルな法の公共道徳は、より幅広い政治の理想の基礎を提供するのに役立つ。このようにして、リベラルな自画像の欠陥は、リベラリズム自体に潜在する源によって作り上げられうるものであることを示したいと思う。

リベラルな公共道徳――法と政治

人は、公教育または公的福祉、あるいはほとんどすべての現代国家が実際に行っているその他多くの事業なしで、リベラルな自己統治を構想することができるが、法についてはそうはいかない。一般的行為準則の広範な尊重なしに、大きく、開かれ、商業的で自由な現代世界の「偉大な社会」の政治を想像することは全く不可能である。現代のリベラルな社会を支える制度すべての中で、法以上に基本的ないし中心的なものはない。

リベラリズムは、選択を支持する。すなわち人が宗教的信仰と実践、職業、余暇の追求等を選択する平等な自由である。法は未知の多数の者の自由な選択を調整し、現代の大衆社会の「匿名の連携」条件を定める。(2)法は自由に秩序を与える。それは、すべての自由な行為に対して、各自の自由を全員の自由と調和させ、相互の自己制約の制度を創出する一定の一般的条件（契約をしたい場合、二名の立会人を得る）および制限（強制、詐欺、または害悪を他者になさない）を課すことによって行われる。ロン・フラーが述べたように、実質的にリベラルな法は、「法律制定者が定めた特定の目的を達成するためになすべきことを人に命じない。それは人に仲間と共に人生を組織する基準線を提供するのである」[3]。アダム・スミスの比喩によれば、法のリベラルな支配とは、命令というよりは文法規則のように、「構成において高尚で、優雅なものは何か」に関するものである[4]。リベラルな法律は、個人が自ら選んだ行為に「副詞的」条件を課すのであって、言うべき「こと」を命令するのではなく、人が何を選択しようと「どのように」言うかを定めるのである[5]。

法の支配は、合理的に一般的な行為規則の事前の公布を通じた政府行為を主に必要とする。こうして法は、予見可能性と個人の安全を促進する規制形式を、潜在的に恣意的な権力に課す。刑事手続きは、他者に損傷を与えたために告発された者に対しても基本的尊重を保証するといった、公式の抑制と公正な役割の入念な要件を含むデュープロセスを守らなければならない[6]。訴訟は、人が生命、自由または財産を否定される前に、正義が公正に運営され、デュープロセスが尊重されることの保証を付託された、独立した公平な司法裁判所で行われなくてはならない。

法は、一定の種類の秩序を支持する。一般的で公共的な規則および手続の相互の順守である。リベラルな法は、権力の目的と限界を定めるだけでなく、公共の正当化の場面や構造も与えるのである。実際、公平で、政治的に独立した裁判所制度は、正当化による理性に基づく省察に近づく見込みが最もある場面を提供する。問題は、公共の正当化が、その秩序付け機能を大きく損なうことなく、法を通じて追求できるかどうか、およびそれはどの程度においてかということである。

プラトンは、法に関する二種類の考え方を区別した。一つ目は、短く、簡潔にとどめておくことができる。つまり、これをしろ、あれをするなということである。しかし、いつでも短ければ良いというものではない。この最初の理解に基づくと、法は、「わがままな独裁者と同じように命令を下し、そそくさと立ち去る」奴隷を診察する医者のようなものである。しかし法は、必要とされる事柄の一般的な記述だけでなく、法を受け取る人たちの理性に向けられた説明をも含みうる。二つ目のモデルは、法を自由な人間を助ける、つまり病気と患者の両方を治療する医者のようにする。その場合彼は、「初めから、かつ特質に応じて、患者自身やその友人たちと親しく語り合い、病人から学び、病気の者にできるだけ教えるようにする。また、ある程度納得できるまで、命令はしない」[7]。独裁は、道理のない権力であり、規則としての法は、最もひどく恣意的な形式のみを除外する。「合法的な」支配者は、理由の付与を伴う、より複雑で、忍耐のいる、ていねいな規則の方法よりも、ドラコン流の厳格な単純さを選ぶかもしれない。

法実証主義は、法の命令機能を高める。実証主義者の法は、明確で安定した社会の行為基準であろうとする。それは、法と道徳、規則と批判的推論を融合する結果としての神秘化や対立から身をかわす。法実証主義者は、法を次のような規則の体系としてみている。つまり、その妥当性が、内容ではなく、確立し、受け入れられた制定形式の順守の問題である規則の体系として。H・L・A・ハートは、それを「認識規則」と呼ぶ[8]。裁判官や、公職者が基本規則を規範の基準として承認する中で、市民が法に一般的に従うとき、法制度が存在する[9]。

法実証主義者にとって法の権威は、その強制性にある。法は会話を開始させようとするものではなく、会話や熟議を中断するものである[10]。ホッブズが述べたとおり、「命令は、人がそれを発する時、それを発する者の意思以外の理由を予期せずに、これをせよ、あるいはこれをするな、と言う」[11]。法が何であるかは、法は何であるべきかとはあまり関係がない。規則が不道徳であるという単なる事実から、それは法の支配ではないという結論は引き出せず、また道徳的に望ましい規則が、必ずしも合法的ではない[12]。

法実証主義の要点は、法と道徳の分離であり、法的妥当性の問題を道徳的善の問題と区別することにより、法を道徳の対立の上位に置くことである。法の非イデオロギー的で中立的性質を強調して、法実証主義者は、その権威がいくつもの究極的な道徳的忠誠と両立するような法律を求める。「法とは何かは社会的事実の問題で、法の同定は道徳的議論を含まない」[13]。法実証主義者にとっては、実際、市民が法に従う理由は市民自身の問題なのである[14]。法実証主義者の法は、基本的に道徳的理由または議論には関心がなく、適切に制定された行為準則の共通の引き受けにある。

法に対する実証主義的手法は、確実な利点を有する。議論を呼ばざるを得ない道徳的価値の実体的判断からはその妥当性が大いに区別される、一揃えの権威的規則があることについては、多くを語らなければならない。法実証主義者がやるように、明確性、公開性、および服従の法にとっての中心性の強調については、多くを語るべきである。リベラルが論争を恐れ、その権威が実体的な道徳的合意から独立した政治的機関を求める限り、法の実証主義的理解に引き寄せられる根拠がある。

法実証主義者は、法について考える最善の方法にではなく、法制度の最低条件、あるいは法に意味があるとすれば、「法」は何を意味しなければならないかについてだけ、しばしば関心を寄せる。けれどもその最小の言明においてさえ、法は政治的に中立な現象ではない。法の下にある統治は、公開され、将来に向かい、理解可能で、順守可能な規則を通じて運用され、一般性と安定性への措置を有していなければならないからである。最小形式においてさえ、法は、自己抑制、公開性、批判、規則性、一般性、および限定的権力といった特定の徳や価値を促進する。ジュディス・N・シュクラーが指摘する通り、法実証主義への忠誠は、歴史的に「個人の自律を保全し、絶えずイデオロギーおよび政府からの干渉の危険のある道徳の多様性を保全するという、リベラルな希望の表現なのである」[15]。法は、あらゆる政治的価値に仕えるわけではなく、最も不幸な状況では、規則集の放擲を要求することさえある。リベラルな政体でも、法のみによって生きることはできないのである。

法制度の最も基本的な要件および目的は、法実証主義者が強調したものを含む。広範な理解および服従がなければ、法はその基本的な秩序付けと調整機能を達成できない。法実証主義者は、不道徳な規則も妥当な法とみなされうると主張する点で正しい。法制度は、必然的に道徳的ないしリベラルであるわけではない。しかし、私の関心は、特にリベラルな政治枠組みの中で、また単なる規則への服従を超えて法的理想の追求を認める状況において、法をどのように見るべきかについてにある。明確で、確定した法の性質の保全についての法実証主義による強調は、余りに進み過ぎると、倫理学者を法の聖堂から追いやってしまい、公共的正当化およびリベラルな法自身のより高次の目的に打撃を与えることになるだろう。

法の目的は複数あることを理解すべきである。すなわち、規則に縛られた秩序ならびに道徳的批判、公開および討論である。法の中のこれらの目的の結合は一定の緊張を生み出すが、強制的な結合ではない。法による統治は、市民を尊重し、政治的期待と目的を知らせることによって公共的討議を促進する。法による統治は、重要なことに、公共的な政府である。最低限の判例でも、見るからにリベラルな願望と理想をあらかじめ示している。それは、リベラリズムの有力な倫理の形式および期待が社会に幅広く浸透したとき、特にそうなる。

我われは、フラーやドゥオーキンのようなリベラルにならい、法と道徳の分離を拒否することができる。リベラルな法は、規則だけでなく、一定の根底にある目的および原理からなる。秩序ある自由、公正、デュープロセス、理性、および残虐さへの反対である。法の解釈は、規則を適用するだけでなく、その多くが重要な道徳的側面を有する法原理の解釈問題でもある。

法の中における原理の存在は、多くの重要な含意を持つ。道徳原理は法の根底にあり、法の正当化に資する。法的規則の間のギャップを埋めるように拡張することによって、こうした原理は、明確な法的規則の参照だけでは解決できない困難な事案（ハードケース）の解決に役立つ。これらの道徳原理は、公式決定の前に存在し、規則の間のギャップを埋めるのに役立ち、公職者と市民を同様に拘束する。[16] 法実証主義者にとっては、裁判官は困難な事案において法を作る。ドゥオーキンにとっては、常に解釈し、適用すべき法がある。つまり、「法的義務は、確立された規則によるのと同様、一群の原理によって課されるかもしれない……異なる種類の拘束力ある法原理の観点から、当該義務を支持する事案がそれに反する事案よりも強力な場合は、常に法的義務が存在する」[17]。道徳原理は、法の織物に織り込まれているので、良心的審判官は裁量で規則を「創造」するのではなく、原理を考量し、困難な事案に適用される法の最善の解釈を明確に述べる責任がある。

法原理の先行する存在およびその後の「勝利への権利」は、理性に基づく司法決定を正当化し、新規則の創造を筋の通ったものにする。法は法的規則および原理の縫い目のない織物なので、困難な事案を判断する裁判官は、政策の独自の概念を参照し、あるいは「より民主的な」政府部門に敬譲を示す必要はない。法実証主義の裁判官は、立法者の政策選好を測って、あるいは自らの社会的効用ないし公共善の概念によって困難な事案を決定するかもしれない。しかし、公共道徳としての法にとって、法廷は、道徳の場であり、原理の場なのである。そしてそこでは、法は、当事者の権利および裁判官の責務を決定する、規則と原理の縫い目のない織物だとみなされる[18]。

我われは、ドゥオーキンが述べているように、「裁判は原理の問題であると願う」べきなのである。理想的な像が実現できないとしても、「その試みを通じて得るものがある」からだ[19]。道徳的に原理に基づく司法過程は、我われの基本的利益が、単なる多数派の意思ないし政策考慮に依存するのではなく、原理に基づく公的基準に依存することを保証する。道徳的願望を注入された法の概念は、政治的実践を公共的正当化の理想に向かわせるのに役立つ。

法的解釈の適切な性質に関する議論は、広い政治的含意を持ちうる。憲法の文脈では、関連する原理は大きく、重大であることが多い。秩序ある自由、平等、公正、プライバシー等である。公共道徳としての法の徳は、我われにとって、「法」の必要な意味の優れた分析ではなく、道徳原理の解釈を裁判の責務に、それゆえ、もっと広く政治に組み入れることの政治的価値を率直に承認する方法を与えてくれるのである。公共道徳としての法は、法を通じた公共的な道徳的正当化への司法の活発な関与を、躊躇なく認める。

法の解釈は、必然的に政治的企てであるが、「個人的あるいは党派的政治の事項」ではない。[20] 法の公共道徳は、原理に基づく、市民にとってアクセス可能な解釈の参加過程ですらある。法的理論と道徳理論の融合は、誰もがアクセス可能な原理から裁判官が公共的推論を行う場合、その質に対する公式的な決定の権威の基礎を形成するのである。

公職者が、次のような一般的な公共的理論に基づくことなく行為するのは不公正である。つまり、公職者に一貫性を持たせるような理論、公職者が行うことをテストし、議論し、予測するための公共的基準を与える理論、そして特定事案において偏見または利己的利益を覆い隠すかもしれないような、独自の直観に訴えることを認めない理論のことである。[21]

法の公共道徳は、ある種の道徳社会を作り出す。それは政治の公職者が、規則に従うだけでなく、共有する政治原理への良心的服従について市民に答えるものである。

道徳原理が、法的規則の根底にあると認識することの利点は、当該原理が、困難な事案の解決に資することである。それは、我われが困難な事案にはしばしば「正しい答え」があると言えるようにする。しかし、法的解釈の公開は、法的解釈が単なる対立する道徳的観点の耳障りな音、気高い混沌とならないようにするのに十分であろうか？　法原理を重視しすぎることは、法文を犠牲にして精神を持ち上げることになるだろう。道徳的な原理に基づく法の特徴の重視は、例外の増殖をもたらし、明確で、一般的な規則によって生きるという目標を損なうことになるかもしれない。

アダム・スミスは、次のように強調した。

他の徳の実践において、我われの行為は、正確な公準ないし規則を参照するよりもむしろ、礼節についての一定の考え、特定の行為の傾向に関する一定の好みによって方向づけされるべきである。我われは、規則そのものよりも、規則の目的と根拠を考慮すべきである。しかしそれ以外は、正義に関することである。最も純化されることなく、最も頑固な堅実さで一般的規則自体に従う者は、最も褒められるべき、もっとも頼るべき者である。[22]

リベラルな道徳主義者たちは、その法についての見解の受容が、法の秩序、規則性、および予見可能性に代わって終わりのない道徳の議論をもたらすことを心配すべきなのだろうか？　リベラルな法律主義の原理に基づく批評には、規則による統治秩序の枠組みを、原理に基づく対立の場へと転換してしまうリスクがあるのだろうか？

我われは、法の基底をなす道徳原理を明確化し、制限する必要がある。公共的正当化の命令は正しく理解するなら、必要なフィルターをかけるのに役立つ。権威的な法原理について考察するにあたり、我われは広く合理的だとみなすことができるものを好むだろう。抽象的な公共的正当化から、特定の法制度に移行する際、作用する原理の種類をさらに洗練し、明確化することができる。

法が原理なしにすませることができないことを認めると同時に、潜在的に分裂の可能性がある原理的解釈に基づく道徳主義を制御する一つの方法は、当該原理の解釈が道徳的責務であることを否定しながらも、原理が多様な点において規則の根底をなすことを認めることだろう。法実証主義のうちの繊細なものは、原理がしばしば法的規則の基底にあることを認めるが、当該原理の解釈は歴史的技術だと主張する。法的、政治的伝統に「内在する」原理や理想を識別するために、かかる内在する源を、抽象的理論化によって生み出された超越的な理想から区別し、我われは憲法および遺産としての法的材料に目を向ける。困難な事案における問題は、規則、先例、および原理のどの説明が道徳的に最善の結果を当該事案で生み出すかではなく、どの説明が受け取った法的材料に最も適するか、つまり法的規則および原理のどの説明が、受け取った法的記録において最も間違いを少なく、小さくすることになるかである。

原理に基づく法実証主義は、裁判官の責務に関する理路整然とした一見解である。けれどもリベラリズムは、人に対するある種の尊重を支持する。我われの共有する公共的理性の能力への尊重である。リベラルとして我われは、批判を求め、道徳的向上を促進する制度を作り上げながら、批判的道徳的正当化の企てを政治的実践に取り入れたいと思う。言い換えると我われは、公共的正当化を欲するのであって、歴史が法的解釈の精神を注入することだけを望むのではない。

法の道徳的見解に基づいたとしても、法的解釈を歴史化する企ての背後に、真実の一粒が存在する。権威的法解釈は、直截な道徳理論ほど建設的ではないのだ。司法職は、リベラルな政治全体の枠組みの中で固有の機能を持っている。それは公共の、将来に向かって正当化できる一般的規則が継続する制度の維持である。我われは、法的制度が、古い原理のより良い解釈に開かれていることを望むが、同時に、当該解釈が法（憲法、過去の司法判断、立法行為等を含む）の形式および受け取る大衆に忠実な規律あるもので、構造的であることも欲する。裁判官の独特の権威および法の特徴は、裁判がすでに、ある意味で与えられた材料の解釈に依存するという観念に基づいている。受け入れられた法の源は、結局、自らの法的義務とは何なのかということを人民に認識させたものなのである。

我われは、各場合に正義が要求するものを単に問うだけの裁判官は欲しない。カルドーゾが述べたように、裁判官は、

思いのままに自身の美ないし善の理想を追求する遍歴の騎士ではない。裁判官は、伝統によって知らされ、類推によって方法化され、制度によって規律され、「社会生活における秩序の根源的必要」に従属した裁量を行使する。すべての良心において、十分広い裁量の範囲が残されるのである。(23)

裁判官であることは、非構造的な哲学化を保証されているわけではない。司法職を占めることは、受け取った法的材

料に対する特別な忠実義務を課す。法への忠誠は、弁護士または裁判官あるいはその他の公職者が、所与の法体系——憲法、多様な制定法、異なる段階の先例、黙示的原理、伝統、慣行を暫定的に受容することから始まる。これらはすべて、裁判官の法理論の基礎の確立に役立つものであって、その限界を画するだけではない。

ドゥオーキンは、困難な事案の判断に関連する道徳的議論の範囲と種類を制限する方法として、「制度的」権利から「背景」的権利を有益に区別する。「背景的権利は、抽象的に社会による政治的決定の正当化を与え、制度的権利は、ある特定の具体的な政治制度による決定に正当化を与える」[24]。裁判官が援用する権利は、「背景的ではなく制度的権利であって、その他の形式の制度的権利ではなく法的な権利で」なければならない[25]。しかし、本必要条件の力は、第二の測定基準、法的制度を特徴づける「自律」の程度に依存する。「制度的自律は、公職者の制度的義務を、背景的政治道徳の大部分から遮断する」[26]。よって、人はロールズの配分の議論は、合衆国憲法がかかる権利の法的根拠を与えると考えることなく、基本的福祉利益への権利の道徳的基礎を提供すると考えるかもしれない。あるいは公職者は、妊娠中絶は道徳的に間違いだと考えるかもしれないが、その考えの根拠に関しては、政治を通じて他者にそれを押しつけようとするのを不適切なものとするという意味において、私的なものだとみなすだろう。

法と司法職は、純粋で単純な道徳性から一定の自律性を有する点で、他の制度と類似する。チェスの審判が平等主義者だったとしても、「非番」の時に、最高得点を挙げた者ではなく、最低得点の選手にトーナメントの賞金を与えることは制度的制約により阻止される[27]。審判としての義務は、規則を執行するだけでなく、「ゲームの特徴を保全する」仕方で判断する点にある[28]。ドゥオーキンによれば、審判はその個人的な「背景的道徳性」を無関係とみなすべきだとされる。ゲームの特徴および審判の役割は、相互に定義し合うことで、確定するものである[29]。学校の隔離撤廃事件に対するフェリックス・フランクファーター裁判官の苦悩の熟慮を考察してみよう。

我われの誰かが、いかに情熱的に平等主義的見解を持ち、我われの誰かが、いかに隔離政策は、疑問の余地なく南部諸州の頑強な信念を表明するものだと激しく信じているとしても、ともに正当ではなく、近視眼的である。この個人的理由だけで、裁判官が隔離政策は違憲だと宣言するならば、それは司法権限を逸脱するものである。(30)不道徳性のみでは、違憲性または法的無効性を確立できない。

法と同様チェスにおいても、審判ないし裁判官は、いかなる強い意味でも裁量を持たない。参加者には「権利」があり、審判員は、彼らが従事する仕事の完全性を保全しながら、規則およびゲームの「特徴」を支持する義務がある。仕事の完全性は、制度化された執行の仕組みおよび相互にゲームの価値を承認し、その特徴の保護義務を受け入れる選手と審判員に共有された理解に動かされる支持によって、破壊（平等主義の審判または賄賂に訴えたい参加者、あるいは合衆国憲法のリベラリズムではなくマルクス主義に忠実な裁判官）から保護される。この義務が実効的であるためには、賞を取りたいという欲求、あるいは審判員が弱い選手に有利にしたい、もしくは選手がごまかしをしたい、あるいは誰であっても、「ゲームの良い仕方」を定義する規範を何か他の方法で破壊したがるその他の欲求を規制し、服従させなければならない。

法は、道徳的自立について一定の測定をする。法のような価値ある制度内で役職につくことは、たとえば人にその制度に対する特別な義務および責任を課すことである。裁判官、立法者、執行者から市民にいたるすべての役職は、特定の質と力の道徳的ろ過器である。公共的正当化の観点から我われが保つべき権利と特権は、必ずしも特定の制度内において我われが持つ、あるいは持つべきものとは限らない。制度は、特定目的を持ち、またそれに適している。その適切な作用は、おおむね目標や目的に同意する参加者の協力に依存する。内在的核心または特徴と対立する目的に制度を利用するには、制度の腐敗や破壊のリスクが伴うことを、参加者は認識しなければならない。チェスの試合を所得の再配分の促進に利用することは、競争の完全性を損ない、よって競争的なチェス制度を損なう。法的解釈を、法の内部に適切な原告適格を持たない道徳的価値の促進に利用することは、規則や法の形式への尊重をむしばむこととなりうる。

もちろん、チェスの試合の場所を恐ろしい地震その他の災害が襲った場合、審判は多分試合を中止し、賞金を赤十字に寄付し、救済活動に飛び込むだろう。いかなる職もすべての道徳的懸念にまったく影響されないなどということはなく、またそうすべきでもない。制度的命令はそれらに打ち勝つことはできないので、最も基本的な道徳的主張は決して回避できない。上級者の命令または制度の命令に従うことは、大きな不道徳への参加の弁明とはなりえない。審判、裁判官、兵士、および市民はすべて、その役割が要求する行為、および彼らが参加する制度の特徴が、批判的な道徳的省察の試験に確実に合格するようにすべきである。法も、チェスもあるいはその他の人間の営みも、道徳から完全に自律してはいない。たとえば、兵士が命令に無批判的に従うべきでないのと同様に、裁判官は先例、その職業への期待、または市民の期待に無批判的に従うべきではない。

公的規範および制度的期待は常に、個人のスタイル、改良および革新のための一定の柔軟性と余地を持つ。法的、商業的、医療的およびその他制度は、公正、理性的行動等についての参加者の最も広い理解に対して開かれ、参加者によって形作られる。制度が基本的な道徳目標（たとえば、正義の追求および自由の保全）に仕える時、公職者が可能な最大限度で決定しなければならない公共的道徳基準によって、革新は部分的に導かれ、改良は測定されるべきである。公職者および役割を果たす者は、公的なものとより広い個人的道徳との間で機能する両立性について折り合いをつけなければならない。

公職および制度の、より広い道徳的考察への部分的開放性は、批判や議論を呼ぶ緊張を生じさせる。道徳的存在として我われは、異なる制度的忠誠（職業的、個人的、愛国的、宗教的）と、最も包括的な道徳の理解の間の緊張に折り合いをつけなければならないことが多い。省察的個人の道徳生活は、広大で、開かれた、多様なリベラル社会の予測可能な結果としての、複数の服従、忠誠、および帰属がもたらす対立によって動かされる。

そのように確認された公共の道徳原理が、我われの一定の生活領域から孤立し、追放することができないのとちょうど同じく、憲法の道徳性についての裁判官の公式見解は、裁判官の「背景」または包括的道徳的見解から完全に遮断されてはいない（同じことは、公職者および市民にはさらに広く当てはまるだろう）。アメリカの憲法のような一部の法律は、解釈者に道徳問題を明示的に提起する。

裁判官の役割について特別なものは何か？　裁判官の目的は二つの異なる基本的価値の追求である。受け取った法への忠誠と、批判的な公共的正当化である。ドゥオーキンが述べる通りリベラルな法律主義は、

現行法についてさえも、最初に制定した政治家の理想ないし実践的目的を、再度把握しようとはしない。むしろ、彼らが行ったことを正当化しようとするのである……現在語る価値のある全体的な話、複雑な主張を伴う話の中において。すなわち、現在の実践は、名誉ある将来をもたらすため、十分魅力的な原理によって組織化され、原理において正当化されるのである。[31]

法的解釈は、複雑な目的を持つ。公共的正当化を真剣に受け取るが、それは法の価値ある企てを前進させる文脈においてのことである。「成功する解釈は、それが解釈する慣行に適するだけでなく、正当化しなければならない」[32]。正当化は公共的なものなので、理由と議論は、すぐに広く受け入れられるものでなければならない。裁判官が実践する正当化は法的なものなので、解釈的である。それは法形式および受け取った法材料を尊重しようとする（原則として、

将来に向かって等)。リベラルが欲する法尊重の種類は、公共的正当化の道徳的に批判的な精神によって特徴づけられる。

解釈として重要な議論にとっては、一定の受け取った法材料に適するかどうかの閾値試験に合格しなければならない。それは当該材料の全部ではないが一部は誤っていると証明できる。法的歴史は、解釈として重要でありうる議論の種類を制限する。制定法または一連の先例もしくは憲法規定の異なる解釈が、適合閾値試験に合格する場合に困難な事案が生じる。問題はどの解釈が、たとえば平等保護条項に最も明るい光を当てるかどうかなので、そこで裁判官の政治的道徳が、直接関わることになるかもしれない。

「ブラウン対教育委員会」の画期的判決は、州が命じた公立学校における人種隔離が、合衆国憲法の平等保護条項に違反するかどうかの問題を提起した。最高裁判所は、「ブラウン判決」において、法的地平を見渡し、競合する通達を見つけることができただろう。支配的な先例は、「プレッシー対ファーガソン」であり、「分離すれど平等な」公的施設は、憲法の平等に適合すると判示した。[33]「プレッシー判決」は、この分野を支配していたが、ジム・クロー〔黒人と白人の人種隔離政策〕の鎧の下には一定の抜け穴が見られた。

一九三八年に、最高裁判所は、州立大学による黒人学生のロースクール入学拒否は、比肩できる施設が黒人に提供されていなければ、平等保護条項に違反すると判断した。[34]白人のために創設された特権は、黒人にも創設されなければならない。ここで裁判所は、隔離のない北部ロースクールでの将来の学生費用を南部州が支払うことを認める慣行の受諾を拒否した。

一二年後、最高裁判所は、急遽分離されたロースクールを設立することにより、平等保護条項要件を満たそうとするテキサス州の試みを覆した。[35]最高裁判所は、慌てて作られた黒人のロースクールは、実質的に平等ではありえないとの根拠で、黒人の原告は設立されている「白人」のロースクールに入学を認められるよう命じた。[36]

人種問題に対するより偉大な司法の感度についてのこうした、またその他の示唆にもかかわらず、「プレッシー判決」は手つかずのままだった。最高裁判所は、まことに適切にも、長きにわたる先例の転覆を正当化する実質的理由を必要とした。分離すれど平等という憲法上の疑わしい主張は、法律が黒人の隔離を「認め、また要求さえしている」、白人は「必ずしも一つの人種の他の人種に対する劣等性を含意していない」との主張に基づいていた。[37] ハーラン裁判官は、「プレッシー判決」の少数意見において、人種隔離は黒人の生徒に対する残酷な侮辱であると指摘した。分離すれど平等の根本的悪は、形式的平等の「見え透いた欺瞞」の背後にある明白な目的を無視していることである。人種隔離の規則は、白人と黒人に「平等に」適用されるが、その明白な目的は（社会的事実および歴史の一般的知識を前提にすれば）、黒人を白人から遠ざけておくことであって、その逆ではない。[38]

「ブラウン判決」は、先例および当時の多くの政治的慣行からの正当化できる離脱であった。判決は、現代生活に対する公教育の重要性、および白人の学校から隔離されていることによる黒人に対する不可避の刻印（スティグマ）に目を向けた。そのような禁止は、かつて奴隷とされ、今は閉じ込められた少数者の劣等性以外の何を指すことができるだろう。それが、レッテルを貼り、刻印を押すので、分離は本質的に不平等である。この意見は、批判的な法的推論ではなく、社会科学に根拠を置くものとして読まれるかもしれないが、アメリカの人種隔離によって付される刻印は、常識に照らしてこれ以上明白なものはないだろう。

「ブラウン判決」において最高裁判所に開かれている解釈の範囲は、無制限ではなかった。先例、法形式およびその他の憲法的慣行を考慮に入れなければならず、受け取った法材料が誤っていたとレッテル貼りされる場合には、説得力ある議論を集めなければならなかった。いつものように、少なくとも過半数の裁判官を納得させる一部の判示を見つけなければならなかった。他の裁判所および政治家の反応も考慮しなければならなかった。ウォーレン首席裁判官は、同僚たちとの会議において、「プレッシー判決」およびその系としての諸法令は、黒人種の劣等性という根拠以外に維持することはできないことを明らかにした。ウォーレンが望んでいたような種類の画期的判示のためには、最高裁判所の全員の重さが必要であることをウォーレンは認識していた。慎重さは脇に押しやられてはいなかった。判決の潜在的に煽動的な結果が考慮され、判決の仕方は、「感情と闘争」を最小限にするものであろうとした。[39] 裁判官は独立しているが、政治的真空で作用するわけではない。裁判官は、原理に基づきかつ慎重な中庸の必要を把握していることが多い。[40]

いかなる意味で、「ブラウン判決」は、「プレッシー判決」よりも優れた法の解釈を表明しているのだろうか？ いかなる意味で、法的または憲法的進歩を表明しているのだろうか？ 合衆国憲法の文言は幅広く、一般的である。「いかなる州もその管轄下にあるいかなる者に対しても、法律の平等な保護を否定してはならない」。第一四修正の成立の歴史を最高裁判所は曖昧だと認定したが、「ブラウン判決」は多くの先例および慣行を前にして明らかに説得力がある。「ブラウン判決」の優越性は、分離すれど平等が（仮にかつてはそうだったとしても）、もはや平等の合理的で権威ある基準とはみなすことはできないという根拠以外に、ほとんど意味をなさない。「ブラウン判決」の真の平等への主張は、「プレッシー判決」より優れている。人種隔離の根拠および結果についての一般常識を前提に、それ以下のものは、憲法上の平等を偽物としてしまうだろう。憲法は、正義、自由、福祉およびその他の重要な道徳目標の確保を目的とするとの前文の宣言を前提にすれば、第一四修正は、法的に命じられた人種による人種隔離を禁止するものと解するほかに意味をなさない。

法の制度的道徳性は、裁判官、公職者、および市民の「背景的」道徳性から全面的に区別されるものではない。裁判官および公職者はとりわけ、だが市民も同様に、その価値全体の枠組みの中で、その公的職務の良心的履行の場所を見つけなければならない。さらに法的解釈は、裁判官の包括的道徳感および政体の公共道徳性の解釈に影響される。我われは、裁判官、その他の公職者および市民の道徳感の理性的な幅広い収斂を当てにすることができる。要点は、不一致を除去することではなく、法形式を通じてそれを構造化し、規律し、革命というよりも絶えざる改革および改良の増加のためにうまく作用するシステムの中に、手続きを組み込むことである。

法形式および司法職の規範は、重要な公的資源であるが、これらの資源は、政治的真空の中に存在するわけではない。リベラルは、公共的正当化の目的の実現に忠実なので、法的過程の参加者に批判的道徳的省察を真剣に受け取ってもらいたいと思う。リベラルな法制度の中の公職者は、法の保全に忠実であるべきだが、リベラルな政治生活のより大きな文脈における法の保全、およびリベラルな政治的価値に照らした法の向上に忠実であるべきである。

すでに指摘した通り、法制度における道徳的正当化の役割を規律し、規制するのに役立つ多様な作用する要因（制度、歴史、政治的）がある。原理の強調が、法の解決を根本的に妨げることを依然として懸念する者は、次のことを考慮すべきである。つまり、道徳的次元は常に法的解釈に関係があるが、その緊急性は、最も基本的なリベラルの価値が問題となっている場合に最大となることを考慮すべきなのである。交通規範、法人の規則、あるいは多くの私法を解釈する際、道徳的批判は、主要な関心事でないことが多い。リベラルな原理の争点が問題となっている場合でも、類推、先例の尊重、制定法、現地の慣行、一般性、および継続性による推論が果たす重要な解釈的役割を期待することができる。チャールズ・フリードが論じるように、「幅広い道徳原理は、公衆電話ボックスあるいは百貨店の試着室におけるプライバシー権があるかどうか、もしくは財産権は尊重されねばならないという命令が、日照権または浸透水の使用権を含むかどうかを我われに教える」ことはできない[(41)]。もちろん、裁判官が審理するほとんどの事件は、簡単な事案であって困難な事案ではない。実際、司法ビジネスの圧力を前提にすれば、大多数の事案は、簡単なものとして取り扱わなければならない。

本書の多くの箇所で、私は、道徳的批判が緊急である法的問題に焦点を絞る。これらが法の代表例だからではなく、私が展開しようとしている議論にとって最も面白いからである。その議論とは、徳および共同体のリベラルな理想が、リベラルな法および政治制度において作用する公共的正当化への忠誠に根差すというものである。しかし、「残り」の多くは大変動状態にはないので、我われは法の一部領域において道徳的論争を許容することができる。

リベラルな市民権

人民全体が、政治権力の行使に何の役割も果たさず、政治権力を持つ者が、「私的」生活への参加から完全に締め出されるような政治的制度を想像することは、もちろん可能である。プラトンは、私生活、所有、家族、または私有財産の全くない支配エリートに公的権力を信託するのが最善だと考えた。プラトンは、厳格な教育と、私的利益から生じる対立の根絶を通じて、政治的「守護者」は、公共善のみに基づいて統治するために必要な徳を獲得すると期待した。[42] 他方でいかなる非守護者も、私的生活のみを有するほかに、政治において分かち合うことは全くない。なぜなら、プラトンにとって、同一人物が公的および私的役割および職務の両者を果たすべきではないからである。

法は、政治の特定領域として、時に法的エリートの領分、裁判官と弁護士の「専門家の謎」として取り扱われることがある。[43] コーク卿は、司法部を、自然の理性の論理とは明確に区別された、法の「人工的理性」に参加するために必要な専門知識、および訓練を備えた法的守護者階層とみなした。[44] 一部の法的問題（例：会社法）は、実際に門外漢にはわかりにくい知識を必要とするのは確かだが、我われは、基本的政治道徳の問題を、深遠な法的工作領域に追いやることに抵抗する強力な理由がある。リベラルな政体は、基本的なリベラルの権利および原理に基づく熟議を、公共的関心および参加の事柄とし、法的な場は、特に公共的正当化の命令を真剣に受け取る傾向にある。

強固な市民権概念の唱道者は、古代人とりわけアリストテレスにモデルを求めることがよくある。アリストテレスは、「無条件の意味における市民」を「決定および公職の共有」として定義した。[45] アリストテレスが構想した古典的市民権と、リベラルな理論の市民権の対照は、驚くべきものである。直接民主制の熱烈な不安定さを恐れて（古典的民主主義の経験により大いに実証されている）、リベラルは、代表制政府を選択する。市民は原則として、直接政治を決定しないが、決定する者に投票する。リベラルな政体の規模は広大で、現代市民は、互いに個人的に知り合うことはできず、また政治的議題の広範な問題になじみがない。リベラリズムは、自由、多様性、および公開性を支持する。リベラルは、古代の市民権の要求により必要とされたような、徳を植え付け、管理可能な均質性を実現するために求められる、おせっかいな後見的組織や厳格な支配を拒否する。

古典的市民権の徳は、安上がりに手にすることはできない。プラトンにとって、政治的徳の真剣な追求には、私的生活の除去が必要だった。中庸を説くアリストテレスでさえも、共通の宗教に従うこと、市民のミサ、および軍事奉仕ならびに広範な私的生活および個人道徳の規制（婚姻許可年齢の規制、子育て指針、および奇形の子どもの強制的公開）を主張した。[46] これらすべておよびそれ以上のことは、アリストテレスによれば、「市民が自らに帰属すると考えるべきではなく、すべては都市に帰属するとみなすべきである」とされる。[47] 古典的市民権には、小さな人口も必要であった。市民が互いに知り、一か所に集まって討議するのに足りるだけ小さい人口である。

古代の市民権の栄光を再び要求する者は誰でも、守護者国家の厳格さを受け入れられるようにした方がよい。ルソーは、自由を禁欲的で、自己否定的なスパルタの徳と同一視し、政治的統一体の善への個人的利益の完全な従属を要求した。

自由は、味わうのに優れた食物であるが、消化するのは難しい。自由は、健全で強い胃腸にぴったりくる。神聖な自由を誇れ。知らなければ、不幸な者である。それを得て保持する対価を理解しなければ、その法律は独裁者のくびきが決して酷くはないほど厳格であることを自覚しなければ、それらの病んだ魂や根こそぎ引き抜かなければならない情熱の奴隷は、隷属状態の百倍も自由をおそれるであろう。彼らを粉砕する重荷となるので、恐怖から自由を逃がしてしまうだろう。[48]

ルソーの「自由」は、禁欲的なスパルタの兵舎におけるそれみたいである。リベラルが念頭に置く自由ではない。アメリカの政体のリベラルな創設者は、古典的市民権に類似した政治的理念を拒否した。反連邦主義者のアグリッパは、小さな、閉ざされた州のために、「その血を純粋に保ち」そして「その宗教と道徳を」保全することを決めていたと書いた。すべては、「等しく戦時にそれらを尊敬させ、平和時に熱心になるような徳を主に」促進するためである。[49]

リベラルな政治理論は、古典的市民権の厳格さを拒否する。にもかかわらず憲法体制は、市民を単なる権威に服従する者ではなく、政治権力の共有者にして、市民に重要な政治的役割を基本的に与える。リベラルな政治は、教育的措置の必要性も考慮するが、その目的は、ルソーの共和国の悪夢ほど要求が多くはなく、手段はそれよりもはるかに穏やかである。

リベラルな社会契約理論は、市民を原初契約の当事者と、他の当事者と国家がそれを順守しているかどうかの最終的審判者との両者にすることによって、市民の責任を劇的に表現する。[50]これは、不安定や混沌を非常に恐れて、政治における「私的判断」の行使を排除しようと試みたホッブズにおいてすら妥当する。ホッブズは、政治契約の参加者は、主権者に対する意思をただ放棄したと考えたので、大衆の政治参加に接近するものは何も認めないよう望んだ。ホッブズの主権者は、その代わりに、唯一の受益者であって、原初契約の当事者ではない。にもかかわらず、ホッブズでさえも、市民の義務の限界——市民自身が判断することを承認した。ホッブズは、契約した者は暴力的死から救われるので、主権者が市民を保護できなくなるか、市民を死の危険にさらせば、その義務は終わることになることを認めた。[51] ホッブズでさえも、政治の大衆の判断への依存を完全に追放することはできなかったのである。ホッブズは、大衆の判断と参加を、政治の周辺および最も極端な状況に制限することしかできなかった。

リベラルは、一般的にホッブズよりも国家権力を恐れ、広く承認された公共的道徳の見通しについてはそれほど懐疑的ではない。アメリカの建国者を触発した議論の中で、ロックは、市民は自身の生命のためだけでなく、その権利のために独裁者に対抗して立ち上がる用意をすべきだと強調した。リベラルは、政治において、私的市民権の善（秩序、平和及び繁栄）だけでなく、原理に基づく積極的公共生活を基本的に求める。「ホイットニー対カリフォルニア州」におけるる同意意見においてブランダイス裁判官のミル的精神は、積極的市民権に対するリベラルな希望を例証する。ブランダイス裁判官は、次のように論じた。建国者は、統治において以下を信じていた。

> 熟議の力が、恣意性に優先すべきである。建国者は、自分の思う通りに考え、思う通りに話す自由は、政治的真実の発見と流布に不可欠な手段であると信じていた。自由への最大の脅威は、不活発な人民である。政治的討議は、政治的義務である。[52]

ロールズやドゥオーキンといったリベラルは、良心的解釈者およびリベラルな公共的道徳の執行者として行為する市民の能力に、大きな比重を置く。ドゥオーキンにとって、困難な事案における司法の決定は、共同体の誰もがアクセス可能であるがゆえに、政府に対して市民が援用することのできる、拘束力ある道徳原理の存在および正しい適用によって正当化される。現代のリベラルな理論は、リベラルな市民が、自己抑制と良心的政治的判断をする能力を見込んでいる。

政治的に実現される批判能力は、真の道徳命令に答える。リベラルな権利およびリベラルな公共的道徳理性は、専断によって創造されることはなく、また無効にすることもできない。ドゥオーキンが述べている通り、正しくない司法の決定または「法律の制定さえも、人が持っているそうした権利に影響を及ぼすことはできない」のだ。別様に考えることは、国に対する道徳的権利という考えを放棄することになる。(53) リベラルな権利と規範は、立法ないし司法の行為によってと同様、大衆的政治行為によって創造され、あるいは破壊されるのである。

リベラルな正義への幅広いアクセス可能性は、両刃の剣である。裁判官の権威が、その職に適正についていること、あるいは「裁判官の手続きの質」に依存する、もしくは単に依存するのではなく、その推論の質に依存するからである。裁判官の判決に従う道徳的義務は、裁判官による提供可能な最善の議論の表明に依存するのである。(54)「[司法]手続きは、困難な事案においてさえも、関係者の権利を発明するのではなく、発見することを目的とするのだと分別を持って言うことができる。手続きの政治的正当化は、その特徴付けの健全さに依存する」。(55) ドゥオーキンの「権利命題」は、著しく「薄い」司法の権威理論を提出する。裁判官が「誤り」を犯し、正しい判決を「発見」できないと他者の目に映る場合、その決定に関して最善の全体的正当化に達することができない場合、裁判官の判決は、自身の権利が侵害されたと信じる者によって合理的に異議申し立てをされる。裁判官の推論に欠陥がある場合、あるいは人が他の決定についてより良い「全体的」正当化を形成できる場合、市民的不服従が正当化される場合がある。ドゥオーキンは、法に内在する規則、先例および道徳原理に関して書かれた良い議論の明確な言明以外に、司法の権威の根拠を与えていない。

市民の権利の請求を満たすための近道はない。市民が、軍隊に勤務しない道徳的権利があると主張し、あるいは市民が効果的だと考える方法で抗議する場合、市民に応答したいと思い、市民を棒で殴って服従させたくない公職者は、市民が提起する特定の問題に応答しなければならない。決定的な重さは言うに及ばず、特別な重ささえ持つものとして、法案または最高裁判所の判決を指し示すことはできない[56]。

裁判官は、裁判官として特別な地位にいるわけではなく、その職にはいかなる権威も内在しない。裁判官は、法に関する推論を選択する他の誰とも同じ高さにある。

このことは実際、法の公共的道徳性の最も驚くべき特徴の一つである。すべての市民は、法の解釈者となり、ロン・フラーが「水平的」と呼んだものを、またサンフォード・レヴィンソンが法の「プロテスタント」理論と呼んだものを内包することとなる[57]。判決は、主権者もしくは特に資格のある権威、あるいは司法の「司祭職」から単に申し渡されるのではない。すべての市民は、自身の行為として、そして公的決定に異議を唱え、おそらくは服従しないことによって、法の道徳性を解釈し、推論し、そして適用するために呼び出されるのである。内在的な制度的性質、または想定される「法の人工的理性」への接近から、司法の特別な権威を否定することによって、リベラルな法律尊重主義者は、いかなる民間の素人へラクレスからの異議申し立ても勧める。「我われの法制度は、市民が法的議論の強みと弱みを自ら、あるいは自身の弁護人を通じて決定し、この判断に基づいて行為するよう「勧める」。ただし、この許可は、裁判所が不同意な場合、耐えなければならない限定的脅威によって条件づけられてはいる[58]」。

リベラルな規範は、上から押し付けられる、優越したまたは主権的意思の産物ではない。法の公共的道徳性は、解釈する権威を平準化し、すべての市民に拡散する。裁判官は、単に引き「下げ」られるだけではなく、市民権自体が、純粋に道徳的な企てとなり、それによってルソーが法制定への民主的参加により達成したいと望んだ仕方で引上げられる。リベラルな市民は、理想の裁判官、ヘラクレスの態度を取り、政治において公共的道徳原理の批判的な解釈者として行為するよう要求される。リベラルな市民は、政治生活の継続的な道徳的自己形成に参加する。

理想的なリベラル共同体では、リベラルな正義は、自己批判的に理由をやり取りして公共的道徳性として市民が承認し、維持する。権力は、政治制度にあるが、究極的な正統的権威は、政治道徳の最善の道理として公共的に擁護できるものに存する。

けれども、法実証主義者の恐れと懐疑は、根拠のないものではないことを認めなければならない。リベラルが、ロールズが提出したような「新鮮な道徳的省察」の個人的訴えに基づいて法的妥当性、よって法への服従義務を含意しようとするなら、我われは、専門哲学者が達する以上に、人民全体が大きな合意に達することは期待できないだろう。[59]こうして、ジョン・ハート・イリィは、最高裁判所はどのようにして「我われはロールズが好きだ。あなた方はノージックが好きだ。我われは6対3で勝つ」という恣意性を回避するのかを知りたいと考える。[60]権威の平準化と「全市民の法律家化」（あるいは、全市民の哲学者化といったほうがよかろう）の要求を伴う、法と一般道徳を融合する企ては、非常に魅力的だ。しかし、強力な主権者の権力によってのみ調整可能な、対立する私的判断の混沌に堕すことを避けられるだろうか。

イリィは、ある意見が公共的力を持つために、リベラルが推論の一定の形式と質を要求するという事実を無視することによって、自らの主張を誇張している。ロールズまたはノージック（あるいはついでに言えばイリィ）を「好むこと」は、何の意味もない。最低限、「ヘラクレス流」の裁判官、公職者、または市民は、政治的行為を支持する公共的道理と主張を持たなければならない。これらの公共的道理は、さらに理性的で、擁護できる我われの憲法および法的伝統の側面との接触によって規律されるべきである。どの一つの見解も全員の同意を得られない場合でさえ、見解間の相違は狭めることができ、不合理な見解は排除できる。リベラルな中庸は、十分な収斂を合理的な期待にすることに役立つ。イリィは、議論が好き嫌いの問題で決まると示唆することによって、民主主義に対する自身の主張の力を低めているのである。イリィ自身の例（上の引用を除く）によって、イリィは、政治参加の適切な方法は、恣意的選好の無遠慮な主張ではなく、理性に基づく議論であることを示している。

妥当な理由によって我われの政治的取決めを正当化するため、我われは単なる「好き嫌い」、個人的意思、および恣意的選好を超えた何か、我われだけでなく他者にとっても道理とみなされる道理、公的に述べ、批判的に擁護でき、広くアクセス可能な道徳枠組みに織り込むことができる道理に忠実であることができるものと想定する。妥当な道理および公共的正当化の探索に唯一取って代わるのは、単なる選好または権力の主張であり、他者は黙従するかもしれないが、道徳的共同体の基礎とは決してなりえないものである。

もし公的決定の権威が、当該決定の正当性に関する個々の市民の判断（あるいは少なくとも当該決定が受諾可能な限界内にあるかどうかの判断）に究極的に依存する場合、ドゥオーキンの市民的不服従の擁護は、可能性のある問題を提起する。ドゥオーキンは、人は「その良心が告げる通りに行う権利」を持つと主張し、時には単なる個人的な道徳理念の政治的決定性を認めるようにも思える。「合衆国では、少なくとも、相当数の人が道徳的根拠で不服従を示唆されるほとんどいかなる法も――たとえ明白に無効でないとしても、憲法上の根拠により疑わしいものである」[61]。私的な「良心」の政治的決定性を論じることは、法が課す義務の調和、フラーが法の道徳性の「相互性」と呼ぶ市民と法制定者との関係の補完性を掘り崩すことにもなるだろう[62]。ドゥオーキンは、公共の道徳的用語および公職者を拘束する同じ公共的基準を参照して、自己の行為を正当化する義務から市民を免除する保証は与えない。基本的政治原則に関する公共的討議に参加する特権とともに、公共的道徳基準の良心的解釈者として、少なくとも関連情報の少量くらいは取得し、公職者のように行為する責任が伴わねばならない。

ロールズの市民的不服従擁護は、適切にも公職者を拘束する正義の公共的基準と同じ基準に市民を拘束する。正当化された市民的不服従は「個人的道徳性原理もしくは宗教的教義に訴えるのではなく、また市民的不服従は、集団ないし利己的利益のみに根拠づけることもできない。そうではなく、人は、政治的秩序の根底にある共有する正義の概念を援用するのである」[63]。市民的不服従は、ある高次の意味で、「法への忠誠」の名において、法的秩序の根底にあり、それを正当化する公共的道徳性の道理の名において、法を破るものと考えるべきである。基本的な正義の意識が共有される場合、そして受け取った法的材料が合理的に正当な場合、市民的不服従は、混沌でも革命的でもなく、「正義からの逸脱を禁止し、それが生じる際に是正する」ために設計された安定化装置なのである[64]。

リベラルな法律尊重主義者は、各々の市民は、公職者が、法が要求するものを合理的に解釈したかどうかを自ら判断しなければならないと論じる。市民は自律的で責任を有する。つまり、市民は、自ら公共的道徳性の理性を批判的に考察する権利があるから自律的なのであって、また「個人的利益」、「狭く解釈された政治的服従」および「個人的道徳性」さえも超えた義務があるから責任を有し、合理的に正当な政治秩序の公共的道徳性を形作る理性に取り組む義務があるから責任を有するのである[65]。市民は、公共的正当化の精神に参加すべきなのである。単に自らの立場を主張するだけでなく、公職者の議論を含む他者の合理的な議論を考慮し、対処すべきである。

リベラリズムと責任ある市民権という堅固な概念との間には両立不能性はない。実際、リベラルが市民を、政治的過程、理由の説明という点で重要だとみなされる政治過程に引き入れる限りで、参加する市民が、リベラルな公共的価値の良心的解釈者および施行者として行為する用意があるという希望と期待が伴う。

市民的不服従のリベラルな擁護に同意しない者もいるだろう。正義が要求するものを識別するのは極めて難しく、不当な法律の違反でさえも、一般的に法の尊重を弱め、法の秩序付け機能を損なうかもしれない。ハーバート・ストアリングによれば、基本的に正当な体制の市民は、「法を法として」基本的に尊重しなければならない。「法の受益者として、その正義に関する不一致があるとしても、法に従うことの利益を有してはいないだろうか? 法律に従う人の共同体から利益を受けないだろうか？」[66]。ストアリングの見解では、市民的不服従は、改革手段、すなわち正常な政治の経路を拒否するので、容赦なく革命的行動になりがちである。

ストアリングの分析の問題の一部は、すでに見てきたように、それがたった一つの、しかも最も魅力的な法の見解ではない時に、「法としての法」を規則としての法（もしくは、「命令、執行および習慣としての法とさえ」）と同一視している点である[67]。不可解なことに、ストアリングは、服従するかどうかの問題は、一定の応答性と依存性を示唆することから、市民的不服従は「被支配者」の代替市民権だと考えている。その一方で、

アメリカの支配被支配の制度において、政治を通じた自己利益の礼儀にかなった追求は、その初めから、提携、取引および妥協を通じて、それから法の被支配者が、真の市民の包括的見解といったものへと刺激され、導かれてきたのだ。そうした市民権には、権力だけでなく、市民的不服従の戦術を通じて接近できるものを凌駕する尊厳がある[68]。

取引と妥協は、政治生活の必要な部分であり、市民的不服従を企図する者は、合理的な公共規則に払うべき敬譲を最初に考量すべきである。しかし、「法としての法」を尊重しながら取引する市民の尊厳は、特に素晴らしいものとは思えず、ストアリングが記述する私的市民は、基本的に正義もしくは政治的善の「包括的見解」には関心がない。

市民的不服従の保守的批判の根底には、政治秩序の脆弱性に関する誇大な感覚、および不服従行為には理性よりも熱情が基底に存在するとの疑念がある。ある種の状況においては、もちろん、市民的不服従は正当化が困難なことがある。対立が議論以上に暴力をあらわにする場合、社会が反対集団の間で脆弱な生活様式によって保たれている場合等である。しかし、保守的説明（一九六〇年代の混乱に対するアメリカ合衆国における反動）が、社会条件の正確な診断

に基づくものかどうかは決して明らかでない。人種をめぐる激しい対立が、ひどく不快な、恐ろしく不人気な戦争の上に積み重ねられ、さらに人気のある政治指導者の暗殺およびウォーターゲート・スキャンダルが加わった時でさえも、アメリカにおいて目盛は決して革命の方に傾くことはなかった。革命の序説からはほど遠く、市民的不服従は、ややもすればはるかに爆発的なものとなるだろう欲求不満へのはけ口も与えるのである。

人は、リベラルな商業的共和国における政治生活を調査し、政治秩序の脆弱性ではなく、無関心や政治的不活発さの傾向に驚かされるかもしれない。たとえば、トクヴィルは、順応と狭い自己利益を固めるセメントを最も恐れていた。

市民がかなり家庭的利益の小さな環の中にますます狭く閉じこもり、それらに絶えず忙しくし続けるならば、市民は結局、事実人民を動揺させるが、成長させ、新たな心を持たせてもくれる、そうした偉大で強力な公共的感情には実際に手が届かなくなる危険がある。(69)

リベラリズムは、法を批判的に解釈する過程に市民を引き入れようとする。我われがその目標を真剣に受け取り、またトクヴィルの診断に含意された警告をある程度受け入れるなら、何が法であるかについて自らの批判的判断を形成し、それに基づいて行為するよう市民を奨励する理由がある。

正当化された市民的不服従に余地を与えることは、市民が政治道徳の原理について批判的に考えることを奨励するだけでなく、市民が当該原理の名において、かつそれに代わって直接行為するのを可能にする。市民的不服従は、政治秩序の公共原理を代表する行為なのであって、市民権の代替物ではない。市民的不服従は、市民権の通常形式を拒否する。市民的不服従は、市民と政治原理の直接的結びつきによって区別される。市民的不服従においては、市民は公共規則と政治道徳の原理の調停を求める。適切に実施される市民的不服従においては、市民は、裁判と関連付ける原理に基づく解釈者と同じ地位に接近し（ストアリングは、司法審査を「一種の飼いならされた、または文明化された「市民的不服従」」として適切に特徴づける）(70)。

政治秩序の目的は複雑で、公共的正当化や、リベラルな自由だけでなく秩序と公正も含む。不服従の決定は、適切に行う場合、特定の法または政府行為の不公正以上のものを反映する。法による統治は、ある意味で、一定の不正義を受け入れることである。つまり、一般的で、将来に向けられた規則は、公正を不完全にしか体現せず、原理に基づく裁判は、単なる正当化ではない批判的解釈を行う。市民的不服従の当否に関する適切な問いとは、統治の内在的困難さを所与として、政府行為または政策（あるいは一連の政府行為または政策になる可能性が高いもの）が、受け入れ可能な境界の外にあるかどうかを問うものである。不服従の対象となる法は、不公正なだけでなく、不公正の一定の閾値水準を超えるものでなければならない。

適切な閾値は、多様な状況の考察に敏感でなければならない。不公正自体の深刻さはもちろんのこと、政治共同体内の法の尊重の堅固さ、政治秩序の脆弱性（戦争は近いか）といった政治的環境要因、その他のさらに緊急を要する不公正（おそらく他集団に対する侵害）等である。市民的不服従を正当化するには、道徳的判断のみならず、複雑な政治的判断を必要とする。

困難な事案における法の解釈は難しく、市民的不服従に関して適切な判断をすることは、さらに難しい。けれども我われは、市民が法の要求するものについて、自身の良心的確信を形成し、それに基づいて行為することを望む。我われは市民が、法とは何かということについての解釈または仮説を試験して、公共的正当化過程に参加することを望む(71)。我われは、市民が裁判所の決定の受諾を拒否することを時に正当化されるのを認めることによって、これを行う。いかなる市民も、裁判所の宣告を単に無視すべきではない。責任ある市民は、裁判官およびその他の公職者の理由および議論を考察し、対処するだろう。

公職者は、省察に基づいて、法とは何であるかについての公式見解に従わない者を罰しなければならないだろうが、ドゥオーキンは、自動的にそうすべきではないと主張する。公職者もまたさらに複雑な政治的判断をすべきなのである。「もっともらしい主張は両者ともにすることができるという意味で、法とは何であるかは不確実であり、自身の判断に従う市民は、不公正に行動しているわけではない」[72]。法が不明確な場合に公職者がすべき最善のことは、少なくとも広範な不法状態が拡大する差し迫った危険がない場合には、良心的だがおそらく間違っている市民を寛大に取り扱うことだろう。

困難な事案において、自身の最善の認識に従った市民に対して示す寛大さは、中庸のリベラルな徳を想起させる。良心的不服従に対する寛大さは、最善の理論の力だけでなく、良い議論の力、および公共の熟議過程に良心的に参加する市民を尊重する方法を提供する。

不服従に直面した寛大さは、許容される行為の共通基準に従うことの価値を誇示するように見えるかもしれない。不法の危険は実際、公職者が考慮しなければならない事柄であるが、その危険は小さいことが多い。平穏と無関心の傾向がある政体、商業的自己利益によって十分に安定させられた体制は、原理に基づいた良心的で、公共的で、直接的な参加の奨励によって利益を受けるだろう。

市民的不服従が、公共的正当化への市民参加を促進するのに役立つなら、良心的兵役拒否を許容することは、公共的正当化の限界を認めることになる。良心的兵役拒否者の地位は、非公共的根拠に基づく、公共的に正当化された政策の実施の強制に異議を申し立てる者への免除である。

リベラルな公共秩序は、宗教的信念またはその他の信念といった、本質的に私的なものである原理に基づいて創設することはできない。なぜなら、それは根拠を他者に提示するものではなく、それゆえ公共的に正しい方法でアクセスすることができないからである。[73] しかし公共原理に基づいて創設された秩序は、それ自身の健全性に関する一定の疑問の合理性を認識することができる。いわば、人間生活の価値および意味のすべての源泉が、公共的用語で容易に捉えられるわけではないことを認識することができるのである。

クウェーカーの宗教的信仰の（宗教的信仰としての）妥当性は、公共の議論において簡単にはテストすることができない。クウェーカーは、主張の根拠が私的なものである場合、徴兵義務から免除される権利を主張することはできない。権利の主張は、我われの公共道徳の一部として、公共的正当化モデルと整合的な理性と証拠によって裏付けられなければならない。しかし、クウェーカーは、公共的正当化自体の限界に関して主張を訴えることはでき、その主張は、公共の理性の限界を簡単に画することはできないとしても、一定の力を持つことを承認することはできる。

クウェーカーは、公共道徳の主張よりも彼らにとって上位にある意味の源への服従を主張する。問題は、この意味の源が、クウェーカーは共有しているが、公共的正当化の観点からは私的なものだということである。クウェーカーは、殺してはならないとする義務は、リベラルな秩序を防衛する命令を凌駕すると信じている。不寛容な宗教が間違っていると推定しなければならない場合と同様、リベラルは、クウェーカーは間違っていると推定しなければならない。そうでなければ、政体を防衛するために力を用いる政策は正当化しえないからである（一部の者は確かに、ウォルツァーが指摘するように、特別で個人的な戦争の放棄は、僧のセックスに対する態度と類似すると主張する）。[74] 各々について、リベラリズムが拒否する根拠に基づき、簡単にテストできず、また正しい公共的仕方で批判することのできない場合に、我われはクウェーカーの平和主義を受け入れるが、イスラム原理主義は受け入れないということをどのように正当化できるだろうか？

戦争に反対する者の免除と、寛容に反対する者の免除の間には大きな違いがある。クウェーカーの平和主義は、基本的なリベラルな権利に反しないで受け入れることができる。しかし、イスラム原理主義は、そうすることはできない。平和主義は、リベラルな体制が世界の現状を所与として自らを保全するために必要とする政策に反対するが、平和主義は、リベラルな公共道徳自体の核心的信念に直接反対するわけではない[75]。人々に他者の平等な権利を尊重するよう求めることと、その良心的信念に深く反する政策を実際に執行させるよう徴兵することとの間にも、また大きな違いがある。後者は、人々の宗教的信仰の完全性に対するより深く、より直接的な攻撃である。

公正の原理は、良心的兵役拒否に反するように思われるかもしれない。他者が、大きな犠牲を要求される場合、我われは、私的なあるいはその他の根拠に基づいて少数者を免除できるだろうか？　負担の公正な分配は重要だが、代替役務の形式は平和主義者には必要とすべきで、その一部（戦場での救命役務）は、戦闘よりも危険であるかもしれない。良心的兵役拒否者に対する、比肩できる負担を課す代替役務の提供可能性を前提に、平和主義は、政治秩序の防衛を不可能とするような「相乗効果」をもたらすことなく、しばしば受け入れられている。

しばしば市民的不服従に負っている奨励、および良心的兵役拒否によって時に利益を受ける自制は、公共的討議を促進したり超越したりするのではなく、むしろそれを切断し、熟議を短絡化してしまうようなその他の行為に対しては、否定されるべきである（たとえば熱狂的不寛容または不人気な信念を表明する話し手の妨害のように）。リベラルな規範の執行を委ねられた者は、公共的合理性と道徳的批判とを両立させる法秩序を促進する点に注意してはじめて、妥当な判別ができるということをリベラルは期待しなければならない。これらの原理の問題に関する賢明な決定は、より包括的で、政治的視点を含み、原理を超える判断を必要とする。我われは、道徳裁判所の管轄権から逃れることはできないが、政治においては、その裁判所だけに回答することはめったにない。

市民的不服従は、リベラルな法の一定の特徴および市民の義務を明らかにする。リベラルな市民権にとってのその劇的可能性は、少なくとも、比較的定期的に少数の者によって把握されている。妊娠中絶の賛成派・反対派、ゲイの権利活動家、反核団体、およびあらゆる種類の異議申し立て者は、公共表現の劇的形式として市民的不服従を用いる。しかし、市民的不服従は、正常な政治の外縁にとどまる。革命的活動と同じくらい正常な政治から遠いということではなく、依然として、ほとんどの市民が観察するが、実行しない政治活動の一形態として。

「正常な」政治について何を語るべきだろうか？　原理の政治（裁判官または市民が行う）と立法や政策決定の政治の重複はどれほどの大きさだろうか？　すべての政治が、裁判がそうでありたいと願うように、原理に基づき、高尚であるとするなら素晴らしいことだ。しかし、そのための努力が価値ある慣行を歪曲し、高い費用を伴うような非現実的な期待は避けるべきである。我われは、同時に、道徳のタオルを投げ込むことにも抵抗すべきである。我われは、政治の皮肉な見解が示唆するよりもうまくやっていて、成績は徐々に向上し、さらに良くしようと試みる正当な理由がある。

正常政治の非現実的なほどに低い描写をする一方法は、法と政治の間を鋭すぎるほど区別することである。法は政治生活を組織化する一方法であり、非法的制度は、法を特徴づける多くの同一の価値および目的によって維持されている。多くのその他の現代のリベラルな民主主義者と同様、ドゥオーキンは、政策を原理と区別し、裁判と立法の道徳的性格を余りに鋭く対立させる。ドゥオーキンは次のように述べる。

私は、一般的には共同体の一定の経済的、政治的または社会的特徴の向上である、到達すべき目標を設定するその種の基準を「政策」と呼ぶ。私は、守るべき基準を「原理」と呼ぶ。それが望ましいと思われる経済的、政治的または社会的状況を前進させ、確実にするからではなく、それが正義または公正もしくは道徳のその他の次元

の要求だからである。(76)

原理と政策を余りに完全に分離すると、そこにおいて、集団が他者を犠牲にして狭い目標を前進させようとする民主主義の支配的な「利益集団」モデルに対し、おべっかを使うことになる。本モデルに基づくと、立法者は、選挙区の支持を確保するため、利己的利益集団のためにカレー粉をまぶすに過ぎない。利益集団政治の上をホバリングしているのは裁判官であって、介入し、少量の原理、少数者の権利の多数派による尊重の最低限度を注入すべく備えている。

立法政治の「低い」見解は、法廷での原理の働きに対する引き立て役として作用し、我われの実際の慣行の正確なモデルも、立法に受け入れられる道徳基準も提供しない。政治は、選手がそれぞれの利益を増進させようと競うゲームのようなものではない。より寛大な政治の仕組みが失敗すれば、政治は強制的で、時には残虐なものになる。プルードンの統治とは何かについての印象的な描写は、一方的ではあるが、完全に誤っているわけではない。

統治されることとは、権利も知恵もあるいはそうする徳もない人間によって、見張られ、検査され、スパイされ、指示され、法により駆り立てられ、番号をつけられ、規制され、入隊させられ、洗脳され、説教され、支配され、点検され、推測され、評価され、検閲され、指揮されることである。統治されることとは、あらゆる運営、あらゆる取引で、書き留められ、登録され、勘定され、課税され、刻印され、測定され、番号をつけられ、査定され、免許を交付され、許可され、訓戒され、妨げられ、禁止され、改造され、矯正され、処罰されることである。それは、公共の効用の名目の下で、また一般利益の名において、分配対象となり、訓練され、金品を巻き上げられ、搾取され、独占化され、強要され、搾り取られ、だまされ、強奪されることである。そこで、ごくわずかな抵抗、最初の苦情の言葉に対して、抑圧され、罰金を科され、非難され、嫌がらせを受け、追い詰められ、虐待され、こん棒で殴られ、武装解除され、拘束され、首を絞められ、投獄され、裁判にかけられ、有罪宣告を受け、撃たれ、追放され、犠牲にされ、売られ、裏切られる。そしてすべての道化となり、冷笑され、馬鹿にされ、罵られ、憤慨させられ、名誉を損なわれる。それが統治であり、それがその不正義であり、それがその道徳性なのである。(77)

政治は、真剣な事業である。その過酷な側面は、簡単には処理できない正当化の問題を提起する。どの犬も、食べられる前に他のものを自由に試して食べることができるという理屈によって、そもそもゲームを望まず、同意してもいず、放っておかれる権利があると信じる者に対するプロセスを正当化することはできない。

人々は、選択によってゲームをするが、それを押し付ける政治がある。リベラルな民主的政治制度は、参加と同意の機会を与えることによって道徳資本を生み出す助けとなるが、最初の同意行為が、リベラルな体制が必要とする正統性を与えるとの心地よい神話によって騙されてはならない。

忠誠と帰化の誓いで服従を誓った者を別にして、ほとんどのアメリカ人は、憲法および憲法が設立した制度に同意を明示的に表明してはいない。(78) 建国世代の多くが実際に同意したことは、ワシントンの結婚の誓いが、彼らとマーサを結婚させることがないのと同様、現在の国民を憲法に拘束するものではない。黙示の同意概念は、政治的利益の享受または投票に、それらが必要としない意味を帰属させる。公共の道路を使用したり、投票することは、政治制度または選挙手続きへの同意を必ずしも構成しない（人はトラック一杯の爆弾を積んでワシントンまで道路を運転し、あるいはスターリン主義者に票を投じることができる）。我われは、人々が、単にそこにとどまっているとの理由だけで、積極的に国の政治的取決めの価値を受け入れ、肯定すると考えてはならない。出国の対価は高いのである。

集合的制度の受益者であることは、当該制度を支持する役割を果たすための公正の義務を課すことになるだろう。H・L・A・ハートが論じる通り、「多くの者が規則に従い、よってその自由を制限して共同事業を行う際、必要な場合に当該制限に服した者は、その服従によって利益を得た者からも同様に服従を受ける権利がある」[79]。この議論は、時には機能するが、いつもというわけではない。何が利益を構成するかは、議論を呼ぶ（無料の公的な世俗教育は、多くの宗教に熱心な親には無力と思えるだろう）。さらに、最も合理的な利益を、不同意の責任ある成人に課すことに関してさえも、縮小できない問題となることがある。自分の意思に反して受益者となることは難しいのである。

そこで、リベラルな政治に関する合理的留保、合理的で原理に基づく態様で政治を行うことによって、我われが最大限なしうる限り弱めるように努めるべき疑問がある。基本的正統性問題を度外視しても、政治には常にその他の正当化の重大な問題が生じる。多かれ少なかれ合理的な多くの要求が、押し合いへし合い進んでいき、その多くは、道徳原理を援用し、権利の問題だと主張するが、そのすべてが満たされるわけではない。政治的価値および不合理ではない請求は互いに対立し、我われは、それに甘んじなければならないが、問題の主張の重大さを前提として、適切な方法で政治過程を遂行しようと努めるのである。

私の要点は、リベラルな社会は、正統性の緊急の危機に直面しているというのではない。問題は、私には手に負えないように見えるが、圧倒的ではない。正統性および道徳的正当化の欠陥は、我われの政治を悩ませる。これらは、最大限支払わなければならない道徳的欠陥である。道徳資本を生み出すのに役立つので、我われは、公共的正当化過程に参加する制度を誇りに思うべきである。

リベラルな政治の道徳的欠陥は、社会全体に対する責任だけでなく、その行為または不作為が問題の政治的取決めを支える者全員に割り当てられている。投票、納税、法に従うこと――これらすべては、ある程度、我われが維持に寄与している政治制度との関与をもたらす。我われ各人は、政治秩序の道徳的質を反映し、向上させるための責任の評価基準を獲得する。政治生活はすべて、政治の道徳的欠陥を背景として行われる。裁判官、立法者、または市民の何れとしてでも、単なる狭い自己利益を促進する手段として政治権力（よって他者）を用いれば、正統性の問題に無責任に寄与することになるのである。[80]

裁判官は、人民の権利を正当化する公共道徳の道理を発明するのではない。せいぜい、それらは政治の場で従来述べられなかった道理と主張を明確に述べるものなのであり、訴訟人およびその他の参加者は、判決段階のはるか以前に、自己の主張を裏付けるため政治道徳の道理をしばしば明確に述べているのである。その道理が良いものであれば、他の市民および立法者は、裁判所の判断を待たず、それらをそうしたものとして認識し、承認すべきである。誰も政治またはその他において、他者の権利を侵害し、あるいは正義または手続き的公正のその他の要件を損なう仕方で、自己の利益を正しく追求することはできない。有効な権利主張は、政治過程のあらゆる段階で、すべての政治主体について、適切に多数派の利益追求を乗り越え、優先するのである。原理に基づく判決は、常に政治において継続でき、また継続すべき議論や省察の過程を厳かにし、公式なものとするに過ぎない。

不公正な評決が下されるべきでないだけでなく、不公正な法律が成立させられたり、市民が不公正な法律の成立のために働くべきでもない。道徳的責任は、法廷に制限されない。道徳の道理は法廷外で発展させられるからである。道徳の道理およびリベラルな権利は、政治日程の遅くになって裁判所が創造するのではない。人種隔離された公立学校は、連邦最高裁判所が「ブラウン対教育委員会判決」で、判決を言い渡すまで誤りではなかった。人種隔離された公立学校は、「分離すれど平等」が自己矛盾であることを証明する優れた理由、議論、および証拠が利用できるようになり、正当化できなくなった時に廃止されるべきだったのだ。

立法政治の道徳の重大性にもかかわらず、それは実際には原理のフォーラムではなく、せいぜい法廷がそうあろうとしている程度である。我われは、二つの極端な仕方で、この道徳の要求および履行の収斂に回答しようと試みたのかもしれない。シニシズムに後退して、または非現実的なほど高く、厳格な道徳基準を展開して。

多くの現代政治科学は、政治について道徳的に冷笑的な見解を反映する。セオドア・ローウィは、「利益集団リベラリズムは、普遍化された入場券不正の世界の精神構造を持っている」と述べた。[81] 大まかな意味で、ロバート・ダールは、「すべての競い合う政治はつまるところ、政治家による選挙民の買収である」と主張する。[82] ダールは、「買収されたよろめくホームレス」と、作物を支えるより高い価格を約束された農民との間に、本当の違いはないと言おうとしているのだ。でも、そうでなければ、「我われの知る政治」は政治学のモデルになり得ないので、我われはそうした区別をすることに固執する。

市民に対する道徳的期待は、非常に低いことが多い。市民は、投票を直接現金と引き換えに売ることは許されないが、市民による個人的利益の追求は明らかにいつも容認されている。農民は、農業補助金の増加を支持し、復員軍人はより大きな給付を求め、教員は学校にもっと多くの支出を望み、繊維製造業者は、関税の引き上げを望む。だから大統領候補は、次の質問を掲げることができる。「何年か前よりも生活がよくなっていますか？」と。立法者の周りに警報を鳴らし、裁判官の弾劾手続きを誘発する利益の直接的対立は、人々がその意思を表明する際にほとんど気づかれない。[83]

シニシズムは、次の事実に対して、我われの目を閉ざさせてはならない。つまり、特殊利益政治に向けられた批判の量と密度が、多くの人々がよりよくでき、またそうすべきだと感じていることの兆候を示しているという事実に対して。学界の外では、特殊利益政治の公的擁護は困惑させられることが多い。平均的市民は多分ウィリアム・レゲットの指摘と自己を同一化するだろう。

特殊立法の堕落的影響以上に自明なものはないだろう。それは政治を、人民の平等の権利を侵害して得た報酬の単なる争奪に貶めてしまう。それは愛国主義の神聖な感情を悪用する。それは突然の富への熱狂的貪欲さを誘引する。それは野蛮で不誠実な投機の精神を促進する。[84]

冷笑的見解とは反対の極に、非常に道徳的な政治概念がある。正当な政治活動は、原理に基づく考慮によって制約され、形成されるだけでなく、公平な道徳的目標、たとえば権利およびすべての者の善の保護を目指すべきだと主張するように思われる。政治に道徳的目標または目的の追求を課すことは、狭い利益の追求を全面的に排除し、あるいはそれに代えて、原理に基づく政治的な側面的拘束および手続規範によって残された空間を埋めるものである。これを動かし、道徳的目的の用語で正当なリベラルの政治を定義することは、政治と原理の完全な融合の主張であり、参加者の徳に関する我われの期待を高めることである。

裁判官は選挙区を持たないが、正義と法を持つ。そこで立法者は、選挙民および選挙基盤を形成する集団の特定利益を脇に置き、公共善だけを代表することを期待されていないのだろうか？　議会では毎日単なる個人の権利ではなく、非常に多くの権利が問題となる。だから立法者は、個人的な経済利益および多くの狭い利益（取引関係や家族の経済的利益等）を脇に置くことを期待されている。

立法者は、高い見地から見れば、その選挙民の善または狭い利益を代表するのではなく、全体の善を代表する。エドマンド・バークは、よく知られる通り、立法者の義務は、狭い利益を避けることだと論じた。議会の候補者としても、バークは、ブリストルの選挙民に対し、「候補者というよりは公的手続きなどに無関心な聴衆のように……演説台に立った」と伝えて、超然とした、明らかに司法的な態度を取った。[85]

政府および立法は、理性と判断の問題であって、性向の問題ではない。議会は、各利益を他の代理人および擁護者に対し、代理人および擁護者として保たなければならないような、利益が異なり敵対する大使の会議ではない。

そうではなくて、議会は、一つの利益すなわち全体の利益を持った、一つの国民の熟議の集会なのである。地方の選挙民が、明らかに他の共同体全体の真の善に対立する利益を持ち、あるいは性急な意見を形成すべきだとするならば、その場所の選挙民は、それに効力を与える試みからできる限り遠ざからなければならない」[86]。

バークにとって、立法者の公平な人格が、市民自体の妥当な基準となっていた。バークは、彼の支持者たちが、「ブリストルの選挙民は、市、国全体のために選ばれるべきで、自らのためにではない」ことを望んでいる点を讃えたのである[87]。

バークと同様マイケル・オークショットも、適切な立法は、公平な省察にふさわしい一定の態度、または人格を想定することを強調している(オークショットは、決してこのように述べたわけではないが)。オークショットは、「夜警」国家という古典的なリベラルの考えとよく似て、政治目的の狭い概念を擁護する。政府は、その唯一の目的が、平等な自由の保護である法の支配を執行することによって、個人の自由を最大にすべきである。オークショット流の政治の適切な目標は、「法の支配」の維持に制限される。それはオークショットが利益の増進に反対する中で着想するものである。オークショットは言う。こうした立法の概念は、「正当な規則の制定への参加を反映するこの[立法]府を占めている者あるいは、占めている者たちに人格を与える。つまりそれは、自身の利益を度外視し、他者の利益を代表しない人格である」と[88]。オークショットは、正当な法を制定するためには、人は適切な公職を占め、公職を適切に占めなければならないと言い、それは適切な「人格」または態度を想定することを意味する。

権力の簒奪者および独裁者は同様に権限を欠くが、その理由は異なる。僭主は、立法者に要求される公平な人格を持っているかもしれないが、適切に公職を占めていないので、正統な法を制定することはできない。独裁者は、適切に公職を占めているかもしれないが、その職を、主に自己の利益の増進に利用するので、本物の法は作れない[89]。

バークと同様、オークショットは、リベラルな市民自身が、各人の自由と全体の自由とを調和させる公共道徳基準を支持して、立法者または裁判官の態度を取り、公平な視点を採って、「党派」の政治（狭い利益の政治という理解）を避けることを要求する。

政治の「党派」は、利益団体の性格を免れることはめったになかった。それは必ずしも選挙区の支持者の利益ではないが、職に再選されたなら促進を約束したとみなす種類の利益である。もちろん、これは、利益の追求を促進も、妨げもしない法の支配に反するものである。立法者としての人格を備えるために政党に必要な自らの特徴を放棄するなどということは、少なくとも、起きる可能性が低い[90]。

政党を非難する際、オークショットは、その高められた制度において、政党だけでなく、幅広いけれどもまだ部分的な利益の代表の余地を残していたバーク以上に論を進めた[91]。オークショットの政治生活の態度に関する厳格な概念は、周知の通り、政治の激しく道徳的な批判を構成する。

オークショットは、良心的審判官の血気盛んな倫理と人格を、裁判官から立法者および市民に拡張する。完全に公平な判断が政治全体を定義する契機となる。リベラルな市民は、立法者および裁判官と同様、狭い利益を促進する機会を提供する地位を占めておらず、公共道徳の最善の道理を明確に述べ、執行することに関心を抱く政治制度において公職を占めるのである。道徳の目的の厳格な概念を法から政治全体に拡張することにより、すべての政治的役割およびすべての政治参加は、狭い利益の放棄を伴うことになる。[92] 公共道徳の理性は、単に側面的拘束だけでなく、政治的行為の目標を与えるのである。

あまりに大事にされた高度に道徳化された見解を取ることは、いかなる場合も、我われの自由と平等への忠誠を危殆に瀕せしめる。民主的リベラリズムは、個人の自由および広い選挙権を支持するが、これらは、利己的利益を受け入れられない政治とは整合的でない。リベラリズムは、侵襲的後見人型の国家を拒否する。そうした国家では、厳格な徳の政治が要求する厳格な自己抑制を、市民に準備させることが求められるのである。リベラルは、スパルタ人ではないが、強く公平な土俵として政治を取り扱えるようにするためには、そうなる必要がある。

嘲笑的な利益集団モデルは、我われの実際の慣行を不完全に把握し、リベラルな政治のより原理に基づく側面と鋭く対立する。道徳化された理想は、法廷における原理の役割を補充するが、アクセス可能な理想として作用するには、リベラルな政治の現実からはかけ離れ過ぎている。これらの極端な見解は、自由な社会におけるより狭い利益の不可避的役割を受け入れながらも、原理および公共善のための積極的な政治的場所を提供する政治生活の理念を支持することによって、いずれも退けられるべきである。

政策と原理は、実際の慣行においてさえも、区別された政治領域を特徴づけるものではない。原理は、最低でも、いくつかの広く受け入れられた方法で、政策過程および正当な政策に入り、定義づけを行う。第一に、原理は議会の政策決定過程を定め、抑制することに役立つ。我われは、秘密取引を通じて行うのではなく、政治的熟議が開かれており、「公明正大」であることを希望する。立法者による熟議および正当化の開かれた行為——委員会審議および熟議、議場の討論、選挙区に戻っての演説——は、何事かに値すると想定される。実際それらは、決定がなされ、投票が行われる基礎であると期待されている。

原理に基づく抑制は、立法者に対する影響力行使の手段に対しても作用する。立法者は、再選を求めて一定の強力な利益集団の機嫌を取るだろうが、我われは皆、立法者が賄賂を受け取らず、利益集団が賄賂の提供に抵抗することを期待する。ある者は、特殊利益からの選挙の寄付は、一種の賄賂だと言うだろう。もちろん、かかる寄付は批判的な精査の対象とすべきである[93]。影響力の密売と利害対立に関するアメリカの強い懸念は、倫理的期待を向上させるうえで希望のもてる兆候である。

権利と正義の原則はまた、政策裁量の境界も定める。リベラルな正義の原則に反する利益と選好は、次のようなものだとロールズは言う。

　実際、すでに確立した原理にいかなる根拠もない単なる選好は、まったく重みがない。こうした感情の満足は、平等な自由の主張に対して測定した場合、何の価値もない。こうした［リベラルな正義の］原理に対して、感情の強さあるいはそれを多数派が共有していることには、何の価値もない。実際我われは、正義の原則について、他者の行為を評価する際、一定の感情を考慮しない合意と考えることができる[94]。

ジョン・ハート・イリィやマイケル・ウォルツァーのような筋金入りの民主主義者でも、一定の参加権を、多数派支配の上に置く。言論、出版の自由、および政治的結社の自由は、政治過程の公開性を保護するものである。立法者自身は、そうした境界を承認し、執行することが多い[95]。

政策の選択に入ってくるとしばしば考えられる別の原理に基づく制約は、立法の一般性ないし包括性というルソー流の要件である[96]。正当な政策は、すでに説明した公正で開かれた手続きを反映するだけでなく、全体の善の良心的理念を考慮し、反映すべきである。「バラバラで孤立した」少数者の利益が、政策決定において常に考慮されないような場合、その少数者は重大な不満を抱き、法制定過程は重大な欠陥のあるものとなる。[97] 少数者の善（または多数者の善）および自身の善についての見解は、政策決定において考慮されないままである場合、帰結する政策には公共的正当化はなく、全員が受け入れられるようにすべき正当化はない。「平等な配慮と尊重」を与えられなかった者は、法制定過程の正当性を承認する理由はないと、正当にも感じるだろう。[98] 裁判所は、法律が政治的に強力な者の「生の選好」ではなく、公共善の合理的な解釈に基づくことを保証することができ、またそれに役に立つ。[99]

多くの道徳的要件は、正統な政策という観念に組み込まれ、立法者を拘束するものだと広く認識されている。政治の日を制した者は、残りの者に対して、生の権力の事実ではなく、選んだ政策を正当化する善良な理性を提示する必要があるとすべきであり、またしばしばそうしている。公共的正当化と道徳原理は、特殊な範疇に閉じ込められ、裁判官に託されているのではない。

我われは、裁判官と同じように厚い質感を持った一連の制約を、市民や立法者に持たせることはできない。裁判官は解釈しなければならないが、その他の者は、制定法を変えることができる。十分に情報が与えられた政策決定過程は、ある時点で狭い利益が関与し始めることを必要とするかもしれない。[100] にもかかわらず、立法者と市民が法を解釈するのではなく変更する場合、そして利益が容認できる態様で関係している場合でも、公共原理は、利益の追求を抑制し、広げ、そして高めることも多い。

すべての個々の立法が、「水事業」と同じ道徳性を持つわけではない。公民権立法、国防政策、外国援助、医療および科学的研究、そして社会政策の幅広い問題は、幅広い国民的関心事の真剣な考慮を含むことが多い。ほとんどの連邦議員は、少なくともその広範な立法責任が、選挙区へのサービスや地方利益の代表に優先するとの信念を告白する。[101] 多くの再選議員は安全な議席を持ち、古参議員は安心感を持って、独立して行動することも多い。[102]

立法者は、少なくとも部分的には、公共善の一般的考えによって動機づけられ、リベラルな権利は、立法者と市民が追求する政策目標に側面的拘束を課す。公正と公開の手続き的規範は、公共的熟議を構成し、広げることに役立ち、また憲法上の理性要件は、受入れられる政府行為の下に道徳的な床を敷く。[103] 少なくとも一部の政治学者たちは、アメリカの市民が、認められた自己利益以上に、政治の候補者の判断に影響する正義の感覚を持っていると主張する。[104]

政治についての低い、冷笑的見解は、市民を狭い自己利益を追求する者として、そして立法者を、ただ再選だけを求める者としてしか表わさない。この見解は、政治的正当化の真の問題を前提にすれば、アメリカの政体における政治活動の全範囲を捉えるには狭すぎ、受け入れるには腐敗しすぎている。他方、高い道徳的見解は、余りにも要求が多すぎる。それは市民と立法者を、冷静に公平に公共善を追求する者として提示する。そうした見解は、幅広い見方をするリベラリズムの精神と一緒には実現できない。

我われが必要とするのは、政治過程が我われを代表する仕方について実際に複雑さを認める見解である。公共的正当化の説明は、複雑な代表の仕方を準備する。それは、共有する合理性の能力とともに、我われが知る市民の理性の限界も承認する。アメリカの憲法制度は、特定の利益に頼るが、明らかに不合理な利益をろ過し、全体の善を感知する我われの能力を奨励する傾向を反映し、さらに複雑さを増している。

バーク流の受託者は、一種の司法的徳を表明する。すなわち、異なる世界では、政治の真剣な事業の参加者が培養し、実証するものである。それが含む過度に高い要求とは別に、信託モデルは政治生活の基本目標には不十分である。遠くにある国の政府による開明的政策の公正な表示は、政治的信託、服従および安定の必要条件すべてを与えるわけではない。代表における、より非人格的でより地方的な要素は、良き政府の政治には必要な推進力なのだろう。

ニューヨーク州の批准会議におけるもっとも啓発的な議論で、反連邦主義者メランクトン・スミスは、下院の選挙区が非常に大きく、「中間層」と頑強な自作農は議席を得られないだろうと案じていた。その自制と中庸の特異な資質は、国の政治に対して喪失し、おそらくさらに重要なことには、それらの階層は、弁護士、専門職、およびその他の知識人ならびに徳のある人々からなる政府に対して疎外感を覚えるだろう。[105] 連邦主義者の裁判官ロバート・リヴィングストンは、実際に、すべてのアメリカ人は同じ徳を願っていると主張して、それに反論した。

我われは、あらゆる国で、自然な貴族制があり、この貴族制は、金持ちで重要な人物からなると告げられている。いや、紳士はさらに進んで、この階層には、賢者、識者、およびその才能と大きな徳によって著名な者が位置づけられる。その紳士は、こうして貴族制の定義を解決したので、いかなる者もそれを非難の用語とは考えないと信じる。我われの誰が賢明でないというのか？ 徳がないというのか？ 誰が貧困でないものなどであるというのか？ 我われはすべて、等しく貴族なのである。[106]

反連邦主義者のスミスは、実際、非人格的用語で定義された良き政府は、機械工や労働者（一般人）の忠誠および信頼を容易に受けることはないと信じていた。政府への信頼は、人々が、自分たちの固有の利益のために立ち上がる代表機関に、自分と同様の人を見つけられる時に促進される。[107] リヴィングストンやアレグザンダー・ハミルトンのような連邦主義者は、他方で、「良い行政」および「賢明な熟議および精力的執行の結果である繁栄する一連の出来事」によって、「人民の信頼」というものは得られるのだと主張した。[108]

スミスは（おそらくはより穏やかな形で）徳に基づく代表は、政治的には不十分だとするアリストテレスの主張を想起する。つまりそれだと、権力に対する主張が選択の自由に基づいていて、特別な徳には基づかない多くの者の忠誠を得ることはできないだろう。[109] アリストテレスにとって実践的に最良な体制とは、その中で、徳といくつかのその他の原理が、政治的代表の根拠を与える「混合体制」なのである。スミスもアリストテレスも、階層および集団間の相違を尊重しようとして、いわば、ある程度そのままに代表しようとしている。単一の基本的基準が、全員の感じられる利益を捉えられないので、彼らはそうしなければならないのである。誰もが容易に、国民政府の大きな目的の効率的追求（安全、自由、正義、および商業的繁栄）と自己を同定するわけではない。比較的杓子定規な地方的見解の持ち主は、自分たちと同様の「一般人」が政府の議会に存在していることを目にしない限り、疑念を抱くのである。

アメリカの憲法の代表制度は、正確な反映に対する信託の選択ではなく、両者の混合または結合である。プブリウスは、部分的利益が脇に置かれることを予想していなかった。『ザ・フェデラリスト』第一〇篇の議論は、まさに自由は派閥を不可避にするので、その効果は、拡大した商業共和国において、それらの多数を包摂することにより制御すべきというものである。部分性および特定性は受け入れられるが、代表および熟議の形式および過程を通じて、多様な方法で高め、啓蒙される。狭い利益を代表する集団は継続して存在するが、より広い見解を代表する連携において互いに結合する必要がある。(110)

州は、完全に飲み込まれはしなかった。（なかでも）上院議員の配分手段は、その存在意義を継続して保証する。さらに重要なことは、より小さな下院の選挙区は、代表と選挙民とのより密接な一致を促進するだろうが、公正で小さな小選挙区の選択は、より大きな大選挙区または全州選挙区の代表制度よりもさらに地方利益の比重が増すことを意味する。

アメリカの制度の連邦議員は、公共政策に関する原理に基づく熟議にはほとんど直接的関係がないが、代表と地方選挙民との個人的信頼や共感を育くむ選挙区にて、多くの活動に従事している。リチャード・F・フェンノの『ホームスタイル』は、連邦議員が、様々な選挙民の信頼を涵養するために展開する活動形態を時系列的に記録している。頻繁に地元に帰る、支持者との接触を保つ、広く話をする。選挙民が政府官僚に掛け合うのを援助する、およびワシントンでは何が起こっているのかを説明する等である。選挙区におけるフェンノの下院の同僚にとって、実質的な「問題は、下院議員がその資格、自己同一化意識、および共感を伝えるために選ぶ手段である」(111)。これらはすべて統治の「本当」の事業――政策の勉強、熟議、議会で連携を築く等からひどく気をそらすように思える。しかし、統治は複雑な事業であり、幅広い信頼と忠誠は、その主たる目標の中にあるはずである。制度を犠牲にして自身のイメージを磨く個別連邦議員のご都合主義はすべて、そして制度の遅延すべてにとって、連邦下院は、市民のアクセスの機会を驚くほど提供している。

連邦議会は、いかなる意味でも、一部の建国の祖が求めたようなアメリカ社会を「そのまま写し取ったもの」ではないが、それにもかかわらず、連邦議員は非常に多様な選挙民に接近し、連絡を取り、意思を交換し、彼らを理解している。連邦議会は、大統領ではないが、国の多様性を最もよく代表し、連邦議員は、大統領ではないが、国に住む者と最も密接に接触している。[112]

アメリカの立憲主義は、非人格的原理およびより狭い利益の両方の追求の余地がある。前者は法廷といった一定場面で支配的であるが、全面的に不在であることはなく、後者は比較的自由に立法府に入り込むが、様々な方法で高められ、形作られる。純粋な信託の理想よりも低いものを目標とし、一定のより狭い利益追求を認めることによって、アメリカ合州国は、実践において、安定した、秩序ある、そして公正な社会により近づくことができるだろう。けれども、立法政治におけるこの代表の混合概念は、慎重で実際的な根拠に基づいて原理の追求を和らげるのである。

結論

公的行為に対する、「市民による検証」へのリベラルな招待は、市民が法の公共道徳性を誠実に解釈し、支持する

義務を含意する。しかし、マディソンが『ザ・フェデラリスト』第一〇篇において指摘したように、
誰も自らの事案の裁判官になることは許されない。その者の利益が確実に判断を偏らせ、またその者の高潔性を堕落させる可能性もあるからである。それと等しい、いやさらに大きな理由は、人の集団は、同時に裁判官であり当事者であることには適していないからである。けれども、膨大な司法判断以外の、もっとも重要な立法行為の多くとはいった何なのか？　それは実際に一人の者の権利に関わるものではなく、市民の大きな集団の権利に関わるものである。また様々な種類の立法者が、自らが決定する大義の唱道者でもなく、当事者でもないとすればいったい何なのか？　裁判官はそれらの間のバランスを取るべきである。けれども、当事者は自ら裁判官であり、裁判官でなければならない。[113]

リベラルな正義は、特殊な訓練を受けたエリートしかアクセスできない理性の深遠な水準（たとえば、プラトンの哲人王あるいはコーク卿の法律家司祭）には依存しない。リベラリズムは、その語の根本的意味での「自己統治」を支持する。市民は政治的論争において、ともに当事者であり、究極的裁判官である。リベラルな正義の理性は、生活の最善の方法をめぐる、継続的な、自己に批判的な討論において、公共的に求められ、提供され、批判され、議論され、改訂される。

市民的不服従の行為が正当化されるかどうかの問題に対して、最終的な上訴裁判所はない。論争は、政治制度によって経路を作られ、構造化され、実践的に解消される。多くの困難な問題が、何れかの時点で裁判所に到達するという事実は、政治的討論を形成し、高めるのに役立つ。共同体の道徳的意識は、所与の論争に対する暫定的な政治的解決を少なくとも与え、やがて民主的制度を通じてそれを感じられるようにする。利益共同体の究極的権威は、いかなる

制度またはいかなる主権者の意思にも存在しないが、公共的正当化の実践およびリベラルな公共道徳に存在する。

リベラルな正義は、公共原理の批判的省察を要求する。つまり、個人的忠誠、リベラルな正義の限界および条件の範囲内の企てを形成し、批判し、改訂し、そして追求する、そんな自律したリベラルの代理人の省察的態度を補完する振舞いを要求するのである。リベラルな公共道徳は、これから見るように、人が多元的でリベラルな社会において繁栄するために必要なものと同じ能力を養い、導き出す。個性の特質ないしリベラルな徳は、省察的、自己批判的態度、寛容、変化に対して開かれていること、自己抑制、他者との対話を行う用意、および他者の権利を尊重し、あるいは人の独自の個性および理想への新鮮な洞察に対応するため企てを変更し、形成する用意を含む。

公共的正当化において、哲学は、リベラルな政治生活の限界と折り合いをつける。批判的正当化は、等しい尊重と融合する。リベラルな正当化は、中庸の余地を残し、原理に基づく政治の節度ある追求をする方法の準備に役立つ。合理性の水準が非常に高い議論によって支持される対立する立場に直面する際、中庸の最強の原理に基づく事案が生じる。立法および選挙の政治において、我われは、公共的正当化の命令に関連する度合いの低い根拠に基づいて、不合理ではない（だが特に合理的ではないことも多い）利益の関与を受け入れる。我われは、自由への愛着から出る原理の圧倒的作用に対する固執を緩和する。すべての者をバーク流の背筋を伸ばした受託者にすることは、偉大な社会を抑圧的に介入する市民の学校に変容してしまうだろう。我われは、実践的根拠に基づいて原理に対する執着を緩和する。非人格的な合理性の規則では容易にひきつけられない忠誠への訴えを、地方および利害関係を通じて行うということである。原理に関する妥協は、自由を保全し、大衆の忠誠および信頼を獲得し、また人々を漸進的な洗練と、高まりへの期待を指し示す政治過程へと導くために行うのである。

政治的善は多くあり、権威的制度の作業は、狭い利益以上に上昇する能力の限られた市民の忠誠を獲得しなければならない。リベラルな政治は、原理に基づく市民権に対する余地と奨励を与え、運転資本を費やすことなくその道徳

的欠陥に支払いをする。政治においては、徳でさえも、適正な場所に置かれなければならない。モンテーニュが指摘した通り、

あまりに鋭くかつ暴力的な欲望によってそれを奉ずるならば、我われは、悪徳となるような方法で徳を把握することがありうる。過剰があるならばもはや徳ではないにも関わらず、徳の過剰は決して存在しないと言う者は、言葉遊びをしているに過ぎない。つまり、適切な境界を越えて徳を求めるならば、公正な者は不公正だと、賢明なものは不健全だと呼ばれるはずである。

ホレース

これは、哲学の微妙な考察である。人は徳を愛しすぎ、正しい行為において過度に実行してしまうだろう。聖書はこの傾向にぴったりのことを言っている。「必要以上に自己を高く評価してはならず、抑制的に評価しなさい」というのだから。(114)

第4章　正当化の制度

序

リベラルな政治理論は、特定政体の明確な伝統および共通理解をとらえるには、あまりに抽象的で、普遍的に過ぎると、コミュニタリアンはよく非難する。他の者は、リベラルな個人主義は、アメリカ政治の本質を余りに正確に把握しすぎると主張する。ジョン・P・ディギンスは、かつて我われのリベラルな、あるいはロック流の政治を高尚なものにしていたカルヴィニストの魂を、合衆国は失ってしまったと論じる。ディギンスは、公共道徳を欠いたアメリカ人は、物質主義の泥沼に沈んでしまったのだと言う。「リベラルな遺産は、アメリカの知識人を何世代にもわたって悩ませてきた。個人主義は、アメリカを道徳共同体の意識がないままにし、また国家目的意識のない多元主義にしてしまったように思える」[1]。ジョージ・F・ウィルは、自己利益が建国以来のアメリカの政治の基礎であると論じる。「対立し、拮抗する利益」を抑制することによって、政治的対立を制御しようとした建国の父たちの試みは、身勝手と獲得に身を委ねる個人主義と利益団体の国を招いてしまったとウィルは言う。マッキンタイアと同じくウィルは、アメリカの政体の「内部からのゆっくりとした野蛮化を懸念」している(2)。

コミュニタリアンにとっては、リベラリズムは、特定の伝統および政治的実践において十分根付いていないのである。ディギンス、ウィルや他の者によれば、リベラルな個人主義は道徳的には破産し、我われの政治を統一し、上昇させる理想を提供できないとする。道徳的真空という批判に対して、リベラルな理想とリベラルな立憲主義がアメリカに根付いていることを擁護するため、本章では、リベラルな立憲主義共同体の理想を描写する。アメリカの建国文書は、その政治制度が公共的正当化のプロジェクトであることを誓約するものである。それはリベラルな道徳性を発表し、多様な制度的解釈者――司法府、連邦議会、大統領、州の公職者、および市民自身に力を与える。これらの競合する解釈者の相互作用は、公共的正当化の複雑な制度的場面を構成する。

「権力分立、二院制、司法審査、権利章典、連邦主義。何と素晴らしく、何となじみあるもので、何と退屈なのだろう! こうした言葉に際立つ密かな退屈を認めよう(3)」。権力分立が、憲法上の鎮静剤リストの一番上にあるのは偶然ではない。催眠効果は、憲法解釈および公共的正当化における分離された権力についての、アメリカの乏しい理解からもたらされるのだと思う(またそう望む)。リベラルな公共的正当化は、部門間の精査および権力分立によって動かされる競争によって誘発され、道筋をつけられ、なだめられる。三つの部門の異なる視点は、憲法の意味に関する不一致に転換される対立を保証する。リベラルな市民は、一部門または他部門を支持することによって、かかる対立の解消に資するのである。

憲法の評者は、憲法を政治からより幅広く削り取ることが多い。つまり、前者は政治よりはるか上にある特別な司法的領域となり、後者は、政治の候補者や利益集団間での乱闘をめったに抑制しなかった。司法の境界の線引き、限界設定および権利の執行は、この一般的見解に基づいて、本質的に政治実践とは区別されるものである。この憲法上の二重の理念は、それ以外の政治が道徳の溝に放置される一方、裁判を、実際以上に手つかずの政治外のものに見えるようにするのである。

憲法と政治は、いかに密接に相互に絡み合っているかを認識することで改善されうる、共同事業の諸側面である。最高裁判所裁判官、立法者、執行府、および市民はすべて良心的な憲法解釈に——最高裁判所もその他の誰もが、最終決定権を持たない対話に参画する。解釈の政治は、我われが受け入れ、さらには促進し、誇りさえすべき素晴らしい混乱なのである。

利益と徳

アメリカの憲法実践をコミュニタリアンの批判に対して危うくするのは、リベラルな法と権利の優位だけではない。民主主義理論のマディソン流（通常そう解される）および現代の利益集団モデルを含む一定の広く共有された政治の理解は、狭い利益が合衆国の政治の動機づけの力なのだと理解する。こうした一般的理解によれば、共和制統治は、「より利己的な性質の動機」の燃料によってのみ動くエンジンのように作動する、と制定者は信じた。[4] 実際、政府権力の連邦政府の一部門の手への「段階的集中」を抑制するため、『ザ・フェデラリスト』第五一篇によれば、憲法は、以下を定めようとする。

各部門の運営者に必要な憲法上の手段と、他者の侵害に抵抗する個人的動機を与えようとする。野心は野心に対抗されなければならない。人の利益は、役職にともなう憲法上の権利と結びつけられなければならない。かかる装置が政府の乱用を制御するために必要なことは、人の本性の省察であるだろう。人の本性に対するすべての省察の最大のものでなくして、政府とは一体何であろうか？……その絶えざる目的は、各役職が他の役職の抑制となるような方法でいくつかの役職に分割し、配置することである——すべての個人の私的利益は、公共の権利の番人でありうるように。

すでに論じたとおり、確かにリベラルな政治は、完全に原理に基づく動機以下であることは不可避だという事実を受け入れる。アメリカの憲法制度において、利益は政府内（抑制と均衡の制度における）および政体全体の両者の中で、憲法規範の支持に携わる。『ザ・フェデラリスト』第一〇篇は、「派閥の弊害」の治癒は、「より多様な党派および利益を取り込むように、政治領域の広大で多様な国へと拡張することであり……［それによって］全体意思の多数派が、他の市民の権利に侵入する共通の動機を持つ可能性を少なくすることだという」。多くの多様な利益がある政体では、どの一つの派閥も常に支配的なわけではなく、同盟を構築する必要があり、これらは流動的で、開かれている。利益とりわけ商業的利益の政治は、政治的妥協と安定を促進するだろうと期待されていた[5]。公共善の促進手段としてのこの狭い利益への依拠において、憲法制度は、ヒュームの懸念と推測を反映する。

いかなる統治制度の考案および憲法上の複数の抑制、統制の設定に際しても、すべての者は信用できない者であり、その行動のすべてにおいて、個人的利益以外の目的を持たないと想定しなければならない。この利益によって、我われは人を統治しなければならない。それによって、その留まることを知らない貪欲さと野心にもかかわらず、公共善に協力するようにさせなければならない。従って、人は信用できない者であると想定しなければならないのは政治的公理に過ぎない。ただし同時に、その公理は政治においては真実であるはずだが、事実としては誤りである点で、いささか奇妙に見える[6]。

こうしてヒュームは、ある者が「腐敗と従属」と呼ぶが、英国憲法の安定性および混合政府の保全には必要だとして受け入れた慣行、役職の分配によって、政治の主体に影響する国王の力を擁護したのである[7]。

ヒュームは、利益の有用性の擁護を超えて、アメリカの立憲主義の安定した作用に必要だとして受け入れたならば、リベラルな共同体の道徳的に自覚的な政治の生存可能性を攻撃することになる地点へとさらなる歩を進めた。ヒュームは利益の党派を原理の党派と区別し、後者は、政治的安定に確実に危険であると主張した。ヒュームが述べたように、「本当の派閥は、利益、原理および愛着のそれに分割できる。すべての派閥の中で、最初のものが最も合理的で、もっとも許せるものである」[8]。他方で「原理の党派」は「特に抽象的な思弁的原理〔の党派〕は、現代にしか知られず、人間界において、おそらくもっとも異例で、説明のつかない現象である」[9]。原理の党派は危険であり、宗教原理に基づく党派は「利益と野心から生じた最も残酷な派閥以上に恐ろしく、激怒するもの」だとヒュームは述べた[10]。だが「哲学の宗派は古代世界では、宗教の党派以上に熱狂的だった」[11]。

ヒュームの指摘は、道徳的原理に基づく正義への関心はそれ自体、政体の安定にとって危険な政治的熱情を生むことを示唆する。「我われが人類について抱くどんなに不利な感情でも、公共の正義の維持において血であり宝であるものを、惜しみなく与えるということが常に見出される」[12]。建国者が、改正手続きに頻繁に訴えることを思いとどまらせるためにアメリカの憲法の改正を困難にしたのは、部分的には大衆的な政治の「熱情」の予測不能性を恐れたからだった。『ザ・フェデラリスト』第四九篇によれば、「大きな国家的問題に関する意見の、通常の多様性を窒息させる愛国的指導者への人民の情熱的な信頼は、少なくともより平穏な時代には当てにすべきでなかったのだ。「プラトンが望んだ王の哲学の競争が期待できないように、哲学者の国も期待できない」。

もちろん、政治的安定および社会の平穏は、その他すべての社会的善の前提条件である。建国者がおそれたように、弱い政府は、不安定、血なまぐさい騒乱、およびやがては共和主義の放棄へと至るかもしれない[13]。政府は、正義と公共善に反する、熱情の風および一過性の衝動に流される大衆に抵抗できるだけ強くあるべきなのだ。代表と統治の仕組みは、十分複雑であるべきで、さらに、公共の討議を通じて、また大衆の意思から遮断する措置を伴う権力を制度に与えて、狭い利益を洗練し、高め、広げるべきなのである。

ヒュームと建国者たちは、あまりに高い、あるいは激しい政治的徳の水準を目ざす者に対して節度ある教訓を与えてくれる。そこで私は、純粋な信託モデルは、不可能なほど要求が高いので、却下した。私は、合理性の公共的概念を支持し、原理に基づく中庸の余地を与えた。我われは、徳への期待について現実的であるべきで、リベラルな自由は、高度な市民の徳が求める、家父長的および介入的装置を排除してしまうという事実を承認すべきである。けれども、この何れも、人々が政治において行動すべき仕方に関する現実的に要求の高い期待の形成を排除してはいない。道徳原理はしばしば、政治生活における活気のある力だったのであり（今もそうである）、リベラルな制度は、道徳的理想によって形作られ、純粋に高尚なものとされる。重大な不安定または暴力の緊急性を裏付ける実質的理由がない限り、我われは、原理に基づく考察が我われの政治においてもつべき力を承認すべきである。アメリカの政治は、抑制された利己的利益および幸福の私的追求によって十分安定させられている。

狭い利益のみで動く機械としてのリベラルな政治のイメージは、多くの一般的表明と一致するが、ヒュームまたは建国の父祖の期待を十分把握はしていないし、我われの政治全体の公正な構図をほとんど描いていない。単純で、自己利益の政治という構図はまた、『フェデラリスト・ペーパーズ』における憲法制度の解釈の部分的見解しか代表しない。その解釈には競争があるべきだが、そのため、（制憲者の「意思」が我われに対して権威があるからではない）、プブリウスの立憲政府の説明は、精密な検証に値する。

『フェデラリスト・ペーパーズ』において提示されたリベラルな立憲主義は、狭い利益の政治的争奪以上のものを必要とし、また期待している。市民がその政治的義務を果たし、正義、自由、および一般的福祉といった究極的な憲法上の価値を保全しようとすれば、市民は、憲法上の価値の支持者でなければならない。「下院が、自らおよび社会の特定階層のために法的差別をするのを抑制するものは何か？」と『ザ・フェデラリスト』第五七篇は問うた。「私は答える。制度全体の支配的精神、公正で憲法に適合した法律の性質、そしてさらに、アメリカ国民を動かす、用心深い、潔い精神――自由を育て、その反対に自由に育てられる精神である」。公共的徳、またはリベラルな立憲主義規範を支持する意欲と能力は、より狭い、利益の動機によって完全に置き換えることはできない。

『ザ・フェデラリスト』の作者たちは、三権および市民に必要な特徴の種類について明確な判断をしていた。これらの資質ないし徳は置き換えられないが、「より利己的な性質の動機によって強化される」[14]。憲法も、『フェデラリスト・ペーパーズ』も、アメリカの統治制度は徳にまったく依存することなく運用されることを予想していたとの主張を支持しない。実際、『ザ・フェデラリスト』第五七篇は、次のように述べている。

> あらゆる政治的構造の目的は、支配者にとって、社会の共通善を識別する最高の知恵と、それを追求する最高の徳を持つ者を最初に得る、いや得るべきことである。次にそれらの者が、人民の信頼を維持し続けている間、徳あるままに保つことである。

よって司法府は、憲法上の自由を保全するために必要な知恵と徳を唯一保持する部門だとは期待されていなかった。言論の自由とは何か？　どんな言い逃れの余地も残さない定義を誰が与えられるだろうか？　私は、それは実際的でないと判断する。ここから、いかに素晴らしい宣言がそれに関して憲法に挿入されていようと、その担保は、世論、人民および政府の一般的精神に依存しなければならないと推論する。ここに結局……我われは、すべての権利の唯一の堅実な基礎を求めなければならないのである。[15]

もし政治の参加者が、省察の結果、正義と公共善を支持する傾向がなければ、間接的自己統治の複雑な制度によって、不当な法の道に置かれる抑制と障害物はすべて、皆同様に公正な法を妨げることもありうる。立憲的自己統治は、政治的徳および権力を分離した大きな共和国における代表の仕組み、交互の任期を必要とし、その他すべては、徳を引き出すことを意図している。

ヒュームは、大きな共和国では、「各部分は非常に離れていて遠いので、陰謀、偏見、または熱情の何れによっても、公共の利益に反する措置を急いで取らせることは非常に難しい」と論じる。[16] 大きな政治同盟を作り、動かすには時間がかかり、時間は、熱情を冷まし、省察を可能にする。大きな社会における同盟は、多様であって、比較的包摂的である可能性が高い。大きな共和国における政治的意志疎通は、マディソンが主張したように、公的で開かれたものでなければならないという事実は、不正な措置を選び出すのに役立つだろう。「不正または不名誉な目的の意図がある場合、その実行に必要な人々の数の増加に比例して、意志疎通は常に相互不信の目をもって阻まれる」。[17]

徳と自己利益に関する我われの思考は、ホッブズやカントといった政治理論家の対立する遺産によって歪められる可能性がある。それぞれは、一方で我われの期待を引き下げ、他方で道徳的基準を過度に引き上げる傾向がある。ホッブズは、人間の本性を、回復不能なほどに高慢と虚栄になびき、「富、名誉、命令もしくはその他の権力」に対して絶え間なく競争し、「闘争、敵意、および戦争」に冷酷に傾きがちなイメージとして、我われに伝えている。[18] 他方カントは、徳を、純粋な動機、善意および自らのために正しいことをするように努めることと同一視した。[19] 経済学者、政治学者その他は、ホッブズから、人が実際にどのように行動するかのイメージを引き出す。道徳主義者は、カントから、人はどのように行動すべきかのイメージを引き出す。その差は非常に大きい。

我われは、ホッブズ流のシニシズムやカント流の道徳主義の双方に抵抗してうまくやれると思う。自己利益は多様な形式で入り込み、その一部は、受け入れられるだけでなく、善であって、賞賛に値さえする。高められ、啓蒙された自己利益は、徳のもっとも高貴な形態ではないだろうが、不名誉とみなすべきではない。同時に、政治的徳の純粋な形態は、自己利益の完全な自制を要求しない。

自己利益の追求は、戦利品の争奪および「素早く金持ちになる」制度から、堅実な職歴において行うまじめな努力、専門職としての尊敬への努力、家族や友人の支援、そして名声への高貴な愛着まで多様である。その他の動機に関わることを求める一方、リベラリズムは、合理的な自己利益を受け入れ、それを高め、多様な制度的場面において形成するように努める。自由な政府は、個人の自己利益の公正な措置を受け入れるというのは真実だが、それはほとんど何も語ってはいない。

我われは、公正でリベラルな制度下において、人の個性が不動のものとして確定し、外に対して頑強で、あるいは人生に対して鈍感だとみなすべきではない。一定の基本的傾向は、極めて広がりが大きく、多かれ少なかれ所与であるが、自己保存や性的満足といった基本的欲望でさえも、多様な方法で方向づけられ、形作られるのである。人々には、様々な利益があり、政治において作用する自己利益は、自然現象であると同様に社会的なものなのである。

人の動機がホッブズ流の万人の万人に対する闘いによって、強固に定められていると考える正当な理由は我われには無論なく、ホッブズにさえなかった。市民社会における秩序ある協力の経験は、自己利益を高め、形成するとホッブズは考えた。ホッブズの自然の本性は、合理的な自己利益がどのように人を社会的で尊敬できる法と正義に導くかを説明する、賢明な公理である。合理的な自己利益は、自然人の鋭い先端を丸くし、以下の公理を生み出す。つまり、相互的善意、他者のために便宜を図る、過去は水に流す、傲慢だったり、侮辱的だったりしない（自分は他の誰よりも優れているわけではない）、中立の裁判官を尊敬する、そして「自らにされることを欲しないことを他者にしてはならない」と要約されるものである。[20] これは黄金則ではないとしても、かなりそれに近い。平和における共通利益、後の影響を予測する能力の共有および相互依存の相互承認は、合わせて道徳的徳、静かで英雄的でない徳の一揃え（公正、感謝、謙虚、平等、慈悲等）を促進するが、純粋な徳は、にもかかわらず、平和、繁栄および秩序ある自由をもたらす徳なのである。[21]

私の要点は、ホッブズ流の前提から出発し、マザー・テレサに到達しうるものではない。けれども、ホッブズのように楽観主義的な識別力のない思想家が、人の性格は社会および政治生活によって高められ、形成されると期待する場合、リベラルな制度と慣行は、同様の効果を持つという考えに抵抗すべきではない。高められた自己利益自体が、我われをリベラルな徳に向かう道筋の途中に連れていき、多くの人々が、他者に対して正当化できる原理に従って行為することで、独自の利益を得ると想定することは非現実的ではない。我われの関心は、自然人にはなく、リベラルな体制の市民およびリベラルな政治制度の参加者にある。リベラルな社会で育った者は、リベラルな価値によって早くから形成される。シニシズムとユートピアニズムの誤りを避けるべきであり、リベラルな市民が最善の状態でできることを観察しうる現実的な希望を採用すべきである。

合理的予測および協働を通じて自己利益を広げることは、リベラルな社会に広く普及すべきである。特定の役職および制度はまた、参加者の利益の形成と高まりを助けるべきである。「拡大された共和国」の政治の場は、これまでに見たように、同盟の構築、妥協、および広げられた自己利益を引き出すべきである。リベラルな政治文化は、自由への愛着、権利への油断のない警戒、および自立した市民であることの誇りの注入に資するべきである。民主的代表（たとえばくじ引きではなく、選挙による）自体が、比較的よく知らされ、啓発された人物が法律を制定することの保証に役立つ。[22] スティーヴン・ケルマンの、「公職に就く人々は、他者に見られる場所で働くことを選んだのであり、公職にある人々は、他者の関心と尊敬が特に重要であるので、そうすることを選ぶ[23]」という主張には、一理あるだろう。

政治主体は、その利益を形成し、高めるやり方で特定の聴衆の承認を求める。ニューライトの学者、リノ・Ａ・グラグリアは、「裁判官は、法服を着た法律家、言葉の操作に熟練した者に過ぎず、道徳的徳を体現するものではない」と書いた[24]。グラグリアはここで、裁判官の役割、とりわけ政治的および専門的期待、および裁判官が服する審査の仕組みを区別するものすべてを完全に無視している。専門的責任は裁判官には特に重要であるが、多くの立法者は、選挙民の承認だけでなく同僚およびメディアの承認も求める。制度は、公共目的に仕える行動形態の誘引を与える、役割の期待および成功の基準を生み出すものである。

自己利益は、多くの形態で入り込むが、その中で高められ、啓発されたものは、政治的徳をもたらす。立法者が有能で清潔であるとの評判を得たいとの希望、責任ある市民の尊敬に対する政治家としての愛着、および建国者の名声への期待、これらすべてが、政治的徳の源泉の中で重要な自己利益の高められた形態である[25]。広がり高められた利益は、他者への関心、役割の期待、制度的命令、および公共原理ならびに理想を包含する。「自己利益」は、多用するにはあまりに鈍い概念であり、その安易な展開は、我われが本当に知っている以上に人間の動機について知っていると考えるようにさせかねない。

最も純粋な徳（自ら正しい行為を選好する）は、ごくわずかな者にしか期待できず、それはホッブズも認識していた。

人の行為に正義の味わいを与えるものは、人が人生の満足のために注意し、だまし、あるいは約束を破ることを冷笑する、一定の高貴さまたは勇気の気高さ（めったに見られないが）である。この礼節の正義の意味するところは、正義が徳と呼ばれ、不正義は悪徳と呼ばれるものである[26]。

しかし、自己利益の多様な啓発形式は、大部分の者の理解の範囲内にあり、合理的な政治行動を引き出すために十分であることが多い。

我われは徐々に道徳的に進歩するが、本格的な理想に向かって飛躍することによってではなく、乱用と腐敗の最悪の例と闘うことによって進歩するのである。理想に従って生活していない場合でも、我われのより劣った傾向の完全な活動を抑制するのに役立ち、徐々に全般的道徳の成績を向上させるかもしれない。道徳の理想は達成できないとしても、危機と改革の時代にはとりわけ重要となりうる方向感覚を与える。

リベラルな価値への積極的な大衆の支持の重要性を無視することは、無謀であろう。アメリカの体制は、性格においてさらに大衆的になったが、多くの重要な権利と保障（言論、出版、宗教実践、および人種ならびに性の平等などを含む）は、建国時よりもさらに確実になった。リベラルな理想は、多くの合衆国の政治をある程度動かし、特徴づけ、大衆（あるいはその多く）は、政治的経験を通じて道徳的成長の能力を示している。体制のリベラルな正義への継続的忠誠は、最終的に大衆によるリベラルな原理の支持に依存し、その支持は、リベラルな徳にさらに接近することによって深まり、研ぎ澄まされるのである。リベラルな理想は、結局、本質的に価値があり、よって合衆国の政体は、それらに従って生きる努力によってさらに改善される。

シニシズムは、非現実的であると同時に浸食的である。我われは、アメリカにおける政治行動についての均衡のとれた見解を必要としているのだ。

競争および協力――解釈の政治

真剣な憲法的省察と政治を分ける障壁をより広く打破するため、一部論者によれば、我われは司法積極主義を最初に阻止しなければならない。はるか以前、ジェームズ・ブラッドリー・セイヤーは、司法審査の行使は立法府への「不信」を表明し、アメリカ憲法の立法府解釈を効果的に先取りし、それに取って代わるものだと主張した。

立法府は、この不信にますます慣れて、それをますます簡単に正当化し、憲法上の制約の考察を捨てる傾向にある。人民は、この間、誰を立法府に送るかについて注意しなくなっている。人民は、重要な私的事項について信頼しない者に喜んで投票することが多くある……。その［司法審査の］行使は、それが避けられない時でさえ、常に重大な悪を伴う。すなわち、立法府の誤りの是正は外部からなされ、人民は政治的経験を失くし、道徳教育および通常の仕方で問題と格闘し、自らの誤りを正すことからもたらされる刺激を失ってしまう。この偉大な機能への一般的で安易な依存は、嘆かわしいほどあまりにもありふれたものとなり、人民の政治能力の成長を妨げ、道徳的責任感を失わせる。(27)

セイヤーの議論は、強力で、フェリクス・フランクファーターとアレクサンダー・ビッケルによって力強く再論されている。(28)しかし、司法審査が憲法の立法府による解釈の意欲を削ぎ、あるいは大衆の道徳責任を妨げることは自明であるとはまず言えない。最悪（立法者が正義を犠牲にして自己の利益追求に傾くこと）を想定した場合でさえも、たとえばハミルトンは、司法審査の脅威は、立法府の無責任さを強めるよりは、抑制するのだと期待をした。立法者は「邪悪な意図の成功への「障害」が、裁判所の罪の意識から予想されると思って、立法府が仲介する不正義の動機によって、その企てを制限する」のである。(29)カルドーゾは、同様の考えを表明した。

立法府の判断を制約する外部権力の効用は、その行使の機会を数えることによっては測定できない。この制約する権力は意識的あるいは意識下の影響により、背景に遠ざかってはいるが、にもかかわらず、常に準備ができ、立法府の判断を安定化させ、合理化し、原理の光を吹き込み、基準を高く保持し、レースに参加し忠誠を保たなければならない者の目に見えるようにする傾向がある。(30)

もちろん、立法府および市民の道徳能力に対する司法審査行使の効果を測定するのは難しい。しかし、合衆国最高裁判所が、個人の自由に有利な明確な立場を取った時には、政治的に洗練された、積極的な「世論指導者」としての見解の形成に多く成功している。最高裁判所が、人民の中で他の影響力ある集団の支持を得た時、それは大衆の信念をより広く形成していた。(31)「ブラウン対教育委員会」の画期的判決において、最高裁判所は、連邦議会にエネルギーを与え、他の影響力ある集団の公民権への支持を奮い立たせることに役立ち、人種平等をアメリカの公共道徳の実効的原理とすることに役立った。ここでも、また他の場所でも、最高裁判所は、その国旗焼却および妊娠中絶の最近の判決におけるように、議論を打ち切らずに挑発し、あるいは継続したのである。

セイヤーの議論の力は、司法審査を民主政治に外部から作用させ、行使する際、人民および代表者による憲法解釈を排除するする権力として描くことに依存する。しかし、最高裁判所判決はどうして他の部門の解釈努力を排除すべきなのだろうか?

ほとんどの評者は、最高裁判所が憲法の意味の究極的解釈者であり、その判決は他の政治主体を拘束すると誤って仮定している。これは誤解である。司法審査は、司法の優越と混同してはならない。審査権はいかなる点でも、最高裁判所の憲法解釈が手元の事件の処理を超えて、連邦議会、大統領、あるいは市民を拘束することを含意しない。(32)最高裁判所判決は、その前に提起された事件に関しておよび下級裁判所に対してのみ憲法の最終解釈とみなすべきなのであり、実際、他の部門がそれに反対する多様な方法があることが多い。(33)

憲法は、最高法規であることを自ら宣言し、裁判官は他のいかなる公職者らとも同様にその権威に服する。憲法の誤ることなき解釈者からはほど遠く、最高裁判所は、誤っていたとみなすこととなった過去の判決を覆すことによって、その可謬性を承認している。憲法はさらに、憲法の司法府による解釈ではなく、極めて多くの公職者に、ただ単に憲法の執行責任を課している。大統領は、「憲法を保全し、保護し、擁護する」との宣誓を行う。[34]合衆国連邦議会議員だけでなく、「複数の州議会議員および連邦ならびに複数の州の全執行府および司法府職員は、この憲法を支持する宣誓または確認により拘束される」。[35]

連邦議会議員と大統領の宣誓および対等の地位は、憲法を自ら解釈し、他者に敬譲しない義務を課す。大統領として、アンドリュー・ジャクソンはこう述べた。「憲法を擁護する宣誓をする各公職者は、自分が理解する憲法を支持すると宣誓するのであって、他者が理解する憲法ではない」。[36]ジェファソンとリンカン大統領もまた、少し差異はあるが、大統領の地位を対等解釈者であると主張した。[37]ジェファソンとマディソンは、一七九一年のヴァージニアおよびケンタッキー決議において、州の公職者は、自ら憲法を解釈する権利があると示唆するところまで行った。[38]

連邦議会議員はまた、憲法を解釈する自らの権利を擁護した。ミシシッピー州の上院議員、エルナンド・D・マネー議員の華麗な指摘を考察しよう。

> 私は最高裁判所の判決を、アフリカ人が神を見るように見ている者の一人ではない。私はそれがまさに常識に根差し、合理的な論理に基づいて論じられているので、そうした判決を尊重する。しかしそれが常識の法を侵害する場合、私はそのように見ることをやめる。ただし、市民としてはそれによって拘束される。[39]

市民として、我われは、政治的にはそれを覆そうと働きかけながらも、特定事案の裁判所の判決に従う義務がある。

「ドレッド・スコット対サンフォード事件」の最高裁判所判決は、教訓的な交換を誘発した。[40] 最高裁判所は、連邦議会が領域での奴隷制を禁じる権力を持たないので（連邦議会は、ミズーリの和解でそれをしようとした）、奴隷のドレッド・スコットは、主人が自由領に連れて行っても自由を得られないと判示した。最高裁判所の判決は、スティーヴン・ダグラスが主張する通り、憲法が意味するものについて、最終的言明として我われ全員を拘束する。リンカンは、最高裁判所判決に反対して主張した。

政治の規則として、その判決は、それが間違っていると考える誰にも投票しないよう、選挙人を拘束するだろう。そしてまた、実際にはその判決の原理に一致しないいかなる措置をも支持しないよう、連邦議会議員または大統領を拘束するだろう。我われは、そうした政治的規則として、判決に拘束されると提案しているのではない……。我われは、可能であれば、それを覆すよう抵抗し、新しい規則が本案に関して設定されることを提案しているのである。[41]

別の箇所でリンカンは述べた。「もし私が連邦議会にいて、ドレッド・スコット判決にもかかわらず、新しい領域で奴隷制を禁止すべきかどうかという問題に投票をするならば、そうすべきだと投票するだろう」[42]。法廷の当事者や下級裁判所だけでなく、連邦議会および大統領に対しても同様に、最高裁判所は憲法の最終解釈者であるとの主張は時々なされるのみである。[43] 指摘したように、複数の大統領が、自身の憲法上の権能を実施する際、自ら解釈する権限を確固として擁護した。その考えは人気があるが、にもかかわらず、憲法の意味は、究極的には最高裁判所が決定しているのだ。

司法の解釈の優越に対するものとして、適切に理解された司法積極主義は、解釈者のリベラルな共同体の確立と両立し、また実際にそれをもたらすものである。我われは、憲法上の権利およびその他の必要条件の積極的な司法の執行を抑制すべきではないが、憲法解釈は、優れて政治的事業であり、裁判所の役割（決して主たる役割ではないが）は、憲法解釈のより大きな政治過程の中で存在することを認識すべきである。裁判所は、憲法を積極的に執行することについて批判されるべきではない。むしろ連邦議会、大統領、およびその他の政治主体が、自身の憲法上の責任をもっと真剣に受け取るべきなのである。

最高裁判所によって、または最高裁判所に代わってなされる解釈の優越の主張を拒否することは、憲法解釈の階層秩序を拒否することである。ジャクソン、リンカン、マネー上院議員、その他とともに、我われは、三つの対等部門間での憲法の権力分立と解釈権限の水平化を、解釈者間での構造的競争を確立するものとして理解することができる。構造的競争は、公共的正当化に携わる解釈者の共同体というリベラルな理想の制度的支持、および政治的推進力を与える。

リンカンの戦時の人身保護令状（ヘイビアスコーパス）の停止を擁護して、検事総長エドワード・ベイツは、競合する解釈者の見解の優れた弁明を提出した。ベイツは述べた。三つの対等部門からなる政府において、「三つのうちの一つに自身の権力の範囲を、そして他の二部門の権力範囲を決定させるならば、その一部門が政府全体を支配できることになり、実際、主権を実現したことになる」と。[44] ベイツによれば、三部門の各々は、その権力の境界がどこにあるかについて自身の判断を行う責任を課され、そして「その一つの判断は他の二つを拘束しない」。[45] 結果的に、たとえば軍事緊急状態が戦時に存在するかどうかというまったく同じ問題には、三部門がそれぞれ異なる回答をすることができる。

同じ問題（事案ではない）が、三部門のそれぞれの前に正当に提起され、三つの異なる方法で決定され、各決定は取り消し不能であり、各事案の当事者を拘束する可能性がある。部門は対等なので、またそれらの決定を変更し、覆す権力を持った叙任された法的優越者もいないという簡単な理由からである。[46]

三部門の解釈権は、「排除的」なものではない。問題または課題を決定する一部門の権能は、他部門が、自己の職務を履行する際、同じ問題または争点を判断することを排除しない。司法審査は、立法者、執行府の公職者または市民の熟議を排除しない。ビッケルは次の通り述べた。

しばしば最高裁判所は、それらを対話に参加させて、原理の最も複雑な問題について、他部門による考察を誘発する……。我われの政府は、個別の制度からなるが、全体の実効性は、互いの関与、その親密さに依存するのである。たとえそれがしばしば闘いの中で渡り合うことになる人間の、骨の折れる親密さだったとしても。[47]

政治的対立は、裁判所の判決によって再び方向づけられるが、憲法論争を巡って渦巻く議論と政治活動は、裁判所によって解決されることはめったにない。

執行部と連邦議会を含む政治主体は、司法による憲法解釈を彼らにとって最終的なものだとみなしてはならず、またみなさないことも多い。ジョン・マーシャル首席裁判官は、「マカロック対メリーランド事件」において、国立銀行の合憲性に関する最も印象的な議論を行い、政治的議論の勢いが増した。通商条項に関する最高裁判所の入念な司法判断は、連邦議会および大統領が参加した政治的議論を鎮めることはなかった。[48]「ドレッド・スコット判決」は、悲惨にも黒人市民権の憲法問題を解決できなかった。我われの人種的正義への国民的闘争は、大統領と連邦議会が憲法的価値の名においてしばしば主導権を取った、幅広い基礎に立つ憲法上の平等の継続的探求である。[49]さらに三部門はすべて、執行府、立法府および司法権の憲法上の外縁の定義に参加する。妊娠中絶、バス通学、積極的是正措置、国旗焼却については、連邦議会議員および執行府を含めた多数の政治主体は、最高裁判所が判断した後も長い間こうした問題について議論を続け、法律を制定し、憲法上の見解への支持を求めているのではないだろうか。(50)

連邦政府の三部門の権力は、性質上特徴が異なり、その行動領域は大きく分かたれるが、その義務は重複する。彼らは互いの業務に関与する。それでは何が三大部門の権力の境界、各々の権力の盛衰を定めるのだろうか。確定した規則あるいは厳格な基準はないが、ベイツが述べたとおり、「相互の敵意……［および］我われの建国の父が、権力の一体化を恐れて初期に駆り立てられた抑制と均衡の制度」である。(51)

適切に理解された司法審査は、裁判所によって集約され、前進させられた議論が、他の良心的解釈者を実際に説得できる場合にのみ決定的なものだとみなすべきである。大統領、下院および上院議員、学者および市民はすべて、司法の決定の検証において重要な役割を果たす。すべての政治主体は、裁判所が憲法を正しく解釈したかどうかの判断において、何らかの役割を果たし、誤りがなされたと考える場合、彼らは大衆的議論および使うことのできる合理的な政治手段を通じて、裁判所を正すために働きかけるべきである。(52)

対等の解釈者という観念の受諾は、憲法原理の問題に関して政治的論争を誘発することである。この政治的対立は、執行、立法および司法権の重複する性質によって構造化され、方向づけられる。(53) 連邦議会の「財政権」および一部執行府の任命を承認する上院の権利は、連邦議会が執行府に対して影響力を行使できるようにする。連邦議会は、（その範囲は不確かだが）裁判所の管轄権を制限する力がある（ただその方向に騒音を立てるだけでも一定の効果があるだろう）。執行府の拒否権は、立法権への参加を可能とし、裁判所と連邦議会はともに執行府が令状に誠実に従い、法律を執行することに依存する。裁判所は、執行府の行為および立法の合憲性を争う事案を処理する。政治部門は、裁判官を交代させる権力を共有し、最高裁判所の構成を変えることができる。

大統領と上院はともに最高裁判所の構成に参加する。大統領は、時に言われるような、裁判官を「任命する」権限を持たない。大統領は、裁判官を指名する権限を持ち、承認権限は上院が持つ。最高裁判所裁判官被指名者の能力と高潔性を、上院が保証するだけでは十分ではない。承認過程は、浪費されることが多いが、上院が被指名者の実質的な憲法上の見解を批判的に考察し、どの範囲の憲法解釈が合理的であるかについて自身の判断を表明する絶好の機会なのである。[54]

実質的な上院の審査は任命過程を「政治化」するとの異論がありうる。歴代大統領は、その実質的な憲法上の立場に部分的に基づいて指名者を選ぶのが通常なので、その過程は、すでにして政治的なのである。大統領は、執行府の部下を選ぶ際には相当な割合のイデオロギー的裁量権があるが（その特別な効果は結局一体性に依存する）、任命が対等な部門に対するものであって、終身の任期をもたらす場合、そうした配慮は不要である。承認過程でその義務をさらに自覚的に果たすことは、我われの政治の一部であるべき憲法上の対話に上院が生気を与える一方法であろう。

「権力分立」という語は誤解を招くだろう。周知の通りリチャード・E・ニュースタットが指摘したように、憲法はアメリカに分離した諸権力を与えたのではなく、「権力を分有する分離した制度」を与えたのである。[55]大統領は立法過程の一部であり、連邦議会と裁判所は行政過程に参加する。各主体は、他者の行為について独自の判断をする権限があり、各々はそうした判断に基づいて行為することが多いはずである。

権力の重複は、解釈問題に関する対立において用いる武器を各部門に与える。最高裁判所が全員一致で合憲を宣言した後でも、ジャクソン大統領が、合衆国銀行の定款を書き換える法案に、憲法上の根拠に基づいて拒否権を行使することは、まったく適切なことであった。ジャクソンが、その憲法上の議論を説明する言明を、拒否権に付帯したのは特に適切なことだった。[56]連邦議会または州議会の議員は、おそらく変更した形式で、裁判所が違憲と判断した法案を再制定するかもしれないが、議員もまた司法的議論に間違いなく対処し、可能で合理的であれば、司法の懸念を考慮すべきである。憲法解釈は政治的であるだろうが、高められた、かつ高まりつつある政治活動を表明することができ、また実際によく表明している。そこでは、競合する解釈者が、互いの理由と議論に公共的に対処する。この競争的過程はまた、協力と便宜の措置も要求する。たとえばリンカンは、大統領が誤りだと判断する裁判所の判決は、将来の執行的政策決定を拘束するものとはみなされないが、決定された特定事案においては執行されるべきだと説得的に論じた[57]。

国家の三部門（そして時には州および地方の公職者）はすべて、憲法解釈過程に参加する。政策を巡る深刻な対立は、一つの部門の権力の範囲に関する不一致となることが多い（連邦議会は、国立銀行を設立する権限を有するか？　大統領は人身保護令状を停止できるか？）。三部門は、市民全体を原理に基づく憲法開示過程に引き入れて、市民に対して自らの議論をすることができ、最終的に議論している。一部門またはその他の部門を支援することにより、市民は解釈紛争の事実上の解決の決定に役立つ。

憲法の権力、制度、および原理は、こうした議論の構造化に役立つが、いかなる確定した規則もこれを解決せず、またいかなる特定の部門も最終的決定権はもたない。立法または司法の優越性という秩序ある単純さに代えて、競合する解釈者の制度は、判断の衝突および政治的討論および競争によって決定される結果を可能とする。憲法の権力分立は、公共的議論を恒久的に動かす機関なのである。

権力分立に寄せる頌歌

連邦政府の何れかの部門に、合衆国憲法が意味することの最終決定権を付与することは不適切であろう。各部門の視点は、憲法自体の視点よりも狭く、より特定的だからである。憲法の視点が含む徳の深さに匹敵するには、特定状況で適切な相互作用をする三部門を結合した資質が必要となる。

連邦政府の三部門は、立法、執行および司法の異なる徳の組（完全に別ではないが）を体現する。『フェデラリスト・ペーパーズ』における憲法構造と関連する議論は、三部門がこうした個別的徳を念頭に置いて作られたことを示す。執行、立法および司法の責務と資質は、不完全にしか分離されていないが、各部門は、徳の中で自らの適切な重心を持つ。各制度の性質は、それが下す決定の種類に効果を与える。正しくも制定者たちは、良き政府は、多様な統治制度において権力と相互関連的な徳の両者の混合を必要とし、特定の問題に関して連邦政府の三部門すべての視点を帯びることを必要とすると想定した。

下院議員の短い任期と多様で比較的狭い選挙区は、プブリウスによれば、「人民への直接的依存と親密な共感」を促進するとされた。(58) 下院でも市民の意思をそのまま反映することは意図せず、むしろ「識別する知恵および追求する最大の徳、社会の共通善を持った者を支配者とする」ことを意図していた。(59) よって、下院議員は二五歳以上でなければならず、無期限の再選資格がある二年の任期を付与される。これらは、少なくともささやかな知識と経験を保証するのに役立つ。(60) 下院は、議員が地方の状況を知るには十分大きいが、熱情が理性を支配する群集となるほど多くはない。(61)

憲法によれば上院議員は、三〇歳以上でなければならず、無期限の再選資格があり、六年の任期で各州二名選出される。(62)「節度ある尊敬すべき」立法機関の一員として、上院は『ザ・フェデラリスト』の作者によって、「冷静で慎重な判断の共同体」の貯蔵所と期待されていた。(63) 上院は、立法経験だけでなく、司法からの分離の基準を奨励するように構造化されていた。マディソンが説明した通り、
人民が気まぐれな熱情あるいは何らかの不当な利益によって刺激され、あるいは私利に動かされた者の巧妙な虚

偽表示によって誤って導かれる時、公的政治には、後に彼ら自身が大いに嘆き、非難することとなる措置を要求する瞬間がある。この危機的な時に、理性、正義、および真理がその人民に対する権威を取り戻す時まで、誤って導かれた方向への進路を抑制し、人民が自分に対して向ける攻撃を抑制する、節度ある尊敬すべき市民団体の介入は何と有益だろうか？　政府が、市民の熱情の独裁に対する先見の明ある安全装置を含んでいたならば、アテナイの市民は、どんな辛い苦悶をも免れることができたのではなかっただろうか？　人民の自由は、同じ市民に対してある日は毒人参の服毒を宣告し、翌日には彫像を命じているといった、消すことのできない恥辱を免れていただろう。(64)

大統領職は、必要な場合には、大衆感情に反しても、最高執行者が憲法上の権利および原理の執行者として行為できるように構造化された。国を外国の脅威から守り、法律の堅実な運用、正義の過程を「時に中断する不規則で、高圧的な結合」に対して財産を保護し、「野心、派閥、および無政府状態の企ておよび攻撃に対して自由を保障するため」、執行府は、「決定、活動、機密および特派」によって行動できなければならない。『ザ・フェデラリスト』第七〇篇によれば、「執行府のエネルギーは、良き統治の定義の代表的な特徴である」。

執行府は、エネルギーを独立判断と結合すべきである。それは時に多数の人々を動かして、憲法上の権利もしくは真の国家利益と対立する措置へと圧力をかける熱情の「突然の風」および「一過性の衝動」に直面した際の、「冷静で穏やかな省察」能力である。よってハミルトンは述べた。「執行府は、気力と決定による自身の意見であえて行動する状況にあるべきである(65)」。執行府のエネルギー、および人民の支持への日々の依存からの独立は、単独の個人への権限と責任の統合により促進される。大統領の給与は、在職中連邦議会が引き下げることはできない。この安全装置に加えて、拒否権は大統領の防御に「憲法上の武器」を与える。プブリウスは、四年の任期は、一時的な人民の圧力に耐える十分な公職期間を与え、再選資格は、偉大なプロジェクトを追求する十分な時間とともに、長い任期の可能性を持つことにより、職務を支える野心を抱かせると考えた。

『ザ・フェデラリスト』第七八篇においてハミルトンが述べたとおり、司法府は、「力も意思もなく、判断しか持たない」。その判断の独立を保証するため、最高裁判所裁判官は、終身の任期および「それを支えるための確定的支給」を保証されている[66]。裁判所は、「制限的憲法の防波堤」であるべきで、司法職とは、「それほど難しい職務の忠実な履行に不可欠の裁判官の独立精神」、すなわち立法を通じて表明された「共同体の主な声」に反対してでも、憲法規定の執行をすることである。

司法の自制の要求は、政治的に中立だと言われることが時にある。それほど真実から遠いものはほかにない。司法の自制を主張し、立法または執行府の自制を主張しないことは、特定の憲法上の徳に賛成することであり、集団的権力を個人の権利より高めることである。フォーラムの性質が、達する決定に影響するのである。法廷では、政府行為に挑戦する個人は、州を代表する者に相当する者として登場する。最高裁判所が世論から予防的に距離を置いていることは、是々非々で議論と理由を公正に考察する保証に役立つ。

三部門の制度的特徴は、権力分立の個別的徳のセット、特定職務の適性、および良き統治の要件に関する視点を表現する。しかし、各部門はまた他部門の業務にも関与している。相当量の合意と協力が必要であるが、視点の対立は保証され、異なる種類の政治的解決への傾向は不可避である。公開性と熟議への立法府の関心は、多くの場合、執行府の内密で迅速な行動への特別の関心事と抵触せざるを得ない。裁判所は、権利、合理性およびデュープロセスに関して特に関心を抱く可能性が高く、それが立法府の妥協と多数派支配、ならびに執行府の秩序と安全の追求の傾向と対立する。良き統治は、異なる問題に関する異なる措置に結合して、これらの三組の徳すべてを必要とする。どの部門も、良き立憲的統治に関する、包括的あるいは偏見のない視点を代表するわけではないので、いかなる特定の部門も常に勝つというわけではない。

部門間の対立およびそれぞれの視点は、憲法上の危機の時代に際立って明らかとなるが、それは緊急時の執行権と、デュープロセスと公開の熟議との強い対立を生じさせる。立法府は、集合機関であり、常に会議を開いているわけではなく、熟議の緩慢さと一般的な将来に向かう規則を通じて行動するが、エネルギーを加えられた執行府は、常に勤務中であり、迅速さ、具体性および機密性をもって行動できる一人の者に権限を集中する。法の通常の執行は、ある種の個別化した判断および裁量を必要とする（これは窃盗事案であるか？　火災を食い止めるため、私はこの家を壊すべきか？）が、その中で執行府の緊急権が増大する。[67] 執行権の問題は、こうした例外的手段によって達成しようとする究極目標が、通常の政治の目標であることを保証しようとしつつも、通常の行為準則なしで、あるいはそれに反してでも、個別的計画の必要性が受容されてしまうことである。[68]

許容される緊急時の執行権を規則化し、あるいは政府の他部門によって完全に抑制できると考えるのは誤りだろう。最高裁判所はかつて（南北戦争後に平和が回復した後）、大統領が、連邦議会の事前の承認なしに人身保護令状の停止を許可し、あるいは裁判所がその領分を放棄するまで、市民を軍事裁判にかけることはできないと判示した。裁判所は、「ミリガン決定」において、憲法は「戦時も平時も等しく支配者と人民の法であり、常に、あらゆる状況下ですべての階層の者を保護の盾で覆っている」と宣言した。[69] 裁判所によれば、大統領は「法により支配され」、その職は「法を作ることではなく、執行することである」。

執行府が特定の危機の際にでき、あるいはできないことを事前に定義するなどという知恵は疑わしい。危機は性質上予測不能だからである。執行府の「メッセンジャー・ボーイ」理論は、アメリカのデュープロセスへの忠誠と規則による統治とを、その職と調和させる一方法である。しかし、政府が「人民の自由に対して強くなりすぎる」ことの恐れの中には、「存在を維持するには弱すぎる」政府形態に国を委ねる危険が潜んでいる。[70] 連邦議会と最高裁判所が執行府を注意深く監視することにはもちろん意味があるが、大統領の権力がそれらに従属するだとか、あるいは法の執行が意味するものに関する臆病な規則拘束的理解によって説明し尽くされているなどとみなすべきではない。

日系アメリカ人の戦時の排斥事件、「コレマツ対アメリカ合衆国」におけるロバート・ジャクソン裁判官の注目すべき少数意見によって、別の危険が実証されている。[71]ジャクソンは、排除命令が根拠にした軍事裁判は、裁判所の認識範囲をただ超えていたことを懸念した。

物事の性質において、軍事的決定は、理性的な司法の評価を受けない。それらは証拠に基づくことを装うこともなく、認容されないことが多い情報および証明できない推定に基づいてなされる。最高裁判所は、軍事的観点から合理的に必要だとして命令を出した権威の単なる宣言を受け入れることに対する、いかなる真の代替案も持っていない。[72]

最高裁判所は、軍事的必要性について合理的判断をすることはできない。よってそうしようとすべきではない。軍事的決定を行う者は、「同時代人の政治的判断および歴史の道徳的判断」に対して責任を負う。軍事的判断に敬譲を払うことが危険であるとしても、ジャクソンにとっては、緊急命令の根底にある「原理」を憲法の境界内に持ち込むことによって、「有効にする」ことはより大きな危険である。なぜなら、それは「緊急の必要というもっともらしい主張を持ち出すことのできるいかなる権威もが使える装塡済みの武器のようなものだから」。

ジャクソンの議論の根底をなす前提は、軍事的必要の主張は、裁判所が評価できない「装塡済みの武器」のようなもので、広い政治的影響を持つ軍事的決定を、法廷における公共の正当化責任から免除する。裁判所が、難しい軍事的判断を含む事案（ジャクソンはどの状況においてかを明示しないが）の審理を拒否するとの発表は、自己の権利が侵害されたと信じるゴードン・ヒラバヤシのような個人（および個人の集団。「コレマツ事件」で問題となった排除命令は、数年間で一〇万人を収容した）に対して、あらかじめ法廷を閉ざすことを意味する。ジャクソンが指摘する証拠と判断の問題は現実のものであるが、戦時の醜いヒステリーと偏見現象もまた現実のものである。排除命令の責任者、デウィット将軍の下院小委員会での聴聞における回答を考察してみよう。

イタリア人については、一定の事案以外心配はいらない。個別事案を除いてドイツ人の場合も同様である。だが、日本人については、地図から拭い去るまで常に心配しなければならない。日本人がこの地域に住むことを認められる限り、破壊工作や諜報活動は、私が心配したくない問題を生じる。[73]

法廷において軍事諜報活動を保護することに対しては、特別な警戒が必要である（ほとんどの軍事的決定は、いかなる場合も、司法判断に適した論争を提起しない）。けれども、司法審査の行使が、戦争の状況と熱情によって非常に困難となる場合、同じ状況と熱情が、最大の不正義を起こすおそれがある。

最高裁判所は、戦時中およびその他ある場合には、非常に政治的な形態の賢明さを行使する必要があるだろうが、軍事的判断（あるいはそうであると称するもの）が、裁判所の批判的能力を超えるという包括的許容は、憲法の権限について非常に危険な分割をもたらす。個人の権利、デュープロセス、および公共的理性は、戦時状況によっても除去できない重要性を持った主張である。よって執行府は、少なくとも、少数者の権利を自由に処分できる白紙委任を与えられるべきではない。執行府が自ら憲法上の権利全体を保護すると信頼できないのであれば、軍隊についてはなおさら信頼できない。マーフィー裁判官が「コレマツ判決」の少数意見で主張したように、軍隊も、可能な場合はいつでも、公平で独立した裁判所で公共的合理性のテストに服することを要求すべきである。その他何をしようと、すべての道徳的考慮を戦争の勝利に従属させる考え方（執行府およびその党派を特徴づける傾向にある態度）には抵抗すべきである。憲法体制が破壊される方法は多くある。間違った形での戦争の勝利はその一つである。

立憲的執行府は、メッセンジャー・ボーイではなく、法廷は晴天のフォーラムではない。執行府が表明する資質は、戦時のほとんどおよびその他の危機の時に必要だろうが、国家安全保障の旗が翻る時には執行府の潜在的不合理性も最大となりうる。三部門が一緒であってのみ、立憲的自己統治の徳全体を表明し、もっとも居心地の良くない条件においても（あるいはおそらく、その場合は特に）、裁判所はリベラル、すなわち合理的な自己統治に対する不可欠の貢献をするのである。

対等の解釈者が憲法の意味について意見が一致しない場合、各々は（直接勧誘はできないとしても）、人民の支持を期待しなければならない。大統領と立法部門の議員は、人民の支持を得ようと継続的キャンペーンを行う。人民への説明、説得のたえざる行使である。政治部門は、解釈過程に参加し、良心的解釈者の徳を共有する。裁判所は、（自らの仕方で）政治および政治の徳に参加する。

最高裁判所は、選挙区への説明責任という直接的圧力からは免れているが、対等な部門に強い影響を与えるには、十分な人民の支持の必要は免れない。最高裁判所による個人の権利の強制、憲法的限界、および公共的理性に対する核となる忠誠は、原理に基づく中庸によって緩和されなければならない。法廷で支持される権利は、さらに司法府自身の技能が問題とされる政治的ハードルに直面する。裁判所は、いかなる場合も、憲法上の用語で何が合理的であるかを考察するだけでなく、市民が合理的とみなすことができるものを考察すべきである(74)。

部門間の解釈紛争の解決過程は、基本的に階層的なものではなく、競争的なもので、垂直的ではなく、水平的であり、規則による統治ではなく、憲法構造、権力、および原理ならびに既存の政治勢力によって導かれる。いかなる政治外の権威も、憲法規範を解釈の政治に強制しない。いかなる所与の状況においても、結果は、状況の特定性および敵対する両者が集められる政治的支持に依存する偶発的なものである。所与の状況において勝利する制度および解釈は、常に使える多様な手段（市民的不服従を含む）をもってなされる、公職者または市民集団による異議申し立ての対象となりうる。憲法の意味は、このダイナミックな政治過程から登場し、いかなる所与の時点においても、裁判所、議会、執行府公職者、州、訴訟その他の手段を通じて行為する利益集団からの圧力、市民の圧力、学者およびその他の知識人論評者等に対応して、一定領域では他領域よりも素早く絶えず変化し、動いている。(75)

部門間の解釈紛争がある場合、三部門すべてが、「政治の審判」において究極的に主張しなければならない。(76)部門間の紛争の事実上の解決は、アメリカの統治制度において存続し、集中した多数派の力を前提に、市民の意思に依存する。これはもちろん、市民が決定することはすべて正しいというのではなく、事実の問題として、どの部門または部門の組み合わせも、不人気な行動過程を永遠に続けることはできないということである。

アメリカの憲法およびそのリベラルな原理が至高のものであるためには、定期的選挙において三部門すべての記録の検証を委ねられた市民によって、尊敬されなければならない。憲法上の紛争に関し、他部門に対して一部門を支持することによって（たとえば、「ロックナー」法廷に対してニューディールを支持する）、市民は憲法とアメリカの公共道徳の権威的意味の決定に資する。互いに公共的議論に参加することにより、三部門は、異なる視点の一般的理解を促進し、広げ、それによって各部門が良き統治に寄与する資質への市民参加を促進する。市民は、三部門の特定の視点を共有できなければならない。政治権力を適切に行使するために、市民は、憲法道徳の良心的解釈者とならねばならないのである。

結論

私が記述した解釈の政治過程は、基本法の意味に関する紛争を決定するには、面倒な、非効率的な方法のように思えるだろう。面倒かもしれないが、その効率性を考慮する際、我われは合衆国憲法の意味に関する議論への幅広い参加は、望ましい結果の一部であることを覚えておくべきである。

リベラルな市民権の徳は、権力分立により動かされる複雑で競合する解釈過程がもたらす、期待と機会の機能である。いかなる当事者も自身の事件を裁判してはならないというのは、法的思考の常識である。多数の権力と少数の権利との間の問題においては、多数派が自身の事件の裁判官として行為することになるので、司法審査はしばしば、通常の民主政治の働きには任せられないという根拠から擁護される。けれども、司法審査は、適切に理解した政治過程の外ではなく、その中で作用するので、市民、その他の政治主体は、自身の事件の判断から本当に除外されているわけではない。

司法審査の行使は、一時的に、一般的だが不正な立法または執行府の行為を抑制するが、司法府は、より民主的な部門の協調的政治努力には長く持ちこたえることはできない。最高裁判所裁判官でさえも不死身ではない。彼らは時に死亡し、人民が選んだ大統領および上院議員が指名し、承認した他者にとって代わられる。憲法上の政体がリベラルならば、市民は、リベラルな原理で自ら統治しなければならない。

司法の決定は市民が検証すべきなので、司法審査は、市民の道徳意識を弱める必要はない。司法権の行使は、理性に基づく公共的議論および政治道徳の問題の探索を基本的に伴う。そのため、この部門は、原理の問題を政治に注入する特別な能力を持つ。司法審査は、市民の道徳的熟議の刺激として役立ちうるし、しばしば役立ってきた[77]。司法府は、その理性をより良い理性に出会わせるために、他部門および市民を呼び出すべきであり、そうすることにおいて、省察および自己批判的に理由付与するリベラルな政治的徳を呼び起こす。

憲法問題は、その語の最も深い意味において政治的である。リベラルな政治は、その最善の状態で、憲法原理を注入する。原理に基づく憲法政治は、裁判所、その他の公職者、または認識した不正義に我慢できない市民集団が始めることができる。合理的な自己統治における立憲主義の探求、最高裁判所、連邦議会、執行府および市民が、アメリカのリベラルな公共道徳の解釈者として精力的に行為することを要求する探求において、最高裁判所は、不可欠の主体なのである。

第5章　リベラリズムの憲法

序

現代の憲法論議は、政治的権力の分け前の取得に成功したコミュニタリアニズムの一例を示してくれる。我われは、前の章で簡単に検討したアメリカ・ニューライトの保守的コミュニタリアニズムを再訪する。それが公共的正当化の憲法上の関連性を真っ向から否定するからである。保守的コミュニタリアンは、リベラルな共同体の理想とは鋭く対立する、制憲者の遺産およびアメリカの公共生活の理念に対する憲法の権威を主張する。その理念は、コミュニタリアン政治が実際にはどうであるかの手がかりを与えてくれる。原理に基づく解釈、個人の自由、および公共的正当化へのリベラルな忠誠の代わりに、ニューライトの憲法は、歴史的意図、多数派権力、および道徳懐疑主義によって満たされている。

道徳性および憲法

これまで見てきたとおり、ニューライトの学者で法律家のロバート・H・ボークは、デヴリン卿のように、リベラルな権利の強制を「道徳の個人化」に等しいとして描く。また別のニューライトの人物であるテリー・イーストランドは、「権利の文化」のアメリカにおける勝利について危惧している。

権利の波に洗われて、我われは、伝統的宗教および道徳的見解を反映した立法を事実上成立させられない。道徳相対主義は、規則、法となる。法において真実なものは、実践されるものを形作る。というのは、共同体による判断の可能性なしに、道徳が厳格に個人に委ねられる場合、誰もが自らの目に正しいと映ることを行うことになるだろう……。アメリカは、宗教がもしあれば、それは私的事柄となり、社会的紐帯または共通の願望によって拘束されない異人の国となるだろう(1)。

ニューライトの立憲主義は、リベラルな憲法上の権利の広がり、およびリベラルな司法審査の総体的妥当性への反動である。ニューライトの学者は、彼らが基本的に民主的統治制度と理解するものにおいて、個人の権利および選挙によらない最高裁判所は、道徳的に疑わしいものとみなす。非常に驚くべきことに、ニューライトの学者は、リベラルな権利および司法審査を抑制するだけでなく、道徳原理の政治的権威と公共の道理の命令に対するリベラリズムの主張に取って代わろうとしているのである。

ボークは、司法判決は、「理由に基づく意見」に依拠しなければならないと主張する。「正当な」裁判所は、その行為を正当化するため、「憲法に由来する妥当な理論」を持たねばならない[2]。もっともである。しかし、妥当な憲法原理を構成するものについてのボークの見解は、極めて狭い。ボークにとって、憲法原理は、特定の歴史的意思に照らして解釈されたテクストからのみ引き出されなければならない。自由に関する「制定者の意思は、憲法上の分析が取り掛かることのできる唯一の正当な前提なのである」[3]。

条文自体および歴史的意思から攻撃を開始して、ボークは、「どの不平等が許容されるかを原理に基づいて言うことはできない」とする[4]。テクストと意思を超えることは、「道徳の問題」であり、「政治共同体に属するものである」[5]。政治的道徳は、人民がどんな憲法上の権利を持つかを決定するのに何の役にも立たない。なぜなら、「道徳および倫理的価値は、それ自身の客観的もしくは内在的妥当性を持たない」[6]からであるとボークは言う。原理に訴えることは、選好を述べているに過ぎない。道徳的懐疑主義ないし主観主義を公式の合衆国政府の政策とするかのように、ミース司法長官は、ボーク裁判官の箴言を肯定的に引用した。「憲法の外を見る裁判官は、常に自身の内側を見ているのであって、それ以外ではない」[7]。

ボークの懐疑主義は、すべての道徳議論を「満足」の要求に還元する時、シニシズムに転化する。「自由を主張する少数者と規制権限を主張する多数派との衝突はすべて、二つの集団の満足の間の選択に関わる」[8]。結婚している夫婦が、憲法および政治道徳の問題として、自宅でのプライバシーにおいて避妊薬を使用する権利を主張した「グリスウォルド対コネチカット」を検証する際、ボークは、深刻な道徳問題を見出さず、「性的満足」の問題のみを見る。原理に基づく方法がない以上、ボークによれば、「満足」の種類の間の差別において、多数派が勝利するのである。

一見、制憲者意思への依拠は、十分合理的なように見える。幅広い言葉で表現された憲法は、結局、解釈が難しい。第一修正は、十分直截であるように思える。「連邦議会は、言論または出版の自由を制限する法律を制定してはならない……」。しかし言論には、どんな種類の表現形式を含むのだろうか？　名誉を棄損し、あるいは感情を害する言葉は？　わいせつは？　魅惑的な踊りは？　第一四修正が提起した解釈の謎は実に途方もないものである。

いかなる州も、アメリカ合衆国市民の特権または免責を制限するいかなる法律も制定または執行してはならない。またいかなる州も、法のデュープロセスなしに生命、自由または財産をはく奪してはならない。またその管轄下にあるいかなる者に対しても、法の平等な保護を否定してはならない。

こうした壮麗な語句が要求するものを決定するのは容易ではない。修正条項の入念な表現の幅にもかかわらず、ニューライトの学者は、修正条項を起草した者の特定の意思を解釈者に探させるのである。推論はそれから、次のように進んでいく。隔離された学校は、第一四修正が起草され、成立した時、共通の受容された政策だった。よって（ラウル・バーガーが主張するように、ニューライトの信念にしばしば伴うもの以上の勇気をもって）隔離された学校は、憲法上許容されるとみなされねばならない(9)。

一見したところ、制憲者がもし望んでいたなら法に書き込むことができただろう特定の意思または慣行に照らして、広範な憲法表現を解釈することについては、信じがたいものがある。しかし「制憲者意思」の探索は、その提唱者によって決して十分に対処されたことのない困難を伴っている。誰が制憲者であるのかを特定することさえ難しい。フィラデルフィア憲法制定会議におけるマディソンの記録を読むのは簡単だが、その他のより具体的問題については言うまでもなく、憲法の本文にほとんど合意できない別々の集団の見解から、統一的な意思を蒸留するのは極めて困難である。いかなる場合も、憲法に法的効力を与えるのは批准であるが、一六〇〇名以上の代表が一三州の批准会議に出席していたのだから(10)。

さらに、何をもって意思とするか？　直近の期待か、長期の希望および願望であるか？　制憲者の実際の慣行において意思を定めることは、そのプロジェクトの願望の性質を否定することになる。憲法は法であるが、税法典ではない。それは規則だけでなく、探索し、熱望し、漸進的に実現すべき理性と価値を含む。憲法原理のリンカンによる、絶えず努力する基準としての理解を想起しよう。[11] 制憲者の間には、奴隷制は憲法の根本原理に反すると信じていたが、直ちにその慣行を廃止する方法を見出せない者がいた。制憲者の最も高い願望をたたえることは、直近の意思を無視することを必要とする。

最後に、意思の証拠として何を考慮すべきだろうか？　公的記録のみまたは私的通信も同様であるか？　フィラデルフィア憲法制定会議の公式記録が保存されていない事実をどう解釈するか？　我われが持っているのはすべて、複数の代表の私的覚書を編集した版である。これらの中で、マディソンの覚書が完全に近いように見えるが、その正確性を検証する方法はない。マディソンは、憲法制定会議に出席した者がすべて死んだ後に、自身の死後に覚書を公表した。[12] 制憲者が、憲法の本文および構造に明らかでない意思によって我われを導こうとしたとして、彼らはそうした意思を我われに伝えるもっとも遠回しな手段を選んだことになる。

制憲者意思を識別することの内在的困難は、この手法の解釈の魅力がどこから由来するのかに関する考察を合理的なものとする。政治的多数派の政治的選好および道徳原理の基本的懐疑主義は、歴史の意思を探求する動機となる。制憲者意思は、基本的に選択的に呼び出される。政府権力ではなく、個人の権利を狭く解釈する方法として。政治的多数派の政治的選好および道徳原理の基本的懐疑主義は、歴史の意思を探求する動機となる。ボークは、「人民の常識」を「道徳的抽象化の理論家」「知識人」および「どんな哲学」よりも大いに選好する。[13] しかしボークやその他のニューライト懐疑主義者は、リベラルな立憲主義に対して浴びせかける冷笑的な波に、自身の黙示的な道徳判断を向けることはない。すべての道徳原理が、単なる選好に過ぎないとすれば、ニューライトの多数派主義の恣意的選好はどうなのか？　憲法が与えた政府権力を、個人の権利を取り扱う規定に適用した狭い歴史主義で解釈しないのか？　ボークが我われに与えるのは、憲法またはその歴史には根づかない、基本的な多数派主義に奉仕する選択的な道徳的懐疑主義に過ぎない。

歴史的意思の探索を強化する道徳的懐疑主義と多数派主義の奇妙な結合は、建国文書の問題の多い、ありそうもない解釈方法からなる。多数派主義の道徳的擁護からはかけ離れて、ボークと仲間は、その結果を彼らが「多数派の意思」と同一視する民主過程のよく知られた不完全性に立ち向かわない。社会的選択の仕組み（予備選挙、総選挙、委員会投票、議場投票、協議、大統領拒否権等）は、投票取引、議題の統制、操作、および選好形成の機会に満ちている。ウィリアム・ライカーは、「投票結果は、一般的に、投票者価値の正確な総和とみなすことはできない。時には正確だろうが、時にはそうではない。けれども、我われはどんな状況が存在するかめったにわからないので、一般的に正確性を期待することはできない」と主張する。[14] これは、投票を廃棄せよと言っているのではない。しかし、我われは、選挙または立法を「人民の声」もしくは多数派とさえも、誤って同一視することは避けるべきである。適法に提案された法律は、地位の高い、経済的に豊かな、あるいはその他力のある少数者の意思以上のものは反映しないことがよくある。選挙過程は、尊重に値することも多いが、不当に神聖視すべきではない。多数派の専制は、アメリカの基本法の制定者が恐れた最大の悪徳であることを、我われは決して忘れるべきではない。[15]

保守的なコミュニタリアニズムの法律学は、合衆国憲法の中心に道徳的真空を作り出す。ボーク、イーストランド、その他の者は権利に関心をもつ共同体を、構成員がバラバラに漂流し、「騒擾と相対主義」によって弱っていき、互いに「見知らぬ者」となるものとみなす。少なくとも一定程度、ニューライトに関するこの課題の要点は明瞭そのものである。リベラルな立憲主義に作られた道徳的真空を、キリスト教のコミュニタリアニズムで埋めることである。テリー・イーストランドは次の通り述べる。

プロテスタントのキリスト教は……アメリカの最初の世代を導いた。それは、今日我われが社会の価値制度と呼ぶものを与えた……。キリスト教は、法自体が与えることができない、法に対する態度を与えた。それはアメリカ人に、正当な権威に対する尊敬およびそれに対する服従という市民的徳を注入した。法秩序を強化することにより、キリスト教は、今度は社会秩序、よって共同体の紐帯を強化したが、そこからは、他の市民的徳が出現した――利他主義、隣交、および愛国主義である。(16)

疑問の余地なく、多くの宗教的価値が、リベラルな市民権を支持する。しかし、憲法自体は、宗教的価値を想起させたり、叩き込んだりしようとはせず、宗教的コミュニタリアニズムの道具として読むことはできない。

宗教は、憲法では二回しか言及されない。その批准規定および署名の直前、当初憲法は、「合衆国の公職または公的信託の資格として、いかなる宗教的試験も要求されない」と述べ、また第一修正の冒頭の語は、「連邦議会は、宗教の樹立に関する、あるいは宗教の自由な行使を禁じるいかなる法律も制定してはならない」としている。憲法が体現する公共道徳は、自由な宗教実践を受け入れるが、特定の宗教的信念または宗教的合意の想定に依拠することはない。宗教的源泉に政治的徳を求めるよりは、我われは、多元的社会におけるリベラルな正義への拡大する一般的忠誠そのものが、どのように道徳的共同体を支えるのに必要な態度と徳を生み出すか、調査したほうがよい。

保守的コミュニタリアンは、個人の権利を道徳相対主義と同一視する点で誤っている。個人性の道徳的力を認識することは、理性的な者は、幅広く多様な個人的目標およびプロジェクトを追求することができ、また追求するのだということを認識することである。これは合衆国のような広く、多様な国では特に妥当する。この「拡張した共和国」は、混沌とした大量の信仰、文化、目標、および生活様式を持つ人民を抱えている。リベラルは、人々は共通の尊厳および自由への権利を、国民、階層、派閥、門閥、またはカーストが共有する特定の服従または忠誠からではなく、省察し、理解し、選択し、行為し、責任を負い、プロジェクトを決め、それを追求し、考えを変え、やり直し、他者の権利が問題となっている場合には欲望および目標の追求を抑制する能力から得るのだと考える。

リベラルな権利および規範は、公共道徳を構成する。法とその他のリベラルな制度は、公共の理性への忠誠を体現する。こうした信念と慣行は、一緒になって、リベラルがコミュニタリアンの非難を打破するのに必要とする類の資源を構成する。それらはまた、ニューライトが提示した問題の多い計画よりも、適切で価値のある憲法理解を与えるのに役立つ。仕切り直しの時である。

リベラリズムの構成

ニューライトの制憲者意思の支持者は、解釈者は過去を忘れてはならないと主張する点では少なくとも正しい。

憲法解釈は、適切に解された場合、そのプロジェクトの純粋で単純な行使を超えて、公共的正当化に参加する。公共的正当化は、他の理性的な人々との分かち合いを内包する。良心的解釈者はまた、少なくとも一時的には、過去とのある種の分かち合いに入る。つまり、我われの基本法の制定者およびその仕事を知らしめた政治思想家、および我われの基本法を構成する材料（解釈の発話および明白な行為）の複雑な一体に付加し、あるいはそこから引き出した、その後の解釈者、思想家および政治家との分かち合いである。

「全くの忘却ではなく、またまったくの無防備でもなく」、我われは将来に直面する。[17] 解釈者は、この遺産の意味を理解したいとの期待の中で過去を振り返るが、自身の批判的光を当てることによって最善のものとすることができると判断した。無批判的受容の拒否は、人を憲法の伝統の外に置くものではない。その伝統は、伝統を超えてまだ達成されず、おそらく十分には達成できないだろう道徳の理想を指し示すからである。

批判的解釈者は、アメリカの憲法を象徴として受け取り、偶像ないし神の徴しとは受け取らない。ヤロスラフ・ペリカンの示唆に富む検討において、偶像は、それが表現するものを体現することを意図し、「過去の保存と再現を、その目的自体とする。それは、その過去に補足され封入された超越的現実および真実を有し、真実は外には出現しようとしない以上、伝統の権威への偶像崇拝的服従を要求する」[18]。神の徴しは他方で、「それが表現するものを体現しないまったく偶然の表現である」。けれども正統的イメージまたは象徴は、「それが表現するものである。にもかかわらず、それを見るように我われに命じるが、それが体現する生の現実を、それを通じて、それを超えて見るよう命じる」[19]。制憲者意思の崇拝および「建国の父」の作品への無批判的服従は、憲法的偶像崇拝の形式でありうる。象徴としての伝統は、過去と批判的に相互作用し、それと我われが願望する理想に照らして過去を解釈するよう我われを招く。批判的解釈者として我われは、制憲者のプロジェクトを尊敬するが、同時にそれに参加したいとも思う。遺産の正統性を（可能ならば）証明するため、暫定的に受け入れ、それから批判的に進めていくことになる。象徴としての憲法は、可能ならば、忠誠と道徳的誠実性を共に保存しながら、全体精神――正義の道徳的理想、自由、および平等に照らして文言を読むように我われを誘う。

批判的解釈者は、実際に、歴史ではなく伝統を尊重しようとする。国の歴史は、過去の記録に過ぎず、良い面と悪い面とがある。アメリカの歴史は、私刑と人種差別ならびに、いかなる品行方正で理性的な者も誇ることができないその他の慣行を含む。他方、アメリカの伝統は、人民が適切にも誇りを持てる慣行や理想から成り立つ。伝統は、過去の批判的蒸留であり、過去全体ではなく、その中の最良のもの、最も名誉なこと、そしてもっとも伝承に値するものに忠実であろうとする解釈である[20]。歴史は必然的に道徳的権威を持つわけではないが、ほとんどのところで、忠実になる価値のある伝統を識別することは可能だろう。

憲法が意味するものは何か、アメリカ人はなぜ憲法によって統治されるべきなのか[21]？　これらは、市民およびその他の憲法解釈者が避けることのできない問題である。最高法規としての憲法の地位は、自明ではなく、その地位は文書の古さと起源を指摘することや、あるいは憲法が設立した制度の事実上の権力によって確立することもできない。政治制度の正義について批判的に省察をする（そうあるべきだが）リベラルな市民にとっては、憲法は、権威を持つために、公共的正当化の試験に合格する原理に対する、合理的な近似値として読むことができなければならない。

最高法規として、憲法は解釈者が証明し、正当化しなければならない。すなわち、解釈者は、憲法の表現を意味が通るようにし、それによって人民が統治される、合理的に成功した原理の体現として見なければならない。よって、憲法解釈は、道徳事業でなければならない。憲法の優越を肯定する最善の方法は、自覚的であること、自己批判的であること、そして、次のような主張を公に述べ、それを支持することが広く見られるような理性に基づいていることである。つまりそれは、本憲法は、政府が追求すべき目標を追求することができ、政府が尊重すべき権利と限界を尊重することができるように、実際に作動させる良い方法であるという主張である。

憲法解釈への原理に基づく手法は、リベラルな正義への忠誠を持つ最善の方法と調和するだけでなく、憲法自体とも調和する。「我ら合衆国人民は」という語で始まる前文は、人民の同意の権威を宣言し、立憲主義のプロジェクトの維持に対する人民の責任を獲得するのに資するものである。文書の目的および願望は、広い、驚くほど道徳的でリベラルな用語で直ちに規定されている。「より完全な連合を形成し、正義を確立し、国内の平穏を保証し、共通の防衛を提供し、一般的福祉を増進し、我ら自身と子孫に自由の祝福を確保するため」我ら人民は、「この憲法を定め、確定する……」。前文は、次に続くこの枠組みである。憲法が自己を正当化しようとする用語、我われが制定者の成功を測定すべき基準を定める。(22)

憲法は、批判的な道徳的真剣さの精神で（いつもではないが）長く読み継がれてきた。ボークやその他の保守的コミュニタリアンとは異なり、制定者は、道徳的懐疑主義者ではなかったし、抽象的思考を冷笑することもなかった。抽象的思考以外の何が、独立宣言の「自明の」真理であろうか？　哲学的原理以外の何が、すべての人間に当然に属する「不可譲の権利」であるだろうか？　そして抽象的道徳的主張以外どのように、我われは『ザ・フェデラリスト』第五一篇の主張「正義は統治の目的である」を理解できるだろうか。

制定者は、人民の「熱情」を恐れ、「人民の理性のみが、……政府を支配し規制すべきである」と主張した。(23) 制定者は、単純な民主主義者ではなく、共和主義者であり、人民の政府は必ず良い政府であるとの考えを拒否した。彼らは、政治権力が共同体の最も賢明な構成員の手にあり、人民の意思にもっとも良く反応する者の手にはないことの保証を求めた。「共和制原理は、共同体の慎重な意識が統治すべきであることを要求する」。(24)

憲法自体は、権利を設定し、または付与することを主張しない。憲法は権利を「保障する」のみである。第九修正は明示的に、憲法解釈者に対して、憲法の本文に明示的に記されていない権利の存在を「否定または過小評価し」ないように要求する。明示的な政治的承認がない場合でも、憲法自体が合意によって、市民および公職者に対し、人が持つ権利について省察するよう要求する。第九修正は、良心的解釈者が我われの道徳的権利について省察し、道徳的省察に関与することを要求する。制定者も憲法も、道徳的懐疑主義ないし制定文書に明示的に記されていない権利の過小評価的態度を支持しない。

司法的に執行可能な道徳原理は、憲法本文に明示的に記されていないとしても、我われの歴史を通じて重要な役割を果たしてきた。初期には、サミュエル・チェイス裁判官が、「コールダー対ブル」において、明示的な憲法規定がなくとも立法者を制約する「法の一般原理および理性」を援用した。(25)

ジョン・マーシャル首席裁判官は、熱情的ナショナリストだったが、「フレッチャー対ペック」において、憲法の契約条項のみを援用して、ジョージア州の土地付与取り消しを無効とすることができた。(26) それだけでなく、マーシャルは、憲法の本文を超えて、「その権威は普遍的に承認されている正義の偉大な原則」について相当な議論を行った。一七年後に、「オグデン対ソーンダース」において、マーシャルは、自然権の「抽象的哲学」を援用した。「個人は、契約の権利を政府から引き出すのではなく、その権利を社会に持ち込むのである。すべての者は、財産を取得し、その財産を自己の判断に従って処分し、自ら将来の行為を約束する［権利］を保持する」[27]。

アメリカの政治的伝統を最善の状態で考える際、アブラハム・リンカンの名前は、制定者のもっとも偉大な者と並んで位置づけられなければならない。リンカンの政治道徳は、人間の平等への基本的関心に由来し、ゲティスバーグ演説において、彼は、国が誕生の時から、「すべての者にあらゆる時に適用される抽象的な真理として」忠実であった独立宣言の中心的命題を説明した。リンカンは、ボークとは異なり、正邪は単なる意見とは独立した判断基準によって決まると考えた。たとえば奴隷商人と奴隷の喜びは道徳的に区別できないか、あるいは数量的にしか区別できないという主張について、リンカンが考えただろうことは、一八五四年のペオリア演説から容易に推論できる。

自由になった黒人奴隷はすべて奴隷の子孫であるか、自身奴隷だったのであって、もし、白人所有者をして、奴隷自身を含む膨大な金銭的損害を受けても解放させるように作用し、誘導するものがなければ、現在〔も〕奴隷のままだった者たちである。そのものとは何だろうか？　何か間違いがあるのだろうか？　それは、哀れな黒人は一定の自然権を持っており、それを否定し、黒人を商品とする者は、蹴られ、侮蔑され、死に値するのだとたびたびあなた方に知らせる、そのあなた方の正義の感覚と人間的同情なのである。[28]

南北戦争後、「実体的デュープロセス」の理論の発達は、「高次法」の伝統を、司法的に保護される経済的自由の場に持ち込んだ。現在、最高裁判所は、経済的自由の保護をやめているが、「グリスウォルド判決」のような事案は、憲法上のプライバシーに奉仕する実体的デュープロセス理論を生きながらえさせている。

アメリカは、道徳的権利を尊重し、法的その他の政治制度において道徳原理を援用する優れた伝統を持つ。よって歴史と社会慣行は、道徳的権利または公共的正当化に対して援用することはできない。憲法は、道徳理論を頻繁に注入され、その政治生活を形作り、高めることに役立ってきた。マーティン・ルーサー・キングは、道徳的に形成された憲法を裁判官だけでなく市民もが同様に手にした時、それが政体を高める能力を認識していた。

これらの神の廃嫡の子たちが昼食のカウンターに座る時、彼らは実はアメリカの夢そしてユダヤキリスト教の最も神聖な価値のために立ち上がっているのだと、やがて南部は知るだろう。そうして、我われの国全体を、建国の父たちが憲法および独立宣言の起草において深く掘った、偉大な民主主義の井戸に連れていくだろう。(29)

リベラルな理論が、アメリカの歴史の「事実」に最もうまく適合するとか、リベラルな立憲主義は、我われの慣行の最も適切なモデルだと主張するのが私の目的ではない。アメリカは、単に存続し、もしくは深く根付いていることによっては正当化されず、またされえない人種差別主義、性差別主義、およびその他の形態の偏見を含む格子縞模様の歴史を持っている。リベラルな価値を歴史と慣行の中に据えることは、それらを正当化することではない。いかなる規範理論とも同様、リベラリズムは、アメリカの歴史の一定の側面を適切に支持し、他の側面を批判する根拠を与える。それは価値ある伝統の粒を、単なる歴史のもみ殻から区別しようとする。受け継いだ慣行から、解釈者は承認し、進展させるのに値する遺産を作り出す。

正当な政治的慣行と制度の確立は、簡単なことではない。政治的道徳主義者や批判者が、我われの持っている基本的政治制度に最高の光を当て、我われの正義についての最善の理解に照らして見た、これらの制度に内在する理想を識別しようとすることから始めるのは、理にかなっている。当該慣行が我われの基本的な政治的価値と合理的に調和する限り、歴史的慣行に位置を占める理想を優先することは、不合理ではない。

それでは、アメリカの憲法を動かす道徳性とは何であろうか？　無数の分析が、アメリカは基本的に民主政体であるとの想定から始まる。そこでは、司法的に執行可能な憲法上の権利は、狭く解釈され、立法権力は広く解される。アレクサンダー・ビッケルが述べたように、「司法審査はアメリカの民主主義においては、逸脱した制度なのである」[30]。ビッケルやジョン・ハート・イリィのような法学者だけでなく、すでにみたとおり、マイケル・ウォルツァーのような政治学者も、アメリカは基本的に民主主義体制だと主張する。従って我われは、憲法のリベラルな歴史の確立から始めなければならない。

ボークのような保守主義者は、実際に、裁判官は明示的権利、憲法本文に平明に述べられたか、非常に明確に含意された権利のみを執行すべきだと主張する。他方で立法者は、憲法本文およびその明確な含意が平明に禁止していない何ごとも行うことができる。この基準の不毛な使い分けは、憲法の全体的目的ないし要点が、多数派制度に権力を付与することにあるという強い背景的前提によってのみ正当化できる。

ボークは、チェスタートンを引用する。

「法律を制定する自由以外のあらゆる自由を持っていると共同体に告げることに、どんな意味があるか？　法律制定の自由は、自由な人民を構成するものである」。わが憲法の制定者もまたそう考えた。彼らは憲法によって、わずかな不可侵の例外を除いて、代表制議会に対し、広範な権力を与えたからである[31]。

ボークも、多数派主義も、あるいはイリィやウォルツァーのより高められた平等主義的な民主理論も、憲法自体に適合しない。憲法は単に民主的なだけでなく、共和主義的でリベラルである。憲法は、国の政府がすべての州に、民主的ではなく「共和主義形態の政府」を保障することを誓約する。憲法は、民主過程の公開性と公正を維持することをはるかに超えて、実体的なリベラルな権利を保障する。統治過程は合理性の基本的基準を満たさなければならず、一定の事柄は、その手続きに関わりなく許容されない。

憲法が定めた制度と手続きは、人民の感情をろ過し、抑制するのであって、単に発信するだけではない。上院議員は、当初州議会により選ばれ、一九一三年に第一七修正が成立するまで、人民の直接選挙では選ばれていなかった。最も重要なのは、各州は、依然として人口に関係なく二名の上院議員を有することである。州議会は、大統領選挙人を選ぶ権能を付与され、選挙人団は依然として人口の少ない州を過大に代表している。大統領と上院は、部分的に浸食される人民の熱情から予防的に遠いところに置かれる。二院制議会、交互選挙、上院議員と大統領の長い任期、権力分立制度および一つの国民政府による大きな、あるいは「拡大」共和国の採用は、すべて国の多数派が、政府を実行的に支配することを困難にすべく設計されている。こうして、熟議、政治的手腕、および正義の支配に十分な余地が残ることが期待された。従って「入力」側については、民主主義は、裁判所の権力を含めた多くの「抑制と均衡」によって緩和され、妥協させられる。

ビッケル、ボークおよびその他大勢は、基本的に民主的ないし多数派主義的統治制度における例外的地位に鑑みて、最高裁判所は、その審査権を慎重に行使しなければならないと主張する。この最高裁判所の想定は、憲法にはまったく根拠がない。最高裁判所は、立法および執行部門と対等で、それらに従属することのない連邦政府の一部門である。憲法は、司法権を、「本憲法下で生じる、コモンローと衡平法のあらゆる事件に」及ぼす。[32] 憲法は、最高法規であることを宣言して、間髪を入れず、裁判官が以下に特に留意すべきことを付言する。「この憲法およびそれに従って制定される合衆国の法律は、国の最高法規である。すべての州の裁判官は、それらに拘束される」と。[33]

『ザ・フェデラリスト』第七八篇において、ハミルトンは、制限的政府を、「共同体の多数の声によって煽動された立法による侵害」に対してさえも、裁判所を通じて個人の権利を守るものと定義した。第一連邦議会においてマディソンは、いったん成立し「憲法に編入されたならば、正義の独立法廷は、当該権利の守護者の固有の方法で考察する」と説明して、権利章典の文言を提案し、成立を主導した。マディソンは続けて、裁判所は、「立法または執行府の権力のあらゆる推定に対する、侵入できない防波堤となり、「権利宣言によって憲法に明示的に定められた権利へのあらゆる侵害に対して、当然抵抗するようになるだろう」と述べた[34]。

「入力」（ないしプロセス）側の民主主義の主張については、ここまでとしよう。憲法はまた、連邦政府が追求できる目的に多くの実体的制限を課している。憲法はなかでも明示的に、連邦議会が平時において人身保護令状を停止し、私権剥奪法、事後法を制定する権力を否定する[35]。憲法はまた、州が独自の外交政策を行い、貴族の称号を付与し、信用状を発行し、紙幣を法定通貨にし、私権剥奪法、あるいは事後法を制定し、または契約義務を損なう権力を明示的に否定する。

今日、憲法の具体的禁止は、むしろ薄いように思われる。実際に、憲法の批准に反対した者の主要な苦情の一つは、基本的権利および自由の名において、国の政府の権力を制限する権利章典がないことだった。けれどもこの欠落は、広範な自然権の存在に関する制憲者の側の懐疑主義とは何の関係もない。『フェデラリスト・ペーパーズ』の論理では、個人の権利の保障は、共和国制度の支持以上に高く位置づけられている[36]。制定世代にとって、自然権の存在以上に、政治においてさらに確かなものは多分なかっただろう。

アレクサンダー・ハミルトンが『ザ・フェデラリスト』第八四篇で説明したように、憲法における権利の列挙は、逆説的に、権利に有害でありうる。制憲者は、権利章典に体現されがちな「箴言」を信用しておらず、さらに重要なことには、彼らは権利の列挙がおのずから意味することに対して、積極的に反対していた。抑圧的多数者に対して守られるべき権利の特定は、誤って、これらの権利が、政府権力の一般的付与に対して例外的であることを含意してし

まうからである。(37)

列挙された権力の政府は、多数派権力に対して守られるべき権利を特定する必要がない。だから、ハミルトンが『ザ・フェデラリスト』第八四篇において述べたように、「憲法自身」が「あらゆる合理的意味において、またあらゆる有益な目的に対して、権利章典なのである」。

アンチ・フェデラリストの恐怖をなだめるのに資するため、憲法の提唱者は、やがて第一連邦議会で権利章典を提案した。制限的政府の論理は覆されなかったが、マディソン自身によって権利章典において確定的なものとされた。こうして、政府から保護される多様な自由を定める最初の八つの修正条項に、人民の権利は、憲法に列挙するものに限定されることを明示的に否定する第九修正が付加された。「憲法における一定の権利の列挙は、人民が保持するその他の権利を否定し、あるいは過小評価するものと解してはならない」と。権利章典は、第一〇修正で終わるが、制限的権力の論理を強調し、「憲法によってアメリカ合衆国に委任されず、あるいは州に対して否定されない権力は、それぞれ州または人民に留保される」。

人は、宗教の自由、言論、出版の自由、および集会の自由を含む、幅広いリベラルな自由について、権利章典において文面上の支持を引用する必要はほとんどない。制定文書はまた、第五、六、七および八修正において、法の支配ならびに刑事事件における公正手続きに関連する多くの特権および免責を保護する。

憲法は、経済的自由、私的安全、財産権、および契約の自由の価値を明示的に支持することもまた指摘すべきだろう。第一条第一〇節は、いかなる州にも「契約の義務を損なう法」を禁じる。第三修正は、宿営する軍隊に対して家庭の神聖を保護し、第四修正は、「不当な捜索および押収に対して、その身体、家、書類、および動産の安全への人民の権利」を保護する。身体の安全およびプライバシーは、こうして明確に私有財産の所有権に結び付けられる。第五修正は、「生命、自由および財産」を、「法のデュープロセス」の保護の下に置き、この保障は、明示的に第一四修正によって州にも拡大される。第五修正はまた、私有財産は、公共的利用のためだけに「正当な補償」によって取り上げられると規定する。

制憲者は当初、権利章典の必要は、国家政府権力の制限的性質によって（および州憲法の権利章典によって）あらかじめ排除されていると考えた。憲法の解釈者は、憲法自体の権力制限の論理を犠牲にして、権利章典を強調しすぎてはならない。大統領は「執行権」を、裁判所は「司法権」を付与されているが、連邦議会は、意識的に、「憲法において付与されたすべての立法権」のみを付与される。立法権は列挙されていて、包括的ではない。

権利に関する憲法の表現は、少なくとも第一条第八節の連邦議会の権力の列挙と同じくらい広範である。最初の八つの権力は広く商業に関する。課税し、信用で借入をし、商業を規制し、帰化と破産に関する統一規則を制定し、貨幣を鋳造し、偽造を処罰し、郵便局を設置し、独占的特許および著作権を付与する権力である。連邦議会はまた、コロンビア特別地区のために、そして最も重要なこととして国家の安全のために、下級裁判所の設立を規定する権力を付与されている。第八節末尾で、「必要にして適切」条項がある。つまり、連邦議会は、「前述の権力ならびにこの憲法が合衆国政府に付与したその他の権力を執行するため、必要にして適切なあらゆる法律を制定」できる。

「必要にして適切」条項はもちろん、連邦議会が、列挙された権力を実行するために付随的に必要な多くのことをするのを認める。列挙された権力は、驚くほど商業に広く関連している。取引の規制、破産規則、貨幣の鋳造、偽造の処罰、特許、著作権、郵便局――これらはすべて「商業共和国」を示唆する一般的福祉の理念を含意して、規定されている。しかしボークが、権利を解釈する際そうすべきだと言っているように、裁判官が権力を解釈する際、「テクストに忠実で、明確な含意」にとらわれた場合、国の政府は、実際に非常に厳格に制約されてしまうだろう。

憲法は、人民の代表への統治権力付与のみに関心があるだけでなく、手続きと実体の双方において（あるいは「入力」と「出力」の両側において）多くの重要な方法で、議会の多数派の権力を抑制し、制限することにも関心を持つ。民主的理論家および保守主義者による司法審査の正統性に関する先入観は、制限的政府制度では立法権の行使自体が、積極的な憲法の支持を要求するという事実を無視している。

立法者および執行府は、裁判官と同様に憲法上の負託を実行するよう拘束される。最高法規としての憲法を支持すると宣誓した者はすべて、その最も明白な命令を破ることをただ避けるだけでなく、その目標と目的に向かって努力する義務がある。これらの公職は、憲法によって制限されるだけでなく、憲法が権力を与えているのである。憲法には、裁判官に比して議会を選好する、あるいは個人の権利と自由に比して多数派を選好する推定は存在しない。憲法は、連邦議会には包括的権力を付与していないが、仮に付与したとしても、良心的議員は、その権力行使は、正義の要求とリベラルな権利が課す制限に一致しうることの保障について、憲法および道徳上の理性をともに持っているだろう。司法審査は、統治の民主的制度に対する異常なできものではない。民主的および保守的コミュニタリアンが考えるのとは反対に、司法審査は、立憲的に制限された統治制度の不可欠の一部なのである。

憲法は、基本的に民主的または多数派の文書ではないと私は主張した。それは基本的に、選挙で選ばれた公職者に統治権力を付与するのと同様に、権利の保護および政府に一定の限界を課すことに関心を寄せる。この議論は、究極的にはアメリカの基本法を人民主権および民主的支配の陣営に置く憲法規定、つまり改正条項を無視するものだと時に言われることがある。適切な手続きに従って改正する多数派は、基本的自由および憲法形式への忠誠を含めて、多分文書の特徴を変えることができる。もちろん、そのように表明された人民の声は、究極的な憲法的権威を持つ。

改正規定は、民主主義者のとどめの一撃のように見える。しかしそれほど速いものではない。立憲主義者には、最後に利用できる一つの戦略がある。憲法の多くの規定および原理は、等しく基本的なわけでない。それは陪審による裁判を保障するが、大統領に憲法秩序全体を保全するよう義務づけている。所与の事案において、憲法のこの規定とその他の規定との間に抵触がある場合、人はより基本的で、あるいは重要な規定が優先すべきだと理性的に考えるだろう。憲法は、ウォルター・F・マーフィーが論じたように、憲法的価値の単なる一揃えではなく、秩序または階層を示すのである。[38]

改正規定の行使は、アメリカの基本法の基本的価値と忠誠、多くの具体的規定の根底をなす原理および憲法構造と抵触することになるだろう。マーフィーが示唆するように、人種主義の醜い波が国を洗い去り、その後改正が成立して、「有色人種に属する者は、白人種に対して道徳的価値が劣る」[39]と規定したと想像してみよう。改正は、黒人に多くの公民および政治的権利を否定するところまで進む。最高裁判所は、改正が憲法の基本的で圧倒的な平等への忠誠を乗り越えるのを、なぜ認めるべきなのだろうか？　改正規定は、立憲主義の基本的忠誠、すなわち理性による自己統治を乗り越えるものだとなぜ解すべきなのだろうか？　確かに、改正規定には明示的制限はほとんどないが、多くの憲法解釈は、含意を明らかにする行為であり、またそうでなければならない。

憲法は価値の階層秩序、および解釈者が導き出し、適用する暗黙の統一を含む。改正は文書全体の基本的忠誠と調和しないことがあり、文書の改正とは認識しえず、理解不能な憲法の変則状態となる。[40]リベラルな立憲主義は、改正規定を通じてさえも、民主主義または人民主権に完全には譲歩しないのである。

別の例を考察しよう。アメリカの憲法は、リベラルな公共的正当化への基本的忠誠を表明する。つまり、多くの公職者の選挙、分離した権力に要求される対話、二院制、および司法審査、言論および出版の「第一の自由」、警察の捜索に対する令状要件、証人に反対尋問する権利、陪審裁判への権利、憲法を改正するために必要な入念な手続きさえも含め、これらすべての規定およびその他が、自由で理性的な自己統治のプロセスの制度化に対する、基本的な構造的忠誠を表明するものなのである。その基本的忠誠を破壊し、理性的な自己統治に内在する基本的な政治的および個人的自由を一掃することは、是正や改正ではなく、革命への希望を示唆するものである。それは理解しがたく、憲法全体の視点に対する反乱である。それはわずかでも憲法上の用語において理性的とみなすことはできず、最高裁判所は妥当にも無効と判示するだろう。

憲法の二重の基準

近代の最高裁判所の法律学は、原理に基づく連邦および州政府の権力を制限する方法を発展させるための努力、つまり最高裁判所による経済分野における多年にわたる努力が、不当だと認識されたことへの応答として展開された。経済分野における最高裁判所の努力は、通商条項に基づく連邦議会の規制権力に制限を課し、第一四修正のデュープロセス条項に基づいて、州に対して執行可能な個人の経済的自由を定義することに向けられた。ほとんどの憲法学者は、左も右も、裁判所は連邦議会と州に経済分野における自由裁量を与えるべきだという点で合意している事実にもかかわらず、そこでの最高裁判所の努力は、完全からはほど遠いが、全体として、憲法解釈における正当で原理に基づく行使だった(41)。

一九世紀後半および二〇世紀初頭に、最高裁判所は、連邦議会の「複数の州にまたがる通商を規制する」権力を定義し、制限するための区別を鋳造した(42)。特に重要なのは、商業と生産との区別だった。それは後者の規制を連邦議会の権力外に置き、州に留保された権力の中に入れた(43)。この区別は、最高裁判所がニューディールの合憲性を受け入れる方向に動いたとき一掃された(44)。憲法のいかなる良心的な解釈者も、憲法上の地位の高い他の価値を犠牲にするほど広範な商業規制権力に、あるいは商業に無関係な目的の追求のため、口実として商業規制権力を利用したことに、不快を感じるに違いない(45)。

「ウィッカード対フィルバーン判決」を考察してみよう。全部自家消費のためだけに小麦二三エイカーを耕していたオハイオの農夫の事件である(46)。けれども彼は、農務省が一一・一エイカーに設定した割り当てを超えて収穫したとして、農務省から罰金を科された。ニューディールの一九三八年農業調整法は、供給を規制し、価格を安定させるために割り当てを設定する権限を農務長官に付与した。フィルバーンの活動には何の「商業」も関わっていなかったが、最高裁判所は、過剰な供給が「商業の妨害」を構成するので、彼の活動は「商業を生じさせた」と判決した。

「ウィッカード判決」の問題は、もちろん連邦議会の商業規制権力と緩やかにしか関連しない政策に対して、家庭のプライバシーと密接に関連する財産権および個人の自由を傲慢にも退けている点である。「ウィッカード判決」よりはるか以前、ホームズ裁判官は、「全国市場」への間接的効果の論理は限界がないと警告していた。「ほとんど何でも――結婚、誕生、死亡は、一定程度商業に影響する」[47]。最高裁判所が放棄した、定義し、制限する区別の種類なしに、結婚や離婚が、商業規制の対象とならないかどうかの理由を見出すことは困難である。

商業規制権力に課される制限に加えて、最高裁判所はまた、州に対して、「実体的経済領域」という教理を展開した。この教理は、現在では、「ロックナー対ニューヨーク判決」と最も密接なものとして認識されている[48]。ロックナー判決において、最高裁判所は、パン職人の労働時間を制限するニューヨーク州法を、「契約の自由の侵害」として無効とした。現代の最高裁判所は、第一四修正（いかなる州も法のデュープロセスなしに生命、自由、または財産をはく奪してはならないと定める）は、州が私人の関係に介入できる方法には、実体的制限があることを含意するとの考えを放棄してはいない。最高裁判所は、単にその審査を経済領域から移動したに過ぎない。州の経済規制になると、最高裁判所は、個人の自由の制限を正当化するため、単なる「合理性」以上のものを要求しない。経済的自由の制限に対し、立法者自身がいかなる合理的根拠も提出しなかった場合、最高裁判所は自らの論理的根拠を単に仮説として述べたことになる[49]。

「リー・オプティカル」や「スクループカ」のような判決は、経済的自由を無視するだけでなく、自ら憲法を支持すると宣誓した州議会が、理由の付記を放棄することも是認している。立法者も裁判官と同様、その行為を公共的に正当化できなければならない。立法者、市民、およびその他の政治主体は、リベラルな正義および憲法上の宣誓によって、少数者およびその生命、財産が対象となっている者に対して、憲法の議論を呼ぶ解釈について公共的正当化を与えなければならないのである。

「リー・オプティカル」や「スクループカ」判決は、多数派の利益または意思以外明白な根拠がない法律の、司法による受容の例である。「リー・オプティカル」は、レンズ交換する前、あるいは新しいフレームを眼鏡技師によって調節する際にも、検眼士または眼科医の処方を要求するオクラホマ州法案に異議を唱えた。法律は、あらゆる面から、眼鏡技師および消費者に対する検眼士および眼科医の利益の勝利のように見えた。法律は、眼科医の所得増を州の一般的福祉と結びつけたいかなる立法理由によっても支持されなかった。ダグラス裁判官は、オクラホマ州法の「不必要」かつ「無駄な」特徴を認めたが、合理化とも言うべき議会に対する仮説的理由の創作へと進んだ[50]。

立法者は、共通善の良心的理念を追求するため、特定事業集団の経済的自由を無効にすることについて、しばしば正当化される。しかし、リベラルな憲法下では、いかなる種類の自由の制限を正当化するためにも、アメリカ人は少なくとも立法者がその行為の公共的理由を提示することを期待する。立法者は、裁判官に劣らず、憲法上の理由付与過程に参加することを期待されるはずである。

最高裁判所は、実体的経済価値の保護を大きく放棄したが、基本的価値は放棄していない。現代の最高裁判所は、言論、宗教、出版の自由といった権利、そしてより近年ではプライバシーおよび法の下の平等の保護といった権利など、「優先的自由」に触れる立法は、綿密に審査する。

先に指摘した通り、憲法は幅広い人間の自由の保護への基本的関心を明示し、こうして、基本的にリベラルな忠誠を反映する。第九修正は、人民が憲法に明示的に言及されない権利を有するとする一方で、政府権力は制限される。従って、その就任宣誓に忠実なままでいたい裁判官は、政府権力に適用されたのと同様の拡張的論理を個人の権利に適用する職務において、ひるむことはできない。

「グリスウォルド対コネチカット判決」は、ボークとイリィが恣意的な司法による新しい権利の創造だと冷笑するものだが、適切な優れた判決である。[51]「グリスウォルド判決」は、結婚している夫婦が避妊薬を使用することを違法とするコネチカット州法を無効とした。裁判所はその判決を、権利章典の具体的保障の「半影」から発する、プライバシー圏に対する黙示的な憲法上の権利に基づかせた。ダグラス裁判官が論じたように、婚姻関係のプライバシーを保護する権利を含めたこれらの黙示的半影の権利は、明示的保障に対して生命と実体を与えることに役立つのである。

「多様な保障が、プライバシー圏を創設する。すでにみたとおり、第一修正の半影における結社の自由がその一つである。第三修正は、平時における所有者の同意のない「すべての家で」の兵士の宿営の禁止について、プライバシーの別の側面を示す。第四修正は明示的に「不当な捜索および押収に対して、身体、家庭、書類、および動産を保障される人民の権利」を承認する。第五修正は、その自己負罪条項において、市民が不利益となるような引き渡しを政府は強制できないというプライバシー圏の設定を可能にする。

ゴールドバーグ裁判官は、同意意見で、第九修正は、明示的に列挙されていない基本的権利の存在を証言するものだと強調した。

リベラルな左翼のほとんどの評者は、最高裁判所が経済的価値の保護から、プライバシーのような非経済的価値の保護へと移動したことを称賛する。ボークのような保守主義者やイリィのような民主主義者は、他方で、新法学を旧法学より何ら優れたものではないと見る。彼らは経済的自由だけでなく、ボークの場合には憲法本文に明示的に述べられ、制憲者が当初意図していた権利、あるいは民主主義者の場合は、民主的手続きの継続的作用を確保する権利以外の、すべての「基本的な」利益または「実体的」価値の保護を最高裁判所が放棄することを望んでいる。

最近のリベラルな司法積極主義の批判者には、一理ある。新「積極主義」法学にも旧法学にも誤りがある。両者とも、保護すべき価値の選択が、部分的で正当化できない。「ロックナー判決」時代の「旧人」は、憲法が、言論の自由のような非経済的自由に与えた高い地位を十分認識できなかった。[52] 現代の裁判所は同様に、憲法の価値体系に実体的位置を持つ経済的自由を無視する点で誤っている。しかし、こうした欠陥は、個人の権利の積極的な司法的保護を放棄せずに是正できる。旧裁判所および新裁判所は、憲法上の自由の保護において誤っているのではなく、それらすべてを保護できない点で誤っているのである。

ダグラス裁判官の判決には、まだ望むべき何かがあるが、「グリスウォルド判決」の根底をなす論理は本質的に正しい。「グリスウォルド判決」は、本文の特定の保障と構造の根底をなす原理と目的を明確に述べて、憲法の一般的語句の意味を肉付けする。こうした進め方は、前文の幅広い目的（正義、自由、および一般的福祉を含む）を実現する試みとして、権利の具体的保障または権力の配分を理解できるようにする。明示的な憲法上の権利および政府の制限、ならびに憲法に述べられ含意された目的から、我われは第九修正が保障する記載されない権利の原理的根拠、つまり、リベラルな権利の完全なひとそろいを支持できる憲法上の根拠を確立する。プライバシーへの黙示的権利は、少なくとも、国立銀行を設立する権力のような国の多様な黙示的権力と同様に根拠がある。[53] 憲法は、リベラルな自由の全領域を保護する試みとして読むことができ、また読むべきである。

憲法上の解釈は、政治道徳の基本的問題への回答の助けになるべきである。「国民はなぜこの憲法を最高法規として承認すべきなのか?」。「グリスウォルド判決」と同様の方法で理論を進めて、解釈者は、その正しさを確立することにより憲法の権威を証明できる。最高法規の権威は、少なくとも部分的には、公共的正当化の試験に合格する政治原理との類似性に依存する。憲法解釈および道徳的批判を注入する際、政体は、道徳的批判および道徳的向上の実践を制度化するのに役立ち、それによって共和国がずっと忠誠の価値を持つことの保証に役立つ。「グリスウォルド判決」において採用された批判的および原理に基づく解釈は、道徳と憲法との関係を明確にするのに役立つ。自然法または「高次法」観念は、天から引っ張ってきて、憲法上のギャップや開口部に挿入したものではない。そうではなく、解釈者は、一定の精神で、開かれた複雑な文書を読む。その具体的な語句およびそれより大きな構造の根底にある原理、文書のより具体的側面を完成し、正当化する原理を探し、道徳的批判の光を当てて当該原理を解釈するのである。要点は、この文書をできる限り最善であるように読み、文書の黙示的原理を引き出すことによってその意味を完成し、全体を前文の正義、自由、および一般的福祉の目的を実現する試みとして理解することである。

公共の道理と原理に基づく積極主義

合衆国最高裁判所は、時に、憲法上の権利全体を尊重する価値を、原理的に支持する方向に傾くようにも思われた。「ロックナー」時代の最高裁判所は、非経済的自由への不十分な関心によって、正当に非難することができる。最高裁判所は、第一四修正のデュープロセス条項の自由という語が、言論の自由を保護すると判示して、実際に重要な一歩を踏み出した。(54)「旧人」の最も気難しい者でさえも、経済的な自由とその他の個人の自由との密接な関係を承認し、よって原理に基づく統合への道筋を示した。「マイヤー対ネブラスカ判決」では、最高裁判所は、若者への外国語教授を禁じた制定法に基づくドイツ語教師の有罪を無効とした。最高裁判所のために、マクレイノルズ裁判官は、第一四修正が保護する自由の広い概念を明確に述べた。

疑いの余地なく、それは身体的拘束からの自由だけでなく、自由人の秩序ある幸福追求にとって必須なものとして、契約し、人生の一般的な職業に従事し、有益な知識を取得し、結婚し、家庭を築き、子供を育て、良心の命じる通り神に礼拝し、一般的に長くコモンローにより承認されてきた特権を享受する個人の権利も意味するのである。[55]

マクレイノルズ裁判官は、親や生徒の自律並びに知的自由と、語学教師が天職を追求する「経済的」権利とを結び付ける。[56] 旧裁判所は、現代の最高裁判所がまだ見合っていない原理に基づく成長の能力を示した。

最高裁判所は最近、不完全ではあるが、実体的「効力」の基準を、経済政策分野に適用する最小限度の合理性基準に注入する方向へと動いた。「クリバーン市対クリバーン・リビングセンター判決」において、最高裁判所は、知的障害者のための施設の設立に特別な許可を義務付ける市条例を無効とした。[57] 知的障害者のための施設を特別扱いしうる理由を仮説として立てる代わりに、最高裁判所は、市議会が提示した理由を批判的に審査した。

最高裁判所は、市議会の議論すべてが見かけ倒しであり、知的障害者のための施設だけに特別な許可を義務付けることは、「知的障害者に対する不合理な偏見に」基づくように思われると認定した。[58]

ゾーニング手続きにおいて、適切に認識できる要因で裏付けられない単なる否定的態度や恐れは、知的障害者のための施設を、アパート、複数住宅等と区別して取り扱うことを許容しうる根拠ではない。「私的偏見は、法律の範囲外かもしれないが、法律は直接的にも間接的にも、それらに効力を与えることはできないのだ[59]」。

「クリバーン判決」の同意意見において、スティーヴンス裁判官は、平等保護条項は、立法者に対して「常に公平に統治する」義務を課すものと解すべきであると論じた。この公平にまたは道理にかなうよう統治する義務は、立憲主義の核心的価値を体現するものである。人による統治ではなく法による統治は、全員が受け入れられるはずの道理に基づく政府を持つことである。そこで、スティーヴンス裁判官は異議を唱えた。「この不利益を受ける階層の合理的な構成員が、本件の市条例の差別的適用を承認したなどと、私には信じられない」と。[60] スティーヴンス裁判官は、実際、裁判官は差別された者の身になって適切に、制限または負担が合理的だと判断できるか問わなければならないと主張した。差別の被害者の視点を採用することは、法律は公共的理性、つまり政治的に力のない者、および弱い者にとっても強い者にとっても、共に良い理性に基づいて作られるべきだと主張することである。

「クリバーン判決」におけるスティーヴンス裁判官の同意意見は、まさに正しい道徳的視点を採用する。スティーヴンス裁判官は、立法者に対して合理的に行為する圧倒的義務を帰すのである。合理性の批判的基準は、公民権あるいは経済規制を含むその他の問題を含むか否かに関わらず、すべての事案に適用すべきである。スティーヴンス裁判官が、州法への異議申し立ての可能性全領域にわたり、平等保護の根拠に基づいて司法審査を擁護したことは、原理に基づく積極主義、および公共的に道理にかなった立法過程への重要な一歩である。[61]

少数意見に立つマーシャル、ブレナン、ブラックマン裁判官は、「クリバーン判決」の強化された合理性テストの取り込みを十分に評価した。つまり、「今日援用された合理性基準テストは、確実に「ウイリアムソン対リー・オプティカル」の合理性基準テストではない……。通常の状況ではそれが引いた線は理にかなっているなどと、当裁判所を説得する義務は議会にはない」と。[62] それは、「理にかなった」ものであることが示されない法律を是認するようなものだとのマーシャル裁判官の容認以上に、最小限度の審査基準の無価値さをうまく要約することはできない。マーシャル裁判官のおそれは、まさに最小限度の合理性テストの強化は、原理に基づく積極主義、経済的ならびに市民および政治的自由に対する制限を支持するために提示された理由の、入念な審査への道筋をつけるものだということである。「クリバーン判決」の審査基準は、「当裁判所および下級裁判所に対して、経済および商業分類を同様の「通常」の合理性に基づく審査に従わせる先例を創出するものであって、「ロックナー対ニューヨーク」の時代への、小さいが、残念な後退である」、とマーシャル裁判官は述べた。[63]

マーシャル裁判官は、「クリバーン判決」の含意を正しく測定したが、これらの含意は、採用すべきものである。経済的自由は、憲法上の価値であり、財産権は憲法上の解釈の困難な問題に関する熟慮において役割があり、一定の重みに値するものなのである。このことは、多くの商業事項に関する政策形成における、連邦議会と州の疑問の余地なき広範な裁量の権利を含む競合的価値に対して、自由放任主義が常に勝利しなければならないことを意味しない。しかし、良心的裁判官は、経済領域を不合理の無主の地、自由な立法裁量の分野として区切ってはならない。少なくとも、経済的自由の制限を正当化するために必要な理由と証拠は、決して想像に委ねてはならない。つまり、正当化の負担を、議会に課すべきである。実際に立法者が提供する正当化は、精査するべきである。経済的規制の証拠としては、理由と議論だけでなく、実証的裏付けの測定が必要である。

経済的自由は、誤って導かれた司法の敬譲によって脅かされる唯一の権利ではない。最高裁判所が、非経済的分野で展開した、比較的堅固な（だが過度にではない）審査基準を放棄する危険が高まっている。たとえば最高裁判所は、プライバシーの権利を同性愛者に拡張することを拒否し、それによってリベラルな公共的正当化の命令を無視した点で誤った。

「グリスウォルド判決」によるプライバシーへの憲法上の権利の承認以降の判例において、最高裁判所は、家庭でわいせつな材料を所持することの訴追を禁止し、その後、未婚の者に対する避妊薬配布を禁じた州法に基づく有罪宣告を覆した。[64] プライバシーへの憲法上の権利は、既婚の夫婦から未婚のカップルへ、そして家でポルノを読むことへと拡大したのである。

「バウアーズ対ハードウィック判決」におけるホワイト裁判官の法廷意見では、プライバシーの権利は「家族、結婚、および生殖」を含む事項にのみ及ぶと解した。つまり、ホワイト裁判官は、次のように言ったのだ。「こうした［従前の］判決において表明された権利のいずれも、申し立てられた同性愛者（ホモセクシュアル）が、男色行為を行う憲法上の権利には類似しない……。一方の家族、結婚、または生殖と、他方の同性愛行為との関係は実証されなかった」[65]。憲法上の保護は、広くいっても家族の決定にのみ及ぶと最高裁判所多数派は主張した。しかしこれは、憲法上のプライバシーの最良の解釈であろうか？　どのように決定すべきなのか？

ホワイト裁判官の意見は、ニューライト法学を区別する特徴すべてを示す。ホワイト裁判官は、民主主義における最高裁判所の権力について防御的で、裁判官は、権利を解釈する際、憲法の「明示」の表現近くにとどまることを主張する[66]。制憲者意思の権威を指しながら、ホワイト裁判官は、男色は、最初の一三州すべてにおいてコモンロー上の犯罪であり、第一四修正が承認された時、連合の三七州のうち三二州で男色禁止法が効力を持っていたと指摘した[67]。ホワイト裁判官の意見全体は、広い道徳的懐疑主義に依拠するものである。その懐疑主義は、家族生活に伴うプライバシーの権利を、同性愛者が主張するプライバシーの権利と区別する批判的な道徳的理由を提示することへの不本意さによって、非常に強く表明されている。「そうした行為［すなわち、男色］を行う権利が「この国の歴史または伝統に深く根ざして」いるとか、「秩序ある自由の概念に含意されている」とかいった主張は、せいぜい冗談に過ぎない」[68]。ジョージア州による男色禁止の十分な根拠は、「同性愛者の男色は不道徳で受け入れがたい」とする、ジョージア州選挙区の多数派の推定される信念」、推定される「同性愛の道徳性についての多数派の感情」に見出される、とホワイト裁判官は述べた[69]。男色自体の禁止の理由の審査、または同性愛の道徳性の検討に代えて、ホワイト裁判官もバーガー首席裁判官（同意意見）も、同性愛禁止の「古い根源」を十分なものとしてただ受け入れているのである[70]。

同性愛者がしばしば差別と偏見の対象となってきたこと、誰もそれ自体は争わないことを示しても、差別を継続する理由とはならない。すべての歴史的慣行が善ではなく、偏見は存続することが多い。人がその合理性または善について何か言わねばならない慣行を推奨し、あるいは非難するため、「昔からの道徳的教え」を引くだけでは不十分である。[71] バウアーズ法廷は、極めて重要な憲法上の申し立てに対する承認拒否について、正当化するだけの公共的理由を提示できなかったのである。

ブラックマン裁判官の少数意見は、「バウアーズ事件」で問題となっている権利を、多数意見より広く、抽象的に特徴づけた。つまり、本件は男色に関する事案ではなく、「放っておかれる権利」に関するものだとブラックマン裁判官は言った。ブラックマン裁判官はまた、ジョージア州と最高裁判所多数意見は、公共的合理性の要求に従えなかったと正しく主張した。ブラックマン裁判官はホームズ裁判官を引用して、次のように言った。「ヘンリー四世の時代に最初に定められたこと以上に、法の支配についてさらに優れた理由がないことは極めて不快である。それが定められた根拠がずっと以前に消滅し、規則が単に過去の無批判的な模倣によってのみ存続するならば、それはさらに不快を催させるものである」と。[72] 憲法上の権利が何かを表すのであれば、それは、「市民がその生活の最も親密な側面に関する選択を行うことに対して、ジョージア州が彼らを訴追できるためには、彼らが行った選択が、「キリスト教徒の間で口にするのにふさわしくない忌まわしい犯罪」であると主張する以上の何かをしなければならないことを意味する」、とブラックマン裁判官は主張する。[73] すべての者が受け入れられるはずの公共的理性のみが、法律制定の妥当な理由と言える。宗教に根拠を置く不寛容、歴史的に存続する偏見と差別の慣行、および単なる不承認感情は、州による個人の自由の侵害を支持するため、公職者が援用することはできない。[74]

従来のプライバシー判例は、広範な個人の自由の保障に基づくものと解すべきだとブラックマン裁判官は主張した。他者との親密な交際における自由は、「人の「アイデンティティ」を独自に定義する能力」を与え、また「いかなる自由の概念にとっても中心的なものである」[75]。従来の判例は、一定の親密な決定および一定の場所を保護する。第四修正は、家庭における親密な交際のプライバシーは、家の所有権に伴うより一般的なプライバシーの権利を含意する。「自身の家において安全である人民の権利」に明示的に言及する。――「グリスウォルド判決」において表明されたプライバシーの権利を支持する多様な規定の中で、もっとも明示的なものである。同意した成人が家で親密な関係を結ぶことは、過去の判例において明確に述べられたプライバシー権の核心であり、マイケル・ハードウィックが主張した権利は、実際に正当化されるとブラックマン裁判官は主張する。

ブラックマン裁判官の同性愛プライバシーの擁護には、問題があることも指摘しなければならない[76]。「人のアイデンティティを定義する」自由は、その範囲が余りにも広過ぎ、また道徳的由来においては余りに狭く個人主義的である。人間関係に体現される善は、個人の選択および自由な自己定義の価値に完全に還元することはできない。ブラックマン裁判官はそうしているようだが、家族がそれ自体、保護に値する一定の善を体現していることを否定する必要はない。要点は、同性愛関係が、同様の善の多くを体現していることである。つまり、友情、世話、熱情、親密な社会、これらすべての善およびその他は、同性愛を通じても異性愛関係と同様に促進され、ほとんどの同性愛者にとって、これらの善は、通常の結婚のつながりでは得られないものなのである。

ホワイト裁判官及びバーガー首席裁判官の意見は、憲法が支持する徳に関する言明として受け取ることができるだろう。それは次のようなことを含意している。つまり、彼らにとっての最良のアメリカ人は、不寛容で不信感を抱く。理性ではなく情緒や感情で行動する。偏見を乗り越えようとする努力が、社会をつなぐ脆弱で非理性的な紐帯を解消することを恐れている。そうした態度は、アメリカの政治が、偏見、感情および信念以外のものでは保たれないという不安な恐れを高めることになる。すでにみたように、憲法審査の「最低の合理性」基準を促進する期待は、ほとんど重要な審査をしないことを支持するのである。こうした態度は、立憲主義者にふさわしい、公共的正当化の精神で法の支配を尊重しようと決めている態度とは正反対のものである。

「バウアーズ判決」におけるブラックマン裁判官の少数意見は、最高裁多数派のものよりはるかに優れた憲法上の徳の理念を含意する。公平な理性によって統治されるための努力、偏見の被害者を保護する意思、自由はおのずから抑圧されず、寛容にされるべき多様性へと至るとの認識、これらはアメリカ憲法の願望の道徳的核心だとブラックマン裁判官は示唆するのである。(77)

「バウアーズ対ハードウィック判決」は、立憲主義者に困難な問題を提起する。どの価値が憲法の価値体系の中で優位を占めるのか？　どんな種類の自由やプライバシーを憲法は支持するのか？　すでに論じたように、これらの問題は憲法の文言、過去の判例、および歴史のみを参照しただけでは回答できない。本件は、州の干渉に対して個人が持つべき権利に関する、逃れられない道徳問題を突きつけているのである。判例と歴史のどの解釈が優れているかを決定するには、どの解釈が受領した法的材料に十分当てはまるか、およびどの解釈がその材料を名誉ある、かつ道徳的に価値ある光の中で証明するかについての判断を必要とする。憲法解釈は、困難な道徳的判断を逃れることはできず、それらを形成し、擁護するか、またはそれらによろめきながら入るか、通過するかである。この困難な問題の両者の側に関して言うべきことはまだあるが、ここで検討した議論の強力さに基づいて、同性愛者は裁判所が否定した権利を持つのだと、人は結論付けなければならない。

原理に基づく積極主義は、スティーヴンス裁判官が「クリバーン判決」において示唆したように、立法者は、公共的理性に基づいて行為し、すべての自由の制限に対して市民に妥当な理由を示す広範な義務があるとの考えを支持する。この幅広い義務は、憲法の経済ならびに人としての権利、および理性による自己統治への忠誠に対する関心に根拠を見出せる。経済的自由、または好まれない集団のプライバシーの制限を正当化する必要から州議会議員を解放することは、憲法自身の価値を適用し執行する良心的希望とは整合しない。正当性と一貫性を持って行使される司法審査は、自由と公共的合理性にとって善でありうる。

憲法の「二重の基準」を擁護してしばしば提示される議論は、政治的および規制的過程は、意味のある司法審査がなくても、経済的事項に関して公正に行為すると信頼できるとの主張である。この主張は、精査に耐えられない。選挙および政策形成過程において、狭く、利己的な経済的利益が作用することは多い。政府の計画ないし規制から由来する利益は、少数の個人または集団に非常に集中することが多く、一方その費用は、仮にあるとしても、ほとんど気づかない多数の納税者や消費者に分散されるのである。政治は、他者の犠牲において私的利益を追求する無数の機会を提示する。排他的ゾーニング法、競争相手を不利に扱う規制、潜在的競争相手を市場から締め出す免許要件等――リストは限りなく拡大できるだろう。(78)

適用される最小限度の合理性基準において作用する経済立法の実質的無審査は、政治について我われが知っていることを無視して行動するものである。さらに、合衆国憲法は政治的および市民的権利だけに言及し、経済的自由については言及しないとの見解は、制定文書をざっと読んだだけでも、耐えられるものではない。憲法は、個人の自由一般への関心を表明するもので、それの説明または正当化は難しくない。自由な経済活動は、生産的社会を維持し、人間のエネルギーと創造性に水路を提供する。それはまた、その他のすべての自由を支える自律領域、および個人の安全を人々が築けるようにするのである。

天職、専門職――一般的職業でさえも、時間や努力の投入以上のものを表す。これらは生活の仕方の選択なのである。我われの職業は、メディアを通じて読んだり取り入れたりするものと同様に深く、また我われが行う親密な選択と同様に深く、アイデンティティを形成することも多い。経済的自由は、個人の安全ならびに個人の自由および自己定義と結びつく。家庭と動産の安全は、プライバシーまたは「財産」だけでなく、価値ある生活様式の構築に費やした時間と世話の投入をも保護する。家庭は、我われの職業と同様に、我われの親密な関係を他者から守り、人格を形成し、また人格により形成されるのである。

財産権および経済的自由は、他の個人的価値――家庭の安全、価値ある共同体および関係の存続、自由に選択した生活様式の維持等へと収斂することも多い。私の主張は、裁判官は、経済的規制に提示された理由を批判的に審査すべきであり、経済的自由および私有財産の価値は、競合する憲法上の価値を考量するという確かに困難なプロセスにおいて、相応しい比重を認められねばならないというものである。特定事案でこの比重を特定することは、困難だが不可避の責務なのである。

経済的安全および財産権は、自由な人間存在の最も深く価値ある側面を保護する。従って裁判官は、すでに保護されている自由の利益に非常に密接に関連する自由な経済活動、および財産権の形式に触れる立法を精査することから始めるべきである。職業に従事する権利および家庭の安全は、始めるにふさわしい所である。こうした人格を保護し、自律を育てる経済的権利は、他の「人格的権利」（プライバシーのような）と同じ多くの理由によって司法審査に値する[79]。個人生活および個人の自律との結びつきが弱い形式の経済的自由および財産も、少なくとも一定の司法的保護に値する。なぜなら、憲法は、自由市場の価値を支持する基準を表示するからであり、自己利益の腐敗した動機が、あらゆる経済事項に関する政治活動において作用するからであり、公共的合理性は、幅広い政治的義務だからである。

私は、福祉国家を違憲として無効にした「ロックナー」に、大胆にも戻らなければならないなどと主張しているのではない。引用した要因のいくつかは、実際に一定の経済的分配形式を支持すると思われるかもしれない。経済的自由の価値は、政治的には争いがあるとしても、憲法解釈者は、自由な言論の価値と同様無視してはならないものなのである。第一修正の権利の形と性質は、自由な言論の人間生活への内在的重要性および自由な言論の社会に対する、より広い結果に関する異論のありうる議論に依拠する。経済的自由は、同様に困難な争点を提起し、これらは良心的裁判官が対処しなければならないものである。いずれの場合でも、自由の利益は全面的に立法者に委ねられてはならない。

リベラルな理想は、アメリカの政治において特徴的なものに対立するどころではなく、アメリカの政治的伝統において最善のものを照らすのに役立つ（またそれによって照らされる）。合衆国憲法は、政府の行為に異議を唱える根拠を提供する。そして、裁判所の権力は、権利に対する国の約束のみならず、立法の戦いにおける敗者、あるいは法律を実施する執行府の被害者だと感じる者に払われる特別な形態の配慮をも支持する。司法審査は、弱い、力のない者に対しても、合理的で正当化できる方法で取り扱うという約束を劇的に表現し、単なる力以上のものによって統治されるという決定を体現する。ニューライトの非活動家および少数の左翼の活動家は、リベラルな、憲法秩序の核心的約束——理性的自己統治の約束を脅かしている。

裁判官がその審査権を適切に行使する場合、司法審査は、個人の自由の制限を認める前に真の理由と証拠を要求して、多数派に対し、少数派をリベラルな尊重の価値のある同僚市民として取り扱わせるのに役立つ。司法審査は、政治共同体の一定の特に価値ある形式を創出するのに資する。つまり、理性に根差した自己統治に基づく政治共同体や、公共の理性付与の慣行にかかわる市民の共同体のように。けれども最高裁判所が、経済的およびその他の好まれない自由の制限は、当該制限事案の質に関する意味のある審査なしで通過させると発表するとき、彼らは不正な権力に仮面を提供していることになる。いわば善、および政治的にきちんと結びついた特定の利益を超えるような、公平な理由により支持されない恣意的権力に。

原理に基づく司法積極主義は、最低限、憲法の価値体系に所在を見出す自由全領域の制限の「真の実質的」正当化を、政府が提示することを要求するだろう。(80) 原理に基づく積極主義は、自由の保護と統治のすべての領域における合理性の保障に役立つだろう。そしてその旗の下で、最高裁判所はリベラルな公共的正当化の奉仕に参加するだろう。手続き的側面についていえば、裁判官は、自由の制限を支持するために提供される理由と証拠を批判的に審査する。真の批判的「効力」の基準は、すべての政府による憲法上の自由の制限に関する合理性審査に注入される。[81] 実体的側面では、原理に基づく積極主義は、経済的自由の利益により大きな比重を与え、経済的ならびに市民的および個人的な自由の全領域にわたって、より大きな司法的保護を与えるだろう。

アメリカ合衆国のような多様な国の市民が、良き生活の単一の理念を決めることを期待するのはもちろん非現実的である。我われは一つの生活様式が、ジェリー・ファルウェルとジェーン・フォンダ、都市のヤッピーと郊外の家族、中西部の農民とベトナム移民の両者の忠誠を確保すると期待あるいは予測することはできない。最高の政治的地位を、全員の自由を保護する公共的道徳規範ではなく、最大の数の選好に与えることは、抑圧となり、社会的対立を招く。

リベラルな正義自体のように、アメリカの憲法は、利益や生活様式の異なる一式を単に内包するだけでなく、それはまたこの一式を共に引き寄せ、最高の規制的道徳原理や、公共的正当化の実践のもとにまとめ上げる。そのまさに広大で異質な「拡大された共和国」を内包することによってはじめて、憲法は、こうした相違を超えて、統一することができる正義の視点および概念を体現するのである。憲法は、多元的社会つまり連邦を統一する道徳的な焦点を提供する。それはリンカンが言ったように、ある命題、すなわち最高法規に体現された基本的価値――リベラルな権利および正義ならびにこれらと整合的な一般的福祉概念の優越――に捧げられている。

コミュニタリアンによるリベラリズム批判は、道徳的多数派の政治にほとんど賛成せず、また権利章典の廃止もほとんど支持しない。しかし、コミュニタリアニズムと、道徳的多数派またはその他の強力な集団の選好の政治的執行との間に、リベラルな正義と個人の権利以外何があるだろうか？[82] この問題は、熟考の価値がある。リベラルな個人主義を放棄するならば、ニューライトの政治的理念は、より厳格な共通の道徳内容を供給する競争の代表的競争相手となるだろう。

結社の自由を定義する権利、および基本的な個人の自律および個人の安全を定める権利は、あらゆる良い共同体における憲法の一部である。リベラルな自由の執行は、共同体の価値にとって代わる方法ではなく、価値ある共同体を構成する方法なのである。そして、次の二章の議論が正しければ、リベラルな権利の尊重によって構成される共同体において採用され、促進された価値の中にこそ、個性と市民権、徳と共同体の理想が――リベラリズムのコミュニタリアン批判への積極的応答となる価値が存するのである。

保守主義者および民主的コミュニタリアンの憲法理念を拒否することを、保守の感情または愛国主義の全面的拒否と混同してはならない。無批判的な保守主義は、それが保全しようとするものの評価について道理を持たない。無批判的な愛国主義(「正しいにせよ、間違っているにせよ、わが祖国」)のみが、政府、憲法および共同体が忠誠、服従および自己犠牲に価するのは、価値ある原理や理想を願うときであるという事実を忘れている。無批判的な保守主義またはコミュニタリアニズムに代えて、我われは、自分たちの憲法を高貴なものとし、自由な自己統治を維持する、公共的正当化とリベラルな共同体の徳や理想を願う方がよほどうまくいくだろう。

第6章　自由、自律、およびリベラルな共同体

序

リベラリズムは、何よりもまず、一定の政治的価値と制度に関するものであり、そこから私の議論が始まる。ここまで、自由を保存し、公共的合理性を促進することに忠実なリベラルの制度について明確に述べ、擁護することに我われは関心を抱いてきた。この二重の忠誠は、リベラルな立憲主義の複雑な実践と制度を通じて広がっていく。

私は、リベラルな人格の性質をあらかじめ判断することを避けてきたが、ここおよび次章では、リベラリズムが前提とする人格的特性、およびリベラルな場所の繁栄に導く属性を考察する。リベラルな政治の形而上学的または普遍的基礎を敷くことは、私の目的ではない。私は、リベラルな政治についてすでに述べてきたことから議論を進めるのであって、抽象的な人格の「性質」についての特殊な理論からは議論しない。私の目的は、すべてのコミュニタリアンの懸念を過小評価し、あるいはそらすことではなく、リベラルな理想は、共有するアイデンティティ、個人間の忠

誠、および共同体の合理的で魅力的な形式を提供するものだと主張することである。コミュニタリアンの価値は、リベラルな正義によって適切に統治される多元的共同体の考えに内在するものなのである。

リベラルのプロジェクトは、意見が一致しない人々に関する規制的な政治的原理を見出すことである。目的、目標および有徳の生活に関する意見の不一致は、リベラリズムの基本的前提条件であり、利他主義者の間でさえも希少になっている。リベラルな正義は、私が論じたように、すべての市民が自らの行動において、また公職者による逸脱の可能性に対して、解釈し、批判し、指示する義務がある公共道徳としてとらえると、もっともよく理解できる。リベラルな政治は、人生の計画を考案し、批判し、改定し、追求する人の平等な権利を保護し、公共的正当化の活動のための制度的な場を提供するのである。

リベラリズムはまた、ある程度二律背反的に自己決定し、予測できないほど自己変容する生物として人の理想を体現する。多元的で、寛容な社会に住む者として、人は多様な異なる生活様式に直面し、選択を要求される。選んだ後、彼らは再びまた選択するかもしれない。人は批判的な自己検証を行い、計画やプロジェクトを変更し、いくつかの方法でその個性さえも変え、あるいは形成するかもしれない。彼らの目標や目的、役割、職業および生活様式は所与のものではなく、確定しているわけではない。リベラルな政治、公平な法の支配、および個人の権利は、有徳の生活を実現する多様な方法を探索し、自己批判的、自己変容的、省察的能力を行使する自由を保護するものである。リベラリズムにとって、なかでも自律は、一つの個人的理想を超えたものである。

コミュニタリアンは、以上の簡単な素描とは異なった、リベラルな人間と社会の像を提示する。コミュニタリアンは、リベラルな人間は、当然孤立し、「原子的」で「一人で自己充足」するのだと主張する。(1) 自由な自己は、何の客観的道徳指針や選択の根拠もなく、無数の開かれた可能性に直面する意思の空っぽの中心であるとコミュニタリアンは言う。すべての取り組みおよび自身の帰属さえも選択を要求されるが、リベラルな自己はそうすることができない。

他の者、目的またはプロジェクトへの「構成的」忠誠が奪われているからである。リベラルな理論は、リベラルな市民を「強く孤立した」異邦人として描き、リベラルな個人主義は、「互いに闘争するよう運命づけられた、強く分離された個人の結合としての社会という理念」だとコミュニタリアンは言う(2)。リベラルな正義は、個人の権利、公平な法、および自由の強調により、原子的でリベラルな個人のための目的のない孤独な自由を保護するのである。

読者が想像するように、リベラルな人間に関するコミュニタリアンによる批判を私は受け入れない。本章の目的は、リベラルな政治理論は、コミュニタリアンの批判者がその理論に帰属させた罠を避けることができると示す点にある。リベラルな理論は、理性の「道具的」概念、または人生の目的についての懐疑的な、あるいは主観的見解に閉じ込められているのではない。リベラルな個人主義は、原子主義または表面的な共同体の概念と同一視すべきではない。これらの不必要な負担からリベラルな理論を解放することにより、リベラルは、人間の繁栄、徳および共同体の価値ある達成可能な理想を、明確に述べることができると示したいのである。

私は、リベラリズムが必要としない理論的荷物のいくつかを考察することから始めたい。それからリベラリズムが実際に前提とし、促進する人格的能力および個性を探索する。一定の基本的な省察能力は、リベラルな道徳的個人を定義する。こうした能力の全面的発達は、多元的でリベラルな体制における人生、および個人の繁栄の明確にリベラルな形態といった特徴によってともに奨励される。その特徴とは、リベラルな市民権を育てる批判的および省察的能力を引き出すものである。私の目的は、自由と人格的自由の包括的理論を擁護することではなく、基本的なリベラルの政治的価値をコミュニタリアンの懸念、およびより高次のリベラルな願望と結合する方法を考察することである。

道具的理性および主観的価値

コミュニタリアン綱領の代表的項目の一つは、リベラルな理論が依拠しているとされる理性の「道具的」概念の拒否である。[3] 理性の道具的概念は、近世の多くの哲学者や科学者の反アリストテレス的態度に一致するものである。彼らは、事実と価値を分離し、理性は目的を持った宇宙に内在する本質または目的を理解できないと主張した。ホッブズの比喩では、「思考は、偵察者およびスパイとして外国でさまよい、望んだものへの道を見つける欲望に向かっている」。[4] ヒュームの有名な定式化では、「理性は、熱情の奴隷であり、かつそれのみであるはずで、それらに奉仕し、従う以外のはたらきを装うことはできないのである」。[5] 理性は、目的を定めることも、順位づけることもできないと、ヒュームは述べた。「これは、理性が、自分の指をひっかくよりも、世界全体の破壊を好むことに矛盾するものではない」。ベンサムは、理性の従属的役割についての別の有名な言葉を提起している。

自然は、人類を二人の主権者、苦痛と楽しみの統治下に置いた。それらのみが、我われがなすべきことを指し示し、また我われが行うべきことを決定することができる。人はその帝国を捨てると言葉で装うことはできる。しかし実際は、人はずっとそれに従属したままなのである。[6]

理性の道具的見解は、理性は人にとっての善を自然に発見できるとするアリストテレス主義、および中世の自然法理論に反して展開された。政治は、広く理解された人間の善の達成促進に関心を抱くべきだと考えられた。対照的に、多くの近代の思想家は、理性は善き生活の共通の理念に収斂するよう導くものではないが、幅広い宗教的およびその他の個人的価値の追求と両立するのだと主張する。極端な立場では、客観的な善や悪はなく、倫理は発明されるのだとされる。(7) 多くの者は、このどちらかというと道徳の宇宙についての孤立した見解が、ニーチェに帰結するのではないかと恐れた。「自らに自身の悪と自身の善を与え、自らの意思を法として自らの上に掛けられるか？　自らの裁判官、そして自らの法の復讐者となれるか？」(8)。

選好と基準が単なる主観的なものであって、人は恣意的な欲望によって動かされるとするならば、その最終目的は互いに独立し、他者との関係は本来的に重要なものではなく、道具的なものに過ぎなくなる。しかし、多くの近代および現代のリベラルは、理性を単なる欲望または熱情の道具として描く懐疑主義者ではあるが、こうした考えはリベラルな思考の必然的特徴ではない。従って、道具的理性の批判者が、（リベラリズムの一定の擁護に対するものとして）リベラリズムに求められる方針を持っているのかどうかは全く明らかでない。

余りに抽象的なレベルで進めていくリベラリズムの批判者は、的を外す危険がある。まず、人間の価値の性質に関する深い哲学的主張から、心理学的または社会学的主張に跳躍することは危険である。価値は恣意的で、理性は道具的で、人はそれでも絶望的に相互依存的または高度に社交的であるかもしれない。リベラリズムは、何よりもまず、「自己とその目的」の関係についての理論ではない。それは、自由、個人の権利、法、制限的政府、および公共的理性の重要性を強調する、最も直接的な政治生活のとりまとめ方なのである。もちろん、「リベラル」というラベルの下で行われる、異なった複雑な思考と主張を理解するいくつかの方法はある。一つの信頼できる手法は、認識できるリベラルな政治制度および慣行に結び付いた、人格と道理の固有の特徴を探すことである。

リベラリズムは、理性的な者であれば、幅広い生活様式、目標、プロジェクト、および忠誠を適切に追求するだろうと考えている。実際、リベラルな政治およびリベラルな人間についての見解の大きな魅力の一つは、それが、受け継いだ役割、固定した階層秩序、そして個性や選択範囲を狭く制約する慣習から人々を解放することである。リベラルな理性は、多様性を抱え込むに十分広くなければならない。つまり、リベラルな多様性、公共的合理性、および個人の役割と忠誠に関する批判的省察を提供しなければならないということである。

道具主義への代替物として、複数のコミュニタリアンは、善き生活の政治的に権威ある概念によって統治された社会への懐旧を表明するのだが、人間の善が存在すると彼らが信じていることについて、やや捉えにくいといった程度では済まない。共通の、または客観的な人間の善を信じることが、人をリベラリズムから遠ざける理由は何もない。「人にとって善き生活を求めることに費やす人生」、とマッキンタイアが記述するように、結局は善き生活が、人間の自由と大きく結びついているからであろう。寛容で、多元的で、リベラルな共同体は、人々が善く生きようと求める多様な方法を探索するのに適した場所である。話し、公表し、望む者と交際し、旅行し、合意した成人間の親密な関係のプライヴァシーへのリベラルな権利はすべて、他者の権利の平等な尊重によって条件づけられた善き生活の探索を保護するものである。

私が擁護するリベラルな理論は、個人の自由が政治的中心にあり、個人の権利は共通善の集合的追求よりも優位にあると考える。この優先順位は、価値主観主義または懐疑主義には依存せず（後に明確になるはずだ）、理性の道具的概念を必要としない。人生の計画を立てる省察的能力を備え正当に行為できる者は、我われの尊重、および広範な基本的自由への平等な権利を要求できる道徳的人間なのだと、リベラリズムは想定する。けれども、リベラルな人間の尊重の要求は、善き生活に関するすべての判断の平準化を必要としない。人には人生について幅広い選択をする自由への権利があるということは、誰かが欲するものは何でも、あるいは人に喜びを与えることは何でも善であるということを意味しない。また、何がそれとして善であるか、あるいはすべての人にとって善であるかについて、何も言えないということも意味しない。善に関する主観主義と懐疑主義は両立するが、それらがリベラルな権利の優越によって前提とされているわけではない。

リベラルな理論自体から、おそらくある混乱が生まれている。リベラルな権利は、卓越主義およびパターナリズムの政治的措置を打ち負かすために使える「切り札」だとしばしば考えられている。この比喩はある程度誤解を招きやすい。権利は他のより重い権利によってのみ克服されるということは、常に妥当するわけではない。リベラルな権利は、その自由な行使に干渉する政策および政府のその他の行為について、様々な度合いにおいてその正統性を疑わせる。これらの疑いは、非常に強力なことがよくあるが、絶対的なものではない。最も基本的な権利の一つは、法のデュープロセスなしに自由や財産を奪われないことである。けれども、リベラルな市民は、時にデュープロセスを正当に奪われることがある。市民戦争中、共謀者と疑われた者に対する通常のデュープロセスの否定は、多分正当化されていたのだろう。第二次大戦中の日系アメリカ人に対するかかる権利の否定は、まず正当化されていなかっただろう。[9]さらに、人々は、人を尊重に値する道徳的存在にするような、こうした基本的な合理的能力の破壊を、おそらく防ぐべきなのだろう。けれども、特定の例について人が何と言おうと、デュープロセスおよびその他のリベラルな権利は、他の権利以外によっては正当に凌駕されえないと考えることに合理性を見出すのは難しい。権利は、非常に差し迫った政策目標を前進させるべく入念に仕上げた措置によって、乗り越えられうるのだ。[10]

権利および集合的目標は、様々な地点で競合するが、これは驚くには値しない。権利と政治的目標の両者を正当化する根拠は、結果主義者、非結果主義者、および卓越主義者の理由の混合である。我われは一定の権利を主張するが、それは部分的には、どんな良い結果が促進されるかどうかとは全く別に、我われが、人は内在的に一定の尊重形式に値すると考えるからである。けれども、これら同じ権利の多くが、一定の価値ある目標（繁栄等）を前進させ、善き性格的資質（個人の責任および精力）に寄与することも重要である。我われの権利の外縁は、多様な種類の理由に敏感であり、特定事案に直面する都度再検証され、洗練されるのである。

リベラルは、権利絶対主義者である必要はない。たとえば大部分の者は、最小限の形態の政治的パターナリズムを許容するだろう。社会保険、薬物取締法、および自動車安全要件は、現代国家が人民に対して、自らの善のために行い、購入することを要求する行為の中に含まれる。仮にあるとして、どの範囲のパターナリスティックな措置が正当化されるかを特定することは、私の計画の一部にはない。リベラルはもちろん、リスクの引き受けを含めて、個人の自由への干渉を最小限度にしようとする者であるが、リベラルは、類型的にほんの少しのパターナリズムや卓越主義をも拒否する者である必要はない。

これはやや混乱していると思われるかもしれない。リベラリズムが、政治的手段は個人の権利ないし自由を擁護するためにのみ採用されるべきだとの見解として取り扱われるなら、もっと単純になるだろう。結果がどうであれ、リベラルな権利や自由が「善」に対する「権利」の優越、すなわち、道徳的な者を尊重せよとの命令に由来する理性の絶対的優位に基づくと考えられるならば、事はもっと簡単になる。しかし、実際には、我われの権利の外縁と実体は、時に結果主義者および卓越主義者の考慮に影響され、適切に思える哲学的立場から影響を受ける。道徳的理由のどの一つの類型も、常に他を乗り越えるほど強力ではない。道徳的価値および権利の実際の形成は、たとえその命令が大きな力を持っているとしても、人の平等な尊重という命令からだけ由来するのではない。とはいえ、それらは権利が促進する良い結果の単純な作用でもない。人および良い結果に対する尊重を考慮する際は、互いに還元することはできず、何れも政治その他において、他に対して絶対的優位を持つことができない。あるいは、私にはそのように思える(ここで私は、リベラリズムの網羅的道徳理論を詳しく述べることはできない)。

「権利」が「善」に優位するか、またはその反対かという問いは役に立たない。道徳生活は複雑で、道徳的価値の究極的源は複数ある。[11] たとえば、ロックの寛容に関する議論のような政治的議論は、理性のリストを適切に展開している――結果主義、権利に基づくもの、その他である。ロールズの正義論は、権利の優越に基づくと言うことはできない。一定の基本的善が、ロールズの理論において基本的役割を果たしている。[12] 我われの政治的議論を支える理性は、公共的正当化の制度を構成するためには、公開の場で意見を述べ、公共的にアクセスできるものでなければならない。そうは言っても、リベラルな解決を支持する価値の基本的類型は依然として複数ある。

私が擁護する道徳的に複雑なリベラリズム、あるいはより単純な権利に基づくリベラリズムのいずれかに対する一つの有力な代替案は、より厳格にアリストテレス的ないし卓越主義的な手法だろう。この見解によれば、政治道徳の理性は、あれこれの仕方で、一般的な人間の善ないし人間の発達の側面に参加することに帰着するだろう。生活、知識、遊び、友情、および実践的理性は人間にとって基本的に善いことだと言うのは、自然法の提唱者がするのと同様、十分理由があると私には思える。[13]問題は、こうした類型は極めて抽象的で、具体的な実践的論争に対して、公共的に正当化できる解決策を生み出すことからはほど遠い点である。

ジョン・フィニスのような自然法学者が、性道徳の問題に目を向ける際、我われは自然法の第一原理と実践的な倫理判断とのギャップがいかに大きいかを理解する。フィニスは、自慰が人間の善に参加する機会を奪うことを示して、様々な理性的議論を提供する。[14]自慰は単なる楽しみのために体を使い、真の友情、遊び、およびその他の善の価値ある経験ではなく、空想に人を巻き込む。もっともなことで、異論をはさむ者はほとんどいないだろう。けれどもフィニスは、婚外性交渉、同性愛および実際に避妊する夫婦間の性交は、本質的には自慰の変形に過ぎないと主張するのだが、説得力がない。

フィニスは、生殖のための異性の結婚における性的関係のみが、人間の善への完全な参加を統合し、表現するものだと主張する。その議論の問題は、安定した婚姻関係において、子どもを育てることに関わる善を誤って特徴づけることではない。その善は現実的で、根本的なものである。しかし、フィニスが考えるように、生殖から切り離された性が、真の人間の善から徹底的に気をそらすものかどうかは全く明白ではない。フィニスは、多くの人間の性的関係に内在する可能性に短い赦罪を与える。たとえば、特定の相手との同性愛関係もまた、真の人間の善（友情、遊び、知識）

にあずかる。自然が同じ性の者に魅かれるようにした者にとっては、同性愛は親密な友情の善に参加する最善の方法であるだろう。

自然法にはより大きな問題が付きまとう。その変種の多くにおいて、自然法は、公共的正当化の政治道徳と両立しないのである。自然法の第一原理と実際の道徳規範（たとえば、十戒にみられるもの）との間には大きなギャップがあるので、推論過程において多くの作業がなされなければならない。フィニスは、多くの場合、道徳的推論には、「誰にも、あるいはほとんどの人にさえ見出せるわけではない」知恵ないし理性が必要であることを承認する。[15]自然法は、リベラリズムが、その公共的正当化の規範において体現しようとする尊重の平等とは、両立しないかもしれない。公共的な政治的事項として、「ほとんどの人々」の能力を超える推論は、法の適切な根拠ではない。自然法は、人間がどのように行動すべきかについて、公共的理性ではなく、大衆の偏見を許すことによって、エリート主義から救い出そうとしているのかもしれない。自然法は、デヴリン卿やロバート・ボークが展開した、理性に基づかないポピュリズムに陥ることによってしか、エリート主義の非難をそらすことができなくなるだろう。

ここでは部分的にしか確立していないことを認めざるを得ない、次のような作業上の想定に基づいて議論を進めよう。つまり、道徳的価値の源は複雑で、リベラリズムは人の尊重および権利を、重要かつ非常に比重の重い政治原理ではあるものの、絶対的なものではないとみなすという想定である。リベラルな政治において、従属的であるとしても重要な部分は、それが促進する個人および共同体生活の性質である。以下において、私は理性の道具概念は、リベラリズムと両立できるが、必要とはされないのだと主張する。多元的共同体を統治するリベラルな正義に内在する考えは、道具的理性を超越する自律の理想である。

自律としての自由は、最も密接にカントの道徳思想と結びつくが、ここで私が展開したいのはカントの自律に類似したものではない。カントは自由を、人間の行為における理性の積極的行使と結びつけた。だが、そうすることで、一方の側の理性と他方の側の自然ないし欲求とのギャップを広げてしまった。[16] カントによれば、自律するあるいは完全に自由であるためには、欲求の追求をしないだけでは十分ではなく、我われの意思が欲求もしくは外部的ないし偶発的要因ではなく純粋理性によって決定されなければならない。カント流の自由は、熱情と欲求への生の依存を回避するのだが、それは理性の自然、欲求、および社会的文脈からの大きな断絶という犠牲によってなのである。そしてカント流の抽象的な理性は、具体的で、実体的な道徳的命令を生み出すことができないとの悪名を帯びている。カント流の自律が生み出した問題は、結局、リベラルを理性の単なる道具的概念に引き戻すかもしれない。しかし我われは、自然と欲求を解釈し、形成するための批判的能力として、自由で多元的な社会において非常になじみがあり、それによって育てられた能力として、自律の考えを保全することができる。

リベラリズムの主張の一部は（おそらくもっとも重要な一部ではないだろうが）、それが、徳があると評価される人格の種類、および共同体として魅力的な共同体の種類を促進することである。「状況づけられた自律」のリベラルな理想は、私が議論しようとしているものだが、道具的およびカント流の理性概念の欠点や罠を回避するものである。

リベラルな人間およびリベラルな自律

リベラリズムは、「消極的」な自由の概念と呼ばれるものと関連づけられることがよくある。その中で、基準となる定義は、アイザイア・バーリンのものである。「この意味での政治的自由は、簡単に言えば、その中で人が他者に妨げられずに行為することができる領域である」。そして、それは個人の無能力によって抑制されるのではなく、他者の「故意の干渉」によって抑制されるのである。[17] 自由の積極的概念は、自己の主人であること、「思考し、意思を持ち、積極的な存在として自己を意識し、自己の選択に責任を取り、自己の考えや目的を参照してそれらを説明できる存在」からなる。[18] 積極的自由は、消極的自由とは異なり、「内的」理由によって失敗しうる。

我われは、バーリンの要点を誤らないよう注意すべきである。人は、道徳の尊厳ないし価値の帰属を正当化する積極的能力、つまり我われがこれらを十分な尊重に値する存在として「勘定に入れる」のを要求する能力によって区別されることを、バーリンは否定しようというのではない。我われは、カブやランプのかさの自由を気に掛けることはなく、あるいは理性的に語ることもない。バーリン自身は、行為主体が自由だとみなされるためには、最低の合理性要件を満たさなければならないと主張する。その中で我われが不適格とすべきものは、狂乱状態、精神異常、そして催眠状態の行為主体である。[19] いかなる自由の擁護も、「合意した成人」を、子どもおよび様々な無能力者から区別するために必要な積極的基準なしで済ませることはできない。

さらにバーリンは、批判的思考および自律的選択へと我われの能力を発達させるのは良いことだという点も否定しない。バーリンの要点は、自由と、善、社会的連帯、「客観的理性」といった他の純粋な価値、あるいは価値ある目標の特定の概念とは、融合すべきでないということである。自由であることは、必ずしも完全に自律的であるとか、啓蒙されているとかではない。リベラルは、理性の基準を余りにも高く上げることを避ける。というのも、彼らは、すべての通常の能力を持つ成人が、次のような道徳的尊厳を共有すると考えるからである。つまり、実体的質、あるいはなされた選択の価値によらずに省察し、選択する能力によって正当化される道徳的尊厳である。人々を正統性またはより高い自己または真の利益の名の下で強制することによって、我われが彼らを自由にすると言うと、他者の生活に干渉する真の道徳的費用を覆い隠してしまうことになる。消極的自由は絶対ではなく、考量に負け、乗り越えられることもある。また多くのリベラルは、法が人々に物事をそれ自体の善のために行わせることを時には認めるだろう。消極的自由の表現は、人々の選択に干渉がなされた場合、価値あるものが失われることを明確にし、専制の終結を自由の絶頂と同一視することに対する予防薬を提供するのである。

リベラルな理論は、一方で責任ある、能力のある成人と、他方で未成熟な未成年および十分な能力のない成人とを区別する。前者の類型の構成員は、例えば「通常」の精神的および知的能力を保持しているおかげで、道徳的人間に帰されるべき完全な尊重と自制への資格が全員にある。彼らは、市民的および政治的権利の完全な一式を享受できる。後者の類型の構成員は、その程度は様々だが、人であることを識別するための関連した能力の一つまたはそれ以上を欠いていて、それゆえリベラルは、彼らの選択および選好について、道徳的人間に払う完全な尊重よりも少ない尊重をもって取り扱うことは正しく、適切だと考える。後者の類型には、精神障害者および無能力者、意識のない植物人間および精神異常者から、青少年および軽度の知的障害者または認知症の者まで含まれる。

能力のある道徳的人間と他者を区別する、明確なまたは単純な分岐点はない。人間が計画を立て、正義を行うことができる完全な道徳的人間として適切に尊重されていないことが明らかだと思える場合でさえ、にもかかわらずその人は、一定の適切な形態の関心と尊重に値する。ただ、それは障害の程度により異なるだろう。実際、人間が精神的無能力を患う時、我われはしばしば、彼らを適切な特別の関心対象と考えるのである。

リベラルな実践が、リベラルな理論と同様、道徳的人間を他者から区別することに関心を抱くことは、我われの胎児の生命への権利、および重篤で恒久的に障害を負った者の生命維持装置を外すことの許容性をめぐる激しい政治的議論によって例証される。こうした道徳的議論の問題の範疇および区別は不完全でしかなく、またときには無意識的にしかなされないが、リベラルな実践に根差しているのである。リベラルな理論と実践両者において、人の能力、権利、および尊重に関するいくつかの複雑で開かれた問題があり、その問題解決を私は試みない。

「通常」の人間（道徳的意味で）であれば、我われの尊重への要求、自制、および自由への平等の権利に対する道徳的要求を有している、とリベラルは言う。人は、目標、プロジェクト、および人生の計画を形成し、追求し、改定する省察的選択ができる。人は、程度の異なる実践的および認識的合理性を備えており、「自己充足的」ないし「自己規律的」である。人は、長い間にわたって継続するものとして自らを認識する。[20]自己規律的な人の省察能力は、多様な形態の行動、パラノイア、スキゾフレニアを含む欠陥、および我われが目録に搭載するため立ち止まる必要があるその他の条件によって損なわれうる。ここで重要な点は、リベラルは、理論的に、操作、強制、パターナリズム、および卓越主義に対して、人や目的への尊重の原理を共通に認識するということである。

人は尊重に値し、その結果自らの理想を選択し、または理想なしで生きることに自由であるべきだとリベラルは信じている。選択の自由を尊重しながらも、すべての選択に等しく価値があるとか、すべての選択が卓越性のリベラルな形態と等しく両立するなどと、リベラルはみなす必要はない。通常の人であることに関連する省察的能力をさらに十全に発達させることは、人格の理想、我われが「自律」と呼ぶものへと導く。

自己充足した人間は、欲求をある程度省察し、選択し、繰り延べ、形成する能力がある。それゆえ自己規律的であるが、価値ある長期的プロジェクトおよび約束のために、欲求および性向に抵抗する規律を欠いているかもしれない。自己充足した人間も、依然として流行または慣習に順応的であるか、または「奴隷」であって、他者から無批判的に受け取る基準、理想、および価値に基づいて行動しうる。すなわち、自己充足した人間は、慣習を自ら批判的に考量し、判断する能力または性向を欠いているかもしれない。[21]単なる自己充足した人間は、批判的に評価し、理性的に統合した価値、理想、および願望から行為しない。道具的合理性しか持たない自己充足した人間も、なお基本的な尊重の形態への資格がある。リベラルとして活躍することは、道具的合理性以上の省察的能力を必要とする。

自己充足から自律への移行の決定的特徴は、批判的に評価し、また人の行為だけでなく、我われの行動の源、人の人格そのものを積極的に形成さえする能力の発達である。「強い評価」能力は、カント流の自律を悩ます厄介な二分法に依拠することなく、自律に関する思考方法を提供する。熟議において、我われは欲求自体を評価でき、形成できるのであり、よって省察と欲求は、対立せず密接に結びついたままである。強い評価は、これから見るように、熟議の過程における言語および明確な記述の果たす役割を強調することによって、我われが自律を社会的文脈に据えられるようにする。

強い評価は、カント流の、あるいは状況づけられていない自律を拒否する。その代わりに、一定の種類の社会的文脈に十分据えられたものとして、省察的熟議がコミュニタリアンの懸念に適応するのである。強い評価の観点で考えられたリベラルな「状況づけられた自律」は、我われが、共同体多元的社会において奨励される批判的省察の種類を評価できるようにする。一つは、善き生活の多くの理念が、注目と忠誠を求めて競争する社会である。

強い評価は、ハリー・フランクファートが「第二順位」の欲求と呼ぶものに関する能力によって示される。

願望と選択、およびこれをするかあれをするかの間で動かされることのほかに、人はまた、一定の欲求と動機を持ちたい（あるいは持ちたくない）と思う。人は、その選好および目的について、現在とは違うようになりたいと思うことができる。多くの動物は、「第一順位の欲求」と呼ぶものの能力を持つが、それは単に、するかしないか、またはあることをするか、別のことをするかの欲求に過ぎない。しかし、人間以外のいかなる動物も、第二順位の欲求の形成において明らかとなる省察的、自己評価的能力を持っているようには見えない。[22]

自己充足的人間は、強い評価者であるか、チャールズ・テイラーが「単純な考量者」と呼ぶ者の何れかである。[23] 功利主義者（あるいは少なくとも、ベンサム流の功利主義者）は、行為の代替的過程を数量的にのみ対照させる「単純な考量者」を例示する。この「弱い評価者」は、「人格の浅薄さ」を示すものである。彼は、単一の尺度の強さや大きさによって区別される第一順位の欲求しか知らない。彼は、欲求の「価値」ないし質を評価せず、深みを欠いている。「単純な考量者」は「計算できる合理性」のみを備えた「気まぐれもの」である。彼は、異なる欲求を考量し、強いもののために弱いものなしで済ますことができるが、「彼は自分のどの好みが最強であるかどうかは気に掛けないのである」[24]。

強力な評価者は、他方で、その強さだけでなく自身の価値に従った欲求を区別し、この評価に基づいて行為する。強力な評価者は「一定の行為に存在する一定の生活様式を希望する」。すなわち、強力な評価者は、第二順位の欲求の一貫したパターンを、個性の理想の中に作り上げ、一つの理想を他の理想と考量することができる。スチュアート・ハンプシャーは、この馴染みのある考えをうまく表現している。

人は、省察に基づいて一定の関心と欲求を持った種類の人になりたいと思うだろう。人は、人格についてのある理想追求の中で、自分の中に一定の関心を養い、他の関心を抑圧し、あるいはそらそうとするだろう。この省察――一定の欲求は持ちたくないとする欲求――は、省察し、批判する者の誰にとっても不可避なのである[25]。

強い評価者は、大いに、単純な考量者が使えるものより豊かな表現で、自己の選択の優位を明確に述べることができる。たとえば、ある食欲にふける機会は、単純な考量者にとって欲求の相対的強さの評価の問題でしかない。しかし、強い評価者にとっては、食欲自体が、「より高いか低いか、高貴か、卑しいか、勇敢か、臆病か、統合されているか、バラバラか」として評価できるのである。

強い評価者は、競合する規範、理想、および定性的評価を参照して、自己の性向や欲求を試験し、形作り、そしておそらく拒否することができる。強い評価は、すべての偶発条件を超えた領域に住み、純粋理性から行為することができる超越的主体を前提にするような、カント流の「状況づけられていない」自律ではない。自律の理想は、異なる基準や理想を知った人の自律である。それは我われの欲求から省察的距離を設定し、それらおよび我われ自身についてより幅広く熟議できる能力に由来する。熟議は、相続した道徳言語——共同体と理想の多元性からなる共有文化の保管所——によって行われる。リベラルな自律とは、偶然性を超越し、あるいは我われ自身を超えた世界に住むことではない。人の共同体、ましてやすべての共同体の外に立つことでもない。自律は我われのリベラルで、多元的な共同体において、文化の他の側面および我われの経験に対する我われの文化の一側面に反応して、批判的に身を処す方法なのである。ベンが述べたとおり、「自律的であるためには、人は行為の理由を持ち、新しい理由に照らして、再考できなければならない。どこにもない所から基準を呼び出す能力を持つことではない」[26]。

強い評価は「明瞭性の条件である」とテイラーは述べ、「強く評価する言葉を得ることは、人の選好について（さらに）明瞭になることである」[27]。評価的言語を習得することは、我われの経験に特質を与える。異なる生活様式は、豊かな道徳言語の使用者が保持する定性的対比および区別によって「維持され」、あるいはおそらく構成されるからである。より豊かな比較の一組を習得することは、より豊かな選択肢の一組を得ることである。「明瞭性があるところには、以前にはなかった理念の多元性がある」[28]。自由の価値が部分的には、行為主体に利用可能な選択肢の幅と独自性の機能であるならば、強い評価者の自由は、単純な考量者の自由よりも価値が高い。強い評価者の世界は、いかなる単純な考量者が理解しうるよりも豊かで、深い対比なのである。

我われの世界が本当に比較できない基本的善であるならば、こうした異なる基本的価値を知り、明瞭である者、定性的対比の言語および基本的善の性質、およびそれらに参加する異なる方法について幅広い経験を持つ者は、浅薄な還元主義者や、狭い、世俗的生活様式に無批判的に執着する者よりも世界をより良く理解する。自律的な個人は、社会的に根付いた個人であり、その知的で文化的な遺産を理解するが、個人の人格および人生計画を作り出し、社会的実践への参加を人格を表現する実演に変えることによって、遺産を自らのものにしようと決めているのである[29]。

我われは、「深い」、または非常に困難な選択、基本的重要性を持った価値を問題にするものに直面したとき、強い評価を行う可能性が最も高い。サルトルのあの有名な、戦時中、病気で苦しむ母親のもとに残るか、レジスタンスに参加するために離れるかの選択をしなければならない若者の例を考察しよう。この二者択一は、ほぼ間違いなく、それぞれの仕方で高貴ではあるがまったく異なるものなので、いかなる単純な尺度に基づいても考量が不可能であり、選択する理由さえまったくみつからない種類の行動を表わしている。それでは人は、実存主義者が示唆するように、理性によって導かれない個人の歴史や価値、以前の誓約、計画、プロジェクト、および性向の重さを負っていない単なる意思の力によって、あれこれの仕方で、「褒めそやす」か「跳躍する」しかないのだろうか？　根本的な自由は、状況づけられた自律ではない。

自律の達成は、「理性」または単なる恣意的意思によってのみ構成された、純粋に抽象的な主題を選んで、「自己」をすべての忠誠や願望および社会的理解ならびに理想から切り離すことではない。状況づけられた自律は、それらからの逃避および放棄ではなく、相続した価値、個人の忠誠および基本的善の批判的省察を含む。リベラルな自律は、それ自体すでにプロジェクト、計画、忠誠、および強い評価により構成されている道徳性、および個人のアイデンティティを批判的に省察する能力を関与させて、深いレベルで我われの理解と責任を巻き込む。

困難な選択をする際、我われは既に存在する何が重要かの感覚に依拠し、さらにその感覚を明瞭にし、形作る。省察は、根本的な道徳的価値の対立により拍車をかけられ、私はどんな種類の人間であるか、どんな種類の人間になりたいかといった考察へと私を導く。自分の人生を振り返って、私は現在の計画、プロジェクトおよび願望を批判的に検証する。自己解釈および自己批判のプロジェクトに参加する。私の人格は、絶対的に確定した形ではないとしても、確かであることを認識する。私は、一定の資質の発達に時間と努力を費やし、その他を無視してきた。私の人生の物語りは、すでに部分的に書かれており、できうる限り最善の方法で継続したい。それはどんな数の方法でも進められるが、古い方法ではない。私の個人史はまた、人類の経験の長い過程および人間の性質の深い傾向に根付き、光を当てられる。我われのほとんどは、これらの教訓と限界の何らかの感覚を持っている。

困難な個人の選択に思いを巡らせる者は、強い評価、基本的信念、性向、弱さ、理想、およびもちろんその他の価値を条件づけ、形作る政治道徳の信念によって既に定められていることを見出す。自律した自己は、実存主義者が主張するような根本的な自由状態において、肉体から離脱した自我、あるいは完全に切り離された意思ではない。そうではなくて、基本的評価および忠誠の核心が、地平ないし基礎、そこから我われがある特定の選択、もしくはプロジェクトないし忠誠あるいは価値を省察し、または評価する、暫定的に確定した背景的「人格」を形成するのである。

我われの選択は、ある意味で、根本的選択という実存主義者の考えとは両立しない根拠に基づく。我われが、一定の方法で行為する暫定的に落ち着いた人格、価値の一組および気質を持つという事実は、そのために多分、長い時間をかけて、我われはある種の道理を呼び起こしてきたのだが、選択の最初の根拠、そこから熟議が始まる比較的定まった地点の一組を与えることによって、我われの熟議を安定させるのである。我われの説明は、テイラーが言う通り、「なんでも当てはまるような単なる恣意的なものではない[30]」。一定の事柄は、多かれ少なかれ所与である。我われは、親を選び、不死であると決め、税務職員から逃れることはできない（我われは、こうした明らかに「確定した」制約に対して、異なる態度や理解を採用することはできる）。一部の定まった想定、信念、および気質は、批判的に検証し、再度形成することは難しいだろう。またある者は、大きなトラウマ、もしくは「アイデンティティ・クライシス」なしにそれらを放棄することはほぼ不可能だろう。所与の人格から生じる制約に加えて、我われは、全体性、一定の行動の一貫性もしくは少なくとも人生の部分間の統一ないし連結性、ないしマッキンタイアが善き生活の「物語的統一」と呼ぶものを評価する[31]。

個人のアイデンティティは、選択の暫定的基準を与え、我われは、どこにもない所ではなく、今いるところから始める。我われには、その他の個人性の弱い道標もある。豊かな評価的言語で所与の範疇を明確に述べることは、あれやこれやの仕方で行為する理由となる価値を喚起することである。自律的な者は「他から由来する批判的規範によって、彼の伝統の一つの側面を知らされる」[32]。我われは学んだ（もし学んでいればだが）考えを恣意的に適用し、あるいは状況を望み通りに解釈することはできない。我われは選択肢や代替案を想像的に作り出すことができるが、状況の批判的解釈者、および評価基準の識別力を持った相続人のままでいるのである。

我われは、達成したアイデンティティと選択肢を公共道徳の言語で理解するが、その言語に対してはいかなる個人も支配者を持たないものである（ホッブズやハンプティ・ダンプティ〔言葉の意味を自在に変えることのできるキャラクター〕のような主観論者がどのように考えたとしても）[33]。道徳の言葉とパラダイムは、我われが〔勝手に〕選ぶどんな意味でも持つことなどありえない。テイラーが述べているように、「多かれ少なかれ十分で、多かれ少なかれ真実の……解釈があるが……明確に述べることは間違っていいる場合がある」。これは人が自己の性向について誤りうるからだけでなく、理想、価値および善について、不十分なあるいは混乱した理解をするからでもある。それらの理想、価値および善は、単に個人的なだけでなく、またそれぞれの新たな個人または世代が考えもつかないものなのだ[34]。

自己解釈および自己批判は、高貴と卑しさ、勇気と臆病、成功と失敗、忠実、残忍さ等の観念に対して、「内に向かって」だけでなく「外に向かって」見ることを含むべきである。我われは、自らの人格の新鮮な洞察によってだけでなく、人の最も個人的な願望の源や、モデル（独創性のない模倣ではなく、常に創造的に個人化され、自己のものとされる）をおのずと提供する公共的理想によっても導かれる。

リベラルな正義への優越的忠誠を承認する道徳的行動主体として、市民は道徳的に自己批判的である。また、彼らのプロジェクトや計画が、各人の自由を他者全員の自由と調整するような、リベラルな正義の非個性的な試験に合格できない場合、改定され、おそらくは放棄されなければならないことを認める。しかし、リベラルな正義の道理は、リベラルな市民に押し付けられた外部的な強制ではない。正義は、我われの行動の公共的試験だけでなく、秩序の整った社会では、そもそもの初めからそのプロジェクトおよび忠誠を形作る、リベラルな市民の生活の建設的な特徴でもある。

個人のアイデンティティを構成する我われの基本的で強い評価は、決して固定したものではない。人は、人の根本的判断に単純に直面し、あるいは発見するのではない。これらの特徴は、ただ「そこに」あるのではなく、明らかにされ、開示されることを待っているのである。選択において、私は基本的信念を理解し、明瞭にしなければならず、またテイラーが述べているように、「明確に述べることは、我われの欲求を形作ることであり、自己解釈は、部分的には経験を構成する」。決定的なのは、「新鮮な洞察が、私の評価を変え、したがって私自身も変えることがあり、いかなる形成も変更不能とはみなされない」ことである。[35] 自律したリベラルな主体の欲求、信念およびアイデンティティさえも、固定され、あるいは閉ざされているわけではない。人間の経験の広い展望に対応して、それはある程度適応性があり、変更に対して開かれているのである。

強い評価はもちろん、客観的に「正しい答え」に到達する方法ないし技法を与えるものではなく、あるいはサルトル流の選択状況およびその他同様のものへの答えを決定するものでもない。サルトルの例における関連する考察の範囲は極めて広い。母と一緒にいられる者はほかにいないだろうか？　若者はレジスタンスを助けることができるだろうか？　レジスタンスに何か違いが出るだろうか？　母は、事業全体をどのように思うだろうか？　強い評価およびリベラルな自律は、困難な選択を自覚的に省察し、明敏な立場を構成するが、それらは単純な、あるいは明らかな解決策を述べるものではない。

私は、私の人格を選択することはできないが、少しずつ形作り、変えることはできる。批判的な自己省察は、積極的関与である。それは我われが行うことであり、それを行うことは常に我われに委ねられている。こうしてテイラーは、「我われの責任は達成された。……、ある人間の洞察の限界が、その者に対する判断として受け取られるのである」と言う。[36] ジョン・ロールズは、「秩序の整った社会の構成員は、その基本的関心および目的について責任があるとみなされる」と述べる時、同様の考えを表明している。これは「構成員が自らを、最終目的を改定し、変更することができるとみなしている」からである。[37] 正義と整合的であるように、人は、その行動が由来する深い義務について省察すべきである。リベラルな正義の政治は、すでにみたとおり、その進歩的発達が市民と公職者の積極的参加を要求する、ダイナミックで、批判的に進化する価値と実践の一組である。批判的能力を発達させるために、正義の要求に密接に関連する実体的な道徳的理性があり、こうした能力は、個人的ならびに政治的問題において展開されうるのである。

言語は、三重の仕方で強い評価者の自由と社会的状況とを媒介する。第一に、明瞭で、自己批判的な自己分析は、人が自らの欲求、気質、および性格から一定の距離を取り、自らを批判的分析の対象にできるようにする（すべてを同時にではないが）。この明瞭化能力によって人は、自らの欲求と性格を形作ることができ、強い評価者の自律を持つ。第二に、自己批判は、すでに我われが生まれた社会的世界の一部となっている言語によってのみ行うことができる。言語は、強い評価者の置かれた状態へのカギを提供する。最後に、強い評価は、何世紀にもわたって無数の他者により形成され、他者が一斉に呼び出し、再形成した言語によって行われるので、我われの自己判断は、他者と共有することができ、他者が批判することができる。言語は、強い評価者の相互関係性へのカギを提供する。[38]

我われは明瞭な存在として、主人のいない、より大きな言語秩序の中に存在する。言語は、ハイエクが「自生的秩序」と呼ぶ特徴を示す。我われは、それを全体として理解することはできず（不可避的な黙示的要素がある）、あるいはその将来の過程を予測できない。それは設計されたものではなく、個別の話者の相互作用から生じるものである。それはダイナミックなもので、あるいは共同体の生活において用いられるので絶えず作り直されるものである。それは単一の目的を持たないが、見知らぬ無数の者の多様な目的に仕える。[39] 人の自己および範疇の理解を自己形成する重大な媒介として、言語は、大いに与えられ、受け取られる。オーウェル流の悪夢の一歩手前で、公共的意味は、集権化した権威の自覚的統制を超えるものである。

我われは、行動を制御できるが、行動の公共的意味の制御はできない。というのは、我われは、大きく与えられた文脈で行動するからである。我われは、「根本的に自由」であるという意味では自律的ではなく、また我われが直面する道徳的問題を擁護する価値を創造したり、あるいは言葉に我われが選ぶ意味を持たせることはできない。我われが努力して得ようとする自由と自律は、この公共的意味のネットワークから我われ自身を開放する能力の結果ではない。我われは、批判的解釈の対象であり、行為主体であるだけではない。我われと我われの行動についての他者の解釈を、我われが気に掛けるのは自然なことである（少なくとも、ほとんどの場合一部の他者の解釈を）。我われの行動の文脈をより良く理解すれば、我われは世界における自分たちのやり方をよりうまく交渉できるようになる。

我われは、この絶えず存在し、予測不能な変化をする公共的意味の制度によって同時に力を与えられ、またそれらに依存するのである。リベラリズムは、その深いレベルにおいて、全員の参加と影響を恒久的なものとするが、誰の独占的支配もない、意味ある相互作用の秩序だった文脈のもと、「言語的レッセフェール」政策に依拠する。この公共的意味の「自生的秩序」なしには、我われは、シェルドン・ウォリンが「偉大な決定者」と呼ぶ、ホッブズ流の主権者の最も過激な権力のほしいままにされてしまう。[40] 我われは、自由な社会において我われと同様彼らも受け入れる、公的権威の支配の及ばない公共的意味の枠組みを持つ。我われは、それを形成し、かつそれによって形成される、意味の公共的秩序の行為主体でもあり、客体でもある。

何者であるかを形成し、欲求を理解し、制御し、形作る人の積極的能力は、強い評価がそうであるところのもののすべてである。人が、当該熟慮の結果から行動することを決意し、不屈の精神を持つ場合、我われは、その人を自律的だとみなすだろう。これらは、完全に積極的な自律の理想の局面である。個人の熟慮に基づいて行為する、批判的な、自己の方向を持った、言語および文化の理想の熟達、公平な規則と道徳規範に適合する能力、および必要な決意と不屈の精神である。

状況づけられた自律の理想は、人間主体を、完全に、単に欲求の力または歴史の流れ、遺伝、社会化、および共同体ないし経済的圧力によって「動かされる者」ではなく、「動く者」として描く。このモデルは、マッキンタイアの悲観主義の餌食にならずに、我われが人の多様な性質、多くの可能性に対して開かれていることを肯定できるようにする。我われのアイデンティティは、改定に対して開かれているだろうが、我われはマッキンタイアが非難するように単に漂流するのではない。自律的な人間は、受け身ではなく、一部は深く、あるものは暫定的に、常に多様な誓約、愛着、および忠誠によって構成される自己の方向付けの積極的な中心だからである。しかし、その何れも、正義の理性に照らした省察の限界を超えるほど教条主義的にではない。我われは、オークショットとともに、「この状態を、人間の尊厳の象徴、および負担を課されるのではなく、機会として各個人が探索し、育み、最大限活用し、享受する状態だと」認識する。(41)

政治道徳の最善の道理の探索が、決して終わりのないプロセスであるのと同様、リベラルな者のアイデンティティは、決して閉じられることはなく、我われの自己形成の基本的判断は、決して普遍的なものではない。テイラーが強調するように、「完全な責任は、新鮮な洞察によって自分自身を変える能力から生じる」(42)。ポパーから大まかに借用するなら、我われは、自己批判に対する開放性、および我われの基本的判断の「反証」は、特にリベラルな態度を体現するといえるかもしれない。これは、自律的でリベラルな市民が、リベラルな正義とその個人的忠誠および価値を、理想的に支持する仕方である。

リベラルな、状況づけられた自律は、価値ある人格を発達させるため、多元的で寛容な文化の源を批判的に利用する能力に由来する。省察的に、自己批判的でリベラルな共同体の文化、その詩、歴史、文学、および道徳哲学ならびにより大衆的なメディアは、自己解釈的プロセスに資源と刺激を提供する。公民であると同様に自由な個人として、自律的なリベラルは、自ら、他者およびその文化の内在的、解釈的批判者なのである。

予測できない将来に直面して変化に対して開かれていることは、明敏な観察眼の不屈の精神による測定を要求する。しかし、リベラルな政治的価値は、リベラルな個人のプロジェクト、目標および忠誠よりも統一的で、恒久的なので、オークショットの有名な比喩が個人よりも政治的生活によく当てはまる。「人は、境界や底のない海を航海する。避難する港も、錨をおろす海底もない。出発点も、約束された目的地もない(43)」。

多元主義とリベラルな人格

自己充足は、自由な行為主体性を、精神異常、錯乱、およびそれには至らないその他の状態と区別する省察的能力を取り入れる。リベラルは、正常な人格の基準に、さらに実体的な条件の構築を避ける。人の権利の尊重の論理は、人が選択する価値に関する実体的判断とは独立している。リベラルは、人は、他者の等しい権利を尊重する限り、その選択を尊重されるに値するのだと言う。リベラルな自由は、重要なこととして、善き生活の理念を定義し、改定し、追求する権利、および怠け者でいる権利を含む。

リベラルな人格を定義する合理性の「薄い」概念に対する不満足のせいで、コミュニタリアンを含むリベラリズムに対する一定の批判者たちは、行動または行動主体が自由であり、尊重に値するとみなされる前に、飛び越えなければならないハードルを広げ、より実体的にしようとする。テイラーによれば、リベラルは、自由が妨げられる三つの仕方を無視するとされる。行動主体がそれとは認識しない欲求（通常、定まった計画およびプロジェクトに反対する欲求）、「非正統的」欲求、および比較的重要でない欲求によって。自律の理想の要素をリベラルな尊重の条件に導入することにより、テイラーは、合理的な人間は、必然的に善き生活についての一定の特定可能な概念を追求するとの主張に依拠することなく、リベラルな人格を超越しようと試みる。

テイラーは、「より高いおよび低い自己の……形而上学」を避けながら、積極的自由の理論を発展させることを主張する。[44] だがテイラーは、対立にとらわれている個人の中で、人は、両立できない欲求によって異なる方向に引き裂かれて、「正統な」欲求の場所として特定できる「真の自己」があると主張する。さて、正統な自己という考えは単に、強い評価が行われる背景を形成する、暫定的に定まった人格、比較的定まった気質、習慣、価値および広い人生計画からなる人格に注意を向けるだけかもしれない。もちろん、我われの判断における不変性の程度、個人の安定性、プロジェクトの追求における決意は、重要な資質である。我われは、すべての価値や理想に同時に疑問を投げかけることはできず、我われは、深い評価が大いに不安定な場合、うまく生きることができない。人の定まった人格が、比較的変化しやすい欲求、衝動、または誘惑と衝突することを観察するのには、何の異議を唱えるべきものもない。けれどもテイラーはさらに進んで、プロジェクトと衝突する欲求を、我われが「自由への障害」とみなすことを欲する。

我われが変化する欲求によって悩まされる限りにおいて、我われは自由ではないとテイラーは言う。「我われは、一部の欲求を足枷として経験する。なぜなら我われは、それらを自分のものではないものとして経験できるからである」。我われの真の自己は、一般的に我われが省察的に採用した計画および目的と同一視するものであり、「欲求は、我われのより深い目的を妨げ……［また］自由への内面の障害でありうる」。[45] テイラーは、「正統な」という用語によってどんな作業がなされたか、あるいは「正統な」自己が省察的計画と同じであるべきなのかを精密に明確化することはない。正統性の観念は、対立する欲求または利益の表面下で、比較的に安定した傾倒および気質の一組が単にあるというのではなく、確定した、真の、またはより高次の自己があることを示唆するように思われる。テイラーは、個性の調和的核心を仮定し、その確定した内面の気質の核心の性質を明確化することなく、ましてやその存在を裏付けることなく、「認識的」要素を強い評価に注入して、正確な自己認識に基づく行動と自由を同一視するように見える。[46]

疑いもなく、省察および選択能力を圧倒し、あるいは「失望させる」欲求は、自由への内面的障害を構成する。省察能力を乗り越える強迫観念によって動かされることは、実際には「行為」していることにはならない。それは飛び込むのではなく、強い風によって断崖から吹き飛ばされるようなものだ。別の例では、人は行っていることを認識していないかもしれず、省察能力は、短絡化し、あるいは失望させられ、ここでもまた、実際には行為していないのである。人がすることは、ウィンクよりは非自発的なまばたきのようである。人は、アノミー的で、欲求の間で秩序を確立できるようにする内的規範を完全に欠いているのかもしれない。プラトンの「専制的魂」のように、そうした者は、ジョエル・ファインバーグが指摘した通り、「外部の足枷から自由であるが、自らの欲求の鎖によって縛りつけられている。その選択肢は、選好の階層において秩序付ける能力を圧倒する。不自由であることとは、制約され、内面の規則が存在しないことであり、欲求は、混雑や衝突の中で互いに制約するだろう」[47]。我われは、通常人を定義する能力を凌駕し、失望させ、その他ダメにする多様な方法の目録を作る必要はない。私は、我われが基本的にかかる事案を非正常と認識することを指摘したいだけである。トマス・ネーゲルが述べたように、「ほとんどの人は、自らを自身の体の乗客とはみなさず、自然の衝動によって攻撃されるよりは、動機づけられる」[48]。

欲求が、人格を定義する基本的能力の達成をダメにする事案は、ダメになることが自律の理想またはその他の理想の達成である事案とは、注意深く区別すべきである。後者の事案では、自由以外のものが危機に瀕しているのである。多くの個人的資質または習慣は、自律の理想に向かって努力する能力ないし性向をダメにするか、挫折させるだろう。

しかし、常にそういうわけではないものの、自律の理想は、我われがリベラルな市民権の要求に従って生き、多様で開かれた社会で発展することに資する。我われは、自律の理想に向かってうまく努力している人だけでなく、人生の計画を立て、公正に行為する人を尊重すべきである。両親によって定められた経歴《キャリア》を、疑問も持たず、かつ単一の心で追求する人は、異なるプロジェクトを実験したり、その他の可能性のある目標および願望を批判的に省察することはなく、リベラルな自律の理想を持っていないが、責任ある人格の地位は持つことになる。リベラルなモデルに基づき、自足への障害（自律への障害はない）のみが自由への障害なのである。

「我われが非常に重要な目標をないがしろにして、重要性の低い目標に心を奪われる時、自由は危機に瀕してはいないだろうか？　あるいは我われが悪いとか卑劣とみなす動機から行動するように導かれる時にはどうか？」とテイラーは問う。(49)　自由への障害の中に、テイラーは、プロジェクトと対立する欲求、より重要な目標と対立する目標、および良い動機と対立する悪い動機を含めるだろう。しかし自由な行為とは、善良な性質の、省察的である重要なプロジェクトの追求に限られるのだろうか？　これらの判断はすべて、人が自由だとみなされる前に、飛び越えなければならないハードルに組み込まれているのだろうか？　あるいはそれらはむしろ、自由な行為が善で、重要で、正統で、あるいは自律の理想またはその他の理想と調和的だとみなされる前に通過しなければならないハードルなのだろうか？　喫煙をやめるという私の決意を打ち負かす誘惑は、私のプロジェクトがより健康的になることと対立するというだけで、「私のもの」ではなく、自由への障害となるのだろうか？

リベラリズムの批判者は、「ある動機からの行為は、自由を否定する」と主張するかもしれない。しかし、ある動機からの行為は、自律または自律的に選んだプロジェクトの達成を打ち負かすかもしれないと言ったほうがいいだろう。「目的は、足枷として経験する欲求によって抑制される」とテイラーは言う。こうした欲求（上で述べたように重要度の低い目標および悪い動機もまた）は、それらが人格の基本的能力を妨げない限り、自由への障害ではない。不自由の主張は、足枷をつけられたものによって決まる。長期的観点のプロジェクトまたは「目的」に反する欲求が、選択を行えるようにする限り、また欲求とプロジェクトが「私のもの」である限り、私はどの道を選ぼうと自由なのであり、私の選択は、自由な人間の行為に対して払われるべき尊重に値する。

テイラーは、プロジェクトおよび「職業」を、それらと対立する欲求に較べて、非常に特権的な地位に置く。自己の境界は、プロジェクトを含めるように狭まるが、対立する欲求ではない。人格の閾値は引き上げられ、「自由な」者は、気まぐれな欲求に対して重要なプロジェクトを選択する。自由になるためには、テイラーにとっては、価値ある目標の追求を妨げられない省察的行為主体では不十分であり、人は「正しい」選択をしなければならない。幻想の高揚に対して合理的な計画、重要でない計画に対して重要な計画を、そして悪い動機に対して良い動機を選択するのである。「自由は今、私の重要な目的を認識できることを含む」。

我われは、自由で責任ある（賢明で善良でなくとも）者が追求できる種類の目標を実質的に制限すべきではない。自由は、テイラーが主張するよりも狭い範囲の事案で危機にさらされているのである。自由であることは、選択できることであり、誤ったあるいは悪い選択さえもできることである(50)。人が幻想の気まぐれまたは高揚に負ける時、自由が危機にさらされるというのは、まったく意味をなさない(51)。

善き生活を擁護しうる理論において、欲求に対する重要なプロジェクトの選択をテイラーが強調することは、限られた有用性しか持たない。正統性を省察と同一視することは、テイラーを一種の過度の合理主義に傾倒させ、「真の自己」を「一時的な欲求」と対立させるだけでなく、自発性とも対立させてしまう。政治的生活において、我われは、明瞭な公共的理性に基づいて行為する責任がある。しかし、すべての私的行為がそのように入念に計画され、考え抜かれ、幻想の高揚が拒否されるならば、結果は冷たく、息詰まるほど自発性がないものとなるだろう。自発性がなければ、善の働きが意味を持つことは難しくなり、愛の「神聖な狂気」の余地を見出すことも困難となるだろう。完全に恣意的で、場当たり的で、省察のない行動を擁護しているのではない。我われは、自由な行為が自発性の空間を提供し、善き生活がそれを必要とすると考えるために、それほど遠くに行く必要はないのだ。

自由で、責任ある者は常に、善で、重要で、他者を尊重すると想定することは、人格の概念を、ほとんどわずかな人間しか適格とされないような地点まで吊り上げることである。自由で責任あることが、善であることならば、世界には本当の悪はいなくなり、意思の弱さ、病気、および実践的合理性の失敗だけになる。しかし、冷静な計算や、省察的方法によってさえも、人々が悪をなしうる（そうした者は、ただ矯正されるだけでなく、抑制され、あるいは罰せられるべきである）ことを否定するのは、非常に素朴に過ぎるように思える。

テイラーのコミュニタリアンのプロジェクトは、マッキンタイアに類似したリベラルな多様性に対する二律背反が浸透している。一方で、テイラーは、人々は「不完全な」人生を送る権利はないと示唆している。我われは、「権利を擁護する根拠に基づいて、人々の人生の不完全な形態の道徳性を意味のあるものとして主張できない」[52]。他方で、テイラーは、自由に対する「内的」障害という、どちらかというと広い範疇について、政治的介入を正当化する、あるいは自由な人が行える選択を実質的に制限するために用いることには熱心ではない。テイラーが言う通り、「自己実現」に伴う自由は「内面的理由によって失敗しうる。ところが、人間の多様性と独自性のため、社会的権威は原則としていかなる有効な指針も提供できない。かかる指針を課そうとする試みは、その他の自由の必要条件を破壊してしまう」[53]。テイラーは、人は愚かな、あるいは真面目な人生を送る権利があると信じているのだろうか？　自由な時間を、テレビを見てビールを飲みながら過ごすか、あるいは「高次の」楽しみを培うか？　人格の閾値を余りに高く引き上げる、あるいは厚く、実質的な基準で構築することは、人の尊重の論理を、卓越主義およびパターナリズムの論理、またバーリンが警告しているように自由を専制と同一視するリスクの犠牲にすることである。究極的に、上の引用が示す通り、自律自体は、人々が自由に「不完全な」人生を送るリベラルな環境で最も促進されることを、テイラーは認めているように思える。

自律の理想は、生活様式の実体よりはスタイルに関係するものである。人のプロジェクトへのかかわり方は、決定的である。自己批判的で自覚的にプロジェクトを行い、自ら傾倒することは、非常に個人的で、複雑な事柄である。活動が自律的に選択されるかどうかは、積極的にまたは受動的に参加するかどうか、それがどのようにより大きな活動パターンあるいは広い人生計画に当てはまるかによって決まる。これらは何れも、個人の選択は誤ることがないとか、親友が選択を後であれこれ言うことは決して正当化されないなどということを意味するのではない。さらに、人が自律的に行為すると主張するのは、批判から免責することではない。自律は完全な理想ではないからである。それは他の徳の影響を受けやすいが、その保証人ではない。それは道徳的価値の中の一つなのである。

抽象的な基本的人間の善を特定の選択に関係させるのは難しい。本当の人間の善があると認めることは、我われには見慣れない生活が、当該善に参加する方法であるかもしれないという理解を容易にするわけではない。熟議における言語の公共的性格および明瞭さの役割を強調する際、各々非常に個人的な、親密でさえある経験と微妙な影響によって我われが形作られるという事実に目を閉ざしてはならない。我われ自身に対して、我われは完全に透明ではなく、まして他者に対してはなおさらそうである。人の生活を構成するプロジェクトおよび追求の場所と意味は、部分的に、その人を形作った特有の経験に依存する。カトリックの司祭は、レズビアンであるとはどのようなことかを知るのは非常に困難だろうし、その逆もまた然りである。

人間の善は抽象的で、開かれた織物であり、それらに参加する無制限の多様な方法を認める。他者に判断を下すことには、常にある程度の推定がある。常に疑念の余地が、常に無知があり、また、我われが、他の人々の選択の真の質および意味を明確に見ているかどうか考えさせるための原因が常にある。いかなる人生も「何の秘密もないもの」

ではない。

友人が死んだ。隣人が死んだ。私の愛しい人、私の魂の最愛の人が死んだ。常にその個人性にあるものは、避けがたい秘密の強化と永続化である。それを私は人生の終わりまでもっていく。私が通過するこの町のどの埋葬所でも、その忙しい住人がそのもっとも内奥の個性において私にとって不可解である以上に不可解な、眠れる者、あるいは彼らにとって私が不可解である以上に不可解な、眠れる者はいるのだろうか？[54]。

人々は、全面的に神秘的ではなく、我われはもちろん、彼らの行為と生活が他者に影響する（彼らが他者の権利を侵害し、一定の仕方で害し、あるいは怒らせる時）一定の仕方を説明するように呼び出さなければならない。人々に、より十全な意味でその生活を、選択の質を、およびプロジェクトの高貴さと価値を公共的に説明させることは、不可避的で、かつ決して無価値ではない個人の不透明性の残滓に対する、虚しくも厚かましい攻撃であるかもしれない[55]。

多様性のリベラルな尊重は、ここでは少なくとも、真の人間の善の存在に対する懐疑主義よりは、かかる善に参加する方法の正当な多様性、および他人の個人的プロジェクトと選択の深さを測って評価するのに十分な方法で他者の経験に参加することの難しさにより多く基づいている。こうした困難さは、重要な点において、大きく、開かれていて、ダイナミックで、寛容なリベラル社会では、克服できない運命にある。すべての者に対して、多様な形態の害悪と自己破壊を差し控えるよう求めることによって（皆が努力すべき善き生活の諸特徴よりも、基本的な禁止を特定し、公共的に正当化する方がはるかに容易である[56]）、また、穏やかな、比較的押しつけがましくない方法（たとえば自律）で、リベラルな政治に密接に結びつく一定の善を促進するような教育その他の制度を支持することによって、我われは道徳の不透明性の問題に直面するのである。

社会的多元主義および価値の衝突

善き生活が何にあるかに関する意見の不一致は、リベラルな正義の基本的条件である。リベラルな政治とは、最初は、不一致の「問題」と多元主義への対応、もしそうする権力をもっていたなら他者を支配することを好む人に課される生活様式、または妥協だと思われる。実際、多元的社会の環境は、道徳的人格を定義する省察的能力およびさらにリベラルな自律の理想を構成する拡大的な能力を積極的に奨励する。

自足と自律の前提条件について考える際、人は「定性的対照」という想念と言語の領域にあらかじめ心を奪われ、テイラーが時にするように、社会的多元主義の重要性を無視することがある。定性的対照の言語の単なる存在は、強い評価の発達を支持するには十分ではない。省察的能力の発達はまた、いくつもの「生の」倫理的選択肢の存在を必要とする。多元的で十分寛容な社会環境においては、人は、多様な選択肢と生活様式を真剣に考慮し、その中から実際に選択することができる。善き生活の概念の多元性が、社会において尊重されて競合しない限り、多くの声が、善について意見を交わさない限り、そしてリベラルな市民が自分の生活を変えることを想像できない限り、個人は、自らの忠誠および価値について省察するための刺激をうけないだろう。我われは、騎士道精神を持つ遍歴の騎士の生活様式を記述するのに必要な言語を保持するが、この理想が死んだとみなされる場合、――それは我われの真の選択肢ではないが――、それは娯楽や驚異に拍車をかけるが、魂の探索には拍車をかけない。

生きた選択肢のみが、強い評価に拍車をかける。強い評価者は、正しい個人的態度（多様な生活の理想の理解、同情および変化に対する開放性）、およびそこにおいて多くの生きた選択肢があり、変化に寛容なそれを支える社会環境の両者を必要とする。強い評価者の能力は、テイラーが言うように、「その同情および地平が、たった一つの生活様式しか考えられないほど狭い者には与えられない」[57]。必要なものは、理想の間の競争だけでなく、尊重される競争と変化に対する一定の態度でもある。新たなことに挑戦し、多様な理想を受け入れる相互の意思である。この態度は、その精神生活が多元的政体自体を特徴づける価値の衝突を省察する者に存在するのである。

人は、自己を個性の閉ざされた核と同一視し、その調和的核を社会的多元主義から隔離することによって自由と自律を価値の衝突の内面化と結びつけることに、抵抗があるかもしれない。フンボルトやミルのような浪漫的な個人主義者は、自由を深く、定まった独自性ないし個性に忠実なままでいる努力と結びつける[58]。上で見たようにテイラーは、個性の調和的核に結び付けられた正統性という考えを援用する。この作戦は、その自由が内面の調和的本質に忠実であり続けようと努力する者と、新たな代替物、対立する理想、および善き生活の多様な概念によって、絶えず攻撃する多元的社会環境の間に緊張を生み出す。

価値の多元性は、皮相的あるいは根本的現象の何れかとして受け取られるかもしれない。バーリンの説明によれば、「同時に絶対的で比較できない価値の衝突」は、宇宙の織物の中に織り込まれ、「まさに理想的生活という概念、つまり価値あるものは何も失われ、あるいは犠牲となる必要がない生活を、単なるユートピアではなく、辻褄の合わないもの」にする[59]。多元主義者の大嫌いなものは、すべての価値を「最終的解決」、または「一定の将来の完成の理念」において調和させる「単一の基準」が見出せるという教義である[60]。この見解に対して、バーリンは、「究極的価値は調和できない」と考える。究極的価値の間での選択は、不可避であり、選択に際して、人はその個性を行使し、探索するのである。「人の目的は多数ある」。判断と選択の行使は、本質的に価値あるものである。それで、リベラルな多元主義者は、ミル流の「生活における実験」を勧告することにより、新しい選択肢の拡散を奨励するのである[61]。

多元主義者による究極的価値選択の不可避性の強調と対照的に、テイラーは、同一視点内の競合する価値の多元性ではなく、「道徳的視点の多元性」を我われは提示されるのだと主張する。視点がいったん選ばれたなら、価値の対立の経験は克服される。その結果は、一種の道徳的遠近法主義である。正常な道徳的省察は、定まった、一貫した視点から作用するが、定まらない疑問や深い省察の特別な期間によって妨害されるのである。バーリンの多元主義は、さらに深く切り込み、視点ではなく究極的価値の調和不可能性に由来する。

一部の価値は、本質的に対立するので、すべてが調和するようなパターンが原則的に発見できるとする観念は、世界がどのようなものであるかについての誤った先験的見解に基づくものである。一定の究極的価値を他の価値のために犠牲にする選択の必要は、人間に課された苦境の恒久的特徴なのである。[62]

原理的多元主義は、道徳的価値の性質、およびリベラルな多元主義社会における生活経験のより忠実な描写だと思われる。調和的道徳生活の不可能性は、近代の発見ではない。ソフォクレスは、人間に課された苦境の消すことのできない悲劇的要素を認識していた。人々は、アンティゴネーのように究極的価値の選択を時に強制される。ソフォクレスにとって、「善と善」との対立は、マッキンタイアが指摘するように、「いかなる個人の性格にも先行し、独立したもの」である。悲劇は宇宙の織物の中に織り込まれ、人の人格の流れの中から生じるのではない。[63]

リベラルにとって、価値の対立は正常で通常許容できるものであり、それは部分的には、かかる対立が、寛容と平和を保証する政治的価値によって覆われているからである。価値の対立の正常化は、マッキンタイアをして、善き生活とは善き生活を求めて過ごす生活であるとのリベラルな結論に導いたものなのかもしれない。同様に、リベラリズムの自己の「開かれた」概念に対するその当初の敵対的態度にもかかわらず、マッキンタイアはやがて、自由が我われの定まった計画、性向、およびプロジェクトに忠実なままでいることに依存するのを否定するようになる。「私のアイデンティティに対する反逆は、常にそれを表明する一つの可能性ある方法なのだ[64]」。

積極的自由の議論は、多元主義的社会文脈からの自己の隔離を含んでいる。それはあたかも、人格のないしは個性の、内面的で、合理的で、調和的な閉ざされた核が、外面的で、異なり、絶えず変化する刺激によって悩まされ、混乱させられる周辺から隔離されるかのようである。しかし、人間の人格は、その社会的文脈からそれほど容易に脱出できるものではない。人の内面の、また人と社会的状況の間のこうした分裂がいったん否定されると、積極的自由の議論は、真の自己を調和的な合理的計画と同一視することによって、人の人格を隔離するものであるため、崩壊してしまう[65]。

寛容なリベラルの体制の市民は、多様性によって深く形作られる可能性が高い。社会的多元主義は、リベラルな人格の核にまで浸透し、内部の価値対立の経験を誘発し、批判的省察を刺激する。最も明白なレベルでは、多元主義的社会に生活することは、人々が基本的に利用できる選択肢の幅を広げることである。そうした社会に生活する人々は、わずかな本当の選択肢しかない社会に生活する人々に較べて、より頻繁に選択しなければならず、より深く省察するよう奨励される。

価値の多元主義の内面化は、正常でリベラルな省察能力と密接に結びついている。バーリンやロールズのようなリベラルは、統一的善の単一的精神の追求を、不合理性の一形式として描いている。ロールズが述べているように、「我われの選択すべてに、それを参照することによって合理的になされるただ一つの目的もない[66]」。あらゆることをただ一つの優越的目的（たとえば、大リーグの選手になることまたは本を書き上げること）の追求に従属させることにおいて、狂信と非人間性があらわになる。自己の目的がさまざまであるので、人間の善は、さまざまなものとなる。すべての目的を一つの目的に従属させることは、厳格に言えば合理的な選択の原理に反するものではないが、依然として不合理であるとか、あるいはさらに狂信的だとの印象を与える。自己は、損傷を受け、制度のために一つの目的に奉仕させられるのである。[67]

だがロールズは遠くに行き過ぎた。我われは、価値の多元主義および対立の「内面化」は、自律のリベラルな理想の一部だと言ってもよい。一部というのは、おそらく世界の道徳的複雑性を十分自覚しており、それに敏感だからである。価値多元主義の内面経験はまた、広大で、異質な、リベラルの「拡張共和国」における市民権によっても奨励される。しかし、単一目的の熱狂的追求が、人を区別する省察能力を損なわない限り、我われはそれを狂気だとか不合理だとかレッテル貼りをすべきではない（少なくとも、法的ないし政治的用語では）。

社会的多元主義は、省察的熟慮に対するリベラルな能力を補完し、支持するものである。価値の対立の内的経験について、テイラーは不自由と位置付けたいようだが、それは省察への重要な拍車なのである。それはまた、調和的価値の完璧に一貫した包括的なひとまとまりへの、熱狂的忠誠となりうるものを打ち破るのに役立ちうる。価値の対立の内的経験は、いかなる価値のまとまりに対しても、我われの忠誠のある程度の暫定性を奨励し、これは省察、自己批判、寛容、中庸、および再評価ならびに変化に対する開放性の余地を与える。ジョゼフ・クロプシーが述べているように、「人は、彼らがそうであるものが、それを精査する能力を排除して、彼らを全面的に保持していない場合にのみ、自らに満足できない」[68]。リベラルな人格は、調和的な内面生活ではなく、「内部」と「外部」両者の価値の多元性、およびその結果である不安ないし不満足に基づいて努力するのである。

多様性と対立の内面化によって、省察的自己は、いかなる単一目的、ないし我われが偶然に同一視する特定共同体の価値からも一定の距離を置けるようになる。我われの目的の各々および目的全体のひとまとまりは、絶対的なものでなく、単純に確定し、あるいは与えられているものとは解されない。我われは、目的全部を脇に置き、純粋な意思または合理性から行為することはできない。けれども我われは、非省察的に、必然的に、あるいは取り消し不能なものとして、いかなる特定目的にも結び付けられているわけではないことを認識できる。

リベラルにとって、選択能力は、選択されるものよりもっと基本的である。その結果、リベラルは、特定の目的および目標、忠誠および帰属関係についての不一致にもかかわらず、他の選択者を道徳的に決定的な点において自己と同様なものとみなすのである。我われの最高の政治的忠誠を、「公平な」法の支配およびリベラルな正義に対して向けられるようにする、我われ自身および他者の「抽象的な」人格を、我われは認識する。リベラルは、すべてを包む帰属関係、とりわけ、多くの重複する共同体における同質の、地方共同体での帰属、およびすべての者の包括的、抽象的、普遍的共同体――偉大なまたは開かれた社会において、帰属関係を規制することを断念する。

コミュニタリアンが主張するのとは反対に、すべての忠誠から切り離されてはいないが、不可避的に、不変的に、あるいは非省察的にいかなるものとも同一視されていない、人の抽象的で、開かれた見解は、多元主義的社会環境の中に十分状況づけられ、あるいは馴染んでいるのである。実際、以下で論じる通り、リベラルな人格は、そのアイデンティティが特定の忠誠、誓約、および目標と切り離せないほど結びついたコミュニタリアンの自己よりも、多元主義的社会においてさらに十分状況づけられ、馴染み、努力する準備ができている。

開かれた社会と開かれた精神はともに、特質上リベラルである。馴染んだ生活形態に対して未知への恐怖によって心を奪われているか、あるいは自らを適正な場所に位置付けられないほど疑惑および憎悪において形成された人は、ほとんどその定義によっても、非省察的である。[69] リベラルな理想は、偏見を持つ者および排外主義者を排除する。寛容と広い心は、強い評価者およびリベラルな正義に最高の忠誠を与えられる者を特徴づけるおかげで、リベラルな徳なのである。これらの態度は政治的手段で強制することはできないし、すべきではないが、多元主義的でリベラルな社会における生活によって奨励されるように思われる。我われは、それらが、人および社会を明らかにリベラルな仕方で特徴づける限りにおいて、それをリベラルな徳と呼ぶことができる。

リベラルな正義および個人の忠誠

リベラルな正義およびリベラルな自律の両者において中心的なものは、我われのアイデンティティを定めるプロジェクトおよび忠誠について省察し、批判し、形作る能力である。この能力は、公平な正義の基準をさしはさみ、あるいは我われの目的や価値を代替物に照らして批判的に検証するため、省察した忠誠、または忠誠からの一定の分離を含む。[70] 究極的価値の対立における、多元性承認の一つのありそうな結果は、忠誠からのある種の分離または中庸である。モンテーニュはこう言っている。「私に触れるものはほとんどない。あるいはよりうまく述べるなら、私を捕まえるものは。物が我われを所有しないという条件下で〔のみ〕、物が我われに触れることは正しいからである」と。[71] 我われは結局、寛容で、開かれた体制に暮らし、同僚の市民は、我われ自身とは非常に異なる生活を送っているが、我われは、政治道徳の視点から決定的な点で、我われと同様に彼らを尊重する。寛容でリベラルな市民権の共通の視点は、我われがまだ決定していない多くの選択なしで済ませる、多くの選択の合理性を認識できるプラットフォームだということである。価値の対立の自覚および内面の経験は、批判的省察性へと導くが、またおそらく、我われ自身の目標や目的への一定の不安またはそれらからの疎外も生み出す。

一部のコミュニタリアンは、リベラリズムがプロジェクトおよび他者への個人的忠誠に課す限界に抵抗する。コミュニタリアンは、リベラルな省察性が、共同体の結びつきを損ない、人々を目標や他者から疎外すると言うのである。マイケル・サンデルは、リベラリズムが、人とその目的、目標および他者への忠誠との間にあまりにも広い隔たりを設けていると主張している。サンデルは、とりわけ、リベラルな「主体概念、保持主体としての自己」に代わるものを求めている。サンデルは、保持という考えは、自分自身と、私が「保持する」個性ないし忠誠との間の、つまり「何が「私」であるか」と、「何が（単に）「私のもの」であるか」との間の「距離」を意味するのだと、正当にも主張する。リベラルな主体については、サンデルによれば、すべての属性、個性、および愛着は単なる保持である。

義務論は、我われ自身を独立した奴隷として見るべきだと主張する。我われのアイデンティティが、我われの目標および愛着に決して結びついていないという意味で、独立しているのである。私の目標および愛着のいかなる変容も、私がそうである者を問題にすることはできない。そうした忠誠はどんなに深く保持されていたとしても、そもそも私のアイデンティティに関与できないからである。[72]

サンデルは、「構成的」忠誠、選択する自己とその目標との距離をなくす忠誠を認め、あるいは奨励することによって、我われにリベラルな政治を超越させようとしたのだろう。「欲求ないし熱望は、ますます私のアイデンティティを形作るようになり、ますます私になって、私のものではなくなる」[73]。自己の構成的理論は、人とその忠誠との距離を狭め、同じ公正的目標を共有する人の間の境界を引き下げ、リベラリズムが認めるよりも共同体を中心的な存在にすることを意図している。共有される忠誠によって「構成される」自己にとって、

共同体は、彼らが同僚市民として持っているものを記述するだけでなく、また彼らが何であるかも記述する。それは彼らが選択する関係ではなく（任意の組合のように）、発見による愛着であり、単なる属性ではなく、彼らのアイデンティティの構成要素である。共同体の道具的および感情的概念とは対照的に、我われは、この強力な見解を構成的概念として記述する。[74]

構成的愛着は、「私が人間として負っている「自然的義務」を超える」忠誠である。「それらは、私が負っているものに対して、正義が要求する、あるいは認めさえする以上のものを許す[75]」。よって、サンデルにとって、アイデンティティを構成する共同体の価値は正義を超越し、その限界を画するのである。「独立した自己は、そこから離れて自立することができないそれらの目標や愛着に限界を見出す。よって正義は、アイデンティティならびに参加者の利益に関与するそれらの共同体の形態に限界を見出す[76]」。

リベラルな正義の公平な要件は、構成的愛着に道を譲るべきだとするコミュニタリアンの主張は、普遍的な道徳要件へのより広い反対にその起源を有する。バーナード・ウィリアムズによれば、人は、最も重要なプロジェクトを公平な功利主義的計算の観点から評価することを期待されるべきでないとされる。というのも、

［人］は、彼の人生が関わるものについて、時にそのもっとも深いレベルで真剣に受け取るプロジェクトや態度から流れ出る行為によって特定される。その合計が、他者のプロジェクトが部分的に決定する功利のネットワークから出てくるとき、そうした人に、自身のプロジェクトおよび決定から一歩離れ、功利主義的計算が要求する決定を承認するよう要求するのはばかげている。それは、真の意味で人をその行為、および自身の信念における行為の源から疎外するものである。それは、自らのものを含めたすべての者のプロジェクトの入力と、最適決定の出力の間に経路を作らせることである。しかし、これはその人の行為および決定が、その人が最も密接に特定されるプロジェクトや態度から流れ出る行為、そして決定としてみなされるべき程度を無視することになる。かくしてそれは、最も文字通りの意味において、その人の全体性に対する攻撃なのである[77]。

ウィリアムズの攻撃の直接目標は、功利主義倫理であり、それはある意味で、リベラルな正義よりも相当要求が高い

ものである。功利主義強制命令（功利を最大にするよう行為せよ）は、そうすることがより大きな功利の総和を生み出す場合には常に、我われが自らのプロジェクトと忠誠を進めることを差し控えるよう求める。リベラリズムは、人やプロジェクトを最大化の計算の人質に取ることはない。そうではなく、リベラリズムは、各人がそのプロジェクト追求において、他者の平等の権利を尊重するよう求めるのだ。しかし別の意味では、リベラリズムは、人がプロジェクトおよび忠誠から距離を置き、それらを公平で、道徳的な視点から批判的精査の対象とすることを要求する。リベラルな価値は、これまで論じたように、我われの生活や条件を、その他のプロジェクトと忠誠すべてに行き渡らせるべきなのである。しかし、ウィリアムズは、功利主義だけでなく、我われがいかなる公平な道徳の圧倒的到達範囲も認めることができ、あるいは認めるべきだということをも否定する。公平な道徳規範が基礎プロジェクトに優先することを要求するのは、

行動主体に対する合理的な要求では必ずしもありえない。道徳的行為主体の世界を秩序づける公平な善の名において、人がその世界にいることに何らかの利益を持つ条件となる何かを断念することが、極めて不合理である地点がやってくることがありうる。カント流の人格の切り捨ては、それが個人の説明が不十分だとみなす理由であるのと同様、公平な道徳性の要求を究極的に主張する条件である。[78]

サンデルとウィリアムズにとってリベラリズムの欠陥は、我われの基本的で、自己規定的な忠誠とプロジェクトからの省察的な分離の要求である。

我われは、リベラリズムよりも省察的距離や分離の要求程度が低い、いかなる政治的または道徳的理論も拒否すべきである。その理由を見るため、リベラリズムの純粋な代替物が結局何を意味するかを考察しよう。自己と目的との

「構成的」関係は非常に曖昧であるが、それに強力な解釈を与えよう。つまり、強力に、あるいは深く構成的な愛着は、リベラリズムが依拠する批判的省察を排除するだろう。コミュニタリアンが、強力な構成的愛着（あるいは基礎プロジェクト）を支持しないとしても、それらは、リベラリズムの代替物を提示するためには、コミュニタリアンが支持しなければならないものなのである。

リベラルがするように個人の忠誠を省察対象とすることは、サンデルが指摘する通り、「一定の空間をそれと私との間に設けることである。省察性は、距離を置く能力なのである」[79]。リベラルな正義は、リベラルな市民が、人、集団、国籍、大義等に対する忠誠を省察し、批判的に評価しうると想定している。「公平な」正義の原理に対する最高の政治的忠誠は、彼らが不公正に行為したことが判明した場合には、我われが友人とあるいは家族とさえも袂を分かつことを要求するだろう。リベラルな規範は、すべての個人的忠誠、義務、および忠義を厳格に乗り越え、それらを従属させるのである。その最強形態では、リベラルな正義は、人が各特定の価値への忠誠を持たないものと想像し、その反対に公平でリベラルな規範を差し挟むために義務を要求するのである。

構成的忠誠の強力な解釈は、リベラリズムに対する代替物を実際提示する。それは、道徳主体と、その深く規定する「構成的」目標および忠誠の間に、いかなる省察的距離も定めることを否定する。これは、我われは選択するのではなく、我われの愛着を「発見するし」、我われの忠誠は、我われが「である」ことであって、「持っている」ものではなく、「それらは私が任意に負担する義務を超え」、それらは「正義が要求するかあるいは許容しさえする以上のものを負っているのだ」とサンデルが言う時のように、コミュニタリアンが欲するもののように思える[80]。個人のアイデンティティの強力に「構成的」な義務は、ウィリアムズの基礎プロジェクトのように、批判的省察範囲を完全に超えて、リベラルな正義の範囲を超えて位置づけられる。これは、特定の原因または集団への献身が、批判的省察を曇らせ、あるいはそれに取って代わる時に生じる。個人のアイデンティティが、特定の忠誠によって強力に構成される場合、コミュニタリアンの自己の確定性および閉鎖性は、リベラルな自己の批判的省察および開放性に取って代わる。サンデルは、純粋な発見の瞬間において、頂点に達し、あるいは「底を打つ」プロセスに対する強い評価を推し進める傾向について、孤立しているわけではない。テイラーもまた、時に「私のアイデンティティに不可欠な」一定の属性および省察プロセスを「予知能力」という語で、または「何か、決定的重要性を持つものの大いに明瞭でない意味に忠実であるように」努めることに言及する。[81]ウィリアムズは、行為主体に「主体が深く同一視しているプロジェクトおよび態度」から「距離を置く」よう頼むことは、「馬鹿げたこと」だと言う。これらの表現はすべて、熟慮の目的が、個性の深い核を批判し、形成するのではなく、露わにし、あるいは明確化することだということを示唆している。

特定の欲求、プロジェクト、および忠誠からの省察的分離の能力は、我われが公正に理解し、確認し、善き生活の概念を考案し、追求できるようにする。これらは、ロールズが、リベラルな主体の二つの「道徳の力」と呼ぶものである。つまり、正義の感覚の能力、および人生計画を採用する能力である。[82]我われの道徳的人格の基礎としてこうした能力を認識することにより、他者が我われと同じ欲求を共有せず、プロジェクトを追求せず、あるいは忠誠を抱いていないとしても、我々は他者を自分と同様の道徳的人間として認識できるのである。省察的分離の能力は、我われが自身の追求にブレーキをかけ、他者の平等の権利を尊重することに役立つ。

批判的省察の範囲外に置かれた強力に構成的な愛着、または深い基礎プロジェクトは、我われの多元的世界には非常に適していない。構成的愛着または基礎プロジェクトに内在するいかなるものも、そのように定義された人が、他者の権利を尊重し、あるいはいかなる種類の道徳規範も守ることを保証できない。忠実なナチは、「良きドイツ人」であることへの忠誠によって深く構成されていただろうが、これが彼らを道徳的批判から免責することはないし、また良き共同体の内実を与えることもない。一部の人は、残念ながら、あらゆる種類の不公正で悪質な目的に深く傾倒している。ある場合には、これらの目的は、彼らの生活を進めて行く際に、何らかの利益（新帝国またはヒトラーのクローンを製造する科学的新発明のぼんやりとした希望の光）を与えるすべてであるかもしれない。一部の人々が、重大な不正義を伴うプロジェクトなしで生活を進めることができないのであれば、彼らは、その生活を進める権利を持たないのである。

高度の誠実さ、正統性、忠誠の深さないし持続性は、人または集団を道徳的批判および介入可能性から免責せず、また免責すべきではない。アメリカ南部の人種差別は、奴隷所有者と奴隷ともに、そのアイデンティティを構成した深い伝統、慣習、および期待と結びついていた。奴隷所有者および古い南部の伝統、慣習、そして期待の構成的忠誠は、道徳的に悪である。差別は忠誠の深さ、長い慣行、および広がった受容によって、特権を受けられなかった。公共的正当化は、明瞭にできる理性の作業であり、忠誠の深さまたはその存続を示す時間表の重錘試験の作業ではない。

国、宗教、部族、または家族にさえも向けられる忠誠は、強力な意味でアイデンティティを構成すると考えることは、それらを批判的省察および選択の外に置くことになる。強力に「構成的な」愛着は、私のアイデンティティの岩底であり、それは私が何者かをただ定義するだけなので、そうした愛着の理由をさらに引用する必要はない。強力に構成的な忠誠から私自身を「分離」することは私にはできず、あるいは批判的梃をその上に加えることはできない。いかなる忠誠にもこの地位を与えるべきでないと決定することは、非リベラルなコミュニタリアニズムを拒否することである。

道徳的行為主体は、リベラルな正義に適合するため、公平な視点からその行為の道徳的質を批判的に省察すべきである。共同体が均一の完全に孤立した人の集団から構成され、全員が同じ構成的愛着を共有し、他者を邪魔することがない限り、批判的に省察する道徳的能力なしで済ますことはできないはずである。現状において、我われの世界は、ますます民族、国民、宗教、および人種の多様性の混合物となっている。[83]少数者のいないような政治的領土は世界には存在しない。人間性は、いかなる形態の部族主義によっても損なわれる。リベラルな公共道徳は、制度化され、実践された時、人々が局地的な愛着から批判的距離を保てるようにするという事実は、その最大の成果の一つである。

リベラルな批判的省察の政治における中心性は、サンデルが「負荷なき」または「具体性なき」自己と呼ぶものの存在――私の特定の誓約の奥深く埋め込まれた純粋な省察の、誓約していない場所――を前提としない。リベラリズムは、特定の誓約について我われは省察することができ、またそうすべきだと想定する。それは、いかなる誓約または忠誠に関しても一定の距離を置くことを意味する。我われは、正義についての公共のリベラルな基準によって試験する場合、省察する誓約なしで、我われ自身を想像することができなければならない。我われは、いかなる誓約も変更し、あるいは放棄する道徳的義務を負うこともある。しかし、このことは、個人のアイデンティティによって完全に「負荷なき」自己をリベラルな市民が想像しなければならないことを（あるいはできることさえも）意味しない。我われは、反対に我われの誓約の各々（私の家族、教会、友人、祖国、出身大学等に対する）を省察できなければならないと言うことは、我われが、すべての誓約について同時に省察できることを想定していない。

我われが考察してきたものよりも弱い構成的誓約の解釈は、強い評価および状況づけられた自律へと引き戻す。構成的誓約のより弱い感覚は、我われがその誓約すべてから同時に抽象化できることを否定するが、我われは、反対にどんなに深くても、正義の公共的基準を差し挟むため、各特定の愛着について省察することができ、またすべきであることを認める。リベラルは、省察の素材として、自己、文化、および多様な共同体の一員であることの理解の重要性を否定する必要はない。

強い評価は、（さし当り）問題とされていないその他の誓約の、比較的安定した背景を必要とする。人のアイデンティティのある側面の批判的省察は可能である。なぜなら、その他の側面が現在問題とされていないのだから。人の誓約のすべてを人が同時に問題とするならば、いかなる進歩も不可能となり、サンデルが示唆する通り、自己は本当に「無力化」されてしまうだろう。けれども自己批判の生涯は、どちらかといえば大きな変化を追加するだろうが、それらの各々を批判的に省察するため、人はすべての誓約を放棄する必要はない。

リベラルな省察が、自己のすべての愛着を空にし、無力化しない場合、それはその社会的文脈から孤立させることもない。リベラルは、自らの完全性を過小評価し、そのプロジェクトから逃避したいと思うから、あるいは部外者または異邦人になりたいと願うからといって、「自己の外に出る」（比喩的に）ことを求めない。リベラルは、他者にその然るべき持ち分を与え、道徳的義務および理性ならびに自律の能力に従って生きるため、自己中心的視点ではなく、公共的視点を求める。リベラルな理性および省察は、人がこの世界から登って出ようとする形而上学的階段を提供するのではなく、それらは、他者が自らのプロジェクトや生活を持っていることを念頭に置いて、多元的社会において進んでいく人の適切な願望を定義するのである。

批判的省察のリベラルなプロジェクトを推進する願望は、単なる抽象化への愛でも、それ自身のための意図への献身でもない。それはむしろ、我われ自身および我われの合理的な同僚市民にとって、公共的に正当化できるような態様で行為したいとする願望である。要点は、完全に具体性のない自己を純化あるいは蒸留したり、あるいは神性の視点を得るために跳躍することではない。要点は、我われ自身と今ここでの政治的取決めを、それが良い場合には我われの理性を共有でき、それが良くない場合にはより良い理由を提供できる、理性的で理屈に基づく人間だと我われがみなす他者に対し、正当化する理由を求めることである。我われの政治的プロジェクトは、他者に理由を提供するだけでなく、公職者を含めた他者からも求め、それがどこから出てきたものであれ、優れた理由を受諾するものである[84]。これはすべて、我われは正しいことを行い、他者を理性的に取り扱いたいと願うからこそである。

正義の共通に承認された最重要の原理なしでは、人生についての異なる、対立する理想から行為する者は、絶えず衝突することになる。我われは、それを本当に欲しいからという理由で、他者に属するものを取ることを正当化できないのと同様、それらが「我われのもの」あるいは我われの集団のものだからという理由だけで、目標を押しつけるべきではない。我われの行為は、正義の公共性テスト、リベラリズムが要求する最低限の負担に合格しなければならない――自らの善の、自らの仕方で追求する他者の平等の権利の尊重である。

リベラルな社会では、強制的な政治的取決めは、異議に対応し、公正に適用することのできる明瞭な理由による支持を必要とする。これは部分的には、人々が実際に意見が一致せず、理性的な人々に対して、公共的正当化に体現された尊重の形式を我われが負っているからである。けれどもコミュニタリアンは、時に我われが必要なものというのは良い道理ではなく、互いの「洞察」および「明瞭さ」であると示唆する。[85]「正義は、その出番を見つける」とサンデルは言う。人々の意見が一致しないからではなく、「我われまたは我われの目的を、共通善のみによって十分支配できるほど互いに知ることができないからである」。[86] しかし、我われの目的をよりよく知ったなら、それらが他の皆のものと同じだとわかるのだろうか？　あるいは、我われは、道徳的価値の世界を支配する多元性のように、人々の目標や夢は、実際に異なることがわかるのだろうか？

私は、統一性が多様性に取って代わり、そのため正義を必要としなくなれば、我われの共同体がより良くなるとすることには疑問がある。人生における善とは何かについての不一致によって生じる、異議申し立て、議論および発見がなければ、世界はなんとひどく退屈なものとなることだろう。無批判的な、非省察的な、そして心の狭い人々は、リベラルな市民権の要求に従って生きるのは難しいと感じるだろう。臆病者は、自律の前にしり込みするかもしれないが、そうした人々から構成される社会は、ダイナミックであるとか、わくわくするようなものとなる可能性は低い。リベラルは、体制順応主義者ではなく、異議申し立てする者を大事にする。彼らが我われに対して、我われ自身を擁護し、我われの信念について考え、我われの個人的および公共的道徳の理解を向上させるよう強いるからである。

リベラルな公平さおよび省察性に対するコミュニタリアンの異議は、部分的に、自覚的な批判のすべての関係および誓約への適用の結果生じうる、転位および孤立への恐れによってもたらされる。サンデルはこの点直截的である。「権利の道徳性は、我われを区別するものに話しかける。善の道徳性は、人の和に対応し、我われを結び付けるものに話しかける」[87]。同様に、ウィリアムズの個人の全体性の強調は、その人生に意味と他者とのつながりを与える、人とプロジェクトとのつながりを密封しようとするものである。ウォルツァーの「哲学的超然性」への反対は、ウォルツァーが政治的構成員性および参加に対して高い価値を置くことの反映である。

リベラルな権利は、共有された目的への共通の忠誠の前にいかなる障害物も置かない。リベラルな寛容と多元主義は、自己定義および自己演技の決して終わりのないプロジェクトにおいて、人々が省察し、選択し、他者と結合し、彼らの目的を批判し、放棄し、変更し、再度結合するように駆り立てる。この過程のダイナミズムは、実際に誓約から の距離の測定、およびおそらくはある程度の疎外を含む。一定の超然性は、リベラルな寛容がもたらす批判的に自覚的な人生からは分けられないものである。ある程度の不安は、偉大な社会の多様性と進歩性に支払わねばならない対価である。リベラリズムはまた、彼らがリベラルな規範に適合している限り、批判と変化の流れから遠ざかる者の選択も尊重する。

我われは、リベラルな正義の基本的で公平な要件の名において、忠誠を制限すべきである。リベラルな市民は、政治道徳の名において、友人、国あるいは両者に対する忠誠の放棄を要求されることがある。それはすべて、その人の友人および国がなそうとするもの次第である。それは、孤独な個人として、すべての共同体の愛着の境界から我われが離れなければならないことを意味しない。それはむしろ、我われが常に帰属する一つの共同体が、理性的な人々の共同体であることを意味する。リベラリズムは、我われのプロジェクトおよび誓約を、他者の視点から、つまり我われおよび我われの狭い世間の「外から」見ることを我われに要求するが、すべての共同体または人間世界の外からというわけではない。

リベラルな市民は、道徳的人間として、リベラルな正義への優越的忠誠とともにやってくる転位の可能性を、ただ受け入れなければならない。我われのほとんどは、部外者または好まれない構成員、あるいは不人気な少数者に対して不公正に敵対する、集団、近隣、組織、または政治単位の構成員である。我われが非常に配慮する人々でさえも、不正義に押しやられるかもしれない。『真昼の決闘』のケイン保安官のように、リベラルな原理に対する優越的忠誠を持つ者は、正義が要求するものについての我われの最善の理解と両立しない行為を友人や愛する者が薦めたとき、彼らから距離を置く用意がなければならない。あるいは、我われは、ゴードン・ヒラバヤシのように、より高いリベラルな理想の名において、無実の家族を残して去ることを決心することになるだろう。そうした限定的な事例で正義が要求するものは、より正常な状況にふさわしい態度の決定に役立つ。我われは、結局、子どもたちに批判的に考え、彼らが正しいと考えることを行い、同僚の圧力に屈しないように教える。しかしながら、結局我われは、原理に基づく行動の孤独性を強調すべきではない。リベラルな正義の最善の道理は、公共的に維持されるものである。我われは、正しいことをすることが、しばしば単独で行為することを意味するものと想定すべきではない。

結論

マッキンタイアは、リベラルは必要な愛着または確定した目的がなく、自己を開かれた可能性のひとまとまりとみなし、こうして共通の徳と理想の共同体を裸にするのだと非難している[88]。けれども、リベラルな自律（あるいはリベラルな自足でさえも）は、すべての生活様式の価値に対して中立ではない。はるか昔、戦士、聖人および芸術家は、理想的なものと奉られていた。理想的なリベラルな人格は、省察的自覚、積極的自己統制、自己批判に取り組む意思、変化に対しての開放性、およびリベラルな正義の公共道徳に対する批判的支持により特徴づけられる。

上で検討したリベラルな政治およびリベラルな自律の理想は、同様の省察的能力のひとまとまりの発展を要求し、奨励する。リベラルな政治は、すべての市民が自ら法について論理的に考え、その規範を自身の行動に適用し、虚偽の公式解釈に異議を申し立てることを要求する。リベラルな自律の理想は、人が自らの人格、忠誠および人生に対して、同様の批判的に解釈的な態度を取ることを要求する。自律的でリベラルな者は、現在のプロジェクトを単に所与として受けることはしない。彼らは、無批判的に社会規範および慣行を採用しない。彼らは、今いるところから彼らの人生を前進させる最善の方法について自ら考える。リベラルな政治とリベラルな自律は相互補完的である。両者は、積極的に省察し、自己批判的で、寛容で、理性に基づき、理性を要求し、変化に対して開かれ、他者の自律を尊重する人格の理想に収斂する。その人格は、進歩と多様性の広大な光景を楽しみ、参加するために配置されている。

人は強い評価の究極的効果を疑問に思うかもしれない。我われの考えが、まだ明らかにされていない想定および前提、あるいは我われの意識を超えた思考の構造的限界に条件づけられるとすれば、我われは、本当に自律的なのだろうか？　我われの選好が、「順応的」あるいは利用可能、または利用不可能と認識するものによって偶然に形成されるとするならば、それらは本物で、尊重に値するだろうか？　我われの最も基本的な判断が一部の邪悪な、課された信念の体系の覇権を反映するならば、そこから出てくるものはすべて、同様に汚染され、我われの外見上の自由は疑わしい。こうした心配は、現実のもので、厄介である。しかしリベラルは、自己批判、およびたとえ大幅な変更であっても変更に対する開放性についての、ポパー流の態度を強調することを想起することが重要である。リベラルの理想は、自覚、自己批判的自覚の重要性を強調し、よってリベラルは、覇権を持つ信念体系を探知するのには有利な立場にいるはずである。リベラルは、明瞭で擁護できる理性を支持すべきであり、現状維持ではいけない。

リベラルな状況下の自律、理性、欲求および社会的文脈は関連し、道徳的言語の明瞭性によって媒介される。強い評価は、省察的選択を積極的な関与にする。道徳的ジレンマは、我われ自身の人格を省察し、とても深く評価するようにさせる。我われの基本的価値を明瞭に述べ、我われの欲求を理解し、評価する段になると、我われは、それらおよび我われの人格を形成するのである。共有した道徳的言語における明瞭化の中心的役割は、我われの状況づけられた存在ならびに自律を示すことである。強い評価が要求する能力は、リベラルな正義が要求するものを補完する。第7章において私は、自由で責任ある、そして多元的社会環境に置かれたこうした積極的な自己形成の主体が、まさにリベラルな環境において発展する備えができていることを論じる。

リベラルな自律の理想の地位は曖昧である。一方で、自律は、リベラルな理想として優位な地位にあるように見える。それは、リベラルな市民権の精力的で、自己批判的で、独立した徳を支持し、多様で、寛容なリベラル社会において発展するための前提条件のように思える。他方で、リベラリズムは、一般的に反パターナリズム的である。それは基本的な省察能力を備えた者を尊重し、分厚い質感の共通した善き生活概念の政治的促進に抵抗する。

リベラルな自律を取り巻く曖昧さは、自律をその他の競合する善き生活概念と同様に実際に取り扱おうとする、一定のリベラルな中立性形式を採用することによって解決できるだろう。あるいは、留保なしの自律といったリベラルな徳を促進する、リベラルな卓越主義の堅実な形態を、人が率直に採用することによって解決できるだろう。チャールズ・ラーモアとウィリアム・ガルストンはそれぞれ、リベラリズムの中立的および卓越主義的バージョンを採用する。彼らの議論は強力だが、両者とも私には、対極的方法において、リベラルが可能な限り尊重すべき価値を無視する、過度に不十分な枠組みを採用しているように思える。

自律の曖昧さは、保たれるべきである。リベラリズムは、第2章で論じたように、その結果において中立ではない。リベラルな体制における生活は、人の発展の一定のパターンに有利な傾向がある。中でもそれは、自律の中心的役割を伴うものである。リベラルな体制は、時に直接的に正当化できるように、自律を特徴づける自己批判および変化への開放性を促進する。政治的批判および議論は、公民教育の特定形式における行使である。公教育自体が、科学的だが何れも宗教的ではない訓練の多くの余地を残している。明示的であろうと、そうでなかろうと、リベラルな体制は自律を支持し、促進する。しかし、我われは、依然として非自律も尊重する。人々は、怠けた、狭い心の生活を送る権利がある。よって我われは、彼らの選択への干渉を最小限度にし、緩和する。人の平等な尊重は、おそらく、より基本的なリベラルの関心事であるが、自律の善は、リベラルな政治体制において、独立し、保存する価値のある地位を持っている。それは等しく尊重すべき生活の理想の中でも、第一のものである。

私は、リベラルな自律の曖昧さは、緊張関係にある価値および価値多元主義の一般的事実を追求する政治にとって、より広い傾向を反映するものだと思う。緊張関係にある価値の追求は、混乱の兆候かもしれない。けれども、すべてのリベラルな人の基本的自由の尊重が、ある種の優越性を持つことを想起するなら、我われは全面的には調和しない原理のこの特定のひとまとまりを一緒にしておくほうがいいが、自由は、自律の理想の動的な効果によって動かされ、強化されているように私には思えるのである。

第7章　リベラルな徳

序

コミュニタリアンは、リベラルな体制は、多様性、個性、公平な法、および権利に対する中心的関心のために高い対価を支払っていると非難する。失われたものは、道徳的共同体、共有する価値への共通の献身、および市民の徳の可能性であり、安定性の問題と正統性の危機のリスクを伴うものだとされる。本章は、リベラルな理論は、その核心的政治信念に忠実でありつつ、明確にリベラルな共同体およびリベラルな徳の魅力的理念を提供できることを示したい。すなわち自由の中心性およびリベラルな正義の優越である。リベラルな政治の境界を越えて存在するとされる言語、徳、市民権、共同体、および人間の発展の言語をリベラルは取り戻すことができる。

私の目的は、実証的というよりは規範的であり、態度の調査ではなく、可能性と理想の喚起である。リベラルな原理は、我われの政治的実践の多くを知らせ、基本的なリベラルの価値は、大衆の大部分によって肯定される。リベラルな理論および制度に内在する理想的な状態を明確に述べることは、部分的には現在の政治についての批判的解釈の行使であるだろう。リベラルな理想は、我われが人民として擁護すべきものの理念を提供し、その理念は、既存の慣行および態度の延長であることがすぐにわかる。

リベラルとしての生活様式には多くのものがある。リベラルな正義に服し、リベラルな国家の規則および規制に従って行動することは、我われの執行可能な政治的義務の適切な範囲にあるのだと言いたい。リベラルな権利と規則との外面的適合性の共通の姿勢は、リベラルな共存状況を記述するに十分であり、多くの態度、資質および個人的な忠誠と両立する。リベラルな規則への違反に対する報復や処罰に対する共通の恐怖によって覆われた相互の無関心、あるいは敵意とも〔両立する〕・リベラルな寛容は、一七世紀に宗教闘争と内戦から生じたので、そうした態度は、リベラリズムの「原始的な時期」の特徴である可能性が高い。[1] けれどもリベラルな可能性は、リベラリズムの原始的な時期に使い尽くされたわけではない。

リベラルな正義の優越性、およびリベラルな徳の起源の強調に対して、公共道徳としてのリベラルな正義に忠実である市民で構成される多様な政体という考えから、リベラルな理想を引き出すことができる。すなわち、これらの市民は、リベラルな規範への外面的適合性において行為するだけでなく、彼らは、最高の道徳的義務としてリベラルな正義を肯定する。彼らはリベラルな正義を正当化し、支持し、リベラルな政治制度を支持する良い道理を認識し、肯定する。これは、リベラルな正義を肯定する最善の方法である。完全に自覚した批判的で省察的なやり方によって、それは公共的正当化へのリベラルな忠誠および批判的解釈への憲法上の市民参加に適合する。実体的徳および人間の優越の形式は、リベラルな正義、正当化、立憲主義、および市民権に内在する。

近代リベラリズムにしばしば伴う傾向および制度は、たとえば寛容という態度を支持するだろう。都市化、産業化、および開かれた巨大市場はすべて、異なる背景を持った多数の人々を一緒に集め、西欧社会においてリベラルな正義によって構造化された関係の多様性に投げ込むことに役立つ。ヴォルテールは次のように観察した。

ロンドン証券取引所に入る。それは多くの裁判所よりも尊敬に値する場所である。人間の功利のためにすべての国から来た代理人をそこに見出す。ユダヤ人、イスラム教徒そしてキリスト教徒が、あたかも同じ宗教であるかのごとく相互に取引し、破産する者だけに異教徒の名を与える。(2)

人々は、市場関係は人格や礼儀に対して全般的に肯定的影響を与えるかどうかについて、何世紀にもわたって議論してきた。(3)商業は少なくとも異なる文化と宗教的背景を持つ人々、異なる価値、目的および生活様式を持つ人々の平和な混淆を必要とし、促進する。市場は、公平性、博愛、または広い共感を要求しないが、少なくとも、より孤立し、閉ざされ、均一的な環境の宗教的熱狂、および心理的偏狭さおよび生活の特徴の柔軟性のなさに対抗作用し、それらを弱体化させるように思われる。市場と都市化は、リベラルな徳の発展の基礎作業を行うのに役立つ。(4)

我われは、リベラルな人格をホモエコノミクスと混同し、あるいは物質的利益がリベラルな市民の圧倒的な関心事であると想定してはならない。私が論じた通り、リベラルな市民は、その個人的利益を公共の道徳原理に従属させるべきであり、多くの市民は実際にほとんどの時にそうする。にもかかわらず、より網羅的な分析は、リベラリズムと関連する自由市場等の制度が、リベラルな価値を支持しあるいは破壊する仕方を考察するだろう。

ここでの論点は、リベラルな正義に内在する人格、資質および徳である。これらは、単にリベラルな正義の規範を守るだけでなく、積極的にそれらを肯定し、そうすることによって、リベラルな徳に参加する人々で構成される社会の特徴から選び取ることができる。そのような社会は、ロールズが二つの「道徳の力」と呼ぶものの第一のものを、十分行使する人々からなるだろう。つまりそれは、「正義の原理（に従うというだけでなく）を理解し、応用し、それから行為する能力」のことである。[5] リベラルが不正義とみなすものを回避するだけでなく、リベラルな理性を理解し、正当に行為することの積極的価値を肯定する市民からなる社会について、我われは何が言えるだろうか？　どんなに不承不承であっても、互いにリベラルな権利を尊重するだけでなく、リベラルな権利の情熱的な唱道者にしてしまうほどの理解と態度を持ち、かつリベラルな制度および実践の熱心な支持者である市民とは、どのようなものなのだろうか？　言い換えると、どんな種類の人格が、リベラルな形式の人格的優越、および発展するリベラルな共同体に関連するのだろうか？

通常リベラリズムにとって重要だとみなされるいくつかの考えがある。それは、我われがリベラルな徳を探索する道の途上に屹立していると思われるものである。リベラルな社会は、しばしば基本的には、不一致または中立性、もしくは人生の公的と私的領域の明確な区別によって特徴づけられると考えられている。けれどもリベラリズムは、基本的には、決して中立ではない価値に関する合意についてのものであり、こうした公共的価値は、私的生活を有するのである。徳と共同体のリベラルな理想に直接目を向ける前に、簡潔にこうした三つの誤解に焦点を絞ってみよう。

多元主義およびリベラルな統一

リベラルはしばしば「不一致」または対立を社会生活の基本的な事実だとみなすのだが、そのカギをホッブズから得ている。我われは、個人の自由のリベラルな寛容は必然であると告げられる。人々は人生における善について一致しないからである。人々は、宗教的忠誠およびその他の目標および理想について意見が一致しない。不一致という基本的とされる事実から、リベラルな政治的命令が、否定的用語で特徴づけられる。不正義と専制を避け、法の支配を目的なしで、または非道具的に保つこと。あるいは（ドゥオーキン、アッカーマン、およびラーモアのようなリベラルが述べたように）リベラルは、人生における善とは何なのか意見が一致しない当事者の間で、政府を「中立」または公平に保つことの基本的重要性を強調する。[6]あるいは、時にリベラリズムは、寛容および「和解の精神」以上に確固たるものは擁護しないと受け取られることもある。

多元主義の永遠の事実が、リベラルな政治的問題の中心である一方、対立と不一致は、リベラルな社会生活の基本的事実ではない。リベラルな法がいかなる強力な意味でも善き生活の概念に関して、社会全体のレベルでも、個人の人生のレベルでも、目的がなく、非道具的もしくは中立であると考えるのは間違いである。同様に、リベラリズムが、より寛容なまたは和解の非差別的精神を擁護する場合、それは、何にでも賛成するのであって、また何にも賛成しないのである。

これらの誤りは、――通常考えられているように――リベラリズムを批判するコミュニタリアンに対するリベラリズムの脆弱性に関係する。不一致または対立ないし自己利益の中心性に依拠するとみられ、基本的な政治的価値を否定的用語もしくは中立の用語あるいは単なる和解で特徴づける政治理論は、ある種の非情な性質を持つ。それは、異議を唱えられる理想に依拠することを穏健に避ける。しかし、これらいずれの点においてもリベラルな政治から積極的価値を奪うことは、その最小事例においてさえもリベラリズムが擁護するものを過小に記述することであり、リベラルであるとは何を意味するかについて我われに誤解を与える。リベラリズムが、こうして過小にしか記述されない場合、非情で、理想のないリベラリズムの事例と、積極的なリベラルな理想との間に大きなギャップが現れる。我われが、リベラルな体制の権威的公共的価値を過小にしか記述せず、誤って記述する場合、我われはまた、リベラリズムがリベラルな市民の生活を形作る程度を認識できない。

その理想化されていない形態においてさえも、リベラリズムは、公共的価値の間で本当に中立ではありえない。それは、個人の自由および責任、変化と多様性に対する寛容、およびリベラルな価値を尊重する者の権利の尊重について、一定の公共的価値の至高の価値を支持するのである。(7) リベラリズムは、人に対して尊重しなければならないこと、および彼らが行う権利があることを正当化するために説明する積極的価値の支持を必要とする。リベラリズムは、何よりも、自由の積極的価値を支持する。生活設計を立て、批判し、改定し、追求する自由であり、それは、他者が同じ目標や理想を共有すると否とに関わらず、他者の権利を人々が尊重することを要求するのである。

リベラリズムは、第2章で論じたように、善き生活についての一定の概念を全部排除する。つまり、リベラルな権利の侵害を含むものはいずれも。そしてリベラリズムは、すべての者の価値体系が、一定の特徴を含むことを積極的に要求する。他者の平等の権利の尊重、強制ではなく説得しようとする意思、個人の計画、プロジェクトおよび欲求の公平な法の支配への従属、および公共善の提供への寄与である。リベラルな価値の色彩は、多元的リベラル社会の広大なキャンバスに圧倒的に散りばめられている。一部のものは完全に除外され、すべては制限され、条件づけられる。

ひとまとまりの積極的価値のほかに、リベラリズムは、ひとまとまりの政治制度を表示する。秩序を確立し、平等の自由、代表制度、および紛争を審判し、政府行為の合理性をテストし、憲法上の制限を人民の代表に対しても執行する司法裁判所に、実体と具体性を与える法的支配の制度である。すべてのリベラルな政府は、一定の公共善を提供する――最低限として、国防装置、正義のための裁判所および警察を（それらは結局政府なのだが）。さらに、商業活動、公立学校の奨励、貧困の救済はほとんど常に、リベラルな政府が今日提供しているものである。これらは「中立的」な善ではないが、ほとんどすべてのリベラルが、当該善の一定範囲は強制的な国家が提供すべきだということに同意するはずである。（そして、リベラルな社会はまた、リベラルな価値を定義し、執行するのを助ける、大学、およびジャーナリズムおよび法律職等の半公共的制度を有する）。

よって、リベラルは、こうした価値を体現し、維持するために考案された積極的な政治的価値と政治制度および慣行を持つのである。リベラルがしばしば認識できないことは、これらの価値、制度および慣行は、生活およびリベラルな市民の人格に対して圧倒的な影響を及ぼすということである。リベラリズムは、（その直接的または間接的結果のいずれについても）中立ではないので、またリベラルな市民は、リベラルな価値を肯定し、それに基づいて行為することができる（かつすべきな）ので、我われは、明瞭なリベラルな「人格」について語ることができる。

けれども、たとえばアメリカのナチのような、小さいが取るに足らない存在ではない、はっきりと非リベラルな集団がリベラルな価値で構造化された政体内で存続することに、人は異議を唱えるかもしれない。しかし、ナチのような集団が、リベラルな体制において平和的に生きるために要求されるものについて考察してみよう。彼らはまず、彼らが嫌悪する者の権利を尊重しなければならない。さもなければ、法の手によって裁かれる。すなわち彼らは、ユダヤ系アメリカ人の財産、政治的権利、および自由を尊重しなければならない。彼らは時に、ユダヤ人共同体の中を行進できるが、許可を取り、秩序を守り、その他これら近隣の平和と静穏を尊重しなければならない。彼らは、あまり大きな騒音を立てない限り、合法的に借りた民間のホールに、大判の新聞、スローガン、音楽およびその他の道具を持ち、制服を着て集まることができる。ナチは、彼らが嫌う公立学校を含めたリベラルな制度を支えるために、税金を支払わなければならない。リベラルな政体は、ナチが法律を守るナチであることを要求するが、それは容易ではない。彼らは、「ガンホー（任務に熱心な）」ナチであることはできず、実際、まったくナチではありえず、それを演じているに過ぎないことになる。[8]

リベラルな社会がナチの生活を困難にすることは、後悔すべきことではない。しかし、不一致がはるかに少なく、おそらくは賞賛すべき集団でさえも、開かれた、多元主義的環境を居心地が良いとは思わないかもしれない。単純な仕方を好む者は、変化や動きの速さによって方向性を喪失するかもしれない。敬虔な者は、リベラルな社会の物質主義および放縦に異議を唱えがちである。リベラルな和解とともにやっていく用意のある者の中でも、全員が自律のようなリベラルな徳を容易に受け入れるわけではないのだ。

リベラルな中立性の幻想

すでに論じた通り、リベラリズムは、リベラルな体制においてどんな生活様式が発展し、支持を得るかに対して、重要で、非中立的な効果を持たないという主張を維持することは不可能である。けれども中立性理論のより洗練された形態は、結果の中立性については論じない。リベラルな中立性は「結果についてではなく、手続きについてのものである。すなわち、政治的中立は、どんな要因が政治決定を正当化するために依拠できるかに対する制約にある」とラーモアは論じる。[9]

洗練された中立性論者は、「国は、その想定される内在的な優越性を理由として、いかなる特定の善き生活の概念も、すなわち、それがより真実な概念と考えられるからといって、促進しようとしてはならない」ことを要求し、政府行為の道徳的に許容できる根拠である理由の種類を注意深く制限する。[10] リベラルな国家は、たとえばそれが他者の生命を脅威にさらすといった「外在的理由によって」のみ、生活の理想を制限することができる。[11] 中立国家は、「一部の人々が拒否する、いかなる善き生活概念も促進あるいは実施」しようとすることはできない。それは、「すべての者がそれぞれの善き生活概念を追求するべきだという平等な自由を尊重できる」だけだからである。[12] 政府の中立性は、道徳的人間の等しい尊重を表明する。その場合の道徳的人間は、善き生活概念についての省察能力によって定義されるのであって、彼らが選択する特定の概念によっては定義されない。

中立性についての中立的正当化は、「合理的対話の普遍的規範」に見出せるとラーモアは主張する。[13] 理性的な人々の意見が一致しないとき、各々は、会話を継続することへの関心から、「他者が拒否する信念を切り離して考え」、「紛争を解決するか、あるいはそれをやり過ごすことを希望して、中立的基盤に退却」すべきである。[14] 両者を動かすものは、どちらも合理的には否定できない合意の基礎をみつけられまで、会話を続けたいという単なる希望である。

一貫した中立主義者は、いわば「最初から最後まで」あるいは政治の理性に基づく会話の間中、中立的な理性を主張する。しかし、理性的な会話はどのように中立であるのだろうか？　あまりそうではない。一部の人々は、頭をたたくことの方が、理由を示すことよりも簡単で、より満足できると思うだろう。そこで、ラーモアの理性的会話の理想は、「論争的な概念に関してのみ中立」であろうとするが、「この部分に関しても完全には中立ではない。［しかし］かなり中立ではある。そして現実的目的にとってはもちろん十分に中立である」[15]。政府の仕事にとって十分中立であるというのは、実は全くあまり中立なわけではないということがわかる。

リベラルな「中立性」は、基本的に決して中立ではない価値に忠実な人々の間の、相互尊重を支持する。ラーモアは、我われにすべての者を尊重するようにはさせず、理性的な者についてのみなのである。尊重されない者は「市民的安全はあまり重要ではない」「狂信者および殉教希望者」、人種差別主義者、および「相互尊重の義務」を拒否する者すべてである[16]。中立の境界と性質は、リベラルな政治規範および理性の実体的基準――生活の理想に関しては決して中立ではない基準によって定義される。「中立性」は「いかなる実体的政治原則を生み出すにも空虚すぎる」ので、ラーモアが認めるようにこれはいずれも驚くべきことではない[17]。

我われが、近づけば近づくほど、中立性の幻影はさらに速く消えてなくなる。ラーモアは最終的に、「中立性の精神」あるいは「より高次の中立性」と彼が呼ぶものだけを唱道する。それはすなわち、決定を可能とするのに必要な最小の中立の縮約のみを設けるべきだというものである[18]。ラーモアの中立性は、どの政治的中立性とも同様に選択的であり、選択的中立性は、あまり中立的ではないのである。

政治的中立性への忠誠は、市民が正当化の公共的プロジェクトを真剣に受け取る社会生活の概念の受諾に依存している。これらの市民は、政治道徳について、かかる会話もしくは公共的正当化の過程について基本的利益を共有する他者と、理性的会話をしたいと思っている。この忠誠をリベラリズムの道徳的核心と考えることは正しいが、この核心が、いかなる重要な意味でも道徳的に中立だと考えることは間違っていると私には思える。

中立性の議論の人気は、二つの要因の結果だと私は思う。広く意見が異なる理性的な人々を尊重することへの立派な関心、およびリベラリズムを穏健に、論争的でなく記述することによって合意を促進したいとする欲求である。中立性は、リベラリズムに中心的な原理に基づいて構築されるが、そこから、人間の理想についての判断を余りに強く禁止してしまう。リベラルは、広く合理的とみなされうる理由を適切に展開し、リベラルは、理性の要件の閾値を超えるすべての者に対する尊敬を信じている。リベラルは、パターナリズムに抵抗し、人々の選択への干渉を最小にする。けれどもこれらは、中立性に付加されるものではない。政府行為を支持するために提供される理由のリベラルな制限は、中立性への忠誠を構成するのに十分なほど厳格ではない。リベラルな理想および徳は、背景にとどまり、視界を遮ることはない。自律は、リベラルな視点からは、（時にはそのように取り扱われることもあるが）生活における諸々の理想の単なる一つではない。リベラルな制度が、穏健で寛大な仕方で、自律の理想を促進するのに役立つことは、何ら遺憾なことではない。というのはその能力は、人々がリベラルな市民としてさらに能力を高め、リベラルな社会においてよりよく発達できるようにするからである。

リベラルな価値の私的生活

生活の公的および私的領域の区別は、不一致の根本性についての信念と、中立性についての信念が結びついたように、リベラルな徳の可能性を閉ざしがちである。リベラルな価値が、一定の狭く定義された我われの生活の政治領域に制限されるならば、かかる価値が我われの人格全体を形成する仕方を考えるのは困難だろう。ジョージ・ケイテブのような思慮深い論者でも、「立憲民主主義に特徴的な制限形態、つまり宗教、言論、出版、および集会等の生活の一定領域への政府の介入の絶対的禁止」を述べる。[19] ラーモアは同様に、公／私の区別を克服しようとする浪漫的な「全体性のカルト」とみなすものを冷笑し、「リベラルな作者は、この領域の分離を常に尊重してきたわけではない」との事実を嘆いている。[20]

公的生活と私的生活という区別された領域の比喩は、一定の有用性を持つが、また誤解を招く傾向もある。我われは、それを全面的に拒否する必要はないが、再考しなければならない。そうでなければ、リベラルな政体における公共的価値の範囲に関する深刻な混乱の餌食となってしまう。公／私の区別は、次のようなリベラルの確信を反映する。つまり、人々は一定の限られた理由に関してのみ、そして一定の手続きに従って公的に作られた規則の追求においてのみ、国家によって正しく強制されうるとの確信である。これは、我われがその仕事を、一般的に望ましくない公的介入ないし訴訟を避けるように行えるよう按配することを可能にする。にもかかわらず、公共的価値の私的生活および個人の人格への影響が中立だとか、消極的あるいは外的に過ぎないと考えることは間違いである。

家族および家庭生活は、私的領域の典型であるだろうし、そこでは、親密な家族関係が、国を含めた部外者の介入から遮断されている。しかし、この単純な構図は誤解を招く。公共的規範は、家族生活の領域においてさえも、人の関係を遮断するだけでなく、浸透し、形成するのである。夫は、自分の思い通りに妻や子を取り扱うことはできない。彼らの関係は、最も親密な関係でさえも、公共的価値によって構造化されているのである。よって夫は、レイプにより妻から訴えられ、家庭内暴力は強い関心対象となるのである。

家族生活の最も親密な領域へのある種の介入は、リベラルな規範の要請するところであるが、その他は禁じられる。最近まで合衆国の多くの州は、結婚している夫婦が避妊薬を使うことさえも犯罪としていた。これは今では、こうした親密な個人的決定に対する州の干渉を遮断する、プライバシーの権利を援用した最高裁判所によって違憲と判断されている。[21] 異人種間結婚に対する州の禁止もまた違憲とされ、家でのプライバシーにおいてポルノを読む権利も保護されている。すでにみた通り、裁判所は、同性愛関係を個人的決定およびプライバシーへの権利により保護される親密な行動に含めることによってこうしたリベラルな権利を拡張することを、拒んでいる。リベラルな政治は、一定の方法で私的関係を構造化する。あるものを要求し、その他を禁じ、成人間の選択の自由を許容することによってである。

リベラルにとって、政治の目標は適切に制限されるが、同時に広範なものである。リベラルな政治は制限的である。その目標と目的が制限されているからである。我われの生活への公的介入を正当化する限定的な目標ないし理由がある。しかし、リベラルな政治は、公共的理由、他者の権利尊重というリベラルな規範が競合する忠誠を乗り越え、我われの生活のあらゆる領域で権威を主張するので、広範なものになる。配偶者をレイプする疑問の余地のない犯罪は、リベラルな規範の無制限な範囲と、リベラルな政治にも私的生活があるという事実を生き生きと例証する。

リベラルな政治は、私的領域を公的領域から遮断するのではない。訴訟がなくても、公共的価値は浸透し、部分的に私的関係を構成する。リベラルな正義とリベラルな市民の善との間には、リベラルやその批判者がしばしば認める以上に密接な関係がある。リベラリズムは、実体的道徳的価値、リベラルな市民の最高の忠誠を保証すべき積極的価値、多くの忠誠を乗り越え、あるいは排除し、一部の目標を要求し、その他の目標やプロジェクトを条件づける価値、リベラルな市民の生活と人格に浸透し、広範に形作る積極的価値を一通り体現する。リベラルな政治規範は、私的生活を持つ。それらは、リベラルな市民の私的生活を形成し構成するのに役立つ。リベラルが通常認めるよりもはるかに広く、自由は生活様式となっているのである。

リベラルな徳

これまでと同様、社会的多元主義の思想から始めよう。リベラルな共同体では、人々は目標、生活様式そして宗教的信念について意見の一致はない。にもかかわらず、そうした共同体は、リベラルな仕方で発展することができ、その場合、それは識別できる形を持つ。リベラルな正義は、人間の善または生活様式について中立ではないからである。それはすべての市民の「善」が、一定の特徴を含むという積極的要件を行使するからなのだ。「生きて、生かす」意思、個人的計画と誓約を公平な法の支配に従わせ、強制するのではなく説得することである。リベラルな正義は、カトリックと平和の裡に暮らすよりは、死ぬまで戦うべきだと信じるプロテスタントは、肯定できないだろう。他者の権利を犠牲にして政治的手段を通じて自己の利益を増やそうとしている市民が、リベラルな正義を道徳的に最高だと認めることはありえないだろう。

「生きて、生かす」態度は、その構成員が人生における善に関して意見が一致しない共同体において、安定したリベラルな平和の確立に資する寛容や個人的資質といった、リベラルな確信を反映するものである。構成員が互いにこのような態度を持つリベラルな共同体は、他の共同体（たとえば、報復または処罰についての相互の恐怖により抑制される、相互の敵意によって特徴づけられる共同体）よりも（共同体として）優れているだろう。しかし、単に「寛容な」共同体は、共同体として真に発展しているものとして際立っているわけではない。リベラルな正義は、「卓越した」とみなされうるもの以下である共同体の形態、および人間の人格の条件と両立できる。

リベラルな価値は、リベラルな正義はそこで「有効である」と我われが言うために存在する必要はなく、徳も、人が徳を持っていると示す行為も、法が要求するわけではない。にもかかわらず、リベラルな徳は、明らかにリベラルな仕方で発展する共同体を、単にリベラルな正義によって統治される共同体から区別する。リベラルな正義への支持は、少数者の尊厳を尊重しない多数の偏屈者、あるいは他者のプライバシーの権利を乱用するピューリタン的熱狂者からなる社会においては、制限される。

リベラルな正義は、多くの特定の価値、服従、忠誠および誓約を巡って、我われの意見が大いに異なる人々の権利を尊重することを要求する。リベラルな正義は、人種、性、宗教または民族的背景の違いは、すべて二次的な、下位の政治的価値しかないものとして追放する。その政治的関係においてリベラルな市民は、ポパーが「抽象的社会」と呼んだものの構成員なのである。(22) リベラルな市民は、家族、部族、または人種の構成員だけでなく、人類全体を尊重するよう要求される。すべての者は、リベラルな正義の観点からは、抽象的で、公平な省察的能力の保有者として、決定的な道徳的平等を共有するのである。

リベラルな政治の視点から人間に関する事柄の世界を見渡すことは、道徳的視点から見渡すことである。リベラルな正義は、我われがすべての者の権利を尊重することを要求する。その政治的能力において、リベラルな市民は、その他多くの相違にもかかわらず、他者を本質的に自らと同じである、あるいは決定的点において同様なものだとみなす。こうしてリベラルな政治は、ある意味で、ほとんどすべての実体的かかわりに関して意見が一致しない者についてさえも、我われが他者の立場に立てるようにできる公平な視点を表明する。平等でリベラルな尊重は、相互尊重を育成するのである。

多様な社会におけるリベラルな正義への忠誠は、意見が一致しない人々の間の寛容と共感の態度を奨励すべきである。我われが、我われ自身の生活と異なる生活を送る人々が、それにもかかわらず重要な点で自分たちと同様であることを理解するに至る時、これらの人々だけでなく、我われのものとは違う選択による、今までは重大に考えなかった経歴や生活様式によって、そのプロジェクトおよび忠誠についても共感するようになるだろう。多様なプロジェクトと忠誠に共感することは、第6章で検討したように、リベラルな社会において行われる価値の対立を内面化することである。幅広い生活様式に共感する能力を獲得するリベラルな市民は、広範な「生きた選択肢」を獲得し、変化に対して開かれるようになる。生きた選択は、自己検証、自己批判、および実験を喚起する。生きた選択肢は、流動性と娯楽、知識の拡散、「風変わりな」経歴、および異なる性的志向の受容、性に基づくステレオタイプからの断絶および離婚と結婚の受容を増加させる。人格のリベラルな理想は、多様な異なる生活様式に共感する十分広い「地平」を持つものである。

リベラルで、多元主義的な社会の場において発展する人格は、広い共感を持つ。多元主義的な社会の場において公平な立場で推論し、行動できるリベラルな市民はまた、特定のものに対する排他的あるいは非省察的忠誠が少ない。すなわち、リベラリズムは、次のようにして、自身のプロジェクトおよび忠誠への献身を和らげ、あるいは弱めることができる。つまり、自身の方法が批判、選択、変化に対して開かれているとみなすように奨励することによって、あるいは、別様に尊重するよう仕向けられる多くの人々には共有されていないのだと単純にみなすように、人を奨励することによってである。私が示唆したように、リベラルな多元主義社会が実験的で、ダイナミックな社会でもあるならば、人々もまた、その忠誠および理想を、予測できない変化をする世界においては、時代遅れか、あるいは取るに足らないものとなりがちな偶然的で脆弱なものとみなすよう奨励される。

その広い共感および進歩の受容は、コミュニタリアンが受け入れたがらないように思われる、リベラル以前の社会におけるより特定の地方的熱情の一定の緩和へと至るだろう。リベラルな正義自身、他の従属的な忠誠からの一定の批判的分離を要求し、また社会的多元主義の内面化は批判的で、実験的で、開かれた、自律的理想へと導く。リベラルな敏感さが高度に発達した者は、部外者や見知らぬ者に対してより友好的で、開かれているだろうが、隣人、地方、および狭い忠誠へのみ傾倒する程度も低い。リベラルな愛着は、リベラル以前の愛着より広いが、それより激しくまた深くはない。リベラルな忠誠は、批判的分析、選択、および変化に対してより開かれている。

リベラリズムの厳しい批判者でさえも、「リベラル以前」の社会の相対的魅力のなさに気づいている。そうした批判者の一人は、「理想化された」インドの村の生活に対する英国の支配の影響を論評して、次のように述べた。

多数の勤勉で、家父長的で、無害な社会団体が、組織化されずバラバラにされているのを目の当たりにするのは、人の感情にとって気分が悪いものである。我われは、これらの牧歌的な村落共同体が、無害に見えるけれども、常に、人間の精神を最小の尺度内に押しとどめ、制約のない迷信の道具とし、伝統的規則の下で奴隷化し、すべての高貴さと歴史的エネルギーをはく奪する東洋の専制主義の堅固な基礎だったことを、忘れてはならない[23]。

「人を状況の主権者に高める」のではなく、むしろこのように閉ざされた、リベラル以前の共同体の生活は、カーストと奴隷制度を永続化させ、「人を外部状況に従属させ、自己発展する社会状態を決して変わらない自然の運命に変容させたのだ」とマルクスは続けた。

マルクスの論評は、ウィリアム・O・ダグラス裁判官の「ウィスコンシン対ヨーダー」における少数意見の前兆である。オールド・オーダー・アーミッシュの子どもは、州が両親にその子を高等学校から退学させることを認める前に相談を受けなければならない。

アーミッシュの子どもは、

ピアニスト、または宇宙飛行士あるいは海洋学者になりたいかもしれない。そうするためには、子どもは、アーミッシュの伝統から別れなければならない。親が子どもを義務教育以上の学校から遠ざけたい場合、子どもは、我われが今日有する新しい、驚嘆すべき多様性の世界に入ることを妨げられる。子どもが、彼に対する権威をもつ者によってアーミッシュの生活様式につながれ、その教育が切り捨てられる場合、その子どもの人生全体が阻まれ、歪められてしまう[24]。

リベラルな者は、自己統治的省察能力の保有により区別される。こうした省察能力をさらに発展させることは、自律の理想へと人を導くが、その理想は他のリベラルな徳の源なのである。権利の尊重を核心的価値とし、多様性および寛容の普及を奨励する政治体制は、人々が自己の主人となり、自己制御を達成するため、他者の権利を尊重し、積極的に選択の自由を行使するように、自らのプロジェクトの経路を作り、制約できるようにする能力の行使の多くの機会、および刺激を与える。

自律に向かって努力することとは、自覚的で、自己批判的で、省察的な能力の発達を含む。その能力は、人が人生の理想と人格を構築し、評価し、そして改定し、かかる評価を実際の選択、プロジェクト、そして誓約の構築に関係させられるようにするものである。自律的な者として発展することとは、人の個性を積極的に発展させることである。自律は、批判的に省察し、こうした省察に基づいて行為する能力を含意する。それは、我われが「執行の」徳と呼ぶものの保有を意味する。自発性、独立、決心、忍耐、勤勉、および根気である。

オークショットがそう呼ぶように、自律の達成は、変化し続ける不確実な世界において、試練ではなく冒険として選択するプロジェクトを経験する気質において認識できる[25]。自律的人格は、多くの可能性のある生活様式、あらゆる選択の開放性および変幻自在な理想を伴う、リベラルな現代性を嘆くのではなく肯定する能力である。自律的な理想は、漂流し、目的がなく、受動的な存在としての現代的個人に関するマッキンタイアの記述とは鋭く対立する。そうした個人は、妨げられ、あるいは単に道具的な理性形式を持った状態、定着した社会状況に場所がない状態、つまり選択の根拠のない開かれた可能性をもつ単なる受動的な場所に置かれているのである。

我われは、孤立の中で「原子的徳」としてみなされるものを強調しすぎてはならない。第6章における強い評価および自律についての我われの議論は、リベラルとして優れている者は、自己の人格を省察できるだけでなく、批判し、形成できる者であることを示した。自律は、共有された価値、および多元主義的で、寛容な文化規範の理解とともに生じる。伝統または社会的慣行の中でくつろぐことと、人の個性の発展との間には緊張はない。自律は、個性の深く確定した中心を自己の中に発見する問題ではなく、多元主義的文化の複雑なマトリックスの中で行動する、積極的に批判的で、省察的で、その資源を自らのものとする方法なのである。文化的および社会的資源は、リベラルな政治規範および態度によって覆われたとき、自律に対する脅威ではなく、探索の機会となる。

オークショットは、社会の伝統と慣行との人の親しみ、社会的に受け継いだものに対する人の理解は、個性の意義ある発達と行使の制約ではなく、その条件であると強調するのがとりわけうまい。オークショットにとって、言語あるいは道徳規範でさえあるような社会慣行の理解に至ることは、人の個性の表現手段を獲得することである[26]。もちろん、オークショットが想像するように、法が自由を強化するものであるならば、それは特性上リベラルなものでなければならない。社会慣行と道徳規範が自由を制約せず、促進するものであるならば、それらは一定の実体的特徴を持たなければならず、順応への圧力ではなく、変化に対する寛容と開放性の態度を体現しなければならない。

リベラルな正義に従うだけでなく、それから行為するリベラルな市民は、自ら選んだ行為に対して「自己抑制」を単に課すだけでなく、むしろ独自に価値があり、調整できる目的としてその行為において正義を実現しようとする。この重要な目的は、卓越したリベラルな形態を示す市民が共有するものである。我われは、正義は人を「区別するものに対して話しかけ」、善の独自の概念は、それらを互いに「結び付ける」というサンデルの提案を退けなければならない[27]。善の概念だけが人々の人格を構成し、互いに拘束できる共通の目的を人々に与えられると想定するのは、誤っている。正義は、リベラルな市民に、深く高貴な統一を授けることができる目的を与えるのである。

公共的に正当化されるリベラルな政治の要点は、共通の、実体的な道徳的理念の実現である。エミール・デュルケームは、リベラルな正義が与えることのできる社会の統一、リベラリズムの批判者が突き付けた分離と孤立という非難を打ち負かすリベラルな統一を理解していた。

個人の尊厳が、その者を他者と区別するその個人的資質、それらの特定の人格から由来するならば、人は、すべての社会的結合を不可能にするある種の道徳的エゴイズムに閉じ込められてしまうのではないかと恐れることだろう。しかし現実には、人はこの尊厳をより高次の源、我われがすべての者と共有するものから得ているのである。神聖で尊重に値するのは人間性である。これは、その者の排他的保有物ではない。それは同僚の間にも分配され、その結果、自らを超えて、他者の方へ向かっていく義務なしでは、それを自己の行為の目標として人は受け取ることができない。公平で匿名のそうした目的は、すべての特定の意識からはるか高く上昇し、よってそれらの結集点となれる。このように理解された個人主義は、自己ではなく、個人一般の賞賛である。その動力は、エゴイズムではなく、人間であるものすべてに対する共感、苦しむ者すべて、人間の悲惨すべてに対する広い憐憫、それらと闘い、緩和したいというもっと熱意ある欲求、正義へのより大きな希求である。これは、善意を持つすべての人の共同体を達成する方法ではないだろうか[28]？

リベラルな市民の権利は、個性一般を正当化し保護する公共的原理に基づく。リベラルな原理は、自己愛ではなく、省察的で責任ある選択ができる能力を備えた者の多様性、多元性、および尊厳に基づく。適切に理解されたリベラルな個人主義には、その基礎に、自己中心的ではない、一般的および公平な視点に依存する道徳的忠誠が存在する[29]。

リベラルな徳のあるものは、現在我われの前にある。広い共感、自己批判的省察、実験、新しいことを試し、受け入れる意思、自己統制および積極的で自律的な自己開発、受け継いだ社会的理想の評価、同僚のリベラルな市民への愛着および利他的な関心である。個人が多元的でリベラルな共同体で発達することに寄与するのと同じ徳が、リベラルな市民的義務の履行にも寄与するのであって、リベラルな徳は、市民的および個人的徳なのである。リベラルな政治の実践は、リベラルな徳を増幅する。つまり、法の支配は、自己抑制、手続きおよび形式の評価ならびに尊重の平等を教えてくれるのである。

公式決定に批判的で、疑問を持ち、異議を唱える態度の重要性を強調することにより、リベラルな政治の実践は、省察的能力、活動、および精神の独立、ならびにリベラルな市民の自律の発達に資する。リベラルな立憲主義者の立場からは、公式行為は、一般的解釈対象である公共的道徳原理によって支持されない限り、権威を持たない。法律を解釈する権威は平等であり、すべての市民がリベラルな秩序の公共的道徳原理を自ら解釈する権利を持つ。リベラルな民主的秩序の公共的道徳への忠実性は、市民が公的行為の良心的解釈者および検証者としての自らの役割を受け取る真剣さによって、究極的に決定される。これは、市民的不服従のリベラルな理論の意義であり、独立宣言が論じたように、政府の適切な目的を破壊することとなった政府に対する反抗の正当化へと、必然的に至るのである。

リベラルな正義に忠実であるために、すべてのリベラルな市民は、自らの特定の計画やプロジェクトではなく、リベラルな公共的理性および原理に最高の忠誠を誓う。リベラリズムは、道徳的生活を「内面化」せず、政治および公共生活を自己利益の作用に委ねる。実際、リベラルな政治空間は、道徳的考慮が行きわたっている。司法過程だけでなく、政治もより広くリベラルな道徳原理の解釈によって導かれるべきである。さらにリベラルな市民は、他者を自己の公共的規範の解釈の真価について説得したければ、公共的議論に参加しなければならない。リベラルな政治の場は、私が探索したモデルでは原理の場であり、そこでは市民は、公共的原理の良心的解釈者として行為すべきであり(時には行為する)。

リベラルな政治は、解釈者の共同体の理想を掲げ、そこで市民は、公共的道徳への献身によって統一される。リベラルな共同体において市民は、互いに同僚解釈者として対応し、単なるわがまま、狭い個人的利益および恣意的権力に代わって、自己批判的な理由付与への誓約を共有する。リベラルな政治の働きによって培われた態度――相互尊重および寛容のリベラルな感情、自己抑制、中庸および自律は、リベラルな市民の人格に対してより広い影響を与える。

もちろん我われは、リベラリズムが要求する政治的参加の量を強調しすぎてはならない。リベラリズムは、人が自由であることを許される場合、狭い利益を追求しがちであることを理解しているし、非常に大きな政治的構成要素を伴う善き生活の概念を市民に強制することはない、そして、特にその古典的なリベラルな形態においては、政治に残すものがあまりに少ないことを間違いなく批判されねばならないだろう。にもかかわらず、リベラルな実践には参加の要素、およびリベラルな理想に参加する豊富な機会が必然的にある。リベラルな政治の多くは、公共の道徳原理によって特徴づけられる。リベラルな市民は、公的に与えられ擁護される良い道理という権威を認識することがよくある。リベラルな政治生活は、人を高め、教育する効果を持つことも多いのである。

我われはまた、リベラルな市民は、政治参加（投票、候補者および政治の争点の議論、キャンペーン等）から、通常認識されているように正義のみを学ぶのでなく、あるいは主に正義を学ぶのでもないということも覚えておかなければならない。その初期から人生を通じて、リベラルな市民は、他者との相互作用において公共的規範を学び、適用する。子どもは、親や子供時代のゲームから、規則やフェアプレーの尊重を学ぶ。彼らは、批判し、討議し、他者の意見を聞き、投票し、家、学校、職場、ゲームおよび友人とともに規則を議論し、変更し、執行を支援する。彼らは徐々に衝動を抑え、他者を平等者として尊重し、そのエネルギーを勤勉さによって導き、適用することを学ぶ。彼らは、自ら判断し、できれば個性と自律の尺度を獲得することを学ぶ。彼らは次のことについて学ぶ。デュープロセス、および公正、ならびに異なる人々の尊重。彼らは司法、立法および執行府の徳を発達させる。これらはすべて、我われの政治的実践によって重大に影響されるけれども、政治的統制なしに行われる。従って、キャンペーンや選挙への参加を公共的徳の唯一の、あるいは主たる源泉とみなすことは誤りだろう。私的生活は、我われが公共の義務のための準備をする際、大いに役立つのである。

私が論じた通り、リベラリズムは、公的および私的な道徳性の明確な区別に依拠するわけではない。「政治的」価値は、リベラルな市民の私的生活に浸透し、形作る。リベラリズムは政治文化であり、権利、規則および役職のひとまとまりだけではない。その私的事柄において、リベラルな市民は、公平に観察し、他者の権利の名において自身のプロジェクトに対して制限を課す「司法的」態度を採用すべきである。他者の権利を尊重する我われの義務は、公的生活におけるのと同様、私的生活においても重要である。他者との我われの個人的関係は、政治参加よりも広範で、頻繁で、人生の早い時期に生じるはずなので、個人の事柄における正義の実践は、より重要な道徳の教師である可能性が高い。

リベラルな自律とリベラルな政治の実践が、活動、自発性、および道徳的義務を強調する場合、リベラルな市民の人格に対するさらなる効果を我われは期待できる。トクヴィルが観察した民主的市民と同様、リベラルは、自らの主導権を喜んで取るだろう。個性と選択の強調においては、何ものも市民は自己満足を主たる目的として追求するという仮定を正当化しないので、我われはリベラルな市民が利他的その他両方の共通目的のため、自発的結社において結びつく用意があることを期待すべきである。自律的でリベラルな主体は、孤立した活動ではなく、どのように、誰と、どういう方法で、そして何のために関係を結ぶかを選択する自由を称賛する。リベラルな主体の公的生活は、リベラリズムの批判者が時に誤って想定するように、その政治的関係にとどめられるわけではない。そうではなく、リベラルな社会において存在し、発展する多数のクラブや結社への参加も含むのである。どこにでもある、キワニスやロータリー、商業会議所、教会、環境ロビー、退職者倶楽部、メーソン、エルクスそしてライオンズクラブである。

リベラリズムは、何よりもまず、権利や法による統治といった基本的な政治的保障および制度を支持する。すでに論じた通り我われは、比較的密接にこれらの権利や制度の積極的支持および参加と結びついた徳、多様で寛容なリベラルの社会において人として発達できるようにする同じ属性を識別することができる。公的および私的なリベラルな徳は、独立し、補完的であり、我われは、司法、立法および執行の性格を有する私的生活のリベラルな徳を区別することができる。

司法的徳は、人々が個人的忠誠とプロジェクトから距離を置いて、公平な視点から判断できるようにする。公平性は、基本的な司法的徳であり、他者の権利を尊重し、公正に行為する能力を支持し、よってリベラルな市民の主要な義務を履行する。別の司法的徳は、原理への愛着、および権利ならびにリベラルな公正が問題となっている場合には、取引や妥協については気が進まないことである。司法的徳はとりわけ良い裁判官には必要であるが、すべてのリベラルな市民も、異なる生活を送り、その利益が対立するかもしれない人々を、等しい尊重に値する者として取り扱うべきであれば、ある程度こうした資質を養わなければならない。

立法的徳は、我われが意見の一致しない人々の権利を尊重するようになってから発達する共感の幅によって識別できる。これらの徳は、個人的な熟慮、および意見の異なる者との対話を喜んで行うことにおいて、異なる理想を共感を持って探す能力を含む。立法的徳は、司法の公平性を共有するが、具体的であるよりは包括的であり、距離を置くよりは関わり、妥協と順応に対してより開かれている。立法的徳は、原理に基づくリベラルな立法者にとりわけ特徴的なものであるが、いつも自分の思い通りにはならない民主的手段を理解し、公正な精神を持った公平な代表を選ぶことのできる、すべてのリベラルな市民が保有するものである。

執行的徳は、判断し、省察した以上、最初の災難の兆候で漂流し、躊躇し、くじけるのではなく、解決し、行為し、そして保全し、〔また〕いつまでも省察するのではなく遂行し、〔さらに〕順応を求める他者の偏見や圧力によって動揺するのではなく、独立した考えを行使するよう、人に力を与えるものである。執行的徳は、リベラルな国家の執行職員にはとりわけ必要であるが、公的行為を警戒心を持って監督し検証し、体制の擁護に集まり、体制内で持続した不正義を自ら是正する場合には、リベラルな市民にも必要である。執行的徳を養う市民はまた、リベラルな国家では適切に引き受けられない多くの責務を果たすため、他者との関係の形成に自発的主導権を取る。

さて、これら三組の徳は、とりわけ政府の三部門それぞれの公職者に必要なものであるが、市民もまたこれらの徳を必要とする。市民は、公職者の監督、批判および選択の義務を有能に行使するとするならば、各三部門の行為と視点を評価し、査定できなければならない。さらに、市民が多元的社会環境において発展するために必要な個人的自己統治を達成するとするならば、これらの徳の三組すべてが必要である。市民は、自身のプロジェクトから距離を置き、公平に判断し、他者のプロジェクトを共感し、理解し、決定し、解決し、行為し、保全できなければならない。こうして、リベラルな体制における政治的および個人的自己統治には、類似の徳が必要とされる。

リベラルな自己統治を可能とする徳はまた、リベラルな社会における我われの個人生活の統治も可能とする。我われは、プラトンに倣って、「外側の」体制において良き統治へと導く徳は、「内側の」体制を統制し、指示する資質における類似物を持っていると言える。[30] 公平性、省察、自己批判、明瞭化および道徳的理性の擁護は、多様性、広い共感、および果断さを形成し、公的および私的な卓越性のリベラルな形態へと導く。リベラルな徳は、同時に政治的で個人的、市民的で私的なものなのである。

我われは、そこにおいて三分の一の徳が他の三分の二を圧倒する、人格と政体の三つの「変質」形態を識別できる。司法的徳の過剰は、他者または自己のプロジェクトへの関与のない孤立につながる。立法的徳の過剰は、差別なき寛容、原理に基づかない順応、または特定方向への個人的決意のない広い共感につながる。執行的徳の過剰は、他者の評価または適切な関心のない、自身のプロジェクトの頑固な追求につながる。

異なる種類のリベラルな正義、もしくはリベラルな政治の全体的目標に関する異なる判断、あるいは三部門による良き統治に寄与した徳の相対的重要性の間で区別をしなければ、三種の徳の相対的な政治的重要性を強調することは不可能である。ロック、ハイエクおよびオークショットのような古典的リベラルは、政治における司法の徳の重要性を強調する。彼らにとって政治の目的は主に、個人の権利の保護と権利侵害の矯正である。古典的なリベラルにとって、政府全体の要点または目的は、基本的に司法的な機能の遂行である。[31] より平等主義的なリベラルの社会政体の目標は、少なくとも一部の者によれば、裁判所よりも、立法府や執行府において、情報収集、監視、およびより簡単に利用できる管理資源を必要とする。[32]

執行府が支配する政治の徳は、独占的にではないが、（我われにとって）異例な不安定な状態に直面する者によって促進される。社会の平和は、正義またはその他の社会的善の前提条件である。混乱が差し迫っている場合、執行政府の重点的なエネルギーに頼らざるを得ない。ホッブズとマキアヴェリの政治は、ほとんど無制約な執行エネルギーの必要に支配されているが、ロックやアメリカ共和国の創立者も、強力な執行政府を必要とする状況が可能性としてありうることについて鈍感ではなかった。[33]

人民は、その資質と判断に応じて、特定の政府部門の熱心な支持者となりがちである。これは驚くに足りない。なぜなら、私がすでに論じたように、これらの公職は、その訴求力がある程度個別化し、固有のものである特定の徳を必要とするからである。

リベラルな共同体

私はリベラルな徳——固有にリベラルな仕方で優れている者の資質——を検討してきたが、我われは今、良き共同体——構成員が、リベラルな徳において優れ、その結果明らかにリベラルな方法で発展する社会——のリベラルな理念を識別できる。我われは、この発展するリベラルな社会をどのように特徴づけられるだろうか？　最初に、それは個性と社会的多元主義に余地を作る。それは寛容で、開放的で、ダイナミックであり、その構成員は異なる生活様式と忠誠により実験をする傾向にある。それは多分、この多様性、寛容および実験にある程度の表面性が伴って、結果的に忠誠に深さが欠け、持続性が欠如するという代償を支払うだろう。一定の見せかけの、影響された奇行もあるだろう。自己批判的、自己形成的内省すべてとともに、おそらくある程度の自己専念ないし自己陶酔もあるだろう。黙々とした服従・敬譲、疑問を抱かない献身および卑下は、リベラルな徳の勘定に入れられない。

リベラリズムは、世界中をカリフォルニアのようにするとの約束または脅威を差し出す。多様な生活様式や奇行に対する寛容と共感を奨励することにより、リベラリズムは、翌週には銀行員としての経歴を捨て、妻と子どもを残し、仏教のカルトに参加すると決定することも可能な共同体を創出する。多元主義的、リベラルな社会は、可能性のわくわくさせられるような配膳に我われを直面させるスモーガスボード〔バイキング式料理〕である。社会は、変化と多様性に対して開かれている。通常でない生活様式および生活様式の変更に対するスティグマも少ない。多様性と変化への開放性の組み合わせは、自己検証への喚起および実験への招待を構成する。

全世界がリベラルになれば、全世界はある重要な点で同じになる。リベラルな規範に制約された個性は、どこでも発展するが、政治組織の形態の多様性は排除され、社会生活の形態の相違も減り、社会生活のどの領域も特有のリベラルな価値を帯びるだろう。リベラリズムの拡大を多様性の最大化あるいは無制限な実験の解放と同一視することは誤りである。リベラルな規範は、社会組織における多くの実験を除外し、リベラルな権利への共通の同意を要求し、寛容、開放性、および広い心の統一性を奨励する。リベラリズムの拡大が、一定の多様性の形式を排除するならば、それはまたリベラルな共同体およびリベラルな平和も拡張する。すでに論じたように、近代世界の歴史において、どの二つのリベラルな体制も、互いに戦争に突入したことはない。(34)

開放的で、多様で、批判的で、実験的で、不確実で、絶えず変化するリベラルな社会において発展する有徳の生活の形態において、一定の価値あるものが失われるか、欠けていることがある。共同体のより強力な形態、より深く、疑問を持たない、問題のない〔家族、教会、部族、または階級への〕忠誠の形態が、リベラルな仕方で繁栄する社会には失われた善き生活の純粋な形態を体現するかもしれない。小さな均質の共同体における、生涯にわたる疑問を持たない簡素な生活への献身は、その態度がリベラルな個人主義、社会的多元主義、寛容および批判的に省察的な市民権によって形成された者には、ほとんど入手できないだろう。人は、リベラリズムが開示する自己実演の多数の可能性をいったん認識すると、その選択を永久に新たな光の中で考えることになる。最低でも、かつて疑問とされなかった所与のアイデンティティ、または役割の要素が選択対象となるのである。

選ばれたものはすべて、複数の中で選ばれたものなのである。「選択」がないことには、所与として省察なしに受け取られたアイデンティティの確実性と安心感がある。人は単純あるいは超俗的になるために選択することはできない。問題が生じるころには遅すぎるのである。いったん人の水平線が、人生の可能な道の多様性、広範な「生の選択肢」を包含して広がると、いかなる意思に基づく行為も眺望を再び狭めることはできない。人は、ウォールストリートの証券仲買業者で数年働いた後、本当にアーミッシュになるための選択をすることはできないだろう。

生の選択肢に直面し、批判的省察の傾向を持ったリベラルは、大義、プロジェクト、および理想への浅い誓約しかもたないのだろうか？　リベラルな多元主義の拡大が、安心感と平和の約束をもたらすならば、そのことは古い確実性、よく踏み固められた道の上の確実な将来の喪失に我われを直面させる。アイデンティティは、単に与えられるのではなく達成しなければならず、常に開かれている。我われの評価基準は、人の尊重という根拠の確かなリベラルな規範は別にして、完全には確定していない。我われの可能性とプロジェクトは、不確実で、絶えず変化する世界において識別され、開発され、持続されなければならない。一部の人々が冒険として経験することは、マッキンタイアのような漂流する躊躇者は、耐えられえないほど負担だと思うだろう。

人格の弱さや自律、独立、および決心といったリベラルな徳の発達の失敗は、リベラルな現代性に対する不満や落胆の考えられる唯一の原因ではない。リベラルな理想は、どう生きるかという大問題について、最終的な、確固とした答えを求める者には訴えかけないのである。リベラルな正義自体は、部分的回答しか与えないが、我われ自身にも、人間の経験世界でも、そこで省察が終わる確定した認識点、何らかの最終回答また知恵があるようには思えない。リベラリズムは、多元主義的場において、どう生きるかという問いに対する完全で最終的な正しい答えの保証なしに、個人に選択の負担を課すのである。

確実性と安定性への熱望は、一部の人々には取り除けないもので、これらはリベラルな批判的省察および自律の究極的価値を問うものである。人生の「大問題」に対する究極的回答を確実に保有することができない場合、社会慣行を批判する骨の折れる過程に参加するのはむしろ的外れのように思える。無限の海で、投錨する海底あるいは約束された目的地がなければ、港からなぜ出航するのか？　優れた理由を批判的に探索しても、我われの持つ確定した点を侵食し、疑念、〔つまり〕ヒュームの「永遠の不安定性」と（おそらくは）ニヒリズムしか生まないかもしれない。

「ニヒリスト」は、とニコライ・ペトロヴィッチは言った。「私の知る限り、ラテン語のニヒル、何もないから来ている。この語は、何も受け入れない者を指すはずである」。

パヴェル・ペトロヴィッチは「いわば「何も尊重しない者」」だと述べた。

「何でも批判的視点から見る者だ」とアルカディは観察を述べた。

「それは同じことでは」とパヴェル・ペトロヴィッチが聞いた。

「いいや、同じではない。ニヒリストは、いかなる権威の前でも頭を下げない者で、その原理がどんなに敬意をもって尊重されていても、いかなる原理も信じないのだ」。

「では、それは良いことなのだろうか」パヴェル・ペトロヴィッチは口をはさんだ。

「場合によるよ、おじさん。ある人は、良いことだと言い、ある人はそのために苦しむだろう。[35]

しかし、権威の前に頭を下げること、あるいは信用して原理を受け入れることの拒否は、アルカディが想定していると思われる通り、ニヒリズムに至るのだろうか？　リベラルな開放性および批判的思考は、客観的な人間の善あるいは真の道徳的価値の可能性に関する懐疑主義を意味しない。けれどもリベラルな開放性や批判は、我われが決定的に全体的真実を特定する能力についての疑問を含意する。「我われは、いかなる価値の教条主義でも克服できないものを証明する能力はない。我われは、いかなる価値の懐疑主義でも克服できない真理という観念を持っている」[36]。

異なる人々が、批判と変化の恒久的開放性にどのように取り組むのかを述べることは難しい。一つの可能性はミルによる、自らの価値を疑問に付し、他者にも疑わせることに慣れた者の、確信に満ちた描写に見いだせる。

自らの意見を実践することに疑念とためらいを生じる代わりに、他者の意見と照合して自らの意見を修正し完成する安定した習慣は、それに正当に依拠するための唯一の安定した根拠である。というのは、少なくとも自分に対して言われうることすべてを認識し、反対者に対して自己の立場を取ることによって、つまり彼が異議や困難を避けないでそれらについて考え、いかなる一角からも対象を照らす光をさえぎらなかったことを知ることによって、その者は、同様の過程を経ていないいかなる者、あるいはいかなる大衆よりも、より良く判断について考える権利があるからだ[37]。

もちろん、自分の意見を他者よりも良いと思う権利を持つことと、実際により良く考えることとは別のことである。にもかかわらず、リベラルな規範の真実が公的に確立される限り、リベラルが、その政治的信念について確信を持つのにはもっともな理由がある。少なくとも政治的規範および関連する価値については、リベラルな市民はミル流の自信を持つのにはもっともな理由がある。彼らは、その政治的信念を批判的省察対象としなかった者より多くの、よりもっともな理由を有している。リベラルな正義の真実が、公共道徳の議論において擁護できる限り、我われは、リベラルな「制度維持」価値が、批判からは遮断されずに、浸食的な懐疑主義の影響を受けないことを期待すべきである。

政治的信念に関しても、リベラルは無謬であると想定してはならない。リベラルは、一定の仕方、自己批判的で省察的な仕方で、リベラルな規範に忠実であるべきである。この態度は、リベラルな正義に忠実な最善の方法の一部である。リベラルな正義は、その正当化が公共の批判に対する開放性に依存するからである。原則的に、リベラルな原理は批判から免れない。実践的には、リベラルな実践は批判によって強化される。我われは、それらを支持する十分な理由があるからである。理由を与え、理由を受け入れる活動および公共的対話は、他者の合理性についてのリベラルな信念を強化するはずであり、基本的なリベラルの政治規範に生気を与え、安定させるのに役立つ。

リベラルは、リベラルであることにもっともな理由と、リベラルとして生きる合理的な多くの道がある世界において、自己批判的理由付与に忠実な者にふさわしい自信を持ってよいだろう。自律的でリベラルな者は、省察的選択をするための素材を持っているが、これらの選択は、基本的な政治規範ほどには幅広く共有されていないだろう。個人的忠誠の批判的省察を正当化する最終的な知恵の地点がないとしても、価値がないと広くみなされる選択肢を排除することによって前進できる。そして、多くの者が論じてきたように、善き生活自体についての異なる概念を省察し、積極的に探索することは、善き生活の構成に役立つのである。

リベラリズムは、そこから善の代替概念を探索する自由と平和の枠組み、そして省察的で明晰な意識の立場を定義する。自律の理想は、オークショットが述べているように、多様性と変化の中に人間の繁栄の条件を見つけることのできる人格のタイプを示唆する。

これは、宿屋への道、〔すなわち〕目的達成の手段に関する熟慮に対する変更可能な会話、どのように目的地に達するかについて方向を示す道の規則を選好し、それを認識する資質である。
道は常に海に向かって行く
「義務と喜びの間で。
人は、彼らが自らのものだと信じるものを反映する特徴をもつ神を作り出す傾向があるので、この自己理解に対応する神性は、雄大な想像のアウグスティヌスの神であり、困難のない宇宙を考案した時に、自己が採用した予測できない空想の自営冒険者からなる宇宙を創造し、彼らにある行動準則を発表し、永遠の会話を交わしながら礼儀正しく「言い返す」ことができる陪食者を、獲得する度胸を持っていた。(38)

ミル流の自信とオークショット流の陽気さは、リベラルな開放性と変化に対するありうる応答のうちの二つに過ぎない。ある者は、比較的容易に把握できる絶対性のない世界を、絶望と不安に満ちたものと思うだろうし、あるいは我われすべてが、場合によってはそう思うだろう。

我われは、真実を望み、我われ自身のうちに不確実性以外のものは見出さない。我われは、幸福を求め、悲惨と死しか見出さない。我われは、真実や幸福を望まないことはできず、確実性ないし幸福を望まないこともできない。我われは、どんなに遠くまで落ちたかを、我われに感じさせるほどの罰と同量の欲求とともに放っておかれる。(39)

またニーチェは、「いかなる休息場所も、お前の心にはもう開かれていない。そこでは見つけさえすればよく、求めることはもはやない」(40)。リベラルな多元主義、寛容、変化、および自由は、恣意的な価値と権力への意志の道徳的真空を意味しない。しかしある者は、おそらく、選択および価値ある個人的プロジェクトを苦心して作り上げる必要によって、気力を失うだろう。けれども人々には、疑い、批判する多くの理由があり、またその生活について不安になる多くの理由、たいていはリベラリズムに無関係の理由がある。疑いに対する哲学的治癒はないが、いくつかの実践的治療が利用できる。ゴルフのラウンド、一杯のビール、夏のバーベキューである。リベラリズムは、生活の世話全部に対する解決策を提供することはないが、我われが知るその他の政治制度もまた同じである。リベラリズムの徳が一定の費用と損失を伴うとしても、これらは十分それに耐える価値があると私には思われる。

結論

私が論じた通りリベラリズムは、コミュニタリアン批判者への積極的回答をするための資源を含んでいる。リベラルは価値、徳および明瞭な共同体形態を共有する。それらすべては、コミュニタリアンの批判に直面して利用できる資源である。我われは、リベラリズムに関連する制度、たとえば科学に関して、進歩あるいは自由市場の運営への楽観的信念において、追加の徳を求めてこの議論をさらに推し進めるだろう。私は、リベラルな正義および立憲的制度の周りで核を形成する徳、およびその半影において容易に識別できる徳に関心を限定しようとしてきた。

リベラルは、基本的に人々が善き生活の性質について根本的に意見が異なるという事実、および適切な法の支配は、特定の善の概念を社会全体に押し付けるべきではないことを強調する。しかし、この単純な構図は、誤解を招きかねないほど不完全である。個人的忠誠は、リベラルな市民の最高の忠誠を支配すべきではないし、しばしば単独では統制していない。誰も、他者の権利を犠牲にしてその個人的目標を正しく追求することはできず、誰も、リベラルな市場秩序において、競争を構造化し抑制する規則に違反することによっては、正しく競争することはできない。こうしてリベラリズムは、社会的主張の個人的主張に対する優越性、個人の欲求、目標と目的に対する権利構造および適切な法制度の優越性を承認する。共有されたリベラルな規範に、リベラルな正義の公共的正当化への参加の能力と意思を我われが付加する時、市民が公共道徳を共有し、価値ある政治的取決めを保全し、互いに共通の道徳的な人格を認め、その人格を尊重する最優先の義務を承認するリベラルな理想に、我われは接近しているのである。

私が記述したリベラルの整理はもちろん、それに従って生きることができないことの多い理想であるが、それにもかかわらず、これらの理想は、我われの実践と願望において認識することができる。我われは、黒人、女性またはどの少数者または被抑圧集団の公民権も正義に基づいて支持する場合、あるいは立法の優れた公共的理由を求め、提供する時はいつでも、リベラルな理想に時々接近する。教育、流動性、および多様性と変化への寛容が高まると、我われの私的生活もまた自律的理想に接近することができる。少なくとも明らかにすべきことは、適切に理解されたリベラリズムは、マッキンタイアによって不幸なリベラルとされている三人組、「豊かな審美眼の持ち主、管理者、および療法士」[41]よりも、はるかに高貴な人格の理想を擁護する。

リベラルの芝生には、多分一定の不満と不安が伴うが、明らかに不健全なものではない。道徳的価値は多数あって対立しているとする多元主義者が正しければ、〔また〕人間の善に参加する多くの理性的道があるとすれば、〔さらに〕選択と変化が善き生活の常なる特徴であるならば、ある程度の批判的な不安が必要で、それは健全であるとさえ思われる。リベラルは、基本的に不確実性または不安によって圧倒されることはない。多くの愛着および選択は比較的安定し、ほとんどの人は、楽しみ、努力する価値がある多くの良いことを見出す。

フリードリッヒ・ハイエク、アーヴィング・クリストルおよびユルゲン・ハーバーマスのような多様な思想家は、リベラルな体制の正統性と安定性は、前資本主義ないし前リベラル倫理のいつまでも残る影響に寄生していると主張する。[42]リベラルな正義に基づく価値と理想の評価は、リベラルな体制は社会を統一することのできる共通のエートスを生み出せないとする観念が、誤りであることを証明するのに役立つ。我われは、今世紀だけでも、リベラルな生活が、一般的に優れた良いものであることを知るには十分すぎる政治的代替物を目にしてきた。ファシズムの終焉以降世界の半分を支配し、自由な自己統治に対する主要代替物を構成してきた抑圧体制の全面的非正統性が突然明らかになったことに特徴づけられる時代において、リベラルな体制における正統性の危機とされるものは、著しい荒涼さの中で特に際立つわけではない。

【原注】

〔日本版への序文〕

（1）『リベラルな徳』、第1章。

（2）同右。

（3）私は、後に『政治的リベラリズム』にまとめられたエッセーの中でロールズが論じている多くのことに共感していたし、今もなおそうである。

（4）『リベラルな徳』、第2章。

（5）同右、第3章。

（6）同右、序章、第3章、第4章。

（7）同右、第5章。私は、*The New Right* v. *The Constitution*, 2nd edition（Washington, D.C.: Cato Inst.,1987, first edition 1986）の中で、早くから始原主義者について論じている。また、"Originalism and the Inescapability of Politics", review Essay on Robert H. Bork's, *The Tempting of America, Northwestern University Law Review*, v. 84（1990）, 1203-14, and a reply by Raoul Berger, v. 85, #4（1991）の中でも論じている。

（8）この文献への際立った貢献は、クリストファー・L・アイスグルーバーによる *Constitutional Self-Government*（Harvard University Press, 2001）である。

（9）『リベラルな徳』、第4章。

（10）同右、第6章。

（11）"The Public Morality of the Rule of Law: A Critique of Ronald Dworkin", *Harvard Journal of Law and Public Policy*, vol. 8, no. 1（1985）, 79-108, ヘンリー・ヴィーチによる論評参照。

（12）私の以下の文献を参照。"Liberal Civic Education and Religious Fundamentalism: The Case of God vs. John Rawls?" *Ethics*, v. 105（April 1995）, pp. 468-96.

（13）Jürgen Habermas, *Between Facts and Norms: Contributions to a Discourse Theory of Law and Democracy*（Polity Press, 1996）〔ハーバーマス『事実性と妥当性』河上倫逸・耳野健二訳、未來社、二〇〇二年〕; また、Rainer Forst, *The Right to Justification: Elements of a Constructivist Theory of Justice*（NY: Columbia University Press, 2012）を参照。

(14) Cambridge, Mass.: Harvard University Press, 1999〔ロールズ『万民の法』中山竜一訳、岩波書店、二〇〇六年〕.

(15) 以下の私の "What Self-Governing Peoples Owe to One Another: Universalism, Diversity, and *The Law of Peoples*", *Fordham Law Review*, Special Symposium Issue on Rawls and the Law, 72 (2004): 1721–38 を参照。また、"When and Why Should Liberal Democracies Restrict Immigration?" in Rogers M. Smith, ed., *Citizenship, Borders, and Human Needs* (University of Pennsylvania Press, 2011), 301-323.

(16) Philip Pettit, *Republicanism: A Theory of Freedom and Government* (Oxford: Oxford University Press, 1997), ch. 2.

(17) ペティットは、この点に関しては明確である。Republicanism, pp. 9-10 を参照せよ。また、chs. 1 and 2 ではもっと広範に論じられている。

(18) 同右。

(19) Phillip Pettit, *On the People' s Terms: A Republican Theory and Model of Democracy* (New York: Cambridge University Press, 2012).

(20) Daniel A. Bell, *East Meets West: Human Rights and Democracy in East Asia* (Princeton University Press, 2000); and also his *China's New Confucianism: Politics and Everyday Life in a Changing Society* (Princeton University Press, 2008)〔ベル『「アジア的価値」とリベラル・デモクラシー——東洋と西洋の対話』施光恒・蓮見二郎訳、風行社、二〇〇六年〕.

[序]

(1) Peter Irons, *The Courage of Their Convictions* (New York, 1988), 53.

(2) Ibid.

(3) Irons, *The Courage of Their Convictions*, 54-5.

(4) Ibid. 226, 224.

(5) C. S. Lewis, *Studies in Words* (Oxford, 1960), 21 およびジョエル・ファインバーグの興味深い議論 'The Ideal of the Free Man', in James F. Doyle ed., *Educational Judgments: Papers in the Philosophy of Education* (London, 1973), 143-69 を参照。

(6) Lewis, *Studies*, p. 22.

(7) 'Kantian Constructivism in Moral Theory', *Journal of Philosophy*, 77 (1980), 525 における、ジョン・ロールズによる人間の二つの「道徳的力」の議論を参照。ロナルド・ドゥオーキンは、「計画を立て正義を付与する」ことのできる者に権利を認めることで、同様の見解を支持する。*Taking Rights Seriously*（Cambridge, Mass, 1977）, 182〔ドゥオーキン『権利論』小林公・木下毅・野坂泰司訳、木鐸社、二〇〇三年〕.

（8）William A. Galston, 'Defending Liberalism', *American Political Science Review*, 76（1982）, 621-9 および *Justice and the Human Good*（Chicago, 1980）参照。ガルストンは、カントの有効な批判を提示するが、すべての「カント流」の政治的道徳性についてではない。

（9）Galston, 'Liberalism', p. 627.

（10）この語句は Herbert McClosky and John Zaller, *The American Ethos: Public Attitude toward Capitalism and Democracy*（Cambridge, Mass, 1984）から採った。第1章で整理した証拠は、リベラル - 資本主義的価値（少なくとも抽象的意味で）を支持する専門家が広範囲におよぶことを示す。

（11）Clinton Rossiter, *Conservatism in America: The Thankless Persuasion*（New York, 1962）, 67〔ロシター『アメリカの保守主義——伝統と革新の交錯』アメリカ研究振興会訳、有信堂、一九六四年〕および Samuel Huntington, *American Politics: The Promise of Disharmony*（Cambridge, Mass, 1981）, 23.

（12）Robert Bellah *et al., Habits of the Heart*（New York, 1986）, 20〔ベラー『心の習慣——アメリカ個人主義のゆくえ』中村圭志・島薗進訳、みすず書房、一九九一年〕.

（13）Herbert McClosky and Alida Brill, *Dimensions of Tolerance*（New York, 1983）, 416-22 および McClosky and Zaller, *Ethos*, pp. 40-1 参照。

（14）McClosky and Brill, *Dimensions of Tolerance*, p. 123.

（15）Ibid. 416-22.

[第1章]

（1）Benjamin Constant, 'The Liberty of the Ancients Compared with that of the Moderns: Speech Give ant the Athenee Royal in Paris', in *Political Writings*, ed. Biancamaria Fontana（Cambridge, 1988）, 310-11.

（2）John Rawls, *A Theory of Justice*（Cambridge, Mass., 1971）, 16〔ロールズ『正義論　改訂版』川本隆・福間聡・神島裕子訳、紀伊国屋書店、二〇一〇年〕およびドゥオーキンによるロールズの議論 *Rights*, ch. 6, 特に pp. 162-3 を参照。ドゥオーキンの「平等な関心と尊重」の基本的価値は、とりわけ、道徳的正当化のレベルで関連する。そこでは道徳的観点の公平性を支持している。省察できる者に関心と尊重を示す道徳的要件自体は、ロールズの原初状態のそれのように、契約的議論からは由来しない。それはむしろ我われに、この種の議論を行うよう余儀なくさせる。Dworkin, *Rights*, pp. 180-2参照。

（3）Rawls, *Theory*, p. 49.

（4）批判と真実を犠牲にして合意を強調するように私には思えるので、「契約主義」というレッテルは避ける。にもかかわらず、私は一般的にロールズの、反省的均衡という観念（*Theory*, pp. 19-21）およびT・M・スキャンロンの契約主義の理解を受け入れる。'Contractualism and Utilitarianism', in A. Sen and B. Williams, eds., *Utilitarianism and Beyond*（Cambridge, 1984）, 103-28.

（5）Patrick Devlin, 'Morals and the Criminal Law', in *The Enforcement of Morals*（London, 1965）, 1-25.

（6）Alasdair MacIntyre, *After Virtue*（Notre Dame, Ind., 1981）, 8〔マッキンタイア『美徳なき時代』篠崎榮訳、みすず書房、一九九三年〕.

（7）MacIntyre, *After Virtue*, pp. 67-8, 9, 17.

（8）MacIntyre, *After Virtue*, p. 22.

（9）Ibid. 30-1, 119, 109.

（10）Ibid. 146, 236.

（11）Ibid. 110-11, 137. マッキンタイアは、アリストテレスの「選良主義」をあからさまに使用していない。

（12）Ibid. 152-3, 186, 204. これはまたもちろんソクラテスの哲学的人生の理念でもある。「人の卓越性を日々話合う者よりも偉大な善が起きることはない。検証されない人生は、生きるに値しない」。Plato, *Apology of Socrates*, in *Euthyphro, Aplogy, Crito*, trans. F. J. Church, revised and introduced by R. D. Cumming（Indianapolis, Ind., 1956）, 45〔プラトン『ソクラテスの弁明』納富信留訳、光文社、二〇一二年〕.

（13）MacIntyre, *After Virtue*, 245.

（14）Michael Sandel, *Liberalism and the Limits of Justice*（Cambridge, 1982）, 116〔サンデル『リベラリズムと正義の限界』菊池理夫訳、勁草書房、二〇〇九年〕.

（15）Ibid. 54-65, 174.

（16）Ibid. 175.

（17）Ibid. 182

（18）Michael Sandel, 'Introduction', *Liberalism and its Critics*（Oxford, 1984）, 6.

（19）Devlin, *Enforcement*, p. 10.

(20) H. L. A. Hart, 'Social Solidarity and the Enforcement of Morals', in *Essays in Jurisprudence and Philosophy* (Oxford, 1983), 250-62.
(21) Robert H. Bork, *Tradition and Morality in Constitutional Law: The Francis Boyer Lecture* (Washington, DC, 1984), 3.
(22) Ibid., 3, 6, 7.
(23) Michael Walzer, 'Philosophy and Democracy', *Political Theory*, 9 (1981), 388.
(24) Ibid. 383.
(25) Ibid. 397. アメリカ国民は、連邦議会よりも最高裁に対して大いに強い信頼を表明していることは意味があろう。一九八七年のギャラップ調査によれば、質問された五四%が、最高裁に対する「高度な信頼」を表明したが、組織宗教(五七%)および軍隊(六三%)への支持を登録した数字よりもやや低いだけであり、連邦議会(四一%)よりはるかに高い。*Gallup Report*, no. 253 (October 1986), 2-13.
(26) Walzer, 'Philosophy', p. 383, 391. ウォルツァーは、John Hart Ely, *Democracy and Distrust* (Cambridge, 1980)〔イリィ『民主主義と司法審査』佐藤幸治・松井茂記訳、成文堂、一九九〇年〕における司法審査理論を支持する。
(27) Michael Walzer, *Interpretation and Social Criticism* (Cambridge, Mass., 1987), 64, 12, 24〔ウォルツァー『解釈としての社会批判——暮らしに根ざした批判の流儀』大川正彦・川本隆史訳、風行社、一九九六年〕.
(28) 私は、Robert Alan Katz, 'Communitarianism and the Limits of Intercommunal Respect: A Moral Argument with Historical Illustrations Drawn from the Case of Israel', Senior Thesis in Government (Harvard, 1987) でのウォルツァーについての検討から恩恵を受けた。
(29) Clifford Geertz, 'The Uses of Diversity', *Tanner Lectures on Human Values*, 7. ed. Sterling M. McMurrin (Cambridge, 1986), 262.
(30) Oakeshott, 'Political Education', in *Rationalism in Politics and Other Essays* (London, 1969), 134〔オークショット『政治における合理主義』嶋津格他訳、勁草書房、一九八八年〕.
(31) Ibid. 130, 132.
(32) Oakeshott, 'Rationalism in Politics', in *Rationalism*, p. 21.
(33) Oakeshott, 'The Tower of Babel', in *Rationalism*, p. 77. また'Rationalism'におけるオークショットのハイエク批判も参照。
(34) Oakeshott, 'The Masses in Representative Democracy', in William F. Buckley, ed. *Did you Ever See a Dream Walking?: American

Conservative Thought in the Twentieth Century (Indianapolis, Ind. 1970), p. 122〔オークショット『歴史について、およびその他のエッセイ』添谷育志・中金聡訳、風行社、二〇一三年、付録「代議制デモクラシーにおける大衆」〕.

(35) Oakeshott, 'The Rule of Law', in *On History and Other Essays* (Oxford, 1983), 164. また *On Human Conduct* (Oxford, 1975), part 2, 'Civil Associations' も参照。

(36) オークショット流の政治は、トマス・クーンの用語法における「通常科学」に類似した政治的条件においては可能だといえよう。*The Structure of Scientific Revolution*, 2nd edn. (Chicago, 1970)〔クーン『科学革命の構造』中山茂訳、みすず書房、一九七一年〕.

(37) そうした提案の一つとして、*Plato's Republic*, trans. Allan Bloom (New York, 1968)〔プラトン『国家』上下、藤沢令夫訳、岩波書店、二〇〇二年〕を参照。

(38) Richard Rorty, *Philosophy and the Mirror of Nature* (Princeton, N. J., 1979), part 2, 'Mirroring', とりわけ pp. 155-64〔ローティ『哲学と自然の鏡』野家啓一監訳、産業図書、一九九三年〕参照。

(39) René Descartes, *Meditations on First Philosophy*, trans. Laurence J. Lafleur (Indianapolis, Ind., 1960)〔デカルト『省察』山田弘明訳、筑摩書房、二〇〇六年〕. 'Letter of Dedication' 参照。

(40) 私は、ローティが政治および道徳理論よりも知識理論を重視する点を強調したい。人は、彼のもっと疑わしい政治および道徳理論に関する見解を承認することなく、彼の知識理論に関する強力な議論を受け入れるかもしれない。

(41) Rorty, 'Postmodernist Bourgeois Liberalism', *Journal of Philosophy*, 80 (October 1983), 587. ドゥオーキンの一般的道徳原理への政治的依拠を批判する。

(42) Ibid. 586.

(43) Rorty, *Mirror*, p. 176〔前掲注38〕.

(44) プラトンの「国家」第一巻においてトラシュマコスが論じたように。

(45) プラトンの「洞窟の比喩」に関するオークショットの検討は、その精神においてここでのローティの立場に類似する。*Human Conduct*, pp. 27-31 参照。ローティに共感する三名の解釈者——スコット・ウェイランド、バーナード・ヤック、およびランディ・クロスナー——との議論は、とても有益だった。

(46) キングは、その「バーミンガム市留置場からの手紙」(Hugo Adam Bedau, *Civil Disobedience: Theory and Practice* (New York, 1969), 75) において、アレクサンダー・ハミルトン、ジョン・ジェイおよびジェームズ・マディソンが 'Publius' (*The Federalist Papers*, ed. Clinton Rossider (New York, 1961), nos. 55, 63〔『ザ・フェデラリスト』斎藤眞・武則忠見訳、福村出版、一九九八年〕)

においてするように、ソクラテスを援用した。以下、『フェデラリスト・ペーパーズ』は番号のみで参照し、著者は集合的にプブリウスとして参照する。

(47) Rorty, 'Postmodernist,' p. 586, Sandel, *Limits*, p. 179を引用。他でも、ローティは哲学的および知的な「我われの共同体との自己同定」を奨励することの重要性を強調する。'Habermas and Lyotard on Post-Modernity,' *Praxis International*, 4 (1984), 41.

(48) Rorty, 'Postmodernist,' pp. 586-7. 強調は原書。

(49) サンデルは、この問題を検討している。*Limits*, pp. 145-7. ウォルツァーは、共有の意味を抱くには、政治的境界が他のものよりも向いていると示唆するのみである。*Shperes of Justice* (New York, 1983), 28-9.

(50) *Whose Justice?*, pp. 2-3 におけるマッキンタイアの困惑させられる主張を参照。

(51) John Dewey, *The Public and Its Problems* (Chicago, Ill., 1954), 24-9〔デューイ『公衆とその諸問題』植木豊訳、ハーベスト社、二〇一〇年〕参照。デューイは、関連共同体の考えから重大な力を得ようとする。

(52) Richard Rorty, *Consequences of Pragmatism* (Brighton, 1982), Introduction, p. xxxvii〔ローティ『哲学の脱構築――プラグマティズムの帰結』室井尚他訳、御茶の水書房、一九九四年〕. また Oakeshott, 'Rationalism,' pp. 26-8 と比較せよ。

(53) Milton, *Paradise Lost*, VIII, 192-5〔ミルトン『失楽園』平井正穂訳、研究社、一九九〇年〕. また Richard Hofstadter, *Anti-Intellectualism in American Life* (New York, 1963), 160 も参照。

(54) Rorty, 'Postmodernist,' p. 587. また 'Habermas and Lyotard,' p. 41 参照。そこでローティは、「今あるところの現代の北大西洋文化を作り上げた具体的な社会工学の歴史」を称賛している。

(55) ローティの評価基準は謎に満ちている。ローティは、主観主義および相対主義を否認し、「互いに語彙と文化を反応させることによって、従来知られていた基準を参照することよりも優れているということはないが、それ以前にあったものよりも明らかに優れたものとなるという意味で、やや優れている、話し、行動する、新しくてより良い方法を生み出す」と考えている。*Pragmatism*, p. xxxvii. 我われは誰か自身の説明に耳を傾けるべきだが、それを無批判に受け入れるべきではないとローティは言う。Ibid., 200-2. 結構、だが、我われが政治における誰かの自己解釈を退ける場合、我われはその理由を明確に述べなければならず、さもなければ、恣意性の非難を免れない。ローティは、啓蒙は宗教よりも「良い」と言い、啓蒙を受け継ぐものとしてそれでも科学はより優れていると「プラグマティストは主張している」と言う。Ibid. p. xxxviii. 一定の基準においてより良いものはまだ与えられていないのではないだろうか? おそらく、だが、その基準が与えられるまで、我われは持っている政治道徳の最善の基準を適用しなければならない。ローティは、功利を基準として時折援用するが、体系的にではない。たとえば、ibid. pp. xix および xli 参照。

（56）Rorty, *Mirror*, pp. 187-8.
（57）Rorty, *Mirror*, pp. 189-90.
（58）Ibid. 382 n. 24.
（59）政治道徳の中心的特徴として、明確に述べられた一貫性についてのドゥオーキンの卓越した議論を参照。*Rights*, ch. 6, とりわけ pp. 162-3.
（60）Walzer, *Spheres*, p. 5.
（61）William H. Rehnquist, 'The Notion of a Living Constitution', *Texas Law Review* 54（1976）, 704.
（62）Robert H. Bork, 'Neutral Principles and Some First Amendment Problems', *Indiana Law Review*, 47（1971）, 9.
（63）Daniel Boorstin, *The Genius of American Politics*（Chicago, Ill., 1965）, 189. 1.
（64）Rorty, *Mirror*, pp. 5-6 参照。
（65）本書第5章参照。
（66）Karl R. Popper, *The Logic of Scientific Discovery*（New York, 1968）, 22〔ポパー『科学的発見の論理』上下、大内義一・森博訳、恒星社厚生閣、一九七一・一九七二年〕.

[第2章]

（1）私はここでR・ドゥオーキンの *Law's Empire*（Cambridge, Mass., 1986）〔ロナルド・ドゥオーキン『法の帝国』小林公訳、未來社、一九九五年〕および Sotirios A. Barber, *On What the Constitution Means*（Baltimore, Md., 1984）の憲法解釈の手法について考えている。
（2）Rawls, 'The Idea of an Overlapping Consensus,' *Oxford Journal of Legal Studies* 7（1987）, 18-22 参照。
（3）Lon L. Fuller, *The Morality of Law* 2nd edn.（New Haven, Conn., 1969）, 232-42〔フラー『法と道徳』稲垣良典訳、有斐閣、一九六八年〕.
（4）Alexis de Tocqueville, *The Old Regime and the French Revolution*, trans. Stuart Gilbert（Garden City, NY. 1955）, 117, 政府の訴追免責はどのように人民の奴隷根性と公的専制を促進するかに関して、Part 2, chs. 4 and 11〔トクヴィル『アンシァン・レジームと革命』井伊玄太郎訳、講談社学術文庫、一九九七年〕. また A. V. Dicey's *The Law of the Constitution*（Indianapolis, Ind., 1982）, chs. 5 and 7〔ダイシー『憲法序説』伊藤正己・田島裕訳、学陽書房、一九八三年〕.
（5）Jeremy Waldron, 'Theoretical Foundations of Liberalism', *Philosophical Quarterly*, 37（1987）, 127-50.

（6）James I, 'The Trew Law of Free Monarchies: Or the Reciprock and Mutuall Duetie Betwixt A Free King, and His Naturall Subjects', in *The Political Works of James I*, intro. By Charles Howard McIlwain（Cambridge, Mass., 1918）, 66.

（7）James I, 'A Speach to the Lords and Commons of the Parliament at White-Hall', 21 Mar. 1609, in *Works*, pp. 307-8.

（8）'Brutus', letter xiii in The Complete Anti-Federalist, ii ed. Herbert J. Storing, pp. 428-33. 私は、ハーバード大学、一九八九年一〇月六日の立憲政府プログラムに提出された Donald R. Brand の論文 'In Defense of Sovereign Immunity' に負っている。

（9）Carl Schmitt, *Political Theology: Four Chapters on the Concept of Sovereignty*, trans. George Schwab（Cambridge, Mass., 1988）, 55-6; Carl Schmitt, *Politische Theologie*〔シュミット『政治神学』田中浩・原田武雄訳、Net Library、二〇一〇年〕.

（10）Ibid. 59.

（11）Ibid. 63.

（12）Dworkin, *Rights*, p. 149.

（13）Ibid. 129.

（14）Robert H. Bork, foreword to Gary L. McDowell, *The Constitution and Contemporary Constitutional Theory*（Cumberland, Va., 1985）, p. vi.

（15）Francis Bacon, *The Advancement of Learning*（London, 1974）, Bk. 2, sect. 23. 49〔ベーコン『学問の進歩』服部英次郎・多田英次訳、岩波文庫、一九七四年〕.

（16）Dworkin, *Rights*, p. 166.

（17）リベラルな契約主義の代表は、ロールズ、スキャンロン、ネーゲル（Nagel, 'Moral Conflict and Political Legitimacy', *Philosophy and Public Affairs*, 16（1987）, 215-40 参照）および Bruce A. Ackerman（*Social Justice in the Liberal State*（New Haven, Conn., 1980）および 'Why Dialogue?' *Journal of Philosophy*, 86（1989）, 5-22 参照）を含む。上記作者の間にも重要な相違はもちろんある。

（18）John Rawls, 'The Priority of Rights and Ideas of the Good', *Philosophy and Public Affairs*, 17（1988）, 275.

（19）この説明は、Rawls, *Theory*, p. 130-6 の議論に負っている。Dennis F. Thompson, 'Representatives in the Welfare State', in Amy Gutmann, ed., *Democracy and the Welfare State*（Princeton, NY. 1988）および H. B. Acton, 'Political Justification', in Hugo Adam Bedau, ed., *Civil Disobedience: Theory and Practice*（New York, 1969）.

（20）ロールズが述べる通り「正義の第一原理の内容そのものは、部分的に政治哲学の実践的任務によって決定される」、'Kantian Constructivism in Moral Theory', *The Journal of Philosophy*, 77（1980）, 543, p. 524 も参照。

(21) Rawls, 'Overlapping Consensus,' p. 24.
(22) Ibid. 4-5.
(23) ロールズが、'Constructivism,' p. 525 において記述した、二つの「道徳力」を持つ人（「正義の実効的感覚能力」と「善の概念を形成し、改訂し、合理的に追求する能力」）。
(24) Nagel, 'Moral Conflict,' p. 221.
(25) エイミー・ガットマンの優れた公表論文に恩恵を受けている。一九八八年一一月三―五日、ワシントンDCジョージタウン大学主催のリベラリズムと善に関する会議で提出された、'A Liberal Public Philosophy' である。
(26) 緊急性の観念について、Scanlon, 'Preference and Urgency,' *The Journal of Philosophy*, 72 (1975), 655-69 参照。
(27) Rawls, 'Overlapping Consensus,' pp. 16-17.
(28) Ibid. 16.
(29) Rawls, 'The Domain of the Political and Overlapping Consensus,' *New York University Law Review*, 64 (1989), 233-55, 235-8.
(30) Aristotle, *Politics*, trans. Carnes Lord (Chicago, Ill., 1984), Bk. 3, ch. 9, p. 97〔アリストレス『政治学』牛田徳子訳、京都大学学術出版会、二〇〇一年〕. 正確さの限界に関するアリストテレスの指摘および倫理の実証もまた関連する。*Nichomachean Ethics*, trans. Martin Ostwald (Indianapolis, Ind. 1962), Bk. 1, chs. 3 and 5, pp. 5-6, 8-9〔アリストテレス『ニコマコス倫理学』上下、高田三郎訳、岩波文庫、二〇〇九・二〇一一年〕.
(31) この説明は、ロールズの 'Domain' から引いている。
(32) 政治的正当化は、功利主義のように一般的道徳理論を社会の基本構造に適用しない。このすべては、『正義論』において発展させられた「省察的均衡」の記述と首尾一貫する。第九節および八七節参照。政治理論の二重目的に関するロールズのより明確な強調は、ロールズが、単に社会的または慣行的規準を絶対的なものとしていると非難するのは誤りであることを示すのに役立つ。アラン・ブルームは、ロールズについて、個人の信念と社会的合意との衝突は常に「社会に有利に」解決しなければならないと述べた。'Justice: John Rawls vs. The Tradition of Political Philosophy,' *American Political Science Review*, 69 (1975), 661-2. ロールズは、道徳の真のないし客観的規準の可能性を排除してはいない。
(33) Rawls, 'Overlapping Consensus,' n. 2 above, p. 21. また 'Constructivism,' pp. 537, 561 参照.
(34) Rawls, 'Priority,' p. 258. また 'Not Metaphysical,' pp. 225, 230 も参照。ロールズは、正義の政治的概念は、「公共的調査の指針および証拠評価規則に関する随伴合意」を必要とすると論じる。「多元主義の事実を前提に、当該指針および規則は、常識に利用できる推論形式を参照して、また論争的でない場合、科学の手順と結論によって、特定しなければならない」。'Overlapping Consensus', p. 20 また p.16 も参照。オリジナル・ポジションの創出は、広く受け入れられる一般的事実のみに依拠する旨の *Theory* での指摘にも注意。Sect. 26, esp. pp. 158-9 参照。

（35）Rawls, 'Overlapping Consensus', p. 21. 複雑な議論は避けるべきである。部分的には、疑念を生むからである。

（36）Michael Waltzer, 'Flight from Philosophy', a review of Benjamin Barber, *The Conquest of Politics*, *New York Review of Books*, 36（2 Feb. 1989）, 43.

（37）Walter F. Murphy and C. Herman Pritchett eds., *Courts, Judge and Politics*, 4th edn.（New York, 1986）における Sotirios A. Barber の優れた検討、'Judge Bork's Constitution' を参照。

（38）Benjamin N. Cardozo, *The Nature of the Judicial Process*（New Haven, Conn., 1949）, 89〔カドーゾ『司法過程の性質』守屋善輝訳、日本比較法研究所、一九六六年〕.

（39）それはロナルド・ドゥオーキンが強調するものではない。また、本節は、リベラルな政治理論の反民主主義的傾向に対するマイケル・ウォルツァーの懸念への回答にも役立つことは明確にすべきである。'Philosophy and Democracy' 参照。

（40）Rawls, 'Independence', p. 14 参照。

（41）これは重要な条件付けである。公共的正当化は、一定状況では、受け入れがたい結果を生むことがある。これは、実践的に最善の体制は、部分的に特定状況に依存するとのアリストテレスの主張に類似する。「生来、主人に適した一定［の人々］があり、他方で王に適した人々があり、他方で、政治的な人々がある。これはともに正当で有利なことである」。*Politics*, ed. Lord. p. 115; Bk. 3, chs. 13 and 17 generally.

（42）Rawls, 'Overlapping Consensus', p. 8.

（43）Carl Schmitt, *Politische Theologie: Vier Kapitel zur Lehre von der Souveränität*（Munich and Leipzig, 1922）, 78. エレン・ケネディの *The Crisis of Parliamentary Democracy*, trans. Ellen Kennedy（Cambridge, 1985）, p. xvi の序文に引用。

（44）Rawls, 'Justice as Fairness: Political, Not Metaphysical', *Philosophy and Public Affairs*, 14（1985）, p. 223 and passim.

（45）Ibid. 246.

（46）Rawls, 'Priority,' p. 252. 政治的概念に対する道徳性の宗教的および哲学的概念は包括的な傾向がある。ロールズは、その限定的政治的概念を、リベラリズムに友好的であろうと（カントの自律、ミルの個人性）あるいは友好的でなかろうと（卓越主義）、すべての包括的概念から遠ざけたいと欲する。

（47）Charles Larmore, *Patterns of Moral Complexity*（Cambridge, 1987）, 129.

（48）Rawls, ‘Not Metaphysical’, p. 245. また Larmore,「リベラリズムは、人の個人的イメージを必要としない。その個人主義は厳格に政治的なものである」。*Patterns*, p. 126.

（49）「異なる包括的な哲学的、宗教的、および道徳的教義各々は、自身の内部の視点から自身のやり方で公正としての正義を受け入れる。それらは、いわばその複数の見解が一致するかのように、その概念、原理および徳を定理として認識する」。Rawls, ‘Not Metaphysical’, p. 246. リベラルな原理は、「定理」として受け入れられるとロールズは言う。すなわち、自明の公理としてではなく、理性に基づく議論によって実証できるものとして。

（50）ロールズは、「正義の政治的概念」が「通常他の価値が反対するものを凌駕する」ことを認める。‘Overlapping Consensus’, p. 16.

（51）根本的重要性を持つ事態に関する深く、解決不能な相違は永遠である。Rawls, ‘Constructivism’, p. 542.

（52）リベラルなデュープロセスおよび選挙が特徴を広く、深く形作るのに資する仕方についての優れた検討として、George Kateb, ‘Remarks on the Procedures of Constitutional Democracy’, J. R. Pennock and J. W. Chapman eds., *Nomos XX: Constitutionalism*（New York, 1979）, 215-37 を参照。

（53）Rawls, ‘Not Metaphysical’, pp. 238-9.

（54）ロールズは、ここでバーナード・ウィリアムズの「我われの生活に基礎的な観点および意味を与える基本プロジェクトは、非人格的な道徳的批判の射程を適切に超える」とする主張に答えているのだろう。*Moral Luck*（Cambridge, 1983）の ‘Persons, Character, and Morality’ および J. J. C. Smart and Bernard Williams, *Utilitarianism: For and Against*（Cambridge, 1973）, pp. 108-18 を参照。あるいは、彼は、我われのアイデンティティを深く構成する忠誠の価値に関するマイケル・サンデルの主張を受け入れているのかもしれない。*Liberalism and the Limits of Justice*（Cambridge, 1982）〔サンデル『リベラリズムと正義の限界』菊池理夫訳、勁草書房、二〇〇九年〕参照。

（55）ロールズが、‘Not Metaphysical’, p. 242 で指摘するように。また Larmore, *Patterns*, p. 125 も参照。そのリベラルな中立性の擁護は非常に明快だが、成功していない。

（56）エイミー・ガットマンが ‘Communitarian Crisis of Liberalism’, *Philosophy and Public Affairs* 14（1985）, 308-21 における優れた議論を展開する通り。

（57）Rawls, ‘Not Metaphysical’, p. 241, and ‘Constructivism’, p. 545. また Larmore's critique of ‘the myth of wholesome’, pp. 114-30 参照。

（58）Rawls, ‘Not Metaphysical’, p. 233. 強調付加。また *Theory*, sect. 69 参照。

（59）ロールズは、時にリベラリズムが、基本的な道徳問題を最終的に解決すると示唆しているように思える。「リベラルな概念は、最終的に基本的な権利および自由の内容を確定し、それらに特別な優先順位を付与するため緊急の政治的必要事項を満たす。これを行うことは、こうした保証を政治の議題から取り除くことである」。'Overlapping Consensus', pp. 19-20.

（60）いくつかの基本的権利（たとえばプライバシーや経済的自由）の存在こそが、憲法事項として鋭く争われている。

（61）John Milton, *Areopagitica, Complete Prose Works of John Milton*, vol. ii, ed. Douglas Bush *et al.* (New Haven Conn., 1969), 549-51〔ミルトン『アレオパジティカ』原田純訳、岩波文庫、二〇〇八年〕. ミルトンのここでの関連性は、フィリップ・ホーガンが私に示唆してくれた。

（62）Ibid.

（63）John Stuart Mill, *On Liberty*, ed. D. Spitz (New York, 1975), 36〔ミル『自由論』斉藤悦則訳、光文社古典新訳文庫、二〇一二年〕.

（64）*Brandenburg v. Ohio* 395 US 444（1969）参照。なぜ暴力の唱道を保護するのか？ それがまだ唱道だからである。しかし、KKK団員が唱道した立場への対処については、寛容だが、妥協はしない。発言は認めるが、意見は変えない。

（65）ロールズのリベラル理論が問題となる限り、我われがこれまでに検証した制限方法は大いに、現実というよりは見かけ上のものである――リベラリズムの全面的含意を承認するための本当の拒絶ではない抵抗の例として。ロールズは、リベラリズムが、「人々の最も深い願望」に影響を与えて、リベラルな市民の生活を広く、深く形成することを認める。'Constructivism', p. 539. 実際、ロールズはリベラルな裁判官が確立した制度が、決定的な長期の社会的影響を持ち、おまけに社会の構成員の特徴と目的を、つまり彼らが現にそうであり、そうなりたいと願う人物象を形成することを認める。'Constructivism', p. 538. 正義の政治的概念は、「社会の形式――そこにおいて結社、集団、および個人の市民の生活が前進する背景的枠組み」を規定するとロールズは言う。'Overlapping Consensus', p. 21 および 'Priority', pp. 262-8.

（66）Rawls, 'Overlapping Consensus', p. 17. また 'Priority', p. 271 参照。「我われは、政治的善の絶対的重要性を確立する必要はなく、それが正義の政治的概念における重要な善であることだけで足りる」。

（67）Rawls, 'Overlapping Consensus', p. 9.

（68）非リベラルな宗教は許容される（体制と同調している限り）が、非リベラルな信念に基づく行為は禁止される。

（69）Rawls, 'Priority', p. 259. また同様の指摘について、'Domain', pp. 246 and 250 を参照。

（70）ロールズが、これらが「誰の包括的教義内からも出てこないものだ」とする非難に対して、その「基本財」のリストを擁護して述べているのは、決定的重要性を持つものと受け取ることができる。それらは一般的に、人生の基本的価値に関する誰かの考えではない。'Priority,' p. 258. ロールズは、基本財は、究極的または基本的重要性の説明を意図するものではないと主張する。その問いには公共的回答はなく、すなわち、理性的な人々に広く受け入れられる回答はないということである。それは、「政治」理論が回避しあるいは抽象化しようとしている類の問いである。究極的重要性の問題は、理論が公共的にアクセス可能で、広く合意されなければならないという要件によって濾過される。よって、「政治的」概念の観点からは、基本財の索引が近似するその他の価値空間はない。もしあるとすれば、これはその見解を少なくとも部分的に包括的なものとし、多元主義を前提にした重なり合う合意に達するという目的を挫折させるからである。Ibid., 259.

（71）ロールズは、真実への接近という考えが、「政治的」正当化において果たす役割はないと言う。'Constructivism,' p. 561.

（72）人はたとえば、アーミッシュの公立学校教育への抵抗を想起するが、連邦最高裁が、*Wisconsin* v. *Yoder* 406 US 205（1972）において直面した対立である。

（73）Brian Barry, *The Liberal Theory of Justice*（Oxford, 1973）, 127.

（74）一九八九年四月二一日、ヴァージニア州、フェアファクスのジョージメイソン大学、人文科学研究所におけるシンポジウム、正当化の政治において提出された Galston, 'Comment on Stephen Macedo, "The Politics of Justification",' p. 7. またガルストンの見識にあふれた検討、'Pluralism and Social Unity,' *Ethics*, 99（1989）, 711-26 参照。

（75）Rawls, 'Overlapping Consensus,' p. 13.

（76）Ibid., 13.

（77）「通常は、完全に包括的な宗教的、哲学的もしくは道徳的見解といったものを我われは持たず、まして、実際に存在するものを研究し、我われ自身のために作り出そうと試みることはなおさらない」。Rawls, 'Priority,' p. 274.

（78）Ibid., 274-5.

（79）Rawls, 'Overlapping Consensus,' p. 19.

（80）ロールズはここでは孤立していない。ラーモアは、それが「制度化された一種の近視」を促進するので、「市民と人」との分離を支持する。p. 125.

（81）Marguerite Yourcenar, *The Memories of Hadrian*, trans. Grace Frick（New York, 1981）, 97〔ユルスナール『ハドリアヌス帝の回想』多田智満子訳、白水社、二〇〇八年〕.

（82）Friedrich Nietzsche, from *Human, All-Too-Human*, in *The Portable Nietzsche*, ed. Walter Kaufmann（New York, 1968）, 58〔ニーチェ『人間的、あまりに人間的』池尾健一・中島義生訳、ニーチェ全集1・2、理想社、一九七九年〕.

(83) Leo Strauss, *Persecution and the Art of Writing* (Ithaca, NY, 1989). ロールズおよびシュトラウス流の見解の動機は、大きく異なる。ロールズ流の見解は、「不一致と書く作法」とでも呼べるものである。
(84) この鋭い疑問の形成は、Harvey C. Mansfield, Jr. が私に示唆してくれた。
(85) *Edwards* v. *Aguillard* 96 L. Ed. 2nd 510 (1987) 参照。これは創造科学と進化論との均衡的取扱いを命じた州行為に関するものである。
(86) 問題の真相は、ブレナン判事の *Edwards*, ibid. における意見にある。それは、スカリア判事が少数意見で指摘するように、実際には、宗教が提示する世界観に対する直接的代替的世界観である、科学的な人間中心的世界観を促進することを本当に承認することなく、宗教を公的領域から遠ざけておく通常のリベラルな議論を展開した。
(87) 私はこの点についてポール・ローゼンバーグに負っている。
(88) 私は、この勧告を暫定的に提示する。ロールズが指摘する考慮すべき点にさらに考察が必要である。歴史的記録、実践的人間の考えもまた検証しなければならない。たとえば、*Federalist* no. 37 の「人間の洞察力への努力から生じる、我われの期待と希望をさらに進化させることとの緩和の必要性」に関する調停を参照。実際、『フェデラリスト・ペーパーズ』は、一定の分裂する問題に関するはっきりとした不誠実さを表示する。第四五篇における連邦主義の取り扱い参照、および奴隷制度の取り扱いはもう一つの例である。ある最高裁判事は、共和国初期の巡回裁判において、「すべての公的措置を検討する際の有益な注意」の必要を説いた。*The Thinking Revolutionary* (Ithaca, NY, 1987), 102 における Ralph Lerner, 'The Supreme Court as Republican Schoolmaster' を参照。
(89) Rawls, 'Not Metaphysical', p. 229. 政治理論の公的役割は、「対立する宗教、哲学および道徳的信念を有する市民の間に共有された視点」を提供することである。'Constructivism', p. 542. 秩序ある社会は、誰もが、政治道徳の同じ第一原理を「受け入れ、他者が受け入れることを知っている」社会である。'Constructivism', p. 521.
(90) Rawls, 'Priority', pp. 275-6. また 'Constructivism', pp. 522, 527, 532 参照。
(91) 実際、ロールズ自身の理性の重荷に関する説明は、同じ結論を示唆する。「ある不明な程度で、現在までの我われのすべての経験、我われの人生過程全体が、証拠を評価し、道徳的および政治的価値を考量する仕方を形成する。そして我われのすべての経験は確かに異なる」。Rawls, 'Domain', p. 237.
(92) ロールズにはすべてこの種のほのめかしがある。ロールズは、完全ではないが「十分な」収斂について語ることにより、中庸と妥協の必要性を含意する ('Constructivism', pp. 561, 562, 564)。
(93) 我われが政治領域に入る際、すべての異なる特徴を脇に置くことができないことは、価値あることでさえある。偉大な最高裁判例の非常に多くが、無政府主義者、エホバの証人、クリスチャン・サイエンティスト、日系アメリカ人、黒人等にかかわっていたことは何の間違いでもないだろう。

(94) エイミー・ガットマンは、これをその「公共哲学」において示唆する。

(95) 様々な国の妊娠中絶法を比較した最近の本で、マリーアン・グレンドンは、効果的に両者に一定のものを与える(女性の選択権をある時点まで尊重するが、相談を義務付ける等)欧州の型が優れていると主張する。*Abortion and Divorce in Western Law* (Cambridge, Mass., 1987) 参照。我われは、道義に基づく中庸は、司法への服従に賛成する一般原則をもたらすとの結論に抵抗すべきである。すべての事案が妊娠中絶のような事案ではない。我われは、ほとんどの問題に関して両者に非常に強力な議論があると想定すべきである。

(96) Stanley C. Brubaker, 'Reconsidering Dworkin's Case for Judicial Activism', *The Journal of Politics*, 46 (1984), 503-19 参照。洞察力ある説明だが、性急に服従に飛んでしまう。

(97) Thomas Pangle, *The Making of Modern Republicanism* (Chicago, Ill., 1988), 83.

(98) Pangle, *The Making of Modern Republicanism*, p. 83. パングルは、ここでは圧力をかけすぎているようである。リベラリズムは、宗教をリベラルにするのに役立つが、宗教的真実の側面が政治を超越することを否定する必要はない。

(99) たとえばローティは、ロールズが「『我われの社会は道徳的社会だろうか』と問うことを不可能にする」プラグマティズムの形式を採用すると考え、主張する。「それは私の共同体が私に対して存在するのと同様に、私の共同体に対して存在するものがあると考えることを不可能とする」。Richard Rorty, 'The Contingency of Community', *London Review of Books*, 24 July 1986, p. 13. ローティにとって、道徳的判断は、社会がそのアイデンティティを定義し、他と区別する方法に帰着する。Robert Vaughn, ed., *The Virginia Statute of Religious Freedom: Two Hundred Years After* (Madison, Wis., 1988) の 'The Priority of Democracy over Philosophy' 参照。

(100) ここでも、『政治学』第三巻におけるアリストテレスの混合体制擁護の推進力のように思える。

(101) *The Lincoln-Douglas Debates*, ed. Robert W. Johannsen (New York, 1965), 304. また Barber, *Constitution*, p. 60 等参照。そこから私は、合衆国憲法の願いを込めた主題を引き出す。

(102) Rawls, 'Overlapping Consensus', p. 24.

(103) Richard Hofstadter, *The Progressive Historians* (Chicago, Ill., 1979), 454.

[第3章]

（1）Cardozo, *Judicial Process*, p. 94.

（2）Fuller, *Morality of Law*, p. 22 の語句。

（3）Fuller, *The Principles of Social Order*, ed. Kenneth I. Winston（Durham. NC, 1981）, 234.

（4）Adam Smith, *The Theory of Moral Sentiment*, ed. D. D. Raphael and A. L. Macfie（Oxford, 1979）, 327〔スミス『道徳感情論』高哲男訳、講談社学術文庫、二〇一三年〕. また Fuller, *Morality*, p. 6 および Friedrich Hayek, *Law, Legislation and Liberty*, vol. ii: The Mirage of Social Justice（Chicago, Ill., 1978）, 12-15〔ハイエク『法と立法と自由 2』篠塚慎吾・矢島鈞次・西山千明訳、春秋社、二〇〇八年〕参照。この比較によって私は、法がいかなる強い意味でも、人々が行う選択または人々が有する選好に関して中立であると言おうとしているのではない。リベラルな法は、特徴と体制を形作る。

（5）Oakeshott, 'Rule of Law' の各箇所参照。

（6）私はここでケイテブの優れたエッセー、'Remarks on the Procedures of Constitutional Democracy' に依拠している。

（7）Plato, *The Laws*, trans. Thomas Pangle（Chicago, Ill., 1988）, Bk. 6, p.107〔プラトン『法律』加来彰俊・森進一・池田美恵訳、岩波文庫上・下、一九九三年〕.

（8）H. L. A. Hart, *The Concept of Law*（Oxford, 1961）, 97-107.

（9）Hart, *Concept*, pp. 112-13.

（10）H. L. A. Hart, *Essays on Bentham*（Oxford, 1982）, 243.

（11）Thomas Hobbes, *Leviathan*, ed. C. B. Macpherson（Harmondsworth, 1981）, ch. 25. p. 303〔ホッブズ『リヴァイアサン　1・2』上田邦義・川出良枝・永井道雄訳、中公クラシックス、二〇〇九年〕. また Hart, *Bentham*, p. 253 参照。

（12）Hart, 'Positivism Law and Morals', in *Essays in Jurisprudence and Philosophy*（Oxford, 1983）, 55 参照。ハートは、法制度が「自然法の最小内容」に適合しなければならないことを認める。Hart, *Concept*, pp. 189-207 参照。

（13）Joseph Raz, *The Authority of Law: Essays on Law and Morality*（Oxford, 1983）, 38〔ラズ『権威としての法』深田三徳訳、勁草書房、一九九四年〕. 私は Judith N. Shklar, *Legalism*（Cambridge, Mass., 1986）, Introduction and Part I, とりわけ pp. 41-2 の有益な検討に恩恵を受けている。

（14）Hart, *Bentham*, p. 256. 市民は法制度の道徳的正統性を受け入れなければならないが、必ずしも信じる必要はない（ibid. 268）。ハートは、法的および道徳的義務は区別されるとの立場である。実際、責務や義務という語は、両者の文脈では異なる意味を有する。

ラズは、法的および道徳的義務のより密接な関連を見る。Hart, *Bentham*, ch. 6 参照。

(15) Shklar, *Legalism*, p. 42.

(16) Dworkin, *Rights*, ch. 1 参照。

(17) Ibid. 44.

(18) Dworkin, 'The Forum of Principle', in Dworkin, *A Matter of Principle*(Cambridge, Mass., 1985)〔ドゥオーキン『原理の問題』森村進・鳥澤円訳、岩波書店、二〇一二年〕, 33-71.

(19) Dworkin, *Rights*, p. 338.

(20) Dworkin, 'How Law is Like Literature', *Principle*, p. 146.

(21) Dworkin, *Rights*, pp. 162-3.

(22) Smith, *Sentiments*, p. 175.

(23) Cardozo, *Process*, p. 141.

(24) Dworkin, *Rights*, p. 93.

(25) Ibid. 101.

(26) Ibid.

(27) Ibid. 101.

(28) Ibid. 102.

(29) Ibid. 101-2.

(30) Richard Kluger, *Simple Justice*（New York, 1976）, 684 に引用。その事案とはもちろん、*Brown* v. *Board of Education* 347 US 483（1954）のことである。

(31) Dworkin, *Empire*, pp. 227-8.

(32) Ibid. 285.

(33) 163 US 537（1896）.

(34) *Missouri ex rel. Gaines* v. *Canada* 305 US 337（1938）.

(35) *Sweatt* v. *Painter* 339 US 629（1950）.

(36) *McLaurin* v. *Oklahoma Regents* 339 US 633（1950）も参照。

（37）*Brown*, p. 544.

（38）ハーラン裁判官の語句、*Plessy* v. *Ferguson* 163 US 537（1896）, p. 562.

（39）「ブラウン判決」の裁判官会議の備忘録によるウォーレンの言葉。Kluger, *Simple Justice*, p. 679 参照。

（40）Walter F. Murphy, *The Elements of Judicial Strategy*（Chicago, Ill., 1973）における政策志向の裁判官が利用でき、その抑制として作用する戦略についての優れた説明を参照。

（41）Charles Fried, 'The Artificial Reason of Law or: What Lawyers Know,' *Texas Law Review*, 60（1981）, 54.

（42）Plato, *Republic*, Book 5, esp. 456-70〔プラトン『国家』前掲〕.

（43）Edward S. Corwin の *The 'Higher Law' Background of American Constitutional Law*（Ithaca, NY, 1979）, 37 の語句。

（44）Fried, 'Artificial' 参照。

（45）Aristotle, *Politics*, Bk. 3, ch. 1, p. 87.

（46）Aristotle, *Politics*, Bks. 7 and 8.

（47）Ibid. 229.

（48）Jean-Jacques Rousseau, *The Government of Poland*, trans. Willmoore Kendall（Indianapolis, Ind. 1985）, 29-30〔ルソー「ポーランド統治論」ルソー全集第五巻所収、浜名優実他訳、白水社、一九七九年〕.

（49）Letters of Agrippa, IX, *The Anti-Federalist*, et. Storing, p. 245.

（50）これは特に、ロックの *Second Treatise*, para. 240-2, in *Two Treatises of Government*（New York, 1965）, ed. Laslett, pp. 476-7 に明らかである。

（51）Hobbes, *Leviathan*, Part 2, ch. 21. pp. 269-70.

（52）274 US 357（1927）; at 375.

（53）Dworkin, *Rights*, pp. 192, 196.

（54）Ibid. 5.

（55）Ibid. 280.

（56）Ibid. 196.

（57）Fuller, *Morality of Law* の各箇所および Sanford Levinson, '"The Constitution" in American Civil Religion,' *The Supreme Court Review*, 1979, ed. Philip Kurland and Gerhard Casper（Chicago, Ill., 1980）, 123-51.

（58）Dworkin, *Rights*, p. 217.
（59）Ibid. 149.
（60）Ely, *Democracy*, p. 58.
（61）Dworkin, *Rights*, p. 208.
（62）Fuller, *Morality of Law*, pp. 19-27.
（63）Rawls, *Theory*, p. 365.
（64）Ibid. 383.
（65）Ibid. 389-90.
（66）Herbert Storing, 'The Case Against Civil Disobedience', in Robert A. Goldwin ed., *On Civil Disobedience*（Gambier, Ohio, 1968）. 103. 本検討は、ジョン・ハーパーとの会話に負っている。
（67）Storing, 'The Case Against Civil Disobedience', p. 116.
（68）Ibid. 119.
（69）Tocqueville, *Democracy in America*, ed. J. P. Mayer, trans. George Lawrence（New York, 1969）P. 645〔トクヴィル『アメリカの民主政治』上・下、井伊玄太郎訳、講談社学術文庫、一九八七年〕.
（70）Storing, 'Case', p. 97.
（71）Dworkin, *Rights*, p. 212 参照。
（72）Ibid. 215.
（73）Nagel, 'Moral Conflict' に公的および私的理性の区別に関する示唆的検討がある。
（74）Walzer, *Obligations: Essays on Disobedience, War, and Citizenship*（Cambridge, Mass. 1970）〔ウォルツァー『義務に関する11の試論』山口晃訳、而立書房、一九九三年〕, 127. ここでの私の議論は、ウォルツァーの洞察に満ちた本に多くを負っている。
（75）我われは、平和主義は偶然的にではあっても、本質的にリベラルな政治秩序に対立するものではないと言えるだろう。
（76）Dworkin, *Rights*, p. 22 ほか。「司法審査は、政治道徳の最も基本的な問題が、単なる政治権力の問題としてではなく、原理の問題として最終的に設定され、議論されることを保証する。いかなる場合も、立法府自身の中だけでは成功しえない転換である」。Dworkin, *Matter*, p. 70.
（77）P. J. Proudhon, *General Idea of the Revolution in the Nineteenth Century*, trans. John Beverly Robinson（London, 1923）, 293-4〔プ

ルードン『19世紀における革命の一般理念』三浦精一・本田烈・江口幹・長谷川進・陸井四郎訳、三一書房、一九七一年〕. *Instead of a Book*（New York, 1893）, 26 におけるベンジャミン・タッカーの翻訳に若干の修正が加わっている。Robert Nozick, *Anarchy, State, and Utopia*（Oxford, 1980）〔ノージック『アナーキー・国家・ユートピア――国家の正当性とその限界』嶋津格訳、木鐸社、1992〕, 11 に引用。

（78）忠誠誓約およびそれがもたらす問題の重要な検討として、Sanford Levinson, *Constitutional Faith*（Princeton, NJ, 1988）参照。

（79）H. L. A. Hart, 'Are There Any Natural Rights', *Philosophical Review*, 64（1955）.

（80）ロールズは、このような省察の背後にあるだろう、公正であるべき自然の義務について語る。*Theory*, pp. 108-17.

（81）Theodore Lowi, *The End of Liberalism*, 2nd edn.（New York, 1979）, 297〔ロウィ『自由主義の終焉――現代政府の問題性』村松岐夫監訳、木鐸社、一九八一年〕.

（82）Robert A. Dahl, *A Preface to Democratic Theory*（Chicago, Ill., 1956）, 68〔ダール『民主主義理論の基礎』内山秀夫訳、未來社、一九七〇年〕.

（83）一部の研究は、個人的経済的豊かさの変化は投票行動には影響しないと示唆する一方、経済全体がどうなっているかの認識については違いを生む。Donald R. Kinder and D. Roderick Kiewiet, 'Economic Discontent and Political Behavior: The Role of Personal Grievances and Collective Economic Judgments in Congressional Voting', *American Journal of Political Science*, 23（1979）, 495-527 および Kinder, 'Presidents, Prosperity and Public Opinion', *Public Opinion Quarterly*, 45（1981）, 1-21. 合理的な自己利益を最大にする者は、自らの見込みの合理的指標として経済の成績全体を受け取るため、上記研究から投票者の動機について結論を出すことは難しい。

（84）William Leggett, 'The Morals of Politics', *Plaindealer*, New York, 3 June, 1837, Joseph L. Blau, ed., *Social Theories of Jacksonian Democracy: Representative Writings of the Period 1825-1850*（New York, 1954）. 87 に復刻。

（85）Edmund Burke, Speech to the Electors of Bristol, in *Orations and Essays*（New York, 1900）, 65.

（86）Ibid. 68-9.

（87）Ibid. 67.

（88）Oakeshott, 'Rule of Law', p. 138.

（89）Ibid. 139.

（90）Ibid. 154.

（91）Hannah Fenichel Pitkin の議論を参照。*The Concept of Representation*（Berkeley, Calif, 1972）, 174-5.

（92）ドゥオーキンは、この点を明確に述べたことはない。ドゥオーキンは、目的論的に法に対立するものとして政策を考えていない。同様に、オークショットは、権利および正義という表現を使用すること、あるいは法を道徳的用語で考えることに対して、道徳の面で懐疑的過ぎる。オークショットは、私の考えでは、本当は各人の自由を全体の自由と調整するリベラルな目的だけを追求すべきだと言おうとしているのに、混乱して、適切な法を引照し「非道具的」だと言い張っている。

（93）選挙運動の公的資金援助は、政治過程を高めるのに役立つかもしれない。

（94）Rawls, *Theory*, p. 450.

（95）Ely, *Democracy*, chs. 4 and 5 および Walzer, 'Philosophy and Democracy', p. 391 n. 21 参照。

（96）Jean-Jacques Rousseau, *The Social Contract*, Bk. 2, Ch. 1 and 3〔J-J・ルソー『社会契約論』作田啓一訳、白水社、二〇一〇年〕. 共通善が連邦議会の作業において果たす役割の重要な擁護について、Arthur Maass, *Congress and the Common Good*（New York, 1983）参照。

（97）「バラバラで孤立した少数者」という語句はもちろん、*US* v. *Carolene Products* 304 US 144（1938）から取った。

（98）Dworkin, 'Do We Have a Right to Pornography', *Principle*, esp. pp. 353-5 参照。

（99）Ely, Distrust, ch. 6 および Cass Sunstein のすぐれた作品、'Naked Preferences,' *Columbia Law Review*, 84（1984）, 1689-732、また 'Interest Groups in American Public Law', *Stanford Law Review*, 38（1985）, 29-87 参照。

（100）Aaron Wildavsky, *The Politics of the Budgetary Process*, 4th edn.(Boston, Mass., 1984)参照〔ウィルダフスキー『予算編成の政治学』小島昭訳、勁草書房、一九七二年〕。

（101）「議員は一般的に、法制定の役割（立法の調査、展開、議場での活動への参加、委員会および小委員会での作業）については、一定の選挙区および代表活動（選挙民と会い、その選挙区が政府のプロジェクトを確保できるようにすること）よりも高い優先順位を掲げるべきだと信じている」。William J. Keefe, *Congress and the American People*（Englewood Cliffs, NJ, 1980）, 26-9.

（102）John Kingdon, *Congressmen's Voting Decisions*, 2nd edn.（New York, 1981）, 60-8 参照。

（103）政治思想と選挙民の利益の立法者の決定に対する影響を分解することは難しいが、一部の研究は、イデオロギーは、特に国家的に重要な問題に関して重要な役割を演じていることを示唆する。Joseph P. Kalt and M. Zupan, 'Capture and Ideology in the Economic Theory of Politics', *American Economic Review*, 74（1984）, 279-300 参照。

（104）ロバート・レインが主張する通り、「市民は、積極的な正義の感覚、『世界についての認識を体系化する基本的鋳型』と呼ばれてきた感覚を与えられている。正義の感覚は、認識される自己利益以上に、候補者の判断に影響するように思われる。それは個人間の関係、警察、裁判所、そして特に市場プロセスに採用される」。'Market Justice, Political Justice,' *American Political Science Review*, 80（1986）, 397, 398 参照。

（105）*The Anti-Federalist*, ed. Storing and Dry, pp. 340-3.

（106）Ibid. 358 n. 23.

（107）'Letters of the Federal Farmer' とりわけ第七番およびニューヨーク州の批准討論におけるメランクトン・スミスの演説を参照、Ibid. 23-101, 331-59.

（108）Ibid. 357 n. 13.

（109）*Politics*, Book 3.

（110）No. 35, pp. 214-55 参照。

（111）Richard F. Fenno, *Homestyle: House Members in Their Districts*（Boston, Mass., 1978）, 134.

（112）Ibid. 244.

（113）また Locke, *Second Trietise*, para. 242,「損害を被った当事者自ら判決しなければならない」, ed. Laslett, p. 497 を参照。

（114）Michel de Montaigne, 'Of Moderation,' in *The Complete Essays of Montaigne*, trans. Donald M. Frame（Stanford, Calif., 1985）, 146（聖書の句は「ローマ人への手紙」一二―三）.

[第4章]

（1）John P. Diggins, *The Lost Soul of American Politics: Virtue, Self-interest, and the Foundations of Liberalism*（New York, 1984）, 5.

（2）George F. Will, *Statecraft as Soulcraft*（New York, 1983）, 15.

（3）Martin Diamond *et al.*, *The Democratic Republic*（Chicago, Ill., 1966）, 67.

（4）*Federalist*, no. 57.

（5）*Federalist*, no. 11 および *The Passion and the Interests: Political Arguments for Capitalism before Its Triumph*（Princeton, NJ., 1977）における、商業が礼儀を穏やかにし、政治的安定の促進に役立ったという一八世紀の信念についての Albert O. Hirschmann の検討を参照。

（6）David Hume, 'Of the Independency of Parliament,' in *Essays: Moral, Political, and Literary*, ed. Eugene F. Miller（Indianapolis,

Ind., 1985), 42-43〔ヒューム『道徳・政治・文学論集』完訳版、田中敏弘訳、名古屋大学出版会、二〇一一年〕. 強調は原文。

（7）Ibid. 45. ヒュームまた実際ホッブズと同様、マディソンが*Federalist*, no. 55において述べたように、アメリカの建国者は、人は私的事項よりも公的取引においてより悪徳になりがちだと恐れていた。「すべてのアテナイ市民がソクラテスであったとしても、すべてのアテナイの集会は、依然として暴徒集団だったろう」。

（8）Hume, 'Of Parties in General,' in *Essays*, p. 59. 強調は原文。

（9）Ibid. 60. 強調は原文。

（10）Ibid. 63.

（11）Ibid.

（12）Hume, 'Of the First Principles of Government,' in *Essays*, p. 33. ヒュームと同様、ジョン・マーシャルも、古代政治原理を「あまりにも公平無私で、余りにも支持しがたい」とみなし、「その他の情熱によって人を統治し、貪欲と勤勉、芸術および贅沢の精神で人を動かすことが必要である」。ロバート・フォークナーの優れた*The Jurisprudence of John Marshall* (Princeton, NJ., 1968), 11-12, and ch. 1 generally 参照。

（13）*Federalist*, no. 11 参照。

（14）*Federalist*, no. 57.

（15）Ibid. no. 84.

（16）Hume, 'Idea of a Perfect Commonwealth,' *Essays*, p. 528. またDouglas Adairの優れた検討である*Fame and the Founding Fathers* (New York, 1974)、99-100 and *passim* 参照。

（17）*Federalist*, no. 10.

（18）Hobbes, *Leviathan*, p. 161.

（19）Kant, *Groundwork of the Metaphysic of Morals*, trans. H. J. Paton (New York, 1964), ch. 1〔カント『道徳形而上学の基礎づけ』宇都宮芳明訳、以文社、二〇〇四年〕. この点は、Pangle, *Spirit*, pp. 16-20が適切に強調している。

（20）Hobbes, *Leviathan*, p. 214, and generally pp. 201-17 参照。

（21）Ibid. 216.

（22）*Federalist*, no. 35.

（23）Steven Kelman, *Making Public Policy: A Hopeful View of American Government* (New York, 1987), 33. 本書は、公共の精神を

備えていることが、アメリカの政治において重要な役割を果たすことを示す、非常に有益な、だが一方的な証拠の調査を提供する。

（24）Lino A. Graglia, 'Judicial Activism: Even on the Right, it's Wrong', *The Public Interest*, no. 95（1989）, 71.

（25）この検討は、Adair, *Fame* に負っている。

（26）Hobbes, *Leviathan*, p. 207, また友人シドニー・ゴドルフィンに対する彼の挽歌（p. 718）参照。

（27）James Bradley Thayer, *John Marshall*（Boston, Mass., 1901）, 103-4, 106-7.

（28）*Dennis* v. *US* 341 US 494（1951）および *West Virginia State Board of Education* v. *Barnette*, 319 US624（1943）におけるフランクファータの意見および Alexander Bickel, *The Least Dangerous Branch*（New Haven, Conn., 1986）, 16-23 参照。

（29）*Federalist*, no. 78.

（30）Cardozo, *Judicial Process*, p. 93.

（31）マクロスキーとザラーは、「最高裁判所が、強いリバタリアン的立場を取った問題に関して、共同体に影響力がある者および一般市民の中で政治的に教養のある者は、より教養のない者よりも寛容な傾向がある。最高裁判所が明確なリバタリアン的立場を取らなかった問題に関しては、エリートおよびより教養のある者は、教養のない者に較べて一貫してより寛容であるとはいえない」と論じている。*Ethos*, pp. 59-60 および表 2-21 参照。

（32）ニューライトの人物をそのように勢いよく批判した後、私は、元司法長官エドウィン・ミースが、裁判所の判決ではなく憲法が国の最高法規であると主張する点について、完全に正しいと述べるべきだろう。合衆国司法長官、エドウィン・ミースⅢ閣下の演説「憲法の法」（Tulane University, 21 Oct. 1986, New Orleans, La.）参照。

（33）ルイ・フィッシャーは、政治主体が裁判所判決に反対するため用いた多様な方法の優れた概観を与えてくれる。*Constitutional Dialogues: Interpretation as Political Process*（Princeton, NJ., 1988）.

（34）Article 2, Section 1.

（35）Article 6.

（36）Andrew Jackson, 'Veto Message', 10 July 1832, *Messages and Papers of the Presidents*, 2, ed. J. D. Richardson（Washington, DC, 1986）, 582.

（37）ジョン・アグレストの重要な検討、*The Supreme Court and Constitutional Democracy*（Ithaca, NY, 1984）, ch. 5.

（38）州が憲法解釈者として適切な役割を果たす主題に関しては、多数の変化形がある。連邦法またはその他の国家行為を無効とする州の権利は、国の統一の前提条件である憲法の優越性および南北戦争の教訓と整合しない。けれども州は、その憲法の意味についての意識を表明する決議を通過させて、国の行為の合憲性を監視し、その論評を述べることができる。*What the Constitution Means*, pp. 204-5 におけるバーバーの検討参照。

（39）Bickel, *Least Dangerous*, p. 262 に引用。

（40）19 How. 393（1857）.

（41）*Lincoln-Douglas Debates*, ed. Johannsen, p. 255.

（42）Ibid. 149. Bickel, *Least Dangerous*, p. 260 も参照。ジェファソンとF・D・ローズベルト大統領は、自ら憲法を解釈する大統領権限について論じた。Gerald Gunther, *Cases and Materials on Constitutional Law*, 11th edn.（Mineola, NY, 1980）26-30.

（43）*Cooper* v. *Aaron* 358 US 1（1958）, *Powell* v. *McCormick*, 395 US 486（1969）, *US* v. *Nixon* 418 US 683（1974）および *Immigration and Naturalization Service* v. *Chadha* 462 US 919（1983）参照。

（44）Hon. Edward Bates, 'Opinion of the Attorney General on the Suspension of the Privilege of the Writ of Habeas Corpus,' *Opinions of the Attorneys General of the United States*, 10, ed. J. Hubley Ashton（Washington DC, 1868）, 76. ベイツはここで、マディソンの同様の言明に同調した。「私は、複数部門の権力の限界を画する際、何れかの部門が、どんな原理に基づいて、憲法から他部門より大きな権力を引き出すことができるのかを知りたい。憲法は、政府に対する人民の憲章であり、絶対的に保証される一定の大きな権力を定め、部門がそれらを行使するよう境界を定める。憲法上の境界が、疑問とされる場合、私は、これらの独立した部門が、他部門と較べて、その点に関する彼らの感情を宣言できるより多くの権利を持つとは思えない」。*Annals of Congress*, 1（8 June 1789）, 500. Fisher, *Dialogues*, p. 236 に引用。

（45）Bates, 'Opinion,' p. 77.

（46）Ibid. 強調は原文.

（47）Bickel, *Least Dangerous*, p. 261.

（48）William G. Andrews, ed., *Coordinate Magistrates: Constitutional Law by Congress and President*（New York, 1969）, 65-95 参照.

（49）一九六四年公民権法は、「ブラウン判決」と同じくらい重要な憲法上の画期である。ルース・P・モーガンは、公民権大義前進のための大統領命令の使用を検討する。*The President and Civil Rights: Policy-making by Executive Order*（Lanham, Md., 1987）.

（50）一九八九年は、政治的表現（国旗焼却は具体的でなければならない。*Texas* v. *Johnson*, no. 88-155, decided 21 June 1989）および妊娠中絶（*Webster* v. *Reproductive Health Services*, decided 3 July 1989）に関する論争的な最高裁判所判決によって画された。ブッシュ大統領は、国旗焼却判決を覆すため直ちに憲法改正を提案し、様々な連邦議員が妊娠中絶判決に対抗する立法を提案した。

Michael K. Frisby, 'House Democrats Prepare Bills to Counter High Court Rulings', *Boston Globe*, Friday 7 July 1989, p. 3. Fisher, *Dialogues* は、執行および立法部門、州政府および下級裁判所を含む多様な政治機関すべてが、憲法上の意味に関する裁判所との対話に参加する仕方を検討する。

（51）Bates, 'Opinion', pp. 76-7.

（52）これは統一された司法制度および最高の国家政府の必要を前提として、抑制的ではあるが、下級裁判所および州の公職者も最高裁判所の意見を適用し、解釈する役割および一定の適切な裁量を持つ。

（53）Gary J. Schmitt, 'Executive Privilege: Presidential Power to Withhold Information from Congress', in J. Bessette and J. Tulis, eds., *The Presidency in the Constitutional Order*（Baton Rouge, La., 1981）, esp. 176-8 参照。私は、この問題に関して、Jeffrey Tulis 教授との討論から大いに恩恵を受けた。

（54）Laurence H. Tribe, *God Save This Honorable Court: How the Choice of Supreme Court Justices Shapes Our History*（New York, 1985）.

（55）Richard E. Neustadt, *Presidential Power*, 2nd edn.（New York, 1980）, 26. 強調は原文。

（56）アグレストの有益な検討参照。*Supreme Court*, pp. 92-5.

（57）Ibid. 90-1. リンカンは、この規則を絶対的だとはみなさなかった。南北戦争の極限状況においては、フィラデルフィアとワシントンの間の通信帯における人身保護令状を停止して、テイニー首席裁判官が交付した人身保護令状の尊重をリンカンは拒否した。*Ex Parte Merryman* 17 F. Cas. 144（1861）参照。

（58）*Federalist*, no. 52.

（59）*Federalist*, no. 57.

（60）*Federalist*, no. 53.

（61）Ibid. no. 55.

（62）Ibid. no. 62.

（63）Ibid. no. 63.

（64）*Federalist*, no. 63.

（65）Ibid. no. 70.

（66）Ibid. nos. 78, 79.

(67) Locke, *Second Treatise*, paras. 159-60 参照。

(68) ロックの大権の検討（*Second Treatise*, chap. 14）参照。

(69) *Ex Parte Milligan* 71 US 2（1866）.

(70) Abraham Lincoln, 'Message to Congress in Special Session', 4 July 1861, *Collected Works of Abraham Lincoln*, iv, ed. Roy P. Basler（New Brunswick, NJ, 1953）, 426.

(71) 323 US 214（1944）.

(72) *Korematsu*, p. 245.

(73) *Hearings before Subcommittee of House Committee on Naval Affairs* on HR 30, 78th Cong., 1st Sess. 739-40（1943）. Eugene V. Rostow, *The Sovereign Prerogative*（New Haven, Conn., 1963）, 260-1 に引用。

(74) 多くの研究は、最高裁判所の政治的敏感さを強調する。ウォルター・F・マーフィーは、最高裁判所が連邦議会の判決への攻撃に反応すると論じる。*Congress and the Court*（Chicago, Ill., 1962）. pp. 245-6.

(75) ベセットとテュリスが、Bessette and Tulis, *Presidency*, pp. 3-30 の 'The Constitution, Politics, and the Presidency' において強調する通りである。

(76) ビッケルの語句。*Least Dangerous* ch. 6 参照。

(77) スティーヴン・ホームズは、うまく述べている。「リベラルな立憲主義は、障害物で、安全弁であるだけでなく、動員力でもある。それは、市民の政策形成および共通問題の解決にエネルギー、想像力、および知識を集めて、興奮剤として、また抑制剤として作用しうる」。*Benjamin Constant and The Making of Modern Liberalism*（New Haven, Conn., 1984）, 141.

[第5章]

(1) Terry Eastland, 'The Politics of Morality and Religion: A Primer', in Carl Horn, ed., *Whose Value?*（Ann Arbor, Mich., 1985）, 17. 私は *The New Right* v. *The Constitution*, 2nd edn.（Washington, D.C., 1987）においてニューライトをさらに詳細に探究し、批判してきた。ニューライト法学の強力な擁護は、McDowell, *Constitution* に見いだせる。

(2) Robert H. Bork, 'Neutral Principles and Some First Amendment Problems', *Indiana Law Journal*, 47（1971）, 3.

(3) Bork, Tradition, p. 10.

(4) Bork, 'Neutral Principles', p. 1.

(5) Ibid., 12.
(6) 私は、Sotirios Barber の優れた 'Judge Bork's Constitution', in *Courts, Judges, and Politics*, eds. Murphy and Pritchett, pp. 691-5 から恩恵を受けた。
(7) Edwin Meese, III, the District of Columbia Chapter of the Federalist Society Lawyers Division における演説、一九八五年一一月一五日、ワシントンDC。
(8) Bork, 'Neutral Principles', p. 9.
(9) Raoul Berger, *Government By Judiciary*（Cambridge, Mass., 1977）, ch. 7.
(10) 制憲者意思についての私の批判は、二つの優れた検討に依拠する。Walter F. Murphy, 'Constitutional Interpretation: The Art of the Historian, Magician, or Statesman?' *Yale Law Review*, 87（1987）, 1752-71 および Dworkin, 'Forum of Principle', in *A Matter of Principle*〔『原理の問題』森村・鳥澤訳、岩波書店、二〇一二年〕.
(11) Johannsen, ed., *Lincoln-Douglas Debates*, p. 304.
(12) Winton U. Solberg, *The Federal Convention and the Formation of the Union of the American States*（Indianapolis, Ind., 1976）, 67-70.
(13) Bork, *Tradition*, pp. 7-11.
(14) William H. Riker, *Liberalism Against Populism*（Prospect Heights, Ill., 1982）, 236〔ライカー『民主的決定の政治学――リベラリズムとポピュリズム』森脇俊雅訳、芦書房、一九九一年〕.
(15) The *Federalist*, no. 10.
(16) Eastland, 'Politics of Morality', pp. 14-15.
(17)「神からやってくる栄光のたなびく雲以外に、誰が我われの家でありえよう」。William Wordsworth, 'Ode: Intimations of Immorality from Recollections of Early Childfood'.
(18) Jaroslav Pelikan, *The Vindication of Tradition*（New Haven, Conn., 1984）, 55.
(19) Ibid.
(20) 私は、ここで Sotirios Barber による伝統の検討を引用する。*On What the Constitution Means*, pp. 84-5.
(21) ここで取り上げられない憲法解釈の重要問題が多くある。解釈者が提起しなければならない問題の概観については、Walter F. Murphy, 'The Art of Constitutional Interpretation', in M. J. Harmon, ed., *Essays on the Constitution*（Port Washington, NY, 1978）,

130-59 参照。
(22) 前文の重要性について、Plato, *Laws*, Bk 4 参照。
(23) *Federalist*, no. 49.
(24) Ibid., no. 71.
(25) 3 Dall. 395 (1798).
(26) 3 L. Ed. 162 (1810).
(27) 2 Wheaton 213 (1827).
(28) アブラハム・リンカン、一八五四年ペオリア演説。Harry V. Jaffa, *Crisis of the House Divided* (Seattle, Wash. 1973), 312 に引用。独立宣言の道徳的地位についてのリンカンの見解の検討は、Jaffa, ch. 14 および Gary J. Jacobsohn の優れた 'Abraham Lincoln "On this Question of Judicial Authority" : The Theory of Constitutional Aspiration', *Western Political Quarterly*, 36 (1983) 52-70 参照。
(29) Martin Luther King, 'Letter from Birmingham City Jail', in Bedau, ed., *Civil Disobedience*, p. 88.
(30) Bickel, *Least Dangerous*, p. 18.
(31) Bork, *Tradition*, p. 9.
(32) Article 3, sec. 2.
(33) Article 6.
(34) James Madison, *The Papers of James Madison*, ed. W. T. Hutchinson et al., 13 vol. to date (Chicago, Ill., and Charlottesville, Jo., 1962-??), xi. 297. また R. Rutland, 'How the Constitution Secures Rights: A Look at the Seminal Years', Robert Goldwin and William Schambra, eds., *How Does the Constitution Secure Rights* (Washingtn, DC, 1985), 1-14.
(35) Article 1, sect. 9.
(36) たとえば、『ザ・フェデラリスト』第七〇篇の第一段落を参照。そこでハミルトンは、「強力な執行府は、共和制の特質と整合的でない」という批判を考察する。批判を向ける共和主義者は、もし両者が両立しないなら、共和主義制度を犠牲にしなければならないなどと期待しない方がよいと、ハミルトンは言う。強力な執行府は、「黙示的に、共和主義制度が提供するものよりも基本的で重要なある種の保護には「不可欠」なのである。つまりそれは、「財産の保護…… [並びに] 企業に対する、あるいは野心、派閥そして無政府状態からの攻撃に対する、自由の保障」である。
(37) Herbert Storing の検討、'The Constitution and the Bill of Rights', in M. J. Harmon, ed., *Essays*, pp. 32-48 参照。

（38）Murphy, 'Ordering'.
（39）Ibid., 755.
（40）Ibid., 755-6. ババリアおよびインドの憲法裁判所は、憲法を攻撃する改正に直面し、一部を無効とした。Walter F. Murphy and J. Tanenhaus, *Comparative Constitutional Law: Cases and Commentaries*（New York, 1977）, 209 の資料を参照。
（41）圧倒的なものに対する例外だが、私は、根拠を誤っていると考える。この点に関する合意は、Richard Epstein, Takings（Cambridge, Mass., 1985）, Bernard Seigan, *Economic Liberties and the Constitution*（Chicago, Ill., 1980）および Martin Schapiro, 'The Constitution and Economic Liberties', in Harmon, ed. *Essays*, pp. 74-98.
（42）Article 1, sect. 8.
（43）*US* v. *E. C. Knight* 156 US 1（1895）参照。
（44）*NLRB* v. *Jones & Laughlin Steel Co.*, 301 US 1（1937）および *US* v. *Darby* 312 US 100（1941）参照。
（45）宝くじを抑圧し、それによって州に留保された警察権力に含まれる目的を追求するための商業規制権力の口実としての利用。*Champion* v. *Ames* 188 US 321（1903）参照。
（46）*Wickard* v. *Filburn* 317 US 111（1942）.
（47）*Northern Securities Co.* v. *US* 193 US 197（1904）.
（48）198 US 45（1905）.
（49）*Williamson* v. *Lee Optical* 348 US 343（1955）および *Ferguson* v. *Skrupka* 372 US 726（1963）参照。
（50）Barber, *What the Constitution Means*, pp. 132-3 参照。
（51）381 US 479（1965）.
（52）中でも、*Schenck* v. *US* 249 US 47（1919）, *Abrams* v. *US* 250 US 616（1919）および *Whitney* v. *California* 274 US 357（1927）参照。
（53）*McCulloch* v. *Maryland* 4 Wheaton 316（1819）参照。
（54）*Gitlow* v. *New York* 268 US 652（1925）.
（55）262 US 390（1923）, p. 399.
（56）また *Pierce* v. *Society of Sisters* 268 US 510（1925）も参照。
（57）US 432（1985）. 最小限度の合理性基準強化の別の前触れについては、*Plyler* v. *Doe* 457 US 202, 224（1984）参照。*Plyler* は、不法滞在外国人の子どもに無償の公教育を否定するテキサス州法に関するものだった。裁判所は、外国人の子どもは「疑わしい」階層ではなく、教育への権利は「基本的」ではないが、にもかかわらず、異議を申し立てられた分類は、「州の実質的な目標を促進しない限り、合理的とはとうていみなされない」と判示した。Ibid., 224.

(58) *Cleburne*, p. 450.

(59) Ibid., 448.

(60) Ibid., 455.

(61) スティーヴンス裁判官の *Craig* v. *Boren* 429 US 190（1976）での意見も参照。

(62) *Cleburne*, pp. 458-9.

(63) *Cleburne*, 459-60.

(64) *Eisenstadt* v. *Baird* 405 US 438（1972）; *Stanley* v. *Georgia*, 394 US 557（1969）.

(65) *Bowers*, 106 S. Ct. 2841（1986）, p. 2844.

(66) Ibid., 2846.

(67) Ibid., 2844-5.

(68) Ibid., 2846.

(69) *Bowers*, 2846.

(70) バーガーはおそらくいくつかの点で歴史を誤って受け取っている。ジョン・ボズウェルによれば、同性愛は、一〇〇〇年前ではなく、一二世紀後半になってようやく積極的な国家介入の対象となった。古代ギリシア人は自然なものとして受け入れた。共和制ローマや帝国でも、一三世紀の衰退の初めまでは受け入れられていた。Boswell. *Christianity, Social Tolerance, and Homosexuality*（Chicago, Ill. 1981）, 71 and *passim*〔ボズウェル『キリスト教と同性愛——1～14世紀のゲイ・ピープル』下田立行・大越愛子訳、国文社、1990〕.

(71) ここでも、スティーヴンス裁判官は、原理に基づく憲法解釈は、しばしば単なる偏見、「分析」または省察ではなく、「習慣」に依拠する「ステレオタイプ思考」を越えなければならないことを認識していた。*Matheus* v. *Lucas* 427 US 495（1976）, p. 520 における少数意見を参照。

(72) *Bowers*, p. 2848.

(73) Ibid.

(74) Ibid., 2854-5.

（75）Ibid.
（76）ここでの私の指摘は、Sotirios A. Barber および Michael J. Sandel との対話に負っている。
（77）同じことは、*Federalist*, no. 10 にも含意されていることを付け加えたい。そこでマディソンは、多様性は、自由の必然的結果であると指摘する。
（78）免許法の乱用の最近の優れた研究として、S. David Young, *The Rule of Experts*（Washington, DC, 1987）参照。Gabriel Kolko の営業規制の背後にある私的利益の研究は依然として古典である。*The Triumph of Conservatism*（New York, 1963）参照。
（79）裁判官は、*Wickard, Poletown*, および *Lee Optical* のような判決を覆すことから始めるべきである。
（80）*Nebbia* v. *New York* 291 US 502（1934）の理論的にはまだ作用する基準。
（81）私は、一定の批判的「効力」を司法審査の最小限度の合理性基準に注入する方法について、ジェラルド・ガンサーの検討から恩恵を受けた。*Constitutional Law*, pp. 472-5 参照。
（82）Amy Gutmann がその重要な検討、'Communitarian Critics' において問うているように。

［第6章］

（1）Charles Taylor, 'Atomism', in Taylor, *Philosophy and the Human Sciences: Philosophical Papers*, 2（Cambridge, 1985）.
（2）Walzer, 'Philosophy and Democracy', p. 379, Sandel, *Limits*, 183〔サンデル『リベラリズムと正義の限界』菊池理夫訳、勁草書房、二〇〇九年〕, Roberto Unger, *Knowledge and Politics*（New York, 1975）, 155.
（3）MacIntyre, *After Virtue*, pp. 51-2〔マッキンタイア『美徳なき時代』篠崎榮訳、みすず書房、一九九三年〕および Sandel, *Limits*, p. 175. Unger, *Knowledge*, p. 39.
（4）Hobbes, *Leviathan*, ch. 8.
（5）David Hume, *A Treatise of Human Nature*, ed. L. A. Selby-Bigge（Oxford, 1968）, 415〔デイヴィッド・ヒューム『人間本性論』第一巻、木曽好能訳、法政大学出版局、二〇一一年〕.
（6）Jeremy Bentham, *Introduction to the Principles of Morals and Legislation*, ed. Wilfrid Harrison（New York, 1948）, 1.
（7）ジョン・マッキーが *Ethics: Inventing Right and Wrong*（Harmondsworth, 1979）〔J・L・マッキー『倫理学――道徳を創造する』高知健太郎・加藤尚武・三島輝夫・古賀祥二郎・森村進訳、哲書房、一九九〇年〕において述べた通り。
（8）Friedrich Nietzsche, *Thus Spoke Zarathustra*, First Part, 'On the Way of the Creator', in *The Portable Nietzsche*, trans. and ed.

Walterr Kafumann (New York, 1968), 175〔ニーチェ『ツァラトゥストラ』上下、丘沢静也訳、光文社古典新訳文庫、二〇一〇・二〇一一年〕.

(9) Allan Nevins, 'The Case of the Copperhead Conspirator', in John A. Garraty, ed., *Quarrels that Have Shaped the Constitution* (New York, 1966), 90-108 参照。

(10) 人は、権利は実際には乗り越えられておらず、権利の入念な記述が、一定の例外を含むと言いたいかもしれないが、ほとんど違いはない。例外は多様で、終わりがなく、権利を支持するその他の権利および理由を参照するだけでなく、より広い政策目標および集合的目的を参照しても正当化できる。

(11) 道徳性の均一性の検討について、私は Nagel, *The View from Nowhere* (New York, 1986), chs. 9 and 10〔トマス・ネーゲル『どこでもないところからの眺め』中村昇・山田雅大・岡山敬二・新海太郎・鈴木保早・斉藤宣之訳、春秋社、二〇〇九年〕および 'The Fragmentation of Value', *Mortal Questions* (Cambridge, 1986) および Larmore, *Patterns*, ch. 6 に多くを負っている。

(12) 洞察に満ちた議論について、Will Kymlicka, 'Rawls on Teleology and Deontology', *Philosophy and Public Affairs*, 17 (1988), 173-90 参照。

(13) 私は、ジョン・フィニスの明快で、強力な説明に依拠している。*Natural Law and Natural Rights* (Oxford, 1980). また下記 pp. 233-4〔本書二三三―二三四頁〕参照。

(14) John M. Finnis, 'Personal Integrity, Sexual Morality, and Responsible Parenthood', *Anthropos*, 1 (1985), 43-55.

(15) Finnis, 'Personal Integrity', p. 52

(16) Immanuel Kant, *Groundwork*, pp. 114-31〔カント『道徳形而上学言論』篠田英雄訳、岩波文庫、1976〕〔『道徳形而上学の基礎づけ』宇都宮芳明訳、以文社、二〇〇四年〕.

(17) Isaiah Berlin, 'Two Concepts of Liberty', in *Four Essays on Liberty* (Oxford, 1979), 122〔バーリン『自由論』小川晃一・小池銈・生松敬三・福田歓一訳、みすず書房、二〇〇〇年〕.

(18) Ibid. 131.

(19) Isaiah Berlin, 'Rationality of Value Judgments', in C. J. Friedrich, ed., *Nomos VII: Rational Decision* (New York, 1967), 221-3 参照。

(20) S・I・ベンの優れた小論、'Freedom, Autonomy, and the Concept of a Person', *Proceedings of the Aristotelian Society, New Series* 76, 1975/76 (London, 1976), 109-30, esp. pp. 112-6 参照。

(21) ミルの「慣習の専制」の議論を参照。*On Liberty*, p. 66.

(22) Harry Frankfurt 'Freedom of the Will and the Concept of a Person', in *Journal of Philosophy*, 67 (1971), 7.

(23) Charles Taylor, 'What is Human Agency?', in *Human Agency and Language: Philosophical Papers*, 1 (Cambridge, 1985), 1-44 および Sandel, *Limits*, pp. 160-3.

(24) Frankfurt 'Freedom', p. 11.

(25) Stuart Hampshire, *Freedom of Individual* (London, 1965), 93.

(26) Benn, 'Freedom', p. 126.

(27) Taylor, 'Human Agency', pp. 24-5.

(28) Ibid. 26.

(29) オークショットが述べた通り、「『道徳的自律』と呼ばれるものは、道徳的選択について、孤独な行為主体が、同時に主体が全面的に責任を負い、その命令下に自らを置き、よって奇跡的に自らを有機的衝動、合理的偶然性、および権威主義的行為規則から解放する『価値』を認識するか、あるいは創造する、いわゆる『意思』(孤立した私のもの)の恩恵的で、基準がない行使であることを必要としない。その『道徳的自律』は、まず行為主体としての主体の人格に(すなわち、理解された欲求への応答であって、有機的衝動の結果ではない行為または発言に)存し、第二に、自己の実践的条件に対する偶発的引き受けである、自己開示および自己上演としての行為または発言に存する。」*Human Conduct*, p. 79.

(30) Taylor, 'Human Agency', p. 38.

(31) MacIntyre, *After Virtue*, pp. 203-5〔『美徳なき時代』〕.

(32) Benn, 'Freedom', p. 126.

(33) ジュリアス・コヴェシが述べた通り、「行為の適切な記述は、状況の関連する事実に依存する。行為主体の意思が関連事実の中に特徴づけられる限り、それは、主体の明言を通じてか、またはその行動を我われが理解でき、意味のあるものとする行動パターンを通じて、公的に知ることができるか、アクセス可能でなければならない。個人の意思が、行為の適切な記述を変えることに成功する場合、それは、当該手続きを規律する個人間規則のおかげで成功するのであって、主体が、他の誰も知らない方法で意図することを知っているという事実のおかげではない」。*Moral Notions* (London, 1967), 131-2. けれども人は、公表条件が、真の人間の善の側面を除去するために作用するがどうか、疑問に思うに違いない。

(34) Taylor, 'Human Agency', p. 38.

(35) Ibid. 39-40.

(36) Ibid.
(37) John Rawls, 'A Kantian Conception of Equality', *Cambridge Review* (1975), 96.
(38) Hampshire, *Freedom*, p. 38 参照。
(39) Hayek, *Law, Legislation and Liberty*, vol. I, *Rules and Order* (Chicago, Ill., 1973), ch. 2〔ハイエク『法と立法と自由』1 矢島欽次・水吉俊彦訳、春秋社、二〇〇七年〕.
(40) Sheldon Wolin, *Politics and Vision* (Boston, Mass., 1960), 265-72〔ウォーリン『政治とヴィジョン』尾形典男・福田歓一・佐々木武・佐々木毅・半澤孝麿・田中治男訳、福村出版、二〇〇七年〕.
(41) Oakeshott, *Human Conduct*, p. 236.
(42) Taylor, 'Human Agency', p. 41.
(43) Oakeshott, 'Political Education', in *Rationalism*, p. 127.
(44) Charles Taylor, 'What's Wrong With Negative Liberty?', in *Papers*, 2, p. 216〔オークショット『政治における合理主義』嶋津格他訳、勁草書房、一九八九年〕.
(45) Taylor, 'Negative Liberty', pp. 225-6.
(46) 私は、M. M. Bick, 'Conceptions of the Self and the Community: Rawls and Sandel', M. Phil. Thesis, Politics (Oxford, 1984) における行為主体の「認知的」および「主意主義的」思考の検討に負っている。
(47) Joel Feinberg, *Social Philosophy* (Englewood Cliffs, NJ, 1973), 15.
(48) Thomas Nagel, *The Possibility of Altruism* (Princeton, NJ, 1970), 126.
(49) Taylor, 'Negative Liberty', p. 220.
(50) Jeremy Waldron の 'A Right to Do Wrong', *Ethics*, 92 (1981), 21-37 および William Galston, 'On the Alleged Right to Do Wrong: A Response to Waldron', *Ethics*, 93 (1983), 320-4 およびそれに続く Waldron's 'Galston on Rights', *Ethics* 93 (1983), 325-7 参照。
(51) テイラーは、アリストテレスによる、計画に従って行為する自由人の規律ある熟慮および内なる調和と、ほとんど行き当たりばったりで行為する奴隷との対比に影響されたかもしれない。*Metaphysics*, 1075b 参照〔アリストテレス『形而上学』岩崎勉訳、講談社学術文庫、一九九四年〕.
(52) Taylor, 'Atomism', p. 199.
(53) Ibid. 217.

（54）Charles Dickens, *Tale of Two Cities*（New York, undated）, ch. 3, p. 112〔ディケンズ『二都物語』上下、中野好夫訳、新潮文庫、二〇一二年〕.

（55）アイリス・マードックは、*The Sovereignty of the Good*（Oxford, 1969）, 20-45において、公共の明瞭性の限界に関する興味深い指摘をしている。マードックは、「個人の現実に向けられた公正で、愛情あふれるまなざし」として、明瞭と言説は、ある時点で認識と判断、「理念」という用語においてさらにうまく考えられる善への「注目」に道を譲らねばならないと主張する。p. 34〔マードック『善の至高性――プラトニズムの視点から』小林信行、菅豊彦訳、九州大学出版会、一九九二年〕.

（56）私は、まもなく出版される不正義に関するシュクラーの本をめぐるジュディス・N・シュクラーとの会話から、この主題について多くを学んだ。

（57）Taylor, 'Negative Liberty', p. 204.

（58）Mill, *On Liberty*, ch. 3.

（59）Berlin, *Four Essays*, pp. l-li.

（60）Ibid. 167-70.

（61）Ibid. 169-70.

（62）Ibid. p. li.

（63）MacIntyre. *After Virtue*, p. 153.

（64）Ibid. 204-5.

（65）「正統的」な欲求を区別し、「真の自己」を自由への内なる障害と分離して、自由を位置付けようとするテイラーの試みは、テイラーが別のところで苦労して虚偽性を証明しようとしている「自己依存」としての自由という考えに戻ってしまうことを示すものである。*Hegel and Modern Society*（Cambridge, 1979）, 156〔テイラー『ヘーゲルと近代社会』渡辺義雄訳、岩波書店、二〇〇〇年〕参照。

（66）Rawls, *Theory of Justice*, p. 560 and sect. 85 generally〔ロールズ『正義論』〕.

（67）Ibid. 554.

（68）Joseph Cropsey, 'The United States as Regime and the Source of the American Way of Life', in Cropsey, *Political Philosophy and the Issues of Politics*（Chicago, Ill., 1977）, 3.

（69）Taylor, 'Negative Liberty', p. 204.

（70）もちろん、正義を行うために批判的な距離を置くことは一つのことであり、人の選択の価値について省察するために距離を置くことは、また別のことである。すなわち人は、リベラルな正義が要求する、省察的に距離を取ることと、リベラルな自律の批判的省察とは何らかの関係があることを否定するかもしれない。これはチャールズ・ラーモアが強力に私に示唆してくれた論点である。区別の論理は十分明快で、実践的には、二つの効果は、（多様で、寛容で、開かれた社会について話していることを前提にすると）分離するのが困難だと私には思われる。

（71）Montaigne, 'On Husbanding Your Will', *Essays*, ed. Frame, p. 766.
（72）Sandel, *Limits*, p. 179.
（73）Ibid. 56.
（74）Sandel, *Limits*, p. 150.
（75）Ibid. 179.
（76）Ibid. 182.
（77）J. J. C. Smart and Bernard Williams, *Utilitarianism: For and Against*（Cambridge, 1973）, 116-17.
（78）Bernard Williams, 'Persons, Character, and Morality', in *Moral Luck*（Cambridge, 1983）, 14; p. 18 も参照。
（79）Sandel, *Limits*, p. 58.
（80）Sandel, 'The Unencumbered Self', *Political Theory*, 9（1984）, 81-96, および *Limits*, p. 179.
（81）Taylor, 'Human Agency', pp. 38-40.
（82）Rawls, 'Constructivism', p. 525.
（83）カッツは、卒業論文、'Communitarianism and the Limits of Intercommunal Respect' において、イスラエルの政治におけるコミュニタリアニズムの限界を探索する。
（84）「公共的に共有された」社会的視点としての理由の提示について、Rawls, *Theory*, pp. 516-17 および 'Constructivism', p. 570 参照。
（85）Sandel, *Limits*, pp. 32-3.
（86）Ibid. 183.
（87）Ibid. 133.
（88）MacIntyre, *After Virtue*, p. 145.

［第7章］

（1）リベラルな「相互の相違を通じた共存」について、Holmes, *Constant*, p. 245 参照。
（2）Voltaire, 'Letters philosophiques', in *Mélanges*（Paris, 1961）, pp. 17-18. Holms, *Constant*, pp. 253-4 に引用。
（3）ゲオルク・ジンメルは、競争の不和は、顧客に奉仕する努力によって中和されると論じた。「競争は、求婚相手のところへ行き、彼に接近し、彼との結びつきを築き、彼の強さと弱さを発見し、それらに適応するように求婚者に強いるのである」。*Conflict and the Web of Group Affiliation*, trans. K. H. Wolff（Glencoe, Ill., 1955）. またアルバート・O・ヒルシュマンの *The Passions and the Interests*（Princeton, NJ., 1977）および 'Rival Interpretations of Market Society: Civilizing, Destructive, or Feeble?', *Journal of Economic Literature*, 20（1982）, 1463-84 におけるこれら論争の調査も参照。
（4）マクロスキーとザラーは、都市化と世俗化は、資本主義的でリベラルな民主的価値を奨励する重要な役割を果たすと主張する。*American Ethos*, pp. 254-5.
（5）Rawls, 'Constructivism', p. 525.
（6）Dworkin, 'Liberalism', in *A Matter of Principle*, p. 191; Bruce Ackerman, *Social Justice in the Liberal State*（New Haven, Conn., 1980）, 11; Larmore, *Patterns*, passim.
（7）Kant, *The Metaphysics of Morals*, Part 2: 'The Metaphysical Principles of Virtue', in *Kant's Ethical Philosophy*, trans. James W. Ellington, intro. Warner A. Wick（Indianapolis, 1986）, および Shklar, *Ordinary Vices*（Cambridge, Mass., 1984）, pp. 240-5 参照。
（8）ナチのような集団は、たとえば、彼らの子どもの教育に関して、深刻な問題を提起する。私のここでの論点は、リベラルな体制は、そうした集団の生活と活動を、重要なことに構造化するということである。
（9）Larmore, *Patterns*, p. 44.
（10）Ibid. 43.
（11）Ibid.
（12）Ibid. 46.
（13）Ibid. 53.
（14）Ibid.
（15）Ibid. 55.
（16）Ibid. 60.
（17）Ibid. 67.

（18）Ibid. 68.
（19）Kateb, 'Procedures of Constitutional Democracy', p. 218.
（20）Larmore, *Patterns*, pp. 42, 106.
（21）*Griswold* v. *Connecticut*, 未婚の男女に対する避妊薬の配布を禁じた法律は、*Eisenstadt* 判決において無効とされた。
（22）Karl R. Popper, *The Open Society and Its Enemies, 1: The Spell of Plato*（London, 1966）, 173〔ポパー『開かれた社会とその敵』第一部（プラトンの呪文）、内田詔夫・小河原誠訳、未來社、一九八〇年〕.
（23）Karl Marx, 'The British Rule in India', in *The Marx-Engels Reader*, 2nd edn., ed. Robert C. Tucker（New York, 1978）, 657-8.
（24）406 US 205（1972）, at 244-6.
（25）Oakeshott, *Human Conduct*, pp. 236-9.
（26）Oakeshott, *Human Conduct*, pp. 78-80.
（27）Sandel, *Limits*, p. 133.
（28）Emile Durkheim, 'Individualism and the Intellectuals', trans. And intro. by Steven Lukes, *Political Studies*, 17（1969）, 23-4.
（29）ネーゲルが述べた通り、「利他主義と関連する動機は、趣味、感情、または恣意的で究極的な選択には依存しない。それらは、我われの行為への理由が正式な客観性の状態に従うという事実、我われが自らを個性的および非個性的観点から見て、これら二つの観点から実際的な結論に対する理由づけを変更する能力に依存する」。*Possibility of Altruism*, p. 144.
（30）Plato, *Republic*, Bks. 8 and 9.
（31）M. J. C. Vile, *Constitutionalism and The Separation of Powers*（Oxford, 1967）, すべての統治を司法的機能の観点で理解する一七世紀の傾向の検討として、参照。
（32）Donald Horowitz, *The Courts and Social Policy*（Washington, DC, 1977）参照。
（33）ロックの第二論集における執行大権の検討（ch. 14, pp. 421-7）を参照。また Hamilton, *Federalist*, no. 70.
（34）Michael Doyle, 'Kant, Liberal Legacies, and Foreign Affairs', *Philosophy and Public Affairs*, 12（1984）, 323-53 参照。
（35）Ivan Turgenev, *Fathers and Sons*, trans. Constance Garnett（New York, 1930）, 24〔ツルゲーネフ『父と子』工藤精一郎訳、新潮文庫、一九九八年〕.
（36）Blaise Pascal, *Pensées*, no. 406, trans. A. J. Krailsheimer（Harmondworth, 1965）, 147〔パスカル『パンセ』1・2、前田陽一・由木康訳、中公クラシックス、二〇〇一年〕.

（37）Mill, *On Liberty*, p. 21. また Paul Feyerabend, 'Against Method: Outline of and Anarchistic Theory of Knowledge', *Minnesota Studies in the Philosophy of Science*, 4 (Minneapolis, Minn., 1970) 参照。
（38）Oakeshott, *Human Conduct*, p. 324.
（39）Pascal, *Pensées*, no. 401, p. 146.
（40）Nietzsche, from *the Gay Science* (285), in *Portable Nietzsche*, p. 98.
（41）MacIntyre, *After Virtue*, p. 29。
（42）Hayek, *The Constitution of Liberty* (London, 1976), 232-3; Irving Kristol, '"When Virtue Loses All Her Loveliness" — Some Reflection on Capitalism and the "Free Society"', *The Public Interest*, 21 (1976), 13; Jürgen Habermas, *Legitimation Crisis* (Boston, Mass., 1975).

訳者あとがき

二〇一一年度、私は在外研究の機会を得て、プリンストン大学のヒューマン・バリュー・センターに約一年滞在した。世界最高レベルの政治学者や哲学者が集う学際的研究機関である。そこで私を受け入れてくれたのが、本書の著者であるスティーヴン・マシードであった。

へーゲル共同体論をテーマに博士論文を書き上げて以来、より広く共同体やそれを形成する市民の徳のようなものについて研究を展開したいと思っていた私は、半ば必然的に欧米の政治哲学に目を向けるようになっていた。

最初は、へーゲルの共同体論の延長で、コミュニタリアニズムに強く惹かれていたのだが、研究を進めるうちに、従来のコミュニタリアニズム論を超えるためには、やはり永遠のアポリアともいうべきリベラルとの確執に再度立ち向かう必要性を感じ始めた。そこでこの分野の専門書を渉猟する中出くわしたのが、『リベラルな徳』だったのである。タイトルからして、いかにもリベラリズムとコミュニタリアニズムの融合を試みているように思えたが、読んでみるとそれは、単なる試みを超えた完璧な証明であるかのように私には感じられた。

在外研究の場としてプリンストン大学を選んだのは、この本の著者スティーヴン・マシードに師事するためであった。直接会いに行って受け入れの交渉を行った際、本書の翻訳の可能性についても聞いてみた。すると、ちょうど二〇一〇年の秋に中国語版も出るということで快諾をいただいた。

マシードはプロフィールにもあるように、アメリカ政治学会やプリンストン大学で要職を歴任し、多くの権威あるジャーナルの編集を務めてきた重鎮である。にもかかわらず、一般には日本ではあまり知られていない。もちろん翻訳も出ていない。そこで、商業的には新しい作品を翻訳するのがいいのではないかとも思ったのだが、彼とも相談し、まずはマシードの主著を紹介することにした。

というのも、本書で述べられている主張は、いまなおマシードの議論の根幹にあり、かつ出版から四半世紀経った現在も、普遍的に妥当する規範的理論だといえるからである。とりもなおさずそれは、先ほど言及したリベラリズムとコミュニタリアニズムの確執、いわば個人と共同体の優先関係が永遠のアポリアであり、二〇一四年の今も、そしておそらくは今後もずっと、共同体に生きざるを得ない私たち個人にとって課題であり続けるだろうからである。

政治哲学が専門でない読者もおられるかと思うので、この点について、少しだけ本書の議論の背景を補足しておきたい。アメリカでは、伝統的にどちらかというと個人を重視する思想が強い影響を及ぼしていたのであるが、一九七〇年代、ジョン・ロールズの『正義論』に象徴される現代リベラリズムが登場し、その風潮を緩和する動きが出てきた。

ところが問題は、ロールズの思想でさえも、やはりリベラリズムであることには変わりはなく、価値の中立性に固執していた点である。一九八〇年代になってそこを衝いたのが、本書でも紹介されているマイケル・サンデル、アラスデア・マッキンタイア、チャールズ・テイラー、マイケル・ウォルツァーといった一連のコミュニタリアニズムの思想家たち、すなわちコミュニタリアンであった。

こうして八〇年代の政治哲学界は、華々しい「リベラル・コミュニタリアン論争」の時代となる。主にコミュニタリアンは、リベラリズムのいう「自己」の概念が、歴史や伝統、そして共同体といった文脈から切り離された原子論的なものであるという点、そして「正の善に対する優先性」のもとに、道徳や善に関する議論を放棄している点を批判した。

したがって、リベラルの仕事は、こうしたコミュニタリアンの批判に見事答え、逆に自らの強みをアピールすることであった。その代表的理論を提示した作品の一つが、一九九〇年に出されたこの『リベラルな徳』ではないかと思うのである。

一人ひとりの独立した個人が、いかにして共同体の成員として共通の価値に服することができるのか。そして一つの共同体、国家を運営していくことができるのか。マシードは、その答えを明確に提示することに成功している。マシードのようなリベラルからの優れた反論の影響もあって、リベラル・コミュニタリアン論争自体はその後終息に向かって行った。ただし、新たな問題が生じるたび、個々の論点をめぐっては、やはり個人か共同体のどちらを重視するべきかという古典的議論が再燃する。だからこそ本書の議論も、いまなおアクチュアルだといえるのである。

その内容については、本書の本文に加え、マシード自身がわざわざ今回の翻訳のために寄せてくれた日本語版序文に明らかなわけであるが、再度私の考えも紹介しつつ若干確認しておきたいと思う。

すでにお気づきかと思うが、本翻訳では、原題と異なるサブタイトルを用いている。これは日本の読者にとっては、原題の「リベラルな立憲主義におけるシティズンシップ、徳、そしてコミュニティ」という文言よりも、ストレートに本書の趣旨を提示したほうがわかりやすいと考えたからである。それが「公共哲学としてのリベラリズムへ」という表現である。

公共哲学としてのリベラリズムという表現は、マシード自身が使っているものである。公共哲学とは、個人に象徴される私的領域と、社会や共同体に象徴される公的領域をいかに接続すべきか考察する営みであるといえる。マシードはそのような営みとして、リベラリズムを再構築しようとした。

そしてそのためには、まずリベラリズムにまとわりついた誤解を解く必要がある。それは、リベラリズムが徳とは無関係の価値中立的な思想であるという誤解である。もし本当にそうなのであれば、リベラリズムは、具体的な徳を基礎に、具体的な価値によって形成される現実の共同体のための思想的バックボーンとはなり得ない。

まずはこの誤解を解くために、マシードは本書のタイトルにも「リベラルな徳」といった一見矛盾を感じさせるような表現を選んだのである。彼自身、リベラルな徳という概念は「撞着語法」のように思われるかもしれないと書いている。つまり、共同体における価値の中立性を重んじるリベラリズムと、一定の価値を意味する徳という語は、本来相容れないものとみなされてきたのである。

それを矛盾ではなく、当然の結びつきとしてとらえるところにこの概念の意味がある。マシードは、リベラルな政治は市民的徳に負っており、その徳は、合理的に公正かつ寛容で、開かれたリベラルな体制下の生活によって様々な形で育まれていると考えている。

その方法論が公共的推論である。政治における理由付与と理由要求の相補的関係が、市民を中心とするあらゆる人々に求められるというのである。もちろんそれは様々なレイヤーにおける熟議によってもたらされる。

これこそがマシードの提唱する公共哲学としてのリベラリズムの理想であり、その意味で『リベラルな徳』は、その理想を実現せよと呼びかけるマニフェストにほかならない。

したがって、その後マシードが、学校教育やシティズンシップ教育に着目したのはある意味自然な流れであった。つまり、公共哲学としてのリベラリズムを実現するためには、教育の場における開かれた議論が不可欠だと考えたからである。たとえば、二〇〇〇年に出版された『多様性と不信――多文化民主主義における公民教育』（未邦訳）では、学校教育においては、形式的な平等ではなく、むしろ違いを前提にした扱いの差異こそが望まれるという問題提起を行っている。

また、アメリカ政治学会において、二〇〇二年に公民教育と参画に関する常任委員会が形成された際には、マシードはこの委員会の長を務め、報告書をまとめ上げた。報告書は、二〇〇五年に『危機に瀕する民主主義――政治的選択はいかにして市民参加をだめにするのか、そして私たちには何ができるのか』（未邦訳）という形で出版された。この報告書の中でも彼は、学校教育が市民的徳の涵養にとっていかに重要であるか改めて強調している。

その他マシードは、自らのリベラリズム論を、ロールズがやったのと同じように国際関係にも応用したり、最近は同性婚などの結婚をめぐる諸問題について出版の準備を進めているようである。このように、マシードは、非常に幅広い関心のもとに膨大な知の蓄積を構築しつつある現役の政治哲学者である。本書がきっかけとなって、日本においてスティーヴン・マシードへの関心が高まり、研究が進むことを期待したい。

最後に、マシードが、日本語版に寄せた序文でまとめとして言及している事柄について、私の考えを一言述べておきたい。それは日本をはじめとしたアジアとの関係についてである。マシードは、ダニエル・A・ベルの例を挙げながら、西洋の政治哲学が日本やアジア諸国に貢献しうる可能性について示唆している。

とりわけ日本の現状に鑑みると、たしかにすでに多くの政治哲学が輸入されてはきたが、そのほとんどがアカデミズムの域を出ず、現実の政治や社会に影響を及ぼすことはない。これはひとえに、理論をそのまま適用しようとする失敗に起因している。日本には日本の政治風土があり、思考に際しても独自のメンタリティが働く。これは政治哲学という学問が、決して抽象的な観念をもてあそぶ営みではなく、具体的な事象を取り扱う営みであることの証左であるといえよう。そのことは、本書の大部分がアメリカの現実を題材にしている点からもよくわかると思われる。

したがって私たちは、その中から自分たちの文化的コンテクストにおいて適用できるエッセンスを的確に見出し、それを文化に即した形で適用していかなければならないのである。その作業の多くは研究者に委ねられているのかもしれない。ただ、もしその作業自体が市民的徳を育む過程の一部であるとするならば、マシードの主張するように、あらゆる市民が取り組まねばならない公共哲学の実践だということになろう。本書がその実践のための題材となれば望外の幸せである。

さて、本書を出版するにあたっては、大変多くの方にお世話になった。すべてのお名前を挙げることはできないので、代表でこのお二人にお礼を申し上げたい。

一人目はもちろん本書の著者スティーヴン・マシードである。ここではあえて親しみと感謝を込めて普段通りスティーヴと呼ばせていただきたい。スティーヴには、アメリカ滞在中だけでなく、帰国後も何度もメールで細かい質問をし、その都度丁寧に回答してもらった。特にアメリカ滞在中は、研究室だけでなく、彼の自宅、あるいは私の自宅、その他あらゆる場所で議論に付き合っていただき、本当に感謝している。彼が多くの学生から慕われ、また常に要職を任されるのはその寛大な性格のゆえであろう。

二人目は風行社の犬塚満氏である。犬塚氏には、初の本格的な翻訳書を出すにあたって、快く私の申し出を受け入れていただき、最初から最後にわたるまで、まさに手取り足取りご指導いただいた。本書を世に出すことができたのは、犬塚氏のご尽力の賜物である。ここに改めて、両名に感謝の意を表したい。

二〇一四年七月

小川仁志

索　引

＊項目名とまったく同じ言葉ではなくても、意味を考慮して頁を採択しているケースもある。
＊３頁以上連続する場合は、3-6 のように示してある。
＊一語が２頁にまたがっている場合は、7=8 のように示してある。

《あ》

愛国主義（patriotism）　202
アクトン H. B. Acton　299
アグレスト John Agresto　315, 317
アッカーマン Bruce A. Ackerman　260, 299
アデア Douglas Adair　314, 315
アーミッシュと教育　272, 304
アメリカの精神　6-8
アメリカのニューライト　19, 20, 315
　——と合衆国憲法　166-172, 178, 179, 200-202
　——と多数派主義　169, 170, 178, 179
→ボーク
アリストテレス Aristotle　15, 50, 98, 99, 126, 301, 306, 326　→卓越主義
アンガー Robelto Unger　323
イーストランド Terry Eastland　166, 170, 318
イリィ John Hart Ely　104, 123, 178, 188
ウィスコンシン対ヨーダー *Wisconsin* v. *Yoder*　304, 272, 273
ウィッカード対フィルバーン *Wickard* v. *Filburn*　185, 186, 323
ヴィトゲンシュタイン Ludwig Wittgenstein　32
ウィリアムズ Bernard Williams　242-246, 251, 302
ウィリアムソン対リー・オプティカル *Williamson* v. *Lee Optical*　186, 187, 192, 323
ヴィル M. J. C. Vile　330
ウィル George F. Will　133, 134
ウィルダフスキー Aaron Wildavsky　312
ウォリン Sheldon Wolin　225
ウォルツァー Michael Walzer　20, 21, 22, 36, 51, 111, 178, 312, 251, 297, 301, 323
ヴォルテール Voltaire　259
ウォルドロン Jeremy Waldron　44, 70, 326
エドワーズ対アギラード *Edwards* v. *Aguillard*　305
エパーソン Susan Epperson　2
エプスタイン Richard Epstein　321
オークショット Michael Oakeshott　11, 22-25, 31, 36, 120, 121, 226, 227, 273, 274, 280, 286, 287, 307, 325
オグデン対ソーンダース *Ogden* v. *Saunders*　175, 176

《か》

合衆国下院議会　→合衆国議会

《た》

《な》

《は》

反連邦主義者　45, 100,125, 126
ビック M. M. Bick　326
ビッケル Alexander Bickel　145, 150, 178, 179, 318
ピトキン Hannah Pitkin　312
ヒューム David Hume　136-138, 140, 206, 284
ヒラバヤシ Gordon Hirabayashi　1, 2, 159, 252
ファイヤアーベント Paul Feyerabend　331
ファインバーグ Joel Feinberg　229
ファーガソン対スクループカ *Ferguson* v. *Skrupka*　186, 187, 321
ブーアスティン Daniel Boorstin　37
フィッシャー Louis Fisher　315-317
フィニス John Finnis　211, 212
『フェデラリスト・ペーパーズ』*Federearist Papers*　32, 77, 78, 297, 305, 319, 323
　――と国家制度　154-156
　――と自己利益　135-143
　――と政治的代表　126-129
　――と政治道徳　174, 175
　民主主義対共和主義について　179-181
→反連邦主義者
フェンノ Richard F. Fenno　127
フォークナー Robert Faulkner　314
不服従　→市民的不服従
プブリウス　77, 137, 154, 155　→『フェデラリスト・ペーパーズ』
フラー Lon L. Fuller　43, 81, 85, 103, 105
プライバシー（憲法上の権利としての）　188-190, 194-197, 267, 268　→公私の区別
プライヤー対ドウ *Plyer* v. *Doe*　321
ブラウン対教育委員会 *Brown* v. *Board of Education*　90, 91, 94-96　→公民権運動
プラグマティズムと中庸　73　→ローティ
ブラックマン Harry Blackmun　192, 195-197
プラトン Platon　32, 81, 98, 99, 137, 280, 296, 320
フランクファーター Felix Frankfurter　90, 145
フランクファート Harry Frankfurt　217
ブランダイス Louis Brandeis　299
ブランデンバーグ対オハイオ *Brandenburg* v. *Ohio*　303
ブランド Donald R. Brand　299
フリード Charles Fried　97
ブリル Alida Brill　7, 293
プルードン Paul Proudhon　114
ブルベイカー Stanley C. Brubaker　306
ブルーム Allan Bloom　300
プレッシー対ファーガソン *Plessy* v. *Ferguson*　94-96
フレッチャー対ペック *Fletcher* v. *Peck*　175
ブレナン William Brennan　192, 305
ベイツ Edward Bates　149, 151
ベーコン Francis Bacon　46
ベセット Joseph Bessette　318
ベラ Yogi Berra　68
ペリカン Jaroslav Pelikan　172=3
ベン S. I. Benn　324, 325
ベンサム Jeremy Bentham　206
ホイットニー対カリフォルニア *Whitney* v. *California*　101
法　79-97
　――と競合する制度的解釈者　134,

135, 138, 163
——と執行権　156-161
——と政治　96, 97, 107-109, 113-131
——と道徳理論　45, 46, 85-98
——と法の支配　9, 10, 43
——とリベラルな市民権　98-113
→合衆国憲法　→司法
法実証主義　83-85, 86, 88, 89
ホーガン Philip Hogan　303
ボーク Robert H. Bork　19, 20, 31, 36, 37, 45, 46, 166, 167, 169, 170, 174, 176, 178, 179, 182, 188, 212
ボズウェル John Boswell　322
ポスト・モダニズム　75　→ローティ
ホッブズ Thomas Hobbes　83, 100, 101, 140-143, 206, 222, 225, 260, 281
ポパー Karl Popper　38, 253, 270
ホフシュタッター Richard Hofstadter　77
ホームズ Oliver Wendell Holmes　194, 195
ホームズ Stephen Holmes　318, 329
ホメイニ Ayatollah Khomeini　68
ポルノ　18, 268
ホロヴィッツ Donald Horowitz　330
ホワイト Byron White　194, 196

《ま》

マイヤー対ネブラスカ *Meyer* v. *Nebraska* 190, 191
マカロック対メリーランド *McCulloch* v. *Maryland*　150, 321
マキャベリ Niccolò Machiavelli　281
マクドウェル Gary McDowell　318
マクレイノルズ William McReynolds 190, 191
マクロスキー Herbert McClosky　7, 293, 315, 329
マーシャル John Marshall　150, 314
自然権について　175, 176
マーシャル Thurgood Marshall　192, 193
マシューズ対ルーカス *Mathews* v. *Lucas* 322
マース Arthur Maass　312
マッキー John Mackie　323
マッキンタイア Alasdair MacIntyre　13-17, 20, 30, 34, 134, 208, 221, 226, 232, 237, 252, 273, 283, 289, 323
マックローリン対オクラホマ州立大学理事会 *McLaurin* v. *Oklahoma Regente* 308
マディソン James Madison　129, 135, 140, 147, 154, 168, 169, 180, 181, 316
→『フェデラリスト・ペーパーズ』
マードック Iris Murdoch　327
マネー Hernando D. Money　147, 149
『真昼の決闘』　252
マーフィー Frank Murphy　159
マーフィー Walter F. Murphy　184, 309, 318, 319
マルクス Karl Marx　272
マンスフィールド Harvey C. Mansfield 305
ミース Edwin Meese　19, 167, 315
ミズーリ州代表ゲインズ対カナダ *Missouri ex rel. Gaines* v. *Canada*　308
ミリガン決定　157
ミル John Stuart Mill　10, 32, 59, 68, 101, 236, 285, 287, 324
ミルトン John Milton　58, 297
モーガン Ruth P. Morgan　316
モンテーニュ Michel de Montaigne　131,

99, 100, 123
冷戦　37
レイン Robert Lane　312
レヴィンソン Sanford Levinson　103, 311
レゲット William Leggett　118
レーンキスト William H. Rehnquist　36
ローウィ Theodore Lowi　118
ローズベルト Franklin Delano Roosevelt 316
ローゼンバーグ Paul Rosenberg　305
ローゼンブルーム Nancy Rosenblum　XV
ロック John Locke　5, 10, 32, 210, 280, 281, 309, 313, 318
　寛容について　55, 56
ロックナー対ニューヨーク *Lochner* v. *New York*　186, 189, 190, 193, 199
ロックナー法廷　→合衆国最高裁判所（財産権について）
ローティ Richard Rorty　11, 25-37, 75
ロールズ John Rawls　5, 10, 11, 12, 46, 49, 50, 52-54, 56, 57, 60, 61, 63, 65, 70, 71, 90, 101, 104, 105, 123, 210, 224, 238, 239, 246, 259, 306, 311, 328

《わ》

ワーズワース William Wordsworth　319

参考文献

〔 〕で示した邦訳は、必ずしも厳密な版の対応関係を示すものではない。
日本語版序文にあるものも加えた。

A. 書籍

Ackerman, Bruce A., *Socialjustice in the Liberal State* (New Haven, Conn., 1980).

Adair, Douglas, *Fame and the Founding Fathers* (New York, 1974).

Agresto, John, *The Supreme Court and Constitutional Democracy* (Ithaca, NY, 1984).

Andrews, William G., ed., *Coordinate Magistrates: Constitutional Law by Congress and President* (New York, 1969).

Aristotle, *Nichomachean Ethics*, trans. Martin Ostwald (Indianapolis, Ind., 1962)〔アリストテレス『ニコマコス倫理学』上下、高田三郎訳、岩波文庫、2009・2012年〕.

——— *Metaphysics*, trans. Richard Hope (Ann Arbor, Mich., 1968)〔アリストテレス『形而上学』岩崎勉訳、講談社学術文庫、1994年〕.

——— *Politics*, trans. Carnes Lord (Chicago, Ill., 1984)〔前掲『政治』〕.

Bacon, Francis, *The Advancement of Learning* (London, 1974)〔ベーコン『学問の進歩』服部英次郎・多田英次訳、岩波文庫、1974年〕.

Barber, Sotirios A., *On What the Constitution Means* (Baltimore, Md., 1984).

Barry, Brian, *The Liberal Theory of Justice* (Oxford, 1973).

Bedau, Hugo Adam, ed., *Civil Disobedience: Theory and Practice* (New York, 1969).

Bell, Daniel A., *East Meets West: Human Rights and Democracy in East Asia* (Princeton, NJ, 2000)〔ベル『「アジア的価値」とリベラル・デモクラシー——東洋と西洋の対話』施光恒・蓮見二郎訳、風行社、2006年〕.

——— *China's New Confucianism: Politics and Everyday Life in a Changing Society* (Princeton University Press, 2008).

Bellah, Robert, *et al., Habits of the Heart* (New York, 1986)〔ベラー『心の習慣——アメリカ個人主義のゆくえ』中村圭志・島薗進訳、みすず書房、1991年〕.

Bentham, Jeremy, *Introduction to the Principles of Morals and Legislation*, ed. Wilfrid Harrison (New York, 1948).

Berger, Raoul, *Government By Judiciary* (Cambridge, 1977).

Bessette, Joseph, and Tulis, Jeffrey, *The Presidency in the Constitutional Order* (Baton

Rouge, La., 1981).

Bickel, Alexander, *The Least Dangerous Branch* (New Haven, Conn., 1986).

Boorstin, Daniel, *The Genius of American Politics* (Chicago, Ill., 1965).

Bork, Robert H., *Tradition and Morality in Constitutional Law: The Francis Boyer Lecture* (Washington, DC, 1984).

Boswell, John, *Christianity, Social Tolerance, and Homosexuality* (Chicago, Ill., 1981)〔ボズウェル『キリスト教と同性愛：1～14 世紀のゲイ・ピープル』下田立行・大越愛子訳、国文社、1990 年〕.

Burke, Edmund, *Orations and Essays* (New York, 1900).

Cardozo, Benjamin N., *The Nature of the Judicial Process* (New Haven, Conn., 1949)〔カドーゾ『司法過程の性質』守屋善輝訳、日本比較法研究所、1966 年〕.

Constant, Benjamin, *Political Writings*, ed. Biancamaria Fontana, (Cambridge, 1988).

Corwin, Edward S., *The 'Higher Law' Background of American Constitutional Law* (Ithaca, NY, 1979).

Dahl, Robert A., *A Preface to Democratic Theory* (Chicago, Ill., 1956)〔ダール『民主主義理論の基礎』内山秀夫訳、未來社、1970 年〕.

Descartes, René, *Meditations On First Philosophy*, trans. Laurence J. Lafleur (Indianapolis, Ind., 1960)〔デカルト『省察』山田弘明訳、筑摩書房、2006 年〕.

Devlin, Patrick, *The Enforcement of Morals* (London, 1965).

Dewey, John, *The Public and Its Problems* (Chicago, Ill., 1954)〔デューイ『公衆とその諸問題』植木豊訳、ハーベスト社、2010 年〕.

Diamond, Martin, *et al., The Democratic Republic* (Chicago, Ill., 1966).

Dicey, A. V., *The Law of the Constitution* (Indianapolis, Ind., 1982)〔第八版の翻訳として、ダイシー『憲法序説』伊藤正巳・田島裕訳、学陽書房、1983 年〕.

Dickens, Charles, *Tale of Two Cities* (New York, undated)〔ディケンズ『二都物語』上下、中野好夫訳、新潮文庫、2012 年〕.

Diggins, John P., *The Lost Soul of American Politics: Virtue, Self-Interest, and the Foundations of Liberalism* (New York, 1984).

Dworkin, Ronald, *Taking Rights Seriously* (Cambridge, Mass., 1977)〔ドゥオーキン『権利論』小林公・木下毅・野坂泰司訳、木鐸社、2003 年〕.

——— *A Matter of Principle* (Cambridge, Mass., 1985)〔ドゥオーキン『原理の問題』森村進・鳥澤円訳、岩波書店、2012 年〕.

——— *Law's Empire* (Cambridge, Mass., 1986)〔ロナルド・ドゥオーキン『法の帝国』小林公訳、未來社、1995 年〕.

Eden, Robert, *Political Leadership and Nihilism* (Tampa, Fla., 1983).

Eisgruber, Christopher L., *Constitutional Self-Government* (Cambridge, Mass., 2001).

Ely, John Hart, *Democracy and Distrust* (Cambridge, 1980)〔イリィ『民主主義と司法審査』佐藤幸治・松井茂記訳、成文堂、1990 年〕.

Epstein, Richard, *Takings* (Cambridge, Mass., 1985).

Faulkner, Robert, *The Jurisprudence of John Marshall* (Princeton, NJ, 1968).

Feinberg, Joel, *Social Philosophy* (Englewood Cliffs, NJ, 1973).

Fenno, Richard F., *Homestyle: House Members in Their Districts* (Boston, Mass., 1978).

Finnis, John M., *Natural Law and Natural Rights* (Oxford, 1980).

Fisher, Louis, *Constitutional Dialogues: Interpretation as Political Process* (Princeton, NJ, 1988).

Forst, Rainer, *The Right to Justification: Elements of a Constructivist Theory of Justice* (New York, 2012).

Fuller, Lon L., *The Morality of Law*, 2nd edn. (New Haven, Conn., 1969)〔初版の翻訳としてフラー『法と道徳』稲垣良典訳、有斐閣、1968 年〕.

——— *The Principles of Social Order: Selected Essays of Lon L. Fuller*, ed. Kenneth I. Winston (Durham, NC, 1981).

Gallup Report, no. 253 (Oct. 1986).

Galston, William, *Justice and the Human Good* (Chicago, Ill., 1980).

Glendon, Mary Ann, *Abortion and Divorce in Western Law* (Cambridge, Mass., 1987).

Gooch, G. P., *Political Thought in England: From Bacon to Halifax* (London, 1914/15).

Gunther, Gerald ed., *John Marshall's Defense of McCulloch v. Maryland* (Stanford, Calif., 1969).

——— *Cases and Materials on Constitutional Law*, 11th edn. (Mineola, NY, 1980).

Habermas, Jürgen, *Legitimation Crisis* (Boston, Mass., 1975).

——— *Between Facts and Norms: Contributions to a Discourse Theory of Law and Democracy* (Cambridge, 1996)〔ハーバーマス『事実性と妥当性』河上倫逸・耳野健二訳、未來社、2002 年〕.

Hamilton, Alexander, Jay, John, and Madison, James, *The Federalist Papers*, ed. Clinton Rossiter (New York, 1961)〔『ザ・フェデラリスト』斎藤眞・武則忠見訳、福村出版、1998 年〕.

Hampshire, Stuart, *Freedom of the Individual* (London, 1965).

Hart, H. L. A., *The Concept of Law* (Oxford, 1961).

——— *Essays on Bentham* (Oxford, 1982).

——— *Essays in Jurisprudence and Philosophy* (Oxford, 1983).

Hayek, Friedrich, *Law, Legislation and Liberty, 1: Rules and Order* (Chicago, Ill., 1973)〔ハイエク『法と立法と自由』1　矢島鈞次・水吉俊彦訳、春秋社、2007 年〕.

——— *The Constitution of Liberty* (London, 1976).

——— *Law, Legislation and Liberty, 2: The Mirage of Social Justice* (Chicago, Ill., 1978)〔ハイエク『法と立法と自由 2』篠塚慎吾・矢島鈞次・西山千明訳、春秋社、2008年〕.

HERZOG, DON, *Without Foundations: Justification in Political Theory* (Ithaca, NY, 1985).

HIRSCHMANN, ALBERT O., *The Passions and the Interests: Political Arguments for Capitalism before its Triumph* (Princeton, NJ, 1977).

HOBBES, THOMAS, *Leviathan*, ed. C. B. Macpherson (Harmondsworth, 1981)〔ホッブズ『リヴァイアサン 1・2』上田邦義・川出良枝・永井道雄訳、中公クラシックス、2009年〕.

HOFSTADTER, RICHARD, *Anti-Intellectualism in American Life* (New York, 1963).

——— *The Progressive Historians* (Chicago, Ill., 1979).

HOLMES, STEPHEN, *Benjamin Constant and The Making of Modern Liberalism* (New Haven, Conn., 1984).

HOROWITZ, DONALD, *The Courts and Social Policy* (Washington, DC, 1977).

HUME, DAVID, *A Treatise of Human Nature*, ed. L. A. Selby-Bigge (Oxford, 1968)〔ヒューム『人間本性論』第一巻、木曽好能訳、法政大学出版局、2011年〕.

——— *Essays: Moral, Political, and Literary*, ed. Eugene F. Miller (Indianapolis, Ind., 1985).

HUNTINGTON, SAMUEL, *American Politics: Promise of Disharmony* (Cambridge, Mass., 1981).

IRONS, PETER, *The Courage of Their Convictions* (New York, 1988).

JAFFA, HARRY V., *Crisis of the House Divided* (Seattle, Wash., 1973).

JAMES I, KING OF ENGLAND, *The Political Works of James I*, reprinted from the edition of 1616, with an intro. by Charles Howard McIlwain (Cambridge, Mass., 1918).

JOHANNSEN, ROBERT W, ed., *The Lincoln-Douglas Debates* (New York, 1965).

KANT, IMMANUEL, *Groundwork of the Metaphysic of Morals*, trans. H. J. Paton (New York, 1964).

——— *Kant's Ethical Philosophy*, trans. James W. Ellington, intro. Warner A. Wick (Indianapolis, Ind., 1986).

KEEFE, WILLIAM J., *Congress and the American People* (Englewood Cliffs, NJ, 1980).

KELMAN, STEVEN, *Making Public Policy: A Hopeful View of American Government* (New York, 1987).

KINGDON, JOHN, *Congressmen's Voting Decisions*, 2nd edn. (NewYork, 1981).

KLUGER, RICHARD, *Simple Justice* (New York, 1976).

KOLKO, GABRIEL, *The Triumph of Conservatism* (New York, 1963).

KOVESI, JULIUS, *Moral Notions* (London, 1967).

KUHN, THOMAS, *The Structure of Scientific Revolutions*, 2nd edn. (Chicago, Ill., 1970).

LARMORE, CHARLES, *Patterns of Moral Complexity* (Cambridge, 1987).

LERNER, RALPH, *The Thinking Revolutionary* (Ithaca, NY, 1987).

LEVINSON, SANFORD, *Constitutional Faith* (Princeton, NJ, 1988).

LEWIS, C. S., *Studies in Words* (Oxford, 1960).

LINCOLN, ABRAHAM, *Collected Works*, ed. Roy P. Basler, 8 vols. (New Brunswick, NJ, 1959).

LOCKE, JOHN, *Two Treatises of Government*, ed. Peter Laslett (New York, 1963).

——— *A Letter Concerning Toleration*, ed. James H. Tully (Indianapolis, Ind., 1983).

LOWI, THEODORE, *The End of Liberalism*, 2nd edn. (New York, 1979).

MAASS, ARTHUR, *Congress and the Common Good* (New York, 1983).

McCLOSKY, HERBERT and BRILL, A LIDA, *Dimensions of Tolerance* (New York, 1983).

——— and ZALLER, JOHN, *The American Ethos: Public Attitudes toward Capitalism and Democracy* (Cambridge, Mass., 1984).

McDOWELL, GARY L., *The Constitution and Contemporary Constitutional Theory* (Cumberland, Va., 1985).

MACEDO, STEPHEN, *The New Right v. The Constitution*, 2nd edn. (Washington, DC, 1987).

MACINTYRE, ALASDAIR, *After Virtue* (Notre Dame, Ind., 1981)〔マッキンタイア『美徳なき時代』篠崎榮訳、みすず書房、1993年〕.

——— *Whose Justice? Which Rationality?* (Notre Dame, Ind., 1988).

MACKIE, JOHN, *Ethics: Inventing Right and Wrong* (Harmondsworth, 1979)〔マッキー『倫理学：道徳を創造する』高知健太郎・加藤尚武・三島輝夫・古賀祥二郎・森村進訳、哲書房、1990年〕.

MADISON, JAMES, *The Papers of James Madison*, ed. W. T. Hutchinson *et al.*, 13 vols. to date (Chicago, Ill., and Charlottesville, Va., 1962-), vol. xi.

MILL, JOHN STUART, *On Liberty*, ed. David Spitz (New York, 1975)〔ミル『自由論』斉藤悦則訳、光文社古典新訳文庫、2012年〕.

MILTON, JOHN, *Areopagitica*, in *Complete Prose Works of John Milton*, ed. Douglas Bush *et al.*, vol. 2 (New Haven, Conn., 1969)〔ミルトン『アレオパジティカ』原田純訳、岩波文庫、2008年〕, 486-570.

MONTAIGNE, MICHEL DE, *The Complete Essays of Montaigne*, trans. Donald M. Frame (Stanford, Calif., 1985).

MORGAN, RUTH P., *The President and Civil Rights: Policy-making by Executive Order* (Lanham, Md., 1987).

MURDOCH, IRIS, *The Sovereignty of the Good* (Oxford, 1969).

MURPHY, WALTER F., *Congress and the Court* (Chicago, Ill., 1962).

——— *The Elements of Judicial Strategy* (Chicago, Ill., 1973).
——— and TANENHAUS, JOSEPH, *Comparative Constitutional Law: Cases and Commentaries* (New York, 1977).
——— and PRITCHETT, C. HERMAN, eds., *Courts, Judges and Politics*, 4th edn. (New York, 1986).
NAGEL, THOMAS, *The Possibility of Altruism* (Princeton, NJ, 1970).
——— *Mortal Questions* (Cambridge, 1981).
——— *The View From Nowhere* (New York, 1986)〔ネーゲル『どこでもないところからの眺め』中村昇・山田雅大・岡山敬二・新海太郎・鈴木保早・斉藤宣之訳、春秋社、2009 年〕.
NEUSTADT, RICHARD E., *Presidential Power*, 2nd edn. (New York, 1980).
NIETZSCHE, FRIEDRICH, *The Portable Nietzsche*, ed. Walter Kaufmann (New York, 1968)〔ニーチェ『ツァラトゥストラ』上下、丘沢静也訳、光文社古典新訳文庫、2010・2011 年〕.
NOZICK, ROBERT, *Anarchy, State, and Utopia* (Oxford, 1980)〔ノージック『アナーキー・国家・ユートピア——国家の正当性とその限界』嶋津格訳、木鐸社、1992 年〕.
OAKESHOTT, MICHAEL, *Rationalism in Politics and Other Essays* (London, 1969)〔オークショット『政治における合理主義』嶋津格他訳、勁草書房、1988 年〕.
——— *On Human Conduct* (Oxford, 1975).
——— *On History and Other Essays* (Oxford, 1983).
PANGLE, THOMAS, *The Spirit of Modern Republicanism* (Chicago, Ill., 1988).
PARFITT, DEREK, *Reasons and Persons* (Oxford, 1984).
PASCAL, BLAISE, *Pensées*, trans. A. J. Krailsheimer (Harmondsworth, 1965)〔パスカル『パンセ』1・2、前田陽一・由木康訳、中公クラシックス、2001 年〕.
PELIKAN, JAROSLAV, *The Vindication of Tradition* (New Haven, Conn., 1984).
PETTIT, PHILLIP, *Republicanism: A Theory of Freedom and Government* (Oxford, 1997).
——— *On the People's Terms: A Republican Theory and Model of Democracy* (New York, 2012).
PITKIN, HANNAH FENICHEL, *The Concept of Representation* (Berkeley, 1972).
PLATO, *Euthyphro Apology, Crito*, trans. F. J. Church, revised and introduced by R. D. Cumming (Indianapolis, Ind., 1956).
——— *Republic*, trans. Allan Bloom (New York, 1968)〔プラトン『国家』上下、藤沢令夫訳、岩波書店、2002 年〕.
——— *The Laws*, trans. Thomas Pangle (Chicago, Ill., 1988)〔プラトン『法律』加来彰俊・森進一・池田美恵訳、岩波文庫上・下、1993 年〕.
POPPER, KARL R., *The Open Society and Its Enernies, 1: The Spell of Plato* (London,

1966).

——— *The Logic of Scientific Discovery* (New York, 1968)〔ポパー『科学的発見の論理』上下、大内義一・森博訳、恒星社厚生閣、1971・1972 年〕.

RAWLS, JOHN, *A Theory of Justice* (Cambridge, Mass., 1970)〔ロールズ『正義論　改訂版』川本隆・福間聡・神島裕子訳、紀伊国屋書店、2010 年〕.

——— *The Law of Peoples: with "The Idea of Public Reason Rivised"* (Cambridge, Mass., 1999)〔ロールズ『万民の法』中山竜一訳、岩波書店、2006 年〕.

RAZ, JOSEPH, *The Authority of Law: Essays on Law and Morality* (Oxford, 1983)〔ラズ『権威としての法』深田三徳訳、勁草書房、1994 年〕.

——— *The Morality of Freedom* (Oxford, 1988).

RIKER, WILLIAM H., *Liberalism Against Populism* (Prospect Heights, Ill., 1982)〔ライカー『民主的決定の政治学:リベラリズムとポピュリズム』森脇俊雅訳、芦書房、1991 年〕.

RORTY, RICHARD, *Philosophy and the Mirror of Nature* (Princeton, NJ, 1979)〔ローティ『哲学と自然の鏡』野家啓一監訳、産業図書、1993 年〕.

——— *Consequences of Pragmatism* (Brighton, 1982)〔ローティ『哲学の脱構築——プラグマティズムの帰結』室井尚他訳、御茶の水書房、1994 年〕.

——— *Contingency, Irony, and Solidarity* (Cambridge, 1989).

ROSENBLUM, NANCY L., *Another Liberalism: Romanticism and the Reconstruction of Liberal Thought* (Cambridge, Mass., 1987).

ROSSITER, CLINTON, *Conservatism in America: The Thankless Persuasion* (New York, 1962)〔ロシター『アメリカの保守主義——伝統と革新の交錯』アメリカ研究振興会訳、有信堂、1964 年〕.

ROSTOW, EUGENE V., *The Sovereign Prerogative* (New Haven, Conn., 1963).

ROUSSEAU, JEAN-JACQUES, *On The Social Contract, Discourse on the Orgin of Inequality, Discourse on Political Economy*, trans. Donald A. Cress (Indianapolis, Ind., 1983).

——— *The Government of Poland*, trans. Willmoore Kendall (Indianapolis, Ind., 1985)〔「ポーランド統治論」ルソー全集第五巻所収、浜名優実他訳、白水社、1979 年〕.

SANDEL, MICHAEL, *Liberalism and the Limits of Justice* (Cambridge, 1982)〔サンデル『リベラリズムと正義の限界』菊池理夫訳、勁草書房、2009 年〕.

——— ed., *Liberalism and its Critics* (Oxford, 1984).

SCHMITT, CARL, *The Crisis of Parliamentary Democracy*, trans. Ellen Kennedy (Cambridge, Mass., 1985).

——— *Political Theology: Four Chapters on the Concept of Sovereignty*, trans. George Schwab (Cambridge, Mass., 1988)〔シュミット『政治神学』田中浩・原田武雄訳、Net Library、2010 年〕.

SEIGAN, BERNARD, *Economic Liberties and the Constitution* (Chicago, Ill., 1980).

Shklar, Judith N., *Ordinary Vices* (Cambridge, Mass., 1984).
——— *Legalism* (Cambridge, Mass., 1986).
Simmel, George, *Conflict and the Web of Group Affiliation*, trans. K. H. Wolff (Glencoe, Ill., 1955).
Smart, J. J. C., and Williams, Bernard, *Utilitarianism: For and Against* (Cambridge, 1973).
Smith, Adam, *The Theory of Moral Sentiments*, ed. D. D. Raphael and A. L. Macfie (Oxford, 1979).
Smith, Rogers, *Liberalism and American Constitutional Law* (Cambridge., Mass, 1985).
Solberg, Winton U., *The Federal Convention and the Formation of the Union of the American States* (Indianapolis, Ind., 1976).
Storing, Herbert J., ed., *The Complete Anti-Federalist*, 7 vols. (Chicago, 1981).
——— *The Anti-Federalist* (Chicago, 1985).
Strauss, Leo, *Persecution and the Art of Writing* (Ithaca, NY, 1989).
Taylor, Charles, *Hegel and Modern Society* (Cambridge, 1979)〔テイラー『ヘーゲルと近代社会』渡辺義雄訳、岩波書店、2000 年〕.
——— *Human Agency and Language: Philosophical Papers, 1* (Cambridge, 1985).
——— *Philosophy and the Human Sciences: Philosophical Papers, 2* (Cambridge, 1985).
Thayer, James Bradley, *John Marshall* (Boston, 1901).
Tocqueville, Alexis de, *The Old Regime and the French Revolution*, trans. Stuart Gilbert (Garden City, NY, 1955).
——— *Democracy in America*, ed. J. P. Mayer, trans. George Lawrence (New York, 1969)〔トクヴィル『アメリカの民主政治』上・下、井伊玄太郎訳、講談社学術文庫、1987 年〕.
Tribe, Laurence H., *God Save This Honorable Court: How the Choice of Supreme Court Justices Shapes Our History* (New York, 1985).
Turgenev, Ivan, *Fathers and Sons*, trans. Constance Garnett (New York , 1930)〔ツルゲーネフ『父と子』工藤精一郎訳、新潮文庫、1998 年〕.
Unger, Roberto, *Knowledge and Politics* (New York, 1975).
Vile, M. J. C, *Constitutionalism and The Separation of Powers* (Oxford, 1967)
Walzer, Michael, *Obligations: Essays on Disobedience, War, and Citizenship* (Cambridge, Mass., 1970)〔ウォルツアー『義務に関する 11 の試論』山口晃訳、而立書房、1993 年〕.
——— *Spheres of Justice: A Defense of Pluralism and Equality* (New York, 1983).
——— *Interpretation and Social Criticism* (Cambridge, Mass., 1987)〔ウォルツァー『解釈としての社会批判——暮らしに根ざした批判の流儀』大川正彦・川本隆史訳、風

行社、1996年〕.

WILDAVSKY, AARON, *The Politics of the Budgetary Process*, 4th edn. (Boston, Mass., 1984) 〔以前の版の翻訳として、ウィルダフスキー『予算編成の政治学』小島昭訳、勁草書房、1972年〕.

WILL, GEORGE F, *Statecraft as Soulcraft* (New York, 1983).

WILLIAMS, BERNARD, *Moral Luck* (Cambridge, 1983).

WOLIN, SHELDON, *Politics and Vision* (Boston, Mass., 1960) 〔ウォーリン『政治とヴィジョン』尾形典男・福田歓一・佐々木武・佐々木毅・半澤孝麿・田中治男訳、福村出版、2007年〕.

YOUNG, S. DAVID, *The Rule of Experts* (Washington, OC, .1987).

YOURCENAR, MARGUERITE, *The Memoirs of Hadrian*, trans. Grace Frick (New York, 1981).

B. 論文

ACKERMANN, BRUCE A., 'Why Dialogue?', *Journal of Philosophy* 86 (1989), 5-22.

ACTON, H. B., 'Political Justification', in Bedau, ed., *Civil Disobedience*, 220-39.

BARBER, SOTIRIOS A., 'Judge Bork's Constitution', in Walter F. Murphy and C. Herman Pritchett, eds., *Courts, Judges and Politics*, 4th edn. (New York, 1987), 641-5.

Bates, EDWARD, Attorney-General of the United States, 'Opinion of the Attorney General on the Suspension of the Privilege of the Writ of Habeas Corpus', *Opinions of the Attorneys General of the United States*, 10, ed. J. Hubley Ashton (Washington, DC, 1868), 74-92.

BENN, S. I., 'Freedom, Autonomy, and the Concept of a Person', *Proceedings of the Aristotelian Society, New Series* 76, 1975/6 (London, 1976), 109-30.

BERLIN, ISAIAH, 'Rationality of Value Judgments', C. J. Friederich, ed., *Nomos VII: Rational Decision* (New York, 1967), 221-3.

BLOOM, ALLAN, 'Justice: John Rawls vs. The Tradition of Political Philosophy', *American Political Science Review*, 69 (1975), 648-62.

BORK, ROBERT H., 'Neutral Principles and Some First Amendment Problems', *Indiana Law Review*, 47 (1971), 1-35.

——— 'Foreword' to Gary L. McDowell, *The Constitution and Contemporary Constitutional Theory* (Cumberland, Va., 1985), pp. v-xi.

BRUBAKER, STANLEY C., 'Reconsidering Dworkin's Case for Judicial Activism', *The Journal of Politics*, 46 (1984), 503-19.

CROPSEY, JOSEPH, 'The United States as Regime and the Sources of the American Way of Life', in Cropsey, *Political Philosophy and the Issues of Politics* (Chicago, Ill., 1977), 1-13.

DOYLE, MICHAEL, 'Kant, Liberal Legacies, and Foreign Affairs', *Philosophy and Public Affairs*, 12 (1984), 205-35, and 323-53.

DURKHEIM, ÉMILE, 'Individualism and the Intellectuals', trans. and introduced by Steven Lukes, *Political Studies*, 17 (1969), 14-30.

EASTLAND, TERRY, 'The Politics of Morality and Religion: A Primer', in Carl Horn, ed., *Whose Values?* (Ann Arbor, Mich., 1985), 5-21.

FEINBERG, JOEL, 'The Ideal of the Free Man', in James F. Doyle, ed., *Educational Judgments: Papers in the Philosophy of Education* (London, 1973), 143-69.

FEYERABEND, PAUL, 'Against Method: Outline of an Anarchistic Theory of Knowledge', *Minnesota Studies in the Philosophy of Science*, 4 (Minneapolis, Minn., 1970).

FINNIS, JOHN M., 'Personal Integrity, Sexual Morality, and Responsible Parenthood', *Anthropos*, 1 (1985), 43-55.

FRANKFURT, HARRY, 'Freedom of the Will and the Concept of a Person', *Journal of Philosophy*, 67 (1971), 5-20.

FRIED, CHARLES, 'The Artificial Reason of Law or: What Lawyers Know', *Texas Law Review*, 60 (1981), 35-58.

FRISBY, MICHAEL K., 'House Democrats Prepare Bills to Counter High Court Rulings', *Boston Globe*, Friday 7 July 1989, p. 3.

GALSTON, WILLIAM, 'Defending Liberalism', *American Political Science Review*, 76(1982), 621-9.

——'On the Alleged Right to Do Wrong: A Response to Waldron', *Ethics*, 93(1983), 320-4.

—— 'Pluralism and Social Unity', *Ethics*, 99 (1989), 711-26.

GEERTZ, CLIFFORD, 'The Uses of Diversity', *Tanner Lectures on Human Values*, 7, ed. Sterling M. McMurrin (Cambridge, 1986).

GRAGLIA, LINO, A., 'Judicial Activism: Even on the Right, It's Wrong', *The Public Interest*, 95 (1989), 57-74.

GUTMANN, AMY, 'Communitarian Critics of Liberalism', *Philosophy and Public Affairs*, 14 (1985), 308-21.

HART, H. L. A. 'Are There Any Natural Rights', *Philosophical Review*, 64 (1955).

HIRSCHMANN, ALBERT O., 'Rival Interpretations of Market Society: Civilizing, Destructive, or Feeble?' *Journal of Economic Literature*, 20 (1982), 1463-84.

HOLMES, STEPHEN, 'Gag Rules or the Politics of Omission', in Jon Elster and Rune Slags-

tad, eds., *Constitutionalism and Democracy* (New York, 1988), 19-58.

JACKSON, ANDREW, 'Veto Message', 10 July 1832, J. D. Richardson, ed., *Messages and Papers of the Presidents*, ii (Washington, DC, 1896), 57 91.

JACOBSOHN, GARY J., 'Abraham Lincoln "On this Question of Judicial Authority": The Theory of Constitutional Aspiration', *Western Political Quarterly*, 36 (1983), 52-70.

KALT, JOSEPH P., and ZUPAN, M., 'Capture and Ideology in the Economic Theory of Politics', *American Economic Review*, 74 (1984), 279-300.

KATEB, GEORGE, 'Remarks on the Proccdures of Constitutional Democracy', in J. R. Pennock and J. W. Chapman eds., *Nomos XX: Constitutionalism* (New York, 1979), 215-37.

KENNEDY, ELLEN, 'Introduction', to Carl Schmitt, *The Crisis of Parliamentary Democracy*. trans. Ellen Kennedy.

KINDER, DONALD R., 'Presidents, Prosperity and Public Opinion', *Public Opinion Quarterly*, 45 (1981), 1-21.

——— and KIEWIET, D. RODERICK, 'Economic Discontent and Political Behavior: The Role of Personal Grievances and Collective Economic Judgments in Congressional Voting', *American Journal of Political Science*, 23 (1979), 495-527.

KING, MARTIN LUTHER, 'Letter from Birmingham City Jail', in Bedau, ed., *Civil Disobedience*, pp. 72-89.

KRISTOL, IRVING, '"When Virtue Loses All Her Loveliness" — Some Reflections on Capitalism and "the Free Society"', *The Public Interest*, 21 (1976), 3-15.

KYMLICKA, WILL, 'Rawls on Teleology and Deontology', *Philosophy and Public Affairs*, 17 (1988), 173-90.

LANE, ROBERT, 'Market Justice, Political Justice', *American Political Science Review*, 80 (1986), 383-401.

LEGGETT, WILLIAM, 'The Morals of Politics', *Plaindealer*, New York, 3 June 1837, reprinted in Joseph L. Blau, *Social Theories of Jacksonian Democracy: Representative Writings of the Period 1825-1850* (New York, 1954), 66-88.

LEVINSON, SANFORD, '"The Constitution" in American Civil Religion', *The Supreme Court Review*, 1979, ed. Philip Kurland and Gerhard Caspar (Chicago, 1980), 123-51.

MACEDO, STEPHEN, "The Public Morality of the Rule of Law: A Critique of Ronald Dworkin," *Harvard Journal of Law and Public Policy*, vol. 8, no. 1 (1985), 79-108.

——— "Originalism and the Inescapability of Politics," review Essay on Robert H. Bork's, *The Tempting of America*, *Northwestern University Law Review*, v. 84 (1990), 1203-14.

——— "Liberal Civic Education and Religious Fundamentalism: The Case of God vs.

John Rawls?" *Ethics*, v. 105 (April 1995), pp. 468-96.

——— "What Self-Governing Peoples Owe to One Another: Universalism, Diversity, and *The Law of Peoples,*" *Fordham Law Review*, Special Symposium Issue on Rawls and the Law, 72 (2004): 1721–38.

———"When and Why Should Liberal Democracies Restrict Immigration?" in Rogers M. Smith, ed., *Citizenship, Borders, and Human Needs* (University of Pennsylvania Press, 2011), 301-323.

MARX, KARL, 'The British Rule in India', in *The Marx-Engels Reader*, 2nd edn., ed. Robert Tucker (New York, 1978), 653-8.

MURPHY, WALTER F., 'The Art of Constitutional Interpretation', in M. Judd Harmon, ed., *Essays on the Constitution* (Port Washington, NY, 1978), 130--59.

——— 'Constitutional Interpretation: The Art of the Historian, Magician, or Statesman?', *Yale Law Review*, 87 (1978), 1752-71.

NAGEL, THOMAS, 'Moral Conflict and Political Legitimacy', *Philophy and Public Affairs*, 16 (1987), 215-40.

NEVINS, ALLAN, 'The Case of the Copperhead Conspirator', in John A. Garraty, ed., *Quarrels That Have Shaped the Constitution* (New York, 1966), 90-108.

OAKESHOTT, MICHAEL, 'The Masses in Representative Democracy', in William F. Buckley, ed., *Did you Ever See a Dream Walking?: American Conservative Thought in the Twentieth Centuty* (Indianapolis, Ind., 1970), 103-23.

O'NEILL, ONORA, 'The Public Use of Reason', *Political Theory*, 14 (1986), 523-51.

RAWLS, JOHN, 'A Kantian Conception of Equality', *Cambridge Review* (1975), 84-99.

——— 'Kantian Constructivism in Moral Theory', *Journal of Philosophy*, 77 (1980), 515-72.

——— Justice as Fairness: Political, Not Metaphysical', *Philosophy and Public Affairs*, 14 (1985), 223-51.

——— 'The Idea of an Overlapping Consensus', *Oxford Journal of Legal Studies*, 17 (1987), 1-25.

——— 'The Priority of Right and Ideas of the Good', *Philosophy and Public Affairs*, 17 (1988), 251-76.

——— 'The Domain of the Political and Overlapping Conscnsus', *New York University Law Review*, 64 (1989), 233-55.

Rehnquist, William, 'The Notion of a Living Constitution', *Texas Law Review*, 54 (1976), 693-704.

RORTY, RICHARD, 'Postmodernist Bourgeois Liberalism', *Journal of Philosophy*, 80 (1983), 583-9.

——— 'Habermas and Lyotard on Post-Modernity', *Praxis International*, 4 (1984), 32-44.

——— 'The Priority of Democracy over Philosophy', in Robert Vaughn, ed., *The Virginia Statute of Religious Freedom: Two Hundred Years After* (Madison, Wis., 1988).

RUTLAND, ROBERT A., 'How the Constitution Secures Rights: A Look at thc Seminal Years'. in Robert Goldwin and William Schambra, eds., *How Does the Constitution Secure Rights?* (Washington, DC, 1985), 1-14.

SANDEL, MICHAEL J., 'The Unencumbered Self', *Political Theory*, 9 (1984), 81-96.

SCANLON, T. M., 'Preference and Urgency', *Journal of Philosophy*, 72 (1975), 655-69.

——— 'Contractualism and Utilitarianism', in A. Sen and B. Williams, eds., *Utilitarianism and Beyond* (Cambridge, 1984), 103-28.

SCHAPIRO, MARTIN, 'The Constitution and Economic Liberties', in M. J. Harmon, ed., *Essays on the Constitution* (Port Washington, NY, 1978), 74-98.

SCHMITT, GARY J., 'Executive Privilege: Presidential Power to Withold Information from Congress', in Joseph Bessette and Jeffrey Tulis, eds., *The Presidency in the Constitutional Order* (Baton Rouge, La., 1981), 154-94.

STORING, HERBERT J., 'The Case Against Civil Disobedience', in Robert A. Goldwin, ed., *On Civil Disobedience* (Gambier, Ohio, 1968), 95-120.

——— 'The Constitution and the Bill of Rights', in M. J. Harmon, ed., *Essays on the Constitution* (Port Washington, NY, 1978), 32-48.

SUNSTEIN, CASS, 'Naked Preferences', *Columbia Law Review*, 84 (1984), 1689-732.

——— 'Interest Groups in American Public Law', *Stanford Law Review*, 38 (1985), 29-87.

THOMPSON, DENNIS F., 'Representatives in the Welfare State', in Amy Gutmann, ed., *Democracy and the Welfare State* (Princeton, NJ, 1988), 131-55.

WALDRON, JEREMY, 'A Right to Do Wrong', *Ethics*, 92 (1981), 21-37.

——— 'Galston on Rights', *Ethics*, 93 (1983), 325-7.

——— 'Theoretical Foundations of Liberalism', *Philosophical Quarterly*, 37 (1987), 127-50.

WALZER, MICHAEL, 'Philosophy and Democracy', *Poiltical Theory*, 9 (1981), 379-99.

——— 'Flight From Philosophy', a review of Benjamin Barber, *The Conquest of Politics, New York Review of Books*, 36 (2 Feb. 1989), 42-4.

C. 判例

Abrams *v.* US, 250 US 616 (1919)
Bowers *v* . Hardwick 106 S. Ct. 2841 (1986)
Brandenburg *v.* Ohio 395 US 444 (1969)
Brown *v.* Board of Education 347 US 483 (1954)
Calder *v.* Bull 3 Dall. 395 (1798)
Champion *v.* Ames 188 US 321 (1903)
City of Cleburne *v.* Cleburne Living Center 473 US 432 (1985)
Cooper *v.* Aaron 358 US 1 (1958)
Craig *v* . Boren 429 US 190 (1976)
Dennis *v.* US 341 US 494 (1951)
Dred Scott *v.* Sandford 19 How. 393 (1857)
Edwards *v.* Aguillard 96 L. Ed. 2nd 510 (1987)
Eisenstadt *v.* Baird 405 US 438 (1972)
Ferguson *v.* Skrupka 372 US 726 (1963)
Fletcher *v.* Peck 3 L. Ed. 162 (1810)
Gitlow *v.* New York 268 US 652 (1925)
Griswold *v.* Connecticut 381 US 479 (1965)
Immigration and Naturalization Service *v.* Chadha 462 US 919 (1983)
Korematsu *v.* US 323 US 214 (1944)
Lochner *v.* New York 198 US 45 (1905)
McCulloch *v.* Maryland 4 Wheaton 316 (1819)
McLaurin *v.* Oklahoma State Regents for Higher Education 339 US 633 (1950)
Mathews *v.* Lucas 427 US 495 (1976)
Merryman, Ex Parte 17 F. Cas. 144 (1861)
Meyer *v.* State of Nebraska 262 US 390 (1923)
Milligan, Ex Parte 71 US 2 (1866)
Missouri ex rel. Gaines *v.* Canada 305 US 337 (1938)
Nebbia *v.* New York 291 US 502 (1934)
NRLB *v.* Jones & Laughlin Steel Co. 301 US 1 (1937)
Northern Securities Co. *v.* US 193 US 197 (1904)
Ogden *v.* Saunders 2 Wheaton 213 (1827)
Pierce *v.* Society of Sisters 268 US 510 (1925)

Plyler *v.* Doe 457 US 202 (1982)
Powell *v.* McCormick 395 US 486 (1969)
Schenck *v.* US 249 US 47 (1919)
Stanley *v.* Georgia 394 US 557 (1969)
Sweatt *v.* Painter 339 US 629 (1950)
Texas *v.* Johnson 88-155, Dec. 21 June 1989
US *v.* Carolene Products 304 US 144 (1938)
US *v.* Darby 312 US 100 (1941)
US *v.* E. C. Knight 156 US 1 (1895)
US *v.* Nixon 418 US 683 (1974)
Webster *v.* Reproductive Health Services 57 LW 5023, Dec. 3 July 1989
West Virginia State Board of Education *v.* Barnette 319 US 624 (1943)
Whitney *v.* People of State of California 274 US 357 (1927)
Wickard *v.* Filburn 317 US 111 (1942)
Williamson *v.* Lee Optical of Oklahoma 348 US 343 (1955)
Wisconsin *v.* Yoder 406 US 205 (1972)

D. 未刊行文献

Bick, M. M., 'Conceptions of the Self and the Community: Rawls and Sandel', M. Phil. Thesis, Politics (Oxford, 1984).

Brand, Donald A., 'In Defence of Sovereign lmmunity', presented at the Program for Constitutional Government, Harvard University, Cambridge, Mass., 60ct. 1989.

Galston, William A., 'Comment on Stephen Macedo, "The Politics of Justification"', presented at a symposium on The Politics of Justification, Institute for Humane Studies, George Mason University, Fairfax, Va., 21 Apr. 1989.

Gutmann, Amy, 'A Liberal Public Philosophy', presented at the conference on Liberalism and the Good, Georgetown University, 3-5 November 1988, Washington, DC.

Katz, Robert Alan, 'Communitarianism and the Limits of Intercommunal Respect: A Moral Argument with Historical Illustrations Drawn from the Case of Israel', Senior Thesis, Government (Harvard, 1987).

Meese, Edwin, III, Address before the District of Columbia Chapter of the Federalist Society Lawyers Division, 15 Nov. 1985, Washington, DC.

——— 'The Law of the Constitution', speech given at Tulane University, 21 Oct. 1986, New Orleans, La.

【著者紹介】
スティーヴン・マシード（Stephen Macedo）

1957年生まれ。プリンストン大学政治学部及びヒューマン・バリュー・センター教授。

プリンストン大学で政治学の博士号を取得後、ハーバード大学、シラキュース大学を経て、現職に。プリンストン大学のヒューマン・バリュー・センター長やアメリカ政治学会副会長など、学内外で数々の要職を歴任してきた。専門はリベラリズムを中心とした政治哲学。

著書に本書のほか*Diversity and Distrust: Civic Education in a Multicultural Democracy*（Harvard University Press, 2000）が、編著書に*Democracy at Risk: How Political Choices Undermine Citizen Participation, and What We Can Do About It*（Brookings Institution Press, 2005）, *Meaning in Life and Why It Matters*（Princeton University Press, 2010）などがある。

【訳者紹介】
小川仁志（おがわ　ひとし）

1970年生まれ。京都大学法学部卒業。名古屋市立大学大学院博士後期課程修了。博士（人間文化）。徳山工業高等専門学校准教授。専門は政治哲学、公共哲学。

著書に『はじめての政治哲学』（講談社、2010年）、『ご近所の公共哲学』（技術評論社、2011年）、『アメリカを動かす思想』（講談社、2012年）、『日本哲学のチカラ』（朝日新聞出版、2013年）などがある。

リベラルな徳——公共哲学としてのリベラリズムへ

2014年8月10日　初版第1刷発行

著　者　スティーヴン・マシード
訳　者　小　川　仁　志
発行者　犬　塚　　満
発行所　株式会社 風　行　社
〒101-0052 東京都千代田区神田小川町3－26－20
Tel. & Fax. 03-6672-4001
振替 00190-1-537252
印刷・製本　中央精版印刷株式会社

ISBN978-4-86258-083-2